SPSS
统计学与案例应用精解

张 甜 杨维忠 编著

清华大学出版社
北 京

内 容 简 介

本书专为零基础的统计学与SPSS读者设计，精心打造"入门引导-基础应用-高阶应用-专业应用-AI工具"的一站式学习路径。书中基于 37 份真实、权威的经济社会统计数据和 20 份调查研究数据，设计了 49 个统计分析应用案例和 29 个数据加工处理案例，涵盖宏观经济、国际贸易、人口就业、商品物价、外汇储备、医学药学、天文气候、交通运输、能源替代、行业分析、企业管理、银行经营、股票基金、日常生活等领域，帮助读者从入门到精通地运用SPSS开展统计分析。本书还配有教学PPT和作者最新录制的全套视频讲解，以辅助教学，力求实现最佳教学效果。

本书共 16 章。第 1~3 章为 SPSS 统计学入门篇，介绍 SPSS 入门、数据加工处理和统计学知识；第 4~7 章为基础统计案例应用，具体包括统计图形绘制、描述统计分析、均值比较、T 检验、单因素方差分析和非参数检验；第 8~10 章为高级统计案例应用，具体包括多因素方差分析与多因变量分析、相关分析和回归分析；第 11~15 章为专业统计案例应用，具体包括因子分析、信度分析、聚类分析、时间序列预测和生存分析；第 16 章为 AI 工具应用，介绍 AI 工具在学习 SPSS 中的应用。

本书既可作为经管社科、统计学、教育学、心理学、医学等相关专业的学生学习、应用 SPSS 开展统计分析的主要教材，也可作为职场人士自学 SPSS 统计学以提升数据分析技能的工具书。

本书封面贴有清华大学出版社防伪标签，无标签者不得销售。
版权所有，侵权必究。举报: 010-62782989, beiqinquan@tup.tsinghua.edu.cn。

图书在版编目（CIP）数据

SPSS 统计学与案例应用精解 / 张甜，杨维忠编著.
北京：清华大学出版社, 2025.6. -- ISBN 978-7-302-69319-2
Ⅰ. C819
中国国家版本馆CIP数据核字第 2025Q7J586 号

责任编辑：赵　军
封面设计：王　翔
责任校对：冯秀娟
责任印制：刘海龙

出版发行：清华大学出版社
网　　址：https://www.tup.com.cn, https://www.wqxuetang.com
地　　址：北京清华大学学研大厦 A 座　　　邮　　编：100084
社 总 机：010-83470000　　　　　　　　　邮　　购：010-62786544
投稿与读者服务：010-62776969, c-service@tup.tsinghua.edu.cn
质 量 反 馈：010-62772015, zhiliang@tup.tsinghua.edu.cn

印 装 者：北京瑞禾彩色印刷有限公司
经　　销：全国新华书店
开　　本：190mm×260mm　　　印　张：23　　　字　数：620 千字
版　　次：2025 年 7 月第 1 版　　　　　　　印　次：2025 年 7 月第 1 次印刷
定　　价：119.00 元

产品编号：110556-01

前　言

数字化转型浪潮下,"感觉不靠谱,靠数据说话"已广泛流行于各行各业,数据统计分析也成为各行业从业人员的必备技能。当前,国内外高校各专业几乎都开设了统计学课程,但由于单纯学习统计学往往较为枯燥乏味,许多基础薄弱的学生难以有效掌握,因此大多数课程会结合 SPSS、Stata、Python 等软件或编程语言进行教学。近年来,编者一直致力于让 SPSS/Stata/Python 的学习变得更简单、实用、高效,并通过清华大学出版社陆续出版了一系列关于 SPSS/Stata/Python 应用的教科书。然而,在与高校教师、学生的日常互动交流中,仍感受到大家对一本难度适中、易于理解且能指导实践的 SPSS 统计学教材的迫切需求。因此,编者撰写了本书,聚焦解决以下问题:首先,难度系数不能过高,否则对于数学基础较为薄弱的学生来说,学习会较为吃力,收获有限;其次,不能仅注重 SPSS 操作,而忽视与统计学的结合,否则学生可能只会 SPSS 操作,却不了解统计分析方法的原理;最后,不能过于侧重理论探析与数学推导,而忽视应用能力的培养。

本书具有以下四大特色:

一是面向零基础学习统计学与 SPSS 的读者,悉心打造"入门引导-基础应用-高阶应用-专业应用"的一站式学习路径,通过层次分明的学习,循序渐进地帮助读者从入门到精通地运用 SPSS 开展统计分析。读者也可根据自身学习需求,选择适合的学习层次。

二是面向应用、直击需求。本书基于 37 份真实、权威的经济社会统计数据和 20 份调查研究数据,精心设计了 49 个统计分析应用案例和 29 个数据加工处理案例,涵盖宏观经济、国际贸易、人口就业、商品物价、外汇储备、医学药学、天文气候、交通运输、能源替代、行业分析、企业管理、银行经营、股票基金、日常生活等领域。

三是通俗易懂。本书较少使用数学推导,而是在不失专业深度的同时,尽可能用具象化、案例化的方式深入浅出地讲解统计学原理,使读者真的能看得明白、学得进去,避免在复杂的数学公式推导面前耗尽了所有的学习热情,最终望洋兴叹,苦于技能虽好却不能为己所用。

四是资源丰富。每章都有教学要点提示和课后习题,并提供教学 PPT 和全套视频讲解,以辅助教学,力求实现最佳的教学效果。

本书共 16 章。第 1~3 章为 SPSS 统计学入门篇,第 4~7 章为基础统计案例应用,第 8~10 章为高级统计案例应用,第 11~15 章为专业统计案例应用,第 16 章为 AI 工具应用。具体导图如下:

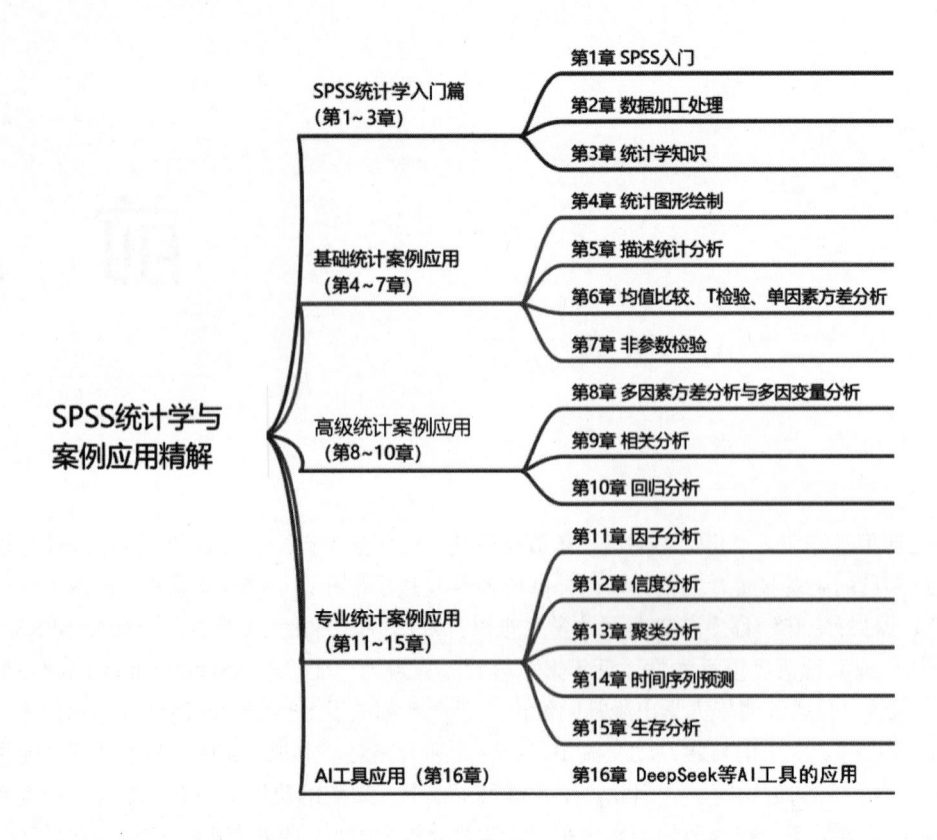

```
                                    ┌── 第1章 SPSS入门
                    ┌─ SPSS统计学入门篇 ─┼── 第2章 数据加工处理
                    │   (第1~3章)      └── 第3章 统计学知识
                    │
                    │                 ┌── 第4章 统计图形绘制
                    │                 ├── 第5章 描述统计分析
                    ├─ 基础统计案例应用 ─┤
                    │   (第4~7章)      ├── 第6章 均值比较、T检验、单因素方差分析
                    │                 └── 第7章 非参数检验
                    │
SPSS统计学与          │                 ┌── 第8章 多因素方差分析与多因变量分析
案例应用精解 ────────┼─ 高级统计案例应用 ─┼── 第9章 相关分析
                    │   (第8~10章)     └── 第10章 回归分析
                    │
                    │                 ┌── 第11章 因子分析
                    │                 ├── 第12章 信度分析
                    ├─ 专业统计案例应用 ─┼── 第13章 聚类分析
                    │   (第11~15章)    ├── 第14章 时间序列预测
                    │                 └── 第15章 生存分析
                    │
                    └─ AI工具应用（第16章）── 第16章 DeepSeek等AI工具的应用
```

本书既可作为经管社科、统计学、教育学、心理学、医学等相关专业的学生学习、应用SPSS开展统计分析的主要教材，也可作为职场人士自学SPSS统计学以提升数据分析技能的工具书。

本书配套示例源码与PPT，请读者用微信扫描下面的二维码下载。

源码　　　　　　　　　　　　　　PPT

如果学习本书的过程中发现问题或疑问，可发送邮件至booksaga@126.com，邮件主题为"SPSS统计学与案例应用精解"。

在本书的编写过程中，我们也吸收了前人的研究成果，在此表示感谢！

由于编者水平有限，书中难免存在疏漏之处，诚恳地欢迎各位同行和广大读者批评指正。

编　者
2025年5月

导 读

数字化转型浪潮下的数据统计分析

正式开篇之前,为了激发读者学习数据统计分析的兴趣和动力,编者先结合自身经历谈谈对数据统计分析的理解和体会。毫不夸张地讲,在数字化转型浪潮下,高校开设的数据统计分析课程将使学生终身受益。无论同学们大学毕业以后是继续从事科研工作、钻研学术,还是进入社会找工作,数据分析都会是他们工作中不可或缺的一部分。毕业后从事更高层次的学术深造毋庸赘述,即使是步入职场,数据分析也是日常工作的重要组成部分,无论是在党政机关、事业单位,还是在各类企业中工作,概莫能外。

一、数据统计分析在哪里

在日常交流中,很多学生问我,工作中是否涉及数据统计分析?什么时候需要统计分析?可以很明确地说,数据统计分析在工作中无处不在!以企业为例,数据统计分析贯穿于经营管理的全过程和各个环节。例如,在市场营销中,需要分析产品、渠道、价格和客户。针对客户,还可能需要进一步分析客户的转化率、成交率、流失率,或者将客户进行分层分类,以便差异化开展客户关系维护和资源投入等。这些分析所依据的就是数据。数据往往代表的是事实和结果,也更加客观,能够用于比较。用数据呈现的结果具有更强的说服力,更容易被大家接受。

在职场中,数据统计分析是内部沟通和汇报的基本动作之一。数据分析的技能早已不再是计算机、统计、数学等专业学生的专有技能,而是各学科、各专业学生步入职场的必备技能。掌握数据分析,就像熟练使用 Word、PPT 一样,已经成为每位职场人士的基本功。下面列举一些数据统计分析常见的应用场景。

1. 商业银行信用风险评估

商业银行的主要利润来源是净息差收入,即贷款利息收入减去存款利息支出。贷款本金及利息能否顺利收回,直接关系到银行的经营成败。因此,商业银行在授信客户信用风险的识别、评估、防范和控制方面，始终在不断努力。在大数据技术兴起之前，商业银行一般通过人工现场或非现场调查与授信个体分析相结合的模式开展信用风险评估，这种方式在银行客户较少、数据积累不足的情况下是一种较为有效的选择。然而，随着多年的发展，大多数银行已经积累了大量的客户数据，包括客户的生产经营情况、财务状况、征信情况、与本行的业务往来情况、授信是否曾发生违约等。通过对这些数据进行统计分析，银行可以识别出违约客户的共性特征，从而更加精准地实施风险防控。

2. 电子商务平台商家营销

近年来，我国电子商务行业实现了快速发展，众多商家的营销模式也从线下营销为主转向线上营销为主，或实现了线上线下联动营销。淘宝、京东、拼多多、抖音、快手等众多线上平台为商户开展线上营销提供了极为便利的条件，商户开店准入的门槛也相对较低。线上销售除了具有节省实体店面费用、扩大销售范围、节约推广费用等种种优势之外，另一个重要优势是能够在销售过程中方便、低成本地积累海量用户数据。商家可以通过恰当的数据统计分析，从积累的海量数据中有效掌握顾客的购买行为和习惯，从而为开展下一阶段的营销或新产品上线营销提供支持，最终更加精准、高效地达成经营目标。

3. 服务行业对客户群体细分

由于营销投入资源和客户维护成本是有限的，因此服务行业的企业大多会对其客户群体进行细分，并按照"二八"法则为不同群体提供相应服务。例如，商业银行将其客户分为基础客户、有效客户、理财客户、财富客户和私人银行客户；在线旅游服务供应商将其客户分为白银会员、黄金会员、白金会员、钻石会员等。数据统计分析可以帮助企业识别各类客户群体所具有的基本特征，进而针对高价值或目标客户群体集中精力进行精准营销，合理分配有限的资源，以实现经营效益的最大化。

4. 连锁企业按门店特征分类

在现实生活中，许多服务行业采用连锁经营模式，如酒店餐饮行业、健身美容行业。与单独经营模式相比，连锁经营模式通过统一的品牌形象、广告宣传和售后服务等方式，实现了规模经济和范围经济，进而提升了企业的经营效益。然而，连锁经营模式并非绝对的统一经营，各个门店会根据所在地域的周边环境（如商圈热度、客流量、消费群体的消费水平和消费风格等），因地制宜、因时制宜地开展特色化、差异化经营。因此，对连锁企业的总部管理机构来讲，可以通过数据统计分析，了解各门店的实际特征，对门店进行有效分类，并进行差异化资源配置。例如，某零食连锁店通过数据分析发现，一家门店在坚果销售方面经常供不应求造成脱销，而另一家门店在坚果销售方面出现产品积压，基于此，企业可以在货物分发、物流配送等方面做出针对性的调整。

5. 客户满意度调研

客户满意度对很多行业来说非常重要。如果客户消费满意度非常高，就会增强客户黏性，不仅客户本身的消费金额和消费次数会增加，他还会向周边的亲朋好友推荐，为公司介绍更多的客户，从而直接增加公司的经营效益。客户消费满意度高了，品牌的口碑和声誉形象也会提升，这些无形的资产对致力于长久持续经营的企业来说也是一种宝贵的财富。在公司扩大经营范围或者拓展新的服务领域时，这些优势都会有所显现。通过开展数据统计分析，可以探索影响客户消费满意度的因素，从而在服务质量、服务效率、服务价格、服务流程等方面做出有针对性的改进，进而提升整体经营管理水平，优化客户体验。

二、数据统计分析是什么

数据统计分析是指从大量的数据中通过统计分析挖掘出隐藏于其中的信息与规律的过程。数据不是随机产生的，而是存在一定的规律，变量之间可能存在某种关联，数据统计分析的目的就是发现变量自身或变量之间相互联系、联动变化的运行规律，并充分运用这些规律开展预测。

在编者看来，基础并且常用的统计学知识可分为三大部分：基本统计指标、数据建模和数据可视化。其中，基本统计指标和数据建模都属于数据统计分析范畴。可以把基本统计指标看作相对简单的统计分析，而数据建模则是相对复杂的统计分析。

基本统计指标如均值、标准差、同比、环比等概念，都是最基本的概念，这些概念都要精熟才行。这里所说的"精熟"，是指能够灵活运用这些指标。例如，在评估一家集团公司各分支机构的经营业绩时，大的、老的机构可能重点看总体规模贡献，而小的、新的机构则可能看重其自身的成长。评估既要考虑效益，也要考虑风险。既要看利润实现情况，也要看资源消耗，甚至要计算资源使用的机会成本。例如，某家分支机构干得好、效益高，是不是因为获得了更多的资源？如果把这些资源和政策给到其他分支机构，效果是否更好？

数据建模在实务中，本质上是将实践中的经验规则固化，让计算机替代人工劳动。需要注意的是，实务建模和学术建模有所差别。学术建模往往较为复杂，需要考虑模型的各种条件假设，并评价模型的适用性和稳健性，其中涉及较多的数学推导。而实务建模可以相对简单，也可以很复杂，通常可以理解为"设定规则"。比如，若某企业可能设定"年内累积三次未按时付款的客户列入风险客户，需要上门走访"，这就是一个风险预警模型。触发模型预警的条件是"年内累积三次未按时付款"，触发后的规定动作是"上门走访"。当然，也有一些更复杂的建模涉及机器学习，需要用到算法，例如使用二元 logistics 回归算法预测信贷客户是否会违约，这时需要考虑客户的征信情况、总负债情况、收入情况等因素，以便构造自变量，搜集相关数据，然后使用 logistics 模型进行预测。复杂的数据建模除了需要掌握统计学知识外，还需要学习机器学习的相关内容。但在实务中，往往"大道至简"，很多时候越简单的模型越好用。

数据可视化是指将数据的内部结构或数据分析结果以图形化的形式直观地表达出来，从不同的维度观察数据，从而对数据进行更深入的观察和分析。通过数据可视化，可以让使用者更容易理解和传达分析结果，并据此做出相应的决策。常用的图表包括折线图、柱状图、散点图、四象限图、时间序列趋势图等，无论是内部汇报，还是外部竞标，都常常会用到。数据可视化图表种类繁多，那么，什么是合适的数据可视化图表呢？数据可视化的作用和价值在于，能够帮助受众快速理解数据背后反映的故事，从而快速找到数据背后隐藏的实际问题，然后有针对性地解决这些问题。因此，成功实施数据可视化的关键在于充分考虑分析需求、数据特点以及受众的特点和感受。需要注意的是，数据可视化不能仅仅追求华丽炫酷，而是要服务于经营管理决策。始终要记住，做图表的根本目的是更加直观地传递更多的、接受者期待看到的信息，而不是自说自话。因此，数据可视化的前提是要清楚地传达信息，然后考虑如何设计使图表更加美观且具有吸引力。

三、数据统计分析怎么学

很多高校在本专科课程体系中开设了统计学、计量经济学、机器学习、数据分析、统计分析、数据挖掘等一门或多门课程，至少也开设了概率论、数理统计、线性代数、微积分等课程。对于这些偏数学类的课程，我们必须认真学习，至少要扎实掌握一些基本概念和基础原理，不能只想着简单通过，拿到学分。今天懒惰，明天需要加倍努力，而今天多一分努力，明天获得的机会就多一分。

知易行难，要真正掌握数据分析技能，对于一些基础相对薄弱的高校学生来说谈何容易？在繁重的学业与就业压力面前，在日常琐事与课外实践之间，那些看似深奥的算法原理和复杂的软件操作或编程代码，往往让人找到退缩的理由。根据编者多年的教学经验，无论是数据分析中的机器学习，还是统计学、计量经济学，都建议结合具体的软件或编程语言来学习。对于不想走纯科研路线，或者不想成为理论"大牛"的大多数学生来说，不建议过多研究数学公式，而应一边学习知识原理，一边使用 SPSS、Stata 和 Python 进行实际操作；否则，面对复杂的数学公式推导，容易耗尽学习热情。

在学习数据分析技能方面，编者愈发觉得并不是"万事开头难"，也不是"行百里者半九十"，而更像是"行百里者半三十"，起步并不难。很多时候，我们会惊叹于 ChatGPT 的神奇、各种炫酷的可视化效果，或是羡慕那些优秀同学娴熟的数字化技能和专业术语，心生向往，决心学习 SPSS、Stata 和 Python，或是学习统计学、计量经济学和机器学习。然而，买了一些书或视频后，却常常束之高阁，只翻了几页或看了几分钟，便没有后续行动。"行百里者也不必半九十"，编者认为，只要学习了前 30%，就已经成功了一大半。一方面，对于全新的知识领域，掌握了前 30%的基础，后面的内容会变得越来越简单；另一方面，即使没有坚持下去，也知道在遇到问题时该去哪里寻找答案。这样，书到用时也不必方恨少，缺什么补什么即可。

等到真正工作了，同学们一定要记住，数据分析始终是为了服务于具体的应用场景。抛开应用场景谈数据分析，就失去了真正的价值。如果数据分析的过程和结果不能增加商业价值或提升运营、管理与决策效率，那么那些令人眼花缭乱的数据可视化、复杂的数据分析或机器学习算法模型又有什么价值呢？因此，优秀的数据分析者应具备以下三点：一是要懂技术，能够熟练使用 SPSS、Stata 和 Python，并结合实际情况掌握其中一门或多门；二是要懂业务，了解所在行业和企业的主营业务，以及高层关注的重点事项，这样才能使数据分析更精准，发挥应有的智力支持作用；三是要会展示和表达，如果是书面展示，要具备制作 PPT 等演示文稿和必要的文字材料的能力，如果是口头展示，则必须具备清晰的语言表达能力和演讲技巧。现在，许多职场新人在数字化技能方面存在三个误区：一是过于追求数据可视化的炫酷和 PPT 的精美，而忽视了数据分析的本质；二是不懂业务就进行数据分析，导致数据分析结果南辕北辙，无法满足公司高层或客户的实际需要；三是无法用一般听众能够理解的语言表达数据分析结果或模型构建的情况。这些问题需要特别注意并避免。

事实上，很多时候，并不需要使用非常复杂的机器学习或数学建模。即使只用一些简单的统计指标分析、绘制实用的统计图表，也比空洞泛谈要有效得多。例如，在某集团公司，一家分公司声称自己业绩突出，那么怎么证明该分公司干得好呢？首先，看看该分公司在集团内的排名，与其他分公司进行比较，分析它的优势所在：是整体规模更大，还是增量提升更多？是有效客户更多，还是单户效益更好？然后，将其与所在地区的同行进行比较，看看是否因为它所处的地理位置优越所以业绩较好，而实际上与同行相比并无显著优势？接下来，再与该分公司自身的历史业绩进行比较，看看是不是只是在"吃老本"？从这几个维度进行分析，就能做出一个相对客观性评价。在这一过程中，使用的数据分析方法其实并不复杂，主要是计算一些简单的统计分析指标。

因此，数据统计分析不仅仅是专业数据分析师的事，而是每个职场人士都应掌握的技能。进行数据统计分析时，不一定需要过于专业的知识，但必须结合具体的业务。事实上，对业务的透彻理解比掌握那些令人眼花缭乱的统计分析方法更为可贵。同学们步入职场后，不要忘记继续巩固在学校所学的 SPSS、Stata、Python 甚至 Excel，并积极学习所在企业和行业的业务，思考如何将数据统计分析技能应用于具体的业务决策。例如，公司最近的产品销量出现增长，要分析其原因，就要学会从产品、渠道、客户、机构等多个维度进行数据统计分析，探索深层次原因。如果是某款产品在某个区域获得了某类人群的高度认可，这时就需要在资源投入、广告投放、物流配送、促销安排等方面做出有针对性的部署，提出相应的对策和建议，进一步提升经营效能。

能够做出这样的分析、写出这样的报告，试问谁会不喜欢呢？高等教育的价值，正体现在这些报告和材料中——它们凝聚了同学们对业务的深刻理解以及对各类技能的综合运用，水平高低一目了然。在职场中，立足之本是解决问题和创造价值，而不是顶着"高材生"的光环自我陶醉。

学海无涯，大家一起加油！

编　者

2025 年 2 月

目 录

第一部分　SPSS 统计学入门篇

第 1 章　SPSS 入门 2
- 1.1　SPSS 简介 2
- 1.2　SPSS 安装要求、启动与关闭 3
  - 1.2.1　SPSS 安装要求 3
  - 1.2.2　SPSS 启动与关闭 3
  - 1.2.3　SPSS 软件常用窗口 5
- 1.3　SPSS 选项设置 7
  - 1.3.1　"常规"选项卡 7
  - 1.3.2　"语言"选项卡 8
  - 1.3.3　"查看器"选项卡 8
  - 1.3.4　"数据"选项卡 9
  - 1.3.5　"输出"选项卡 10
  - 1.3.6　"图表"选项卡 11
- 1.4　SPSS 界面设置 12
  - 1.4.1　状态栏设置 12
  - 1.4.2　网格线设置 12
  - 1.4.3　菜单设置 13
  - 1.4.4　字体设置 14
- 1.5　数据编辑器的基本操作 14
  - 1.5.1　数据编辑器的变量视图操作 15
  - 1.5.2　数据编辑器的数据视图操作 18
- 1.6　本章习题 20

第 2 章　数据加工处理 21
- 2.1　变量和样本观测值基本操作 21
  - 2.1.1　变量和观测值的移动、复制与删除 21

2.1.2 在现有数据文件中增加新的变量 22
2.1.3 在现有数据文件中增加新的样本观测值 22
2.2 根据现有的变量建立新变量 23
2.2.1 通过变量计算生成新变量 23
2.2.2 通过对样本观测值计数生成新的变量 25
2.2.3 量表得分或分类变量重新编码操作 28
2.2.4 连续变量编码为分类变量 32
2.2.5 生成虚拟变量 36
2.3 数据读取 36
2.3.1 SPSS 数据文件的打开与保存 36
2.3.2 SPSS 支持的其他格式的数据文件 37
2.3.3 读取 Stata 数据文件 38
2.3.4 读取 Excel 数据文件 39
2.3.5 读取文本数据文件 41
2.4 数据查找 45
2.4.1 按照观测值序号查找单元格 45
2.4.2 按照变量值查找数据 45
2.5 数据行列转置 46
2.6 数据排序 47
2.6.1 对数据按照变量进行排序 47
2.6.2 对数据按照样本观测值进行排序 48
2.7 数据加权处理 49
2.8 数据合并 50
2.8.1 按照样本观测值合并数据文件 50
2.8.2 按照变量合并数据文件 52
2.9 数据分解 55
2.10 数据汇总 57
2.11 数据结构重组 59
2.11.1 由变量组到样本观测值组的重组 59
2.11.2 由样本观测值组到变量组的重组 62
2.12 数据缺失值处理 64
2.13 本章习题 66

第3章 统计学知识 67
3.1 统计学常用的基本概念 67
3.1.1 总体、样本与统计推断 67
3.1.2 频率与概率 68
3.1.3 条件概率、独立事件与全概率公式 68
3.1.4 概率函数与概率密度函数 69
3.2 概率分布 69

	3.2.1	离散型概率分布	69
	3.2.2	连续型概率分布	70
3.3	统计量		73
	3.3.1	集中趋势统计量	74
	3.3.2	离散趋势统计量	75
	3.3.3	分布趋势统计量	76
3.4	大数定律与中心极限定理	77
	3.4.1	大数定律	77
	3.4.2	中心极限定理	77
3.5	参数估计		78
	3.5.1	点估计	78
	3.5.2	区间估计	79
	3.5.3	参数估计的无偏性、有效性以及一致性	80
3.6	假设检验		80
	3.6.1	假设检验概述	81
	3.6.2	T 检验、Z 检验和 F 检验	82
	3.6.3	参数检验和非参数检验	84
	3.6.4	模型设定检验	85
3.7	本章习题		85

第二部分　基础统计案例应用

第 4 章　统计图形绘制 88

4.1	3 种典型的图形绘制方法	89
	4.1.1 图表构建器	89
	4.1.2 图形画板模板选择器	92
	4.1.3 旧对话框	94
4.2	条形图：绘制世界部分地区不同年龄区间人口占比条形图	97
	4.2.1 条形图的类型	97
	4.2.2 简单条形图	98
	4.2.3 分类条形图	101
	4.2.4 分段条形图	102
4.3	直方图：绘制晨鸣纸业 A 股每日收盘价直方图	103
4.4	箱图：绘制陕西、浙江、江苏、福建四个省份星级酒店营业额箱图	104
	4.4.1 箱图的类型	105
	4.4.2 简单箱图	105
	4.4.3 簇状箱图	106
4.5	散点图：绘制美国制造业 PMI 指数、中小企业乐观指数、失业率散点图	107
	4.5.1 散点图的类型	108
	4.5.2 简单散点图	108
	4.5.3 重叠散点图	109

4.5.4　矩阵散点图 110
　　　4.5.5　三维散点图 111
　4.6　折线图：绘制中国沿海省市海洋生产总值折线图 112
　　　4.6.1　折线图的类型 112
　　　4.6.2　简单折线图 112
　　　4.6.3　多线折线图 114
　　　4.6.4　垂线折线图 114
　4.7　面积图：绘制美国对外国买家出售住房的销售额面积图 116
　　　4.7.1　面积图的类型 116
　　　4.7.2　简单面积图 116
　　　4.7.3　堆积面积图 117
　4.8　饼图：分析主要国家和地区半导体销售占比 118
　4.9　误差条形图：绘制欧洲不同国家航空公司飞机利用率误差条形图 119
　　　4.9.1　误差条形图的类型 120
　　　4.9.2　简单误差条形图 120
　　　4.9.3　簇状误差条形图 121
　4.10　双轴线图：绘制中国历年全社会固定资产投资与 GDP 双轴线图 122
　4.11　时间序列趋势图：分析中国网约车订单总量、网约车公司经营许可量 124
　　　4.11.1　时间序列趋势图 124
　　　4.11.2　自相关序列图和偏自相关序列图 124
　　　4.11.3　互相关序列图 126
　4.12　高低图：绘制美的集团 A 股股价高低图 127
　4.13　本章习题 127

第 5 章　描述统计分析 129

　5.1　频率分析 129
　　　5.1.1　统计学原理 129
　　　5.1.2　案例应用——分析汽车制造业上市公司盈利能力指标 130
　　　5.1.3　结果解读 132
　5.2　描述分析 134
　　　5.2.1　统计学原理 134
　　　5.2.2　案例应用——分析上海金交所黄金现货收盘价 134
　　　5.2.3　结果解读 135
　5.3　探索分析 136
　　　5.3.1　统计学原理 136
　　　5.3.2　案例应用——分析我国新能源汽车月度产量 136
　　　5.3.3　结果解读 139
　5.4　交叉表分析 143
　　　5.4.1　统计学原理 143
　　　5.4.2　案例应用——分析专用设备制造业上市公司 ESG 数据 143

5.4.3　结果解读...147
5.5　本章习题...149

第6章　均值比较、T检验、单因素方差分析...150

6.1　平均值分析...150
　　6.1.1　统计学原理...150
　　6.1.2　案例应用——分析中美等国家年平均光伏安装量...150
　　6.1.3　结果解读...152
6.2　单样本T检验...154
　　6.2.1　统计学原理...154
　　6.2.2　案例应用——分析中国有色市场1#铜的价格...154
　　6.2.3　结果解读...155
6.3　独立样本T检验...156
　　6.3.1　统计学原理...156
　　6.3.2　案例应用——分析不同类型国家的替代能源和核能占能耗总量的比重.......156
　　6.3.3　结果解读...158
6.4　成对样本T检验...158
　　6.4.1　统计学原理...159
　　6.4.2　案例应用——分析办公电脑通过软件优化开机时间的效果...........................159
　　6.4.3　结果解读...159
6.5　单因素ANOVA检验...160
　　6.5.1　统计学原理...160
　　6.5.2　案例应用——分析部分欧洲国家外汇储备量...160
　　6.5.3　结果解读...163
6.6　本章习题...165

第7章　非参数检验...167

7.1　卡方检验...167
　　7.1.1　统计学原理...167
　　7.1.2　案例应用——分析工商银行A股每日涨跌幅数据...168
　　7.1.3　结果解读...170
7.2　二项检验...171
　　7.2.1　统计学原理...171
　　7.2.2　案例应用——分析某地区新生儿性别差异...171
　　7.2.3　结果解读...172
7.3　单样本K-S检验...172
　　7.3.1　统计学原理...173
　　7.3.2　案例应用——分析上海期货交易所螺纹钢期货收盘价...................................173
　　7.3.3　结果解读...174
7.4　两个独立样本检验...174

         7.4.1　正态性检验回顾 174
         7.4.2　案例应用——分析德国、荷兰的年通货膨胀率差异 175
         7.4.3　结果解读 176
   7.5　两个相关样本检验 177
         7.5.1　统计学原理 177
         7.5.2　案例应用——分析试验药品服药前后的效果 177
         7.5.3　结果解读 178
   7.6　K 个独立样本检验 179
         7.6.1　统计学原理 179
         7.6.2　案例应用——分析中国、韩国、日本的失业率差异 179
         7.6.3　结果解读 181
   7.7　K 个相关样本检验 181
         7.7.1　统计学原理 181
         7.7.2　案例应用——分析主要城市日照时数差异 181
         7.7.3　结果解读 183
   7.8　本章习题 183

第三部分　高级统计案例应用

第 8 章　多因素方差分析与多因变量分析 186
   8.1　多因素方差分析 186
         8.1.1　统计学原理 186
         8.1.2　案例应用——分析德国、法国、西班牙、意大利四个国家的住房拥挤率 ...187
         8.1.3　结果解读 194
   8.2　多因变量分析 197
         8.2.1　统计学原理 197
         8.2.2　案例应用——分析我国部分省份地方政府债券收益率影响因素 197
         8.2.3　结果解读 201
   8.3　本章习题 208

第 9 章　相关分析 209
   9.1　双变量相关分析 209
         9.1.1　统计学原理 209
         9.1.2　案例应用——分析国际原油价格和黄金价格的相关性 210
         9.1.3　结果解读 212
   9.2　偏相关分析 213
         9.2.1　统计学原理 213
         9.2.2　案例应用——分析商业银行公司存贷款增长的相关性 213
         9.2.3　结果解读 215
   9.3　本章习题 216

第 10 章　回归分析 217

10.1　线性回归分析 217
10.1.1　统计学原理 217
10.1.2　案例应用——分析欧元区 20 国经济景气指数的影响因素 218
10.1.3　结果解读 222

10.2　加权最小二乘回归分析 227
10.2.1　统计学原理 227
10.2.2　案例应用——分析中等收入国家航空运输客运量的影响因素 227
10.2.3　结果解读 229

10.3　曲线估算回归分析 230
10.3.1　统计学原理 230
10.3.2　案例应用——分析英国工业生产指数对失业救济率的影响 230
10.3.3　结果解读 232

10.4　二元 Logistic 回归分析 234
10.4.1　统计学原理 235
10.4.2　案例应用——分析商业银行公司客户信用风险影响因素 235
10.4.3　结果解读 239

10.5　多元 Logistic 回归分析 242
10.5.1　统计学原理 242
10.5.2　案例应用——分析血糖含量与年龄、糖摄入量、运动量的关系 243
10.5.3　结果解读 246

10.6　有序回归分析 249
10.6.1　统计学原理 249
10.6.2　案例应用——分析生产车间工人年度奖金档次 250
10.6.3　结果解读 252

10.7　非线性回归分析 253
10.7.1　统计学原理 253
10.7.2　案例应用——分析工作年限对绩效年薪的影响 254
10.7.3　结果解读 256

10.8　本章习题 257

第四部分　专业统计案例应用

第 11 章　因子分析 260

11.1　统计学原理 260
11.2　案例应用——分析 39 家上市银行风险与效益指标 262
11.3　结果解读 268
11.4　本章习题 275

第 12 章　信度分析 276
12.1　统计学原理 276
12.2　案例应用——分析自我效能感调查问卷信度 277
12.3　结果解读 280
12.4　本章习题 283

第 13 章　聚类分析 284
13.1　二阶聚类分析 284
13.1.1　统计学原理 284
13.1.2　案例应用——分析私募基金业绩表现 285
13.1.3　结果解读 288
13.2　K 均值聚类分析 289
13.2.1　统计学原理 289
13.2.2　案例应用——分析 A 股电气机械和器材制造业上市公司财务指标 289
13.2.3　结果解读 292
13.3　系统聚类分析 294
13.3.1　统计学原理 294
13.3.2　案例应用——分析美股酒店及汽车旅馆公司盈利能力 294
13.3.3　结果解读 298
13.4　本章习题 301

第 14 章　时间序列预测 302
14.1　时间序列数据的预处理 302
14.1.1　统计学原理 302
14.1.2　案例应用——分析甘肃省历年降雨量月度数据 303
14.1.3　结果解读 305
14.2　专家建模器 306
14.2.1　统计学原理 306
14.2.2　案例应用——分析日本东京部分零售商品价格走势 307
14.2.3　结果解读 314
14.3　指数平滑法、ARIMA 模型 315
14.4　季节分解模型 317
14.4.1　统计学原理 317
14.4.2　案例应用——分析德国历年贸易差额月度数据 318
14.4.3　结果解读 319
14.5　本章习题 320

第 15 章　生存分析 321
15.1　寿命表分析 321
15.1.1　统计学原理 322

15.1.2　案例应用——分析患者锻炼强度与生存时间之间的关系 323
　　　15.1.3　结果解读 326
　15.2　Kaplan-Meier 分析 328
　　　15.2.1　统计学原理 328
　　　15.2.2　案例应用——分析药物种类和剂量对生存时间的影响 328
　　　15.2.3　结果解读 331
　15.3　Cox 回归分析 334
　　　15.3.1　统计学原理 334
　　　15.3.2　案例应用——分析年龄、吸烟、康复训练和住院时间对生存时间的影响 335
　　　15.3.3　结果解读 338
　15.4　本章习题 340

第五部分　AI 工具应用

第 16 章　DeepSeek 等 AI 工具的应用 342

16.1　AI 工具对学习 SPSS 统计分析的作用 342
16.2　SPSS 统计分析 AI 提示实例 343
　　16.2.1　图形绘制 AI 简单提示示例 343
　　16.2.2　线性回归分析 AI 简单提示示例 344
　　16.2.3　二元 Logistic 回归 AI 简单提示示例 345
　　16.2.4　因子分析 AI 系统提示示例 346
　　16.2.5　生存分析 AI 系统提示示例 347
　　16.2.6　AI 提示应用总结 348

第一部分

SPSS统计学入门篇

SPSS统计学与案例应用精解

第 1 章

SPSS 入门

本章介绍 SPSS 入门知识，具体包括 SPSS 简介，SPSS 安装要求、启动与关闭，SPSS 选项设置，SPSS 界面设置和数据编辑器的基本操作。

本章教学要点：

- 熟悉 SPSS 的功能特色。
- 熟练掌握 SPSS 的安装、启动、关闭等基础操作。
- 了解 SPSS 的选项设置。
- 了解 SPSS 的界面设置。
- 熟练应用 SPSS 数据编辑器创建符合研究需要的变量和样本观测值。

1.1 SPSS 简介

下载资源:\video\第 1 章\1.1

SPSS 是一款统计分析软件，由美国斯坦福大学的三位研究生 Norman H. Nie、C. Hadlai (Tex) Hull 和 Dale H. Bent 于 1968 年成功研发。软件初期名为"社会科学统计软件包"。1992 年，推出 Windows 版本。自 SPSS 11.0 起，其名称改为 Statistical Product and Service Solutions，中文译为"统计产品与服务解决方案"。

SPSS 集数据录入、数据编辑、数据管理、统计分析、报表制作和图形绘制等功能于一体，涵盖从简单的统计描述到复杂的多因素统计分析方法等多种方法，包括数据的描述分析、相关分析、方差分析、非参数检验、回归分析、生存分析、因子分析、聚类分析等。

SPSS 支持多种语言，几乎可以从任何类型的文件中导入数据，然后使用这些数据开展分析、输出图表等。SPSS 软件的最大优势在于界面直观友好，用户易于掌握和应用。通常情况下，用户只需掌握基本的 Windows 操作技能，并在一定程度上熟悉各类统计分析方法的基本原理，即可使用该软件开展数据统计分析工作。

SPSS 作为一款统计分析软件,其传统功能依托于统计学,尤其擅长处理调查问卷获取的数据。近年来,随着机器学习与商用建模的流行,SPSS 增加了很多机器学习方面的功能,比如神经网络、决策树等。因此,SPSS 的功能特色主要体现在统计分析,兼具一部分机器学习功能。从功能角度考虑,SPSS 特别适合管理学、社会学、教育学、心理学、统计学、医学、药学、市场营销学等学科的研究,尤其适用于通过调查问卷获取数据开展实证分析的学术或应用研究。当然,经济金融、物流管理、电子商务、批发零售、生产制造等各行各业的研究者也同样可以使用。

1.2 SPSS 安装要求、启动与关闭

下载资源:\video\第 1 章\1.2

1.2.1 SPSS 安装要求

SPSS 自 1968 年推出以来历经了多次改版,当前流行版本为 SPSS 26.0。本书以 SPSS 26.0 版本为例进行讲解,也可兼容其他版本。SPSS 支持 Windows、macOS、Linux 等多种操作系统。运行 SPSS 26.0 对计算机的硬件要求并不高,一般配置即可。若数据集样本量较大,则需要配置更大的内存。

1.2.2 SPSS 启动与关闭

安装 SPSS 后,双击 SPSS 程序的启动图标,或者从 Windows 的开始菜单中找到 SPSS 程序并单击启动,即可弹出如图 1.1 所示的启动对话框。该对话框仅在安装后第一次启动时显示。如果勾选了对话框左下角的"以后不再显示此对话框"复选框,那么以后启动时将不再出现该对话框。

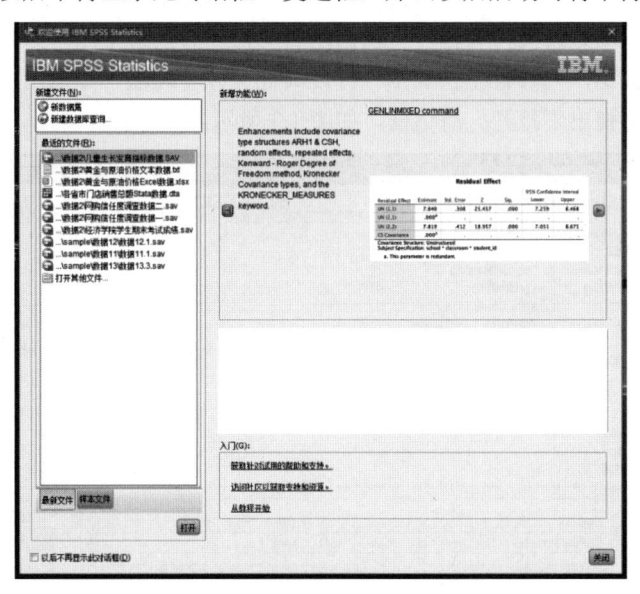

图 1.1 SPSS 启动对话框

1. 新建文件

新建文件包括"新数据集"和"新建数据库查询"两个子选项。其中,"新建数据库查询"选项一般不常用。选择"新数据集"并单击下方的"打开"按钮,或者直接双击"新数据集"选项,即可显示"数据编辑器"窗口,如图1.2所示。在该窗口中,用户可以直接输入数据,建立新数据集。

图1.2 "数据编辑器"窗口

2. 最近打开的文件

SPSS对用户最近的文件操作有一定的记忆功能,会在列表框中列出用户最近打开过的SPSS数据文件。用户单击其中的数据文件名称,可以快速启动相应的数据文件。如果是首次安装SPSS软件且未曾存储过任何数据,列表框中仅显示"打开其他文件"选项。如果用户选择该选项并单击下方的"打开"按钮,将弹出"打开"对话框,如图1.3所示。

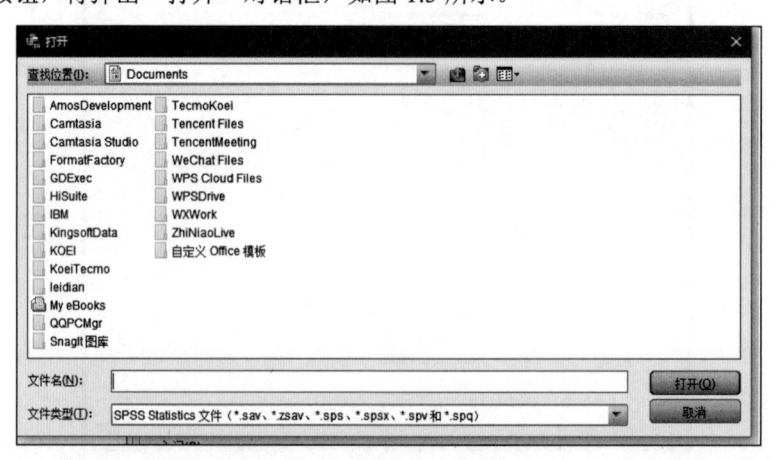

图1.3 "打开"对话框

在"打开"对话框中，用户可以通过访问文件所在的位置精准找到需要打开的数据文件，然后单击"打开"按钮，即可启动目标数据文件。

如果勾选了如图 1.1 所示的启动对话框左下角的"以后不再显示此对话框"复选框，则在之后启动 SPSS 时，将直接显示"数据编辑器"窗口。在该窗口中，用户可以通过菜单操作的方式打开 SPSS 的数据、语法、输出和脚本等文件，如图 1.4 所示。

图 1.4　在"数据编辑器"窗口中打开 SPSS 文件

SPSS 的关闭与 Windows 界面类似，通常有以下几种操作方法：

- 在 SPSS 软件菜单栏中选择"文件|退出"命令。
- 双击 SPSS 窗口左上角的 图标，或在标题栏的任何位置右击，从弹出的快捷菜单中选择"关闭"选项。
- 单击窗口右上角的 按钮。
- 使用快捷键 Alt+F4。

1.2.3　SPSS 软件常用窗口

1. "数据编辑器"窗口

在启动选项中选择"输入数据"或"打开现有的数据源"时，将出现"数据编辑器"窗口。这是最为常用的窗口，窗口界面包括数据视图和变量视图，详见 1.5 节的介绍。

2. "语法编辑器"窗口

选择菜单栏中的"文件|新建|语法"命令或"文件|打开|语法"命令，均可打开"语法编辑器"窗口，如图 1.5 所示。用户可以在"语法编辑器"窗口中直接编写相应的程序，也可以将已编辑好的命令粘贴到"语法编辑器"窗口中。

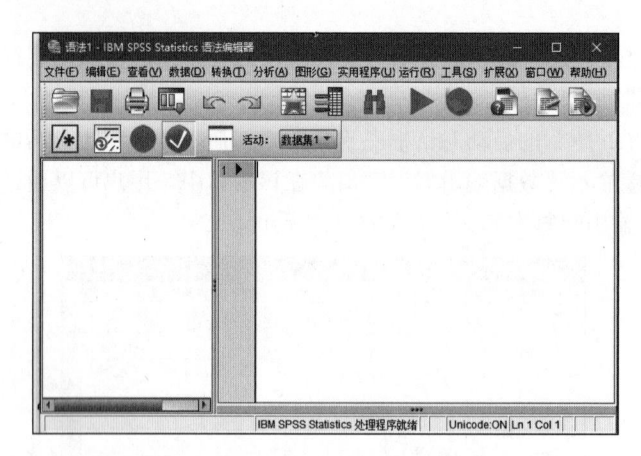

图1.5　SPSS的"语法编辑器"窗口

3. "查看器"窗口（结果输出窗口）

当SPSS执行完用户的操作指令后，会在"查看器"窗口中输出统计分析结果或绘制的相关图表，如图1.6所示。"查看器"窗口分为左侧的导航窗口和右侧的显示窗口。用户可以通过导航窗口快速定位分析结果或图表，通过显示窗口查看具体的内容。

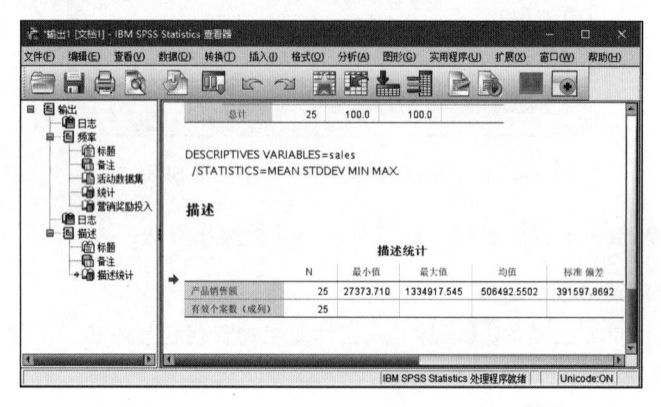

图1.6　SPSS的"查看器"窗口

在"查看器"窗口中，用户可以直接双击表格或图形进行编辑，如图1.7所示。

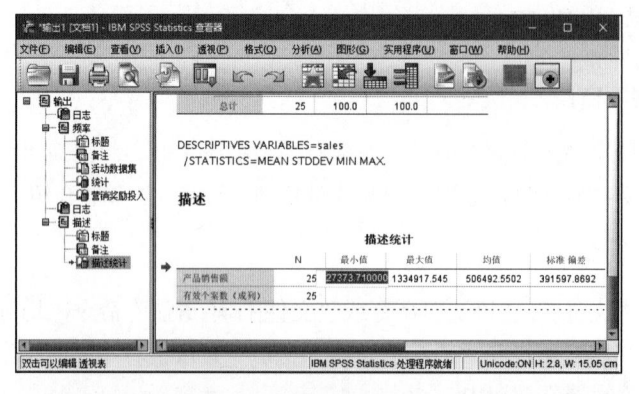

图1.7　在SPSS"查看器"窗口中对结果进行编辑

1.3 SPSS 选项设置

下载资源:\video\第 1 章\1.3

SPSS 选项设置主要用于对 SPSS 的界面语言、输出结果格式或样式、外观风格等进行个性化的设置。如果用户无特别偏好，也可直接采用系统的默认设置，跳过本节内容，有需要时再学。在 SPSS "数据编辑器"窗口中，可以通过"编辑|选项"菜单命令打开"选项"对话框。常用的选项卡包括"常规""语言""查看器""数据""输出""图表"等。

1.3.1 "常规"选项卡

"常规"选项卡为默认选项卡，可以设置 SPSS 的各种通用参数，如图 1.8 所示。

图 1.8 "常规"选项卡

"常规"选项卡说明如下：

- "变量列表"选项组用于设置变量在变量表中的显示方式与顺序。显示方式可选择"显示标签"或"显示名称"。若用户选择"显示标签"，则变量标签显示在前；若选择"显示名称"，则只显示变量名称。
- "角色"选项组是为了节省时间，允许在某些对话框中使用预定义的字段角色，以便自动将变量（字段）分配到对话框中的列表。
- "输出"选项组主要用于设置常用的输出格式。如果勾选了"没有用于表中较小的数字的科学记数法"复选框，则输出结果中将使用 0 代替非常小的小数；如果勾选了"将语言环境的数字分组格式应用于数字值"复选框，则输出结果中的数字将应用与语言环境保持一致的格式；如果勾选了"对小数值显示前导零"复选框，则小数将带上整数部分的 0，如 0.03，如果不勾选该复选框，则小数将简略显示为.03（此功能对于许多用户来说可能非常实用）。
- "测量系统"下拉列表框用于设置 SPSS 的度量参数，可以选择"磅""英寸""厘米"。
- "通知"选项包括"弹出查看器窗口"和"滚动到新输出"两个复选框。若勾选"弹出查看器窗口"复选框，SPSS 会在有新结果时弹出查看器窗口；若勾选"滚动到新输出"复选框，SPSS 会自动在视图窗口中滚动到新输出。
- "窗口"选项组中的"外观"下拉列表框用于设置 SPSS 的外观风格，用户可根据个人偏好灵活选择。若勾选"启动时打开语法窗口"复选框，SPSS 将在启动时自动打开语法窗口；若勾选"一次只打开一个数据集"复选框，SPSS 将不支持打开多个数据集，用户若要打开新数据集，则需要先关闭当前的数据集（请慎选该复选框）。

1.3.2 "语言"选项卡

"语言"选项卡用于设置输出结果和用户界面的语言环境，如图 1.9 所示。

图 1.9 "语言"选项卡

"语言"选项卡的说明如下：

- 对话框左侧的"语言"选项组中包括"输出"和"用户界面"两个下拉菜单，分别用于设置输出结果和用户操作界面的语言环境。下拉选项包括"英语""简体中文""繁体中文""法语""德语"等。国内用户通常选择"简体中文"。
- 对话框右侧的"双向文本"选项组用于设置基本文本方向，下拉菜单中包括"自动""从右到左""从左向右"3 个选项。一般情况下，用户可以采取系统的默认设置。

1.3.3 "查看器"选项卡

"查看器"选项卡主要用于设置结果输出窗口（查看器窗口）的字体、图标等选项，如图 1.10 所示。

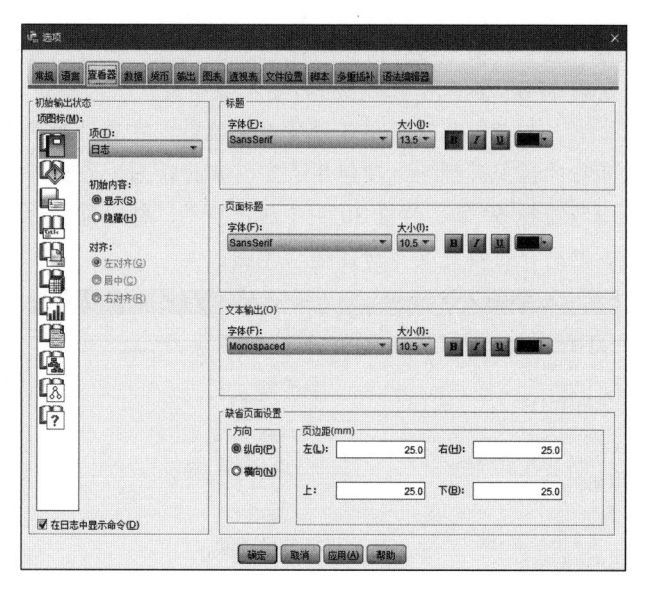

图1.10 "查看器"选项卡

"查看器"选项卡的说明如下：

- 对话框左侧的"初始输出状态"选项组用于设置输出结果的初始状态参数。
  - 在"项"下拉列表框中，可以选择要设置的输出结果，"项"下拉列表框中包括日志、警告、备注、标题、页面标题、透视表、图表、文本输出、树模型、模型查看器、未知对象类型等选项。
  - 在"初始内容"和"对齐"选项组中，可以设置所选内容的输出参数。"初始内容"可选择"显示"或"隐藏"；"对齐"可选择"左对齐""居中""右对齐"；此外，如果用户勾选了"在日志中显示命令"复选框，SPSS将在日志中输出命令语句。
- 对话框右侧的"标题""页面标题"和"文本输出"选项组分别用于设置标题、页面标题，以及文本输出的字体、大小、加粗、斜体、下画线、颜色等。

1.3.4 "数据"选项卡

"数据"选项卡用于设置数据处理过程中的相关参数，如图1.11所示。

"数据"选项卡的说明如下：

- "转换与合并选项"选项组包括"立即计算值""在使用前计算值"两个选项：
  - 选中"立即计算值"单选按钮时，数据转换和文件合并操作将在单击"确定"按钮后立即执行。
  - 选中"在使用前计算值"单选按钮时，数据转换和文件合并操作不会立即执行，只有在遇到命令时才进行转换和合并。一般来说，当数据文件较大时，为了节约资源，推荐选择"在使用前计算值"。
- "新数字变量的显示格式"选项组用于设置数值变量的宽度与小数位数，包括"宽度"与"小数位数"两个微调框。

- "随机数生成器"选项组用于选择使用的随机数生成器。若用户选中"长周期梅森旋转算法"单选按钮,则 SPSS 将使用该算法进行随机数生成。
- "数字值的四舍五入与截断"选项用于设置模糊位数,主要针对 RND 和 TRUNC 函数。
- "设置两位数年份的世纪范围"选项组用于定义年份范围。若选择"自动"单选按钮,则系统年限基于当年前推 69 年、后推 30 年(加上当年,整个范围为 100 年);若选择"定制"单选按钮,则用户可自定义年份的变动范围。

图 1.11 "数据"选项卡

1.3.5 "输出"选项卡

"输出"选项卡主要用于设置输出结果的标签选项,如图 1.12 所示。

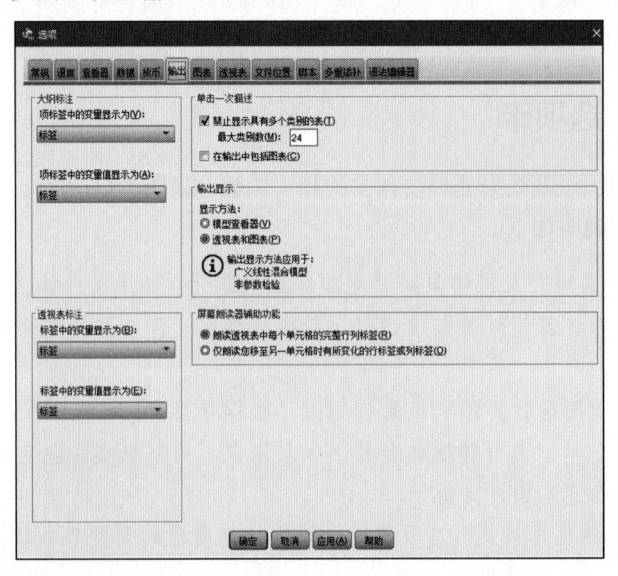

图 1.12 "输出"选项卡

"输出"选项卡的说明如下:

- "大纲标注"选项组包括"项标签中的变量显示为"和"项标签中的变量值显示为"两个下拉列表框,分别用于设置变量标签和变量值的显示方式。这两个下拉列表框均有 3 个选项供选择,若选择"标签",则将使用变量标签标识每个变量;若选择"名称",则将使用变量名称标识每个变量;若选择"标签与名称",则将使用变量标签与变量名称两者来标识每个变量。
- "透视表标注"选项组包括"标签中的变量显示为"和"标签中的变量值显示为"两个下拉列表框,下拉列表框内容与"大纲标注"选项组中的类似。

1.3.6 "图表"选项卡

"图表"选项卡用于设置图表输出时的各种参数,如图 1.13 所示。

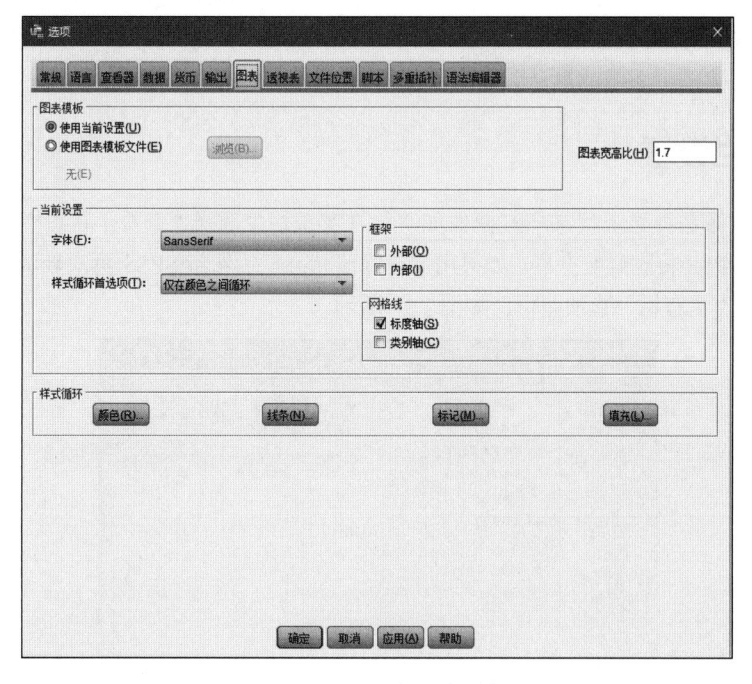

图 1.13 "图表"选项卡

"图表"选项卡的说明如下:

- "图表模板"选项组包含"使用当前设置"和"使用图表模板文件"两个选项。若用户选择"使用当前设置",则图表采用此标签中设置的参数;若选择"使用图表模板文件",则使用图表模板来确定图表属性,通过单击右侧的"浏览"按钮选择具体的图表模板。
- "图表宽高比"文本框用于设置图表的宽高比例。
- "当前设置"选项组包括"字体"和"样式循环首选项"两个下拉列表框。
    - "字体"下拉列表框用于设置新图表中所有文本的字体。
    - "样式循环首选项"下拉列表框用于设置新图表的颜色和图案的初始分配,包含两个选项,若用户选择"仅在颜色之间循环",则系统仅使用颜色区分图表元素,不使用图案;

若用户选择"仅在图案之间循环",则系统仅使用线条样式、标记符号或填充图案来区分图表元素,不使用颜色。
- "框架"选项组用于控制新图表上的内框和外框的显示,用户可以选择显示内部或外部。
- "网格线"选项组用于设置新图表上的标度轴网格线和类别轴网格线的显示。
- "样式循环"选项组包含"颜色""线条""标记""填充"4个按钮,分别用于设置新图表的颜色、线条样式、标记符号和填充图案。

1.4 SPSS 界面设置

下载资源:\video\第 1 章\1.4

SPSS 允许用户自行对状态栏、网格线、菜单和字体等进行设置,打造个性化界面。如果用户无特别偏好,也可直接采用系统的默认设置,跳过本节内容,之后有需要时再学。

1.4.1 状态栏设置

用户可自行选择是否显示状态栏,操作如下:在菜单栏中选择"查看|状态栏"命令,取消勾选"状态栏"选项,SPSS 将隐藏状态栏。如果用户在隐藏状态栏后希望 SPSS 再次显示状态栏,只需重复上面的操作,勾选"状态栏"选项即可,如图 1.14 所示。

图 1.14 "状态栏"选项

1.4.2 网格线设置

用户可隐藏网格线,操作如下:在菜单栏中选择"查看|网格线"命令,取消勾选"网格线"选项,SPSS 将会隐藏网格线。如果用户在隐藏网格线后希望 SPSS 再次显示网格线,只需重复上面的操作,勾选"网格线"选项即可,如图 1.15 所示。

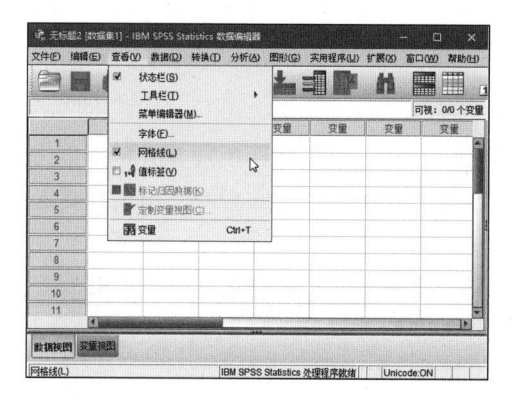

图 1.15 "网格线"选项

1.4.3 菜单设置

用户可以根据需要删除现有菜单或增加新的菜单，具体操作方法如下：在菜单栏中选择"查看｜菜单编辑器"命令，打开如图 1.16 所示的"菜单编辑器"对话框。

图 1.16 "菜单编辑器"对话框

1. "应用于"下拉列表框

该下拉列表框用于选择要编辑菜单的窗口，包含"数据编辑器""浏览器"和"语法"3 个选项，分别用于设置数据编辑器窗口、输出窗口和语法窗口的菜单栏。

2. "菜单"列表框

该列表显示了各个窗口的菜单栏中现有的菜单。单击每项前面的加号可以展开每项菜单下的具体内容。当我们选中菜单选项时，"插入菜单"按钮将被激活，单击此按钮可以插入新的菜单项。此外，双击要添加新项的菜单，或单击项目加号图标并选择要在其上显示新项的菜单项，"插入项"按钮将被激活，单击此按钮可插入新的菜单项。

3. "文件类型"选项组

该选项组包括"应用程序""语法"和"脚本"3 个单选按钮，用于为新项选择文件类型。单击"文件名"文本框后的"浏览"按钮，可选择要附加到菜单项的文件。此外，在菜单项之间还可以添加全新的菜单和分隔符。

1.4.4 字体设置

用户可设置字体，具体操作如下：

在菜单栏中选择"查看|字体"命令，打开如图 1.17 所示的"字体"对话框。"字体"对话框包含"字体""字型"和"大小" 3 个列表框，用户可以在其中选择要定义的字形、字体样式和字号。设置完毕后，单击"确定"按钮保存设置即可。

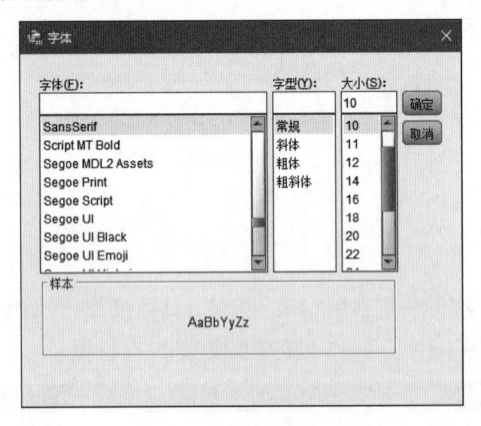

图 1.17 "字体"对话框

1.5 数据编辑器的基本操作

下载资源:\video\第 1 章\1.5
下载资源:\sample\数据 2\儿童生长发育指标数据

SPSS 既可以直接输入数据，也可以从多种数据源导入数据。直接输入数据时，使用的是数据编辑器。数据编辑器是 SPSS 的默认窗口，显示当前操作的数据文件的内容。数据编辑器分为两个视图：数据视图和变量视图。

以"儿童生长发育指标数据"为例，数据编辑器的数据视图如图 1.18 所示，其中每一行表示一个样本观测值，每一列表示一个变量。

图 1.18 数据视图

数据编辑器的变量视图如图 1.19 所示，其中每一行表示一个变量，每一列表示变量的一个属性。

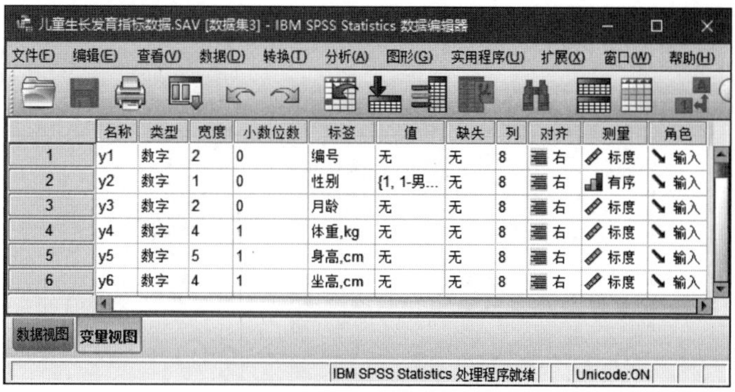

图 1.19　变量视图

1.5.1　数据编辑器的变量视图操作

在使用数据编辑器建立或者修改数据文件时，通常先在变量视图中定义相应的变量。变量的属性包括名称、类型、宽度、小数位数、标签、值、缺失值、列、对齐、测量、角色等。

1. 名称

SPSS 中变量命名的规则如下：

- 不能超过 64 个字符。
- 首字符必须是字母、中文或特殊符号"@""$""#"。
- 变量名中不能出现"？""！""."""+""=""*"和空格。
- 末字符不能为"."和空格。
- 名称不能与 SPSS 的保留字（AND、BY、EQ、GE、GT、LT、NE、NOT、OR、TO、WITH 和 ALL）相同。

系统不区分变量名中的字母大小写。

2. 类型

SPSS 可以设置 9 种变量类型，分别是：数字、逗号、点、科学记数法、日期、美元、定制货币、字符串和受限数字（带有前导零的整数）。这 9 种变量类型可归为 3 类：数值型变量、日期型变量和字符型变量。

- 数值型变量包括：标准数值型（数字）、逗号数值型（逗号）、圆点数值型（点）、科学记数型（科学记数法）、美元数值型（美元）、定制货币数值型（定制货币）、受限数值型（带有前导零的整数）。
- 日期型变量（日期）用于表示日期或时间，主要用于时间序列分析。
- 字符型变量（字符串）区分字母大小写，但不能进行数学运算。

以 y1 变量为例，在如图 1.20 所示的变量视图中，单击变量 y1 行与"类型"列交叉单元格右侧的按钮，即可弹出如图 1.21 所示的"变量类型"对话框。在"变量类型"对话框中，用户可以设定变量的类型。

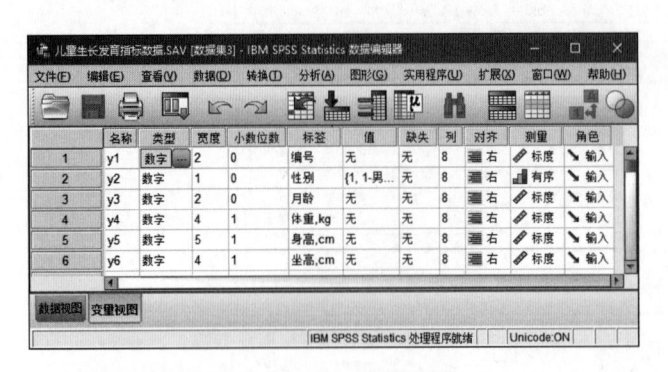

图 1.20　变量视图

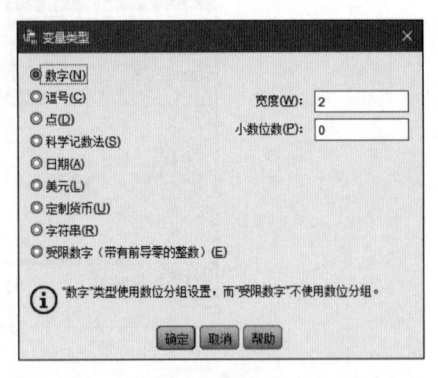

图 1.21　"变量类型"对话框

3. 宽度

变量的宽度指在数据窗口中，变量所占的单元格列宽度。

> **注　意**
>
> 　　在定义变量类型时，指定的宽度和定义变量格式的宽度有所不同。定义变量格式的宽度应当综合考虑变量宽度和变量名所占的宽度，一般取较大的值作为定义变量格式宽度时可取的最小值。

4. 标签

标签是对变量名的附加说明。在许多情况下，SPSS 中不超过 8 个字符的变量名不足以表达变量的含义。通过变量标签，可以进一步解释和说明变量的含义。特别是在 Windows 中文系统下，还可以添加中文标签，方便不熟悉英文的用户。例如，定义变量名为 sale，可以添加标签"销售"。

给变量添加标签后，在数据编辑器窗口中操作时，当鼠标悬停在一个变量上时，变量名称下方将显示其标签。在进行统计分析时，默认输出的是变量标签而非变量名。例如，变量名 sale 加注了标签"销售"，则在进行描述性统计分析时，结果输出窗口中显示的是"销售"的结果，而非 sale 的结果。

5. 值

值是对变量的可能取值的进一步说明，通常仅对分类变量的取值指定值标签。例如，对于 y2 变量，在如图 1.20 所示的变量视图中，单击变量 y2 行与"值"列交叉单元格右侧的按钮，即可弹出如图 1.22 所示的"值标签"对话框。

例如，针对 y2 变量，使用 1 表示"男"，2 表示"女"，可以在"值"文本框中输入"1"，在"标签"文本框中输入"男"，然后单击"添加"按钮；接着在"值"文本框中输入"2"，在"标签"文本框中输入"女"，然后单击"添加"按钮，完成对 y2 变量值标签的设置。

6. 缺失值

在很多情况下，数据文件中可能出现错误，有时是由于工作失误，有时是因为数据突然出现了极端异常值。这些错误数据或极端异常值数据可能会显著干扰我们的分析，导致最终拟合的数据模型失真。例如，在调查汽车产量时，如果记录到某小型加工厂的平均日产量为 600 万辆，这样的高产量显然是不符合常识的，因此这个数据应属于错误的数据。如果统计分析中使用了这样的数据，必然会导致错误的分析结果。以 y2 变量为例，在如图 1.20 所示的变量视图中，单击变量 y2 行与"缺失"列交叉单元格右侧的 按钮，即可弹出如图 1.23 所示的"缺失值"对话框。

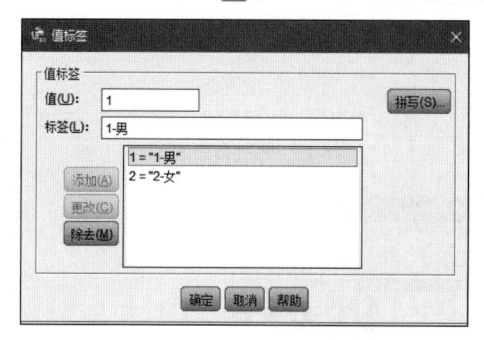

图 1.22　"值标签"对话框　　　　　　图 1.23　"缺失值"对话框

"缺失值"对话框中共有 3 种处理方式供用户选择：

- 无缺失值。默认选项，如果所有的数据值测试、记录完全正确且没有遗漏，可选此项。
- 离散缺失值。选择这种方式定义缺失值时，可以在下面的 3 个文本框中输入可能出现在相应变量中的缺失值，也可以少于 3 个。如果选择了这种处理方式，则系统在进行统计分析时，会将设置的这些值视为缺失值处理。例如，对于季节变量，如果进行了值标签操作，用 1 表示春季，用 2 表示夏季，用 3 表示秋季，用 4 表示冬季，那么若出现除 1、2、3、4 之外的值，则为不正确的数据。如果数据中出现了 5、6、7，那么可以将这 3 个值输入离散缺失值下的 3 个文本框中。当数据文件中出现这些值时，系统将它们作为缺失值处理，确保统计分析结果的准确性。
- 范围加上一个可选离散缺失值。选择这种方式定义缺失值时，除了"下限"和"上限"文本框外，还可以在"离散值"文本框中设置范围外的值。在这种处理方式下，进行统计分析时，落在下限和上限范围内的值，以及设置的范围以外的值，都会被当作缺失值处理。例如，在统计学生体重数据时，若在"下限"文本框中输入 80，在"上限"文本框中输入 90，在"离散值"文本框中输入 70，那么位于[80,90]区间内，以及体重为 70 的学生数据都会被认定为缺失值。

7. 对齐

在 SPSS 变量视图中，变量值在单元格中的显示方式有"左"对齐、"右"对齐和"居中"3 种，如图 1.24 所示。用户可以通过在"对齐"列中选择"左""右"或者"居中"来决定对齐方式。默认情况下，数值型变量的对齐方式为右对齐，字符型变量的对齐方式为左对齐。

图 1.24 "对齐"设置

8. 测量

测量指的是变量的测量方式。变量的测量方式有 3 种，分别是"标度""有序"和"名义"，如图 1.25 所示。

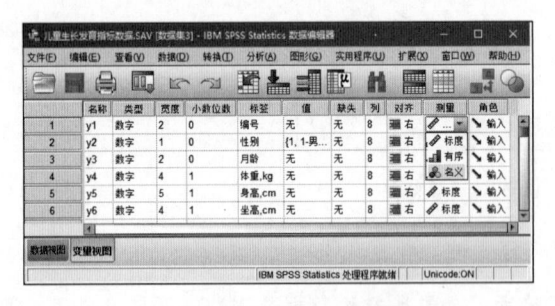

图 1.25 "测量"设置

简单来说，"标度"表示连续变量，"名义"表示分类变量，"有序"表示具有顺序性质的分类变量。用户需要根据变量的实际特征来指定测量类型。例如，针对学生的身高、体重等连续性变量，应将测量方式设置为"标度"；针对学生衣服的颜色变量，可以考虑将测量方式设置为"名义"；针对银行的信贷资产（正常、关注、次级、可疑、损失）或客户满意程度（很满意、比较满意、基本满意、不满意、很不满意等），则应选择"有序"。

1.5.2 数据编辑器的数据视图操作

用户设定变量后，可进入数据视图录入或编辑样本观测值，或者对样本观测值进行必要的加工。输入数据的操作如下：单击激活选中的单元格，此时该单元格的边框加黑，单元格的颜色变为土黄色，二维表格的上方左侧显示选定单元格的观测值号和变量名；在单元格中输入的数据显示在右侧的编辑栏中；输入完成后，按回车键或向下方向键可将光标移到同列下一个单元格；按 Tab 键则会将光标移到右侧单元格。

> **注　意**
>
> 输入单元格的变量值必须与事先定义的变量类型一致。如果变量为数值型，那么在单元格中输入字符串时，系统将拒绝接受；如果变量为字符串类型，在单元格中输入数值时，系统会将这个数值视为字符。

> 说　明
>
> 并不一定需要先设定变量再录入数据。如果用户没有设定变量,而是直接在数据视图中录入数据,SPSS 会自动使用系统默认名称(VAR00001、VAR00002、VAR00003 等)创建变量,如图 1.26 所示。

图 1.26　在数据视图界面录入数据自动创建变量

这些自动创建的变量类型默认为"数字",宽度默认为 8,小数位数默认为 2,标签默认无添加,值默认为"无",缺失值默认为"无",对齐方式默认为"右",测量方式默认为"未知"(需要用户进行选择),角色默认为"输入",如图 1.27 所示。

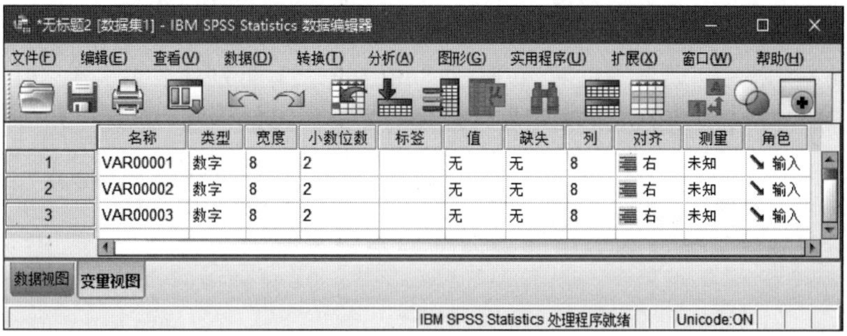

图 1.27　自动创建变量

因此,用户也可以先在数据视图界面录入数据,再返回到变量视图界面对默认变量进行编辑,修改各项属性以符合研究要求,这样也能成功创建数据文件。

整体而言,SPSS 的界面非常友好,其操作风格与 Office、WPS 等办公软件类似。如果用户能够熟练使用这些办公软件,就能轻松按照习惯对 SPSS 数据文件进行操作。

1.6 本章习题

1. 在 SPSS 数据编辑器的变量视图的"缺失值"对话框中,用户可采取哪些处理方式?（　　）多选
   A. 无缺失值　　　　　　　　　　　　B. 离散缺失值
   C. 范围加上一个可选的离散缺失值　　D. 多个范围缺失值

2. 在 SPSS 数据编辑器的变量视图中,变量的测量方式有哪些?（　　）多选
   A. 标度　　　　B. 有序　　　　C. 名义　　　　D. 随机

3. 在下列 SPSS 可以设置的变量类型中,哪些属于数值型变量?（　　）多选
   A. 数字　　　　B. 逗号　　　　C. 点　　　　　D. 科学记数法

4. 在 SPSS 数据编辑器数据视图中,每一行表示一个（　　）,每一列表示一个（　　）。两个单选
   A. 样本观测值　　B. 变量　　　　C. 变量属性　　D. 变量标签

5. 在 SPSS 数据编辑器变量视图,每一行表示一个（　　）,每一列表示一个（　　）。两个单选
   A. 样本观测值　　B. 变量　　　　C. 变量属性　　D. 变量标签

6. 在某次儿童体检中,儿童的身高范围应该为 50~170cm,但最终收集整理的数据集中出现了 0cm 以及 180~200cm 范围内的取值,那么应该采用哪种缺失值处理方式?（　　）单选
   A. 无缺失值　　　　　　　　　　　　B. 离散缺失值
   C. 范围加上一个可选的离散缺失值　　D. 多个范围缺失值

7. 在某次儿童体检中,研究者针对性别变量取值为 1、2,分别代表男、女,但最终收集整理的数据集中出现了 0、3、4 取值,应该采用哪种缺失值处理方式?（　　）单选
   A. 无缺失值　　　　　　　　　　　　B. 离散缺失值
   C. 范围加上一个可选的离散缺失值　　D. 多个范围缺失值

第 2 章

数据加工处理

本章介绍 SPSS 常用的数据处理操作，包括变量和样本观测值的基本操作、根据现有的变量建立新变量、数据读取、数据查找、数据行列转置、数据排序、数据加权处理、数据合并、数据分解、数据汇总、数据结构重组以及数据缺失值处理等。

本章教学要点：

- 熟练掌握变量和样本观测值的基本操作，包括变量和样本观测值的移动、复制与删除；在现有数据文件中增加新的变量和新的样本观测值等。
- 学会根据现有的变量建立新变量，包括通过变量计算生成新的变量、通过对样本观测值计数生成新的变量、量表得分或分类变量的重新编码、将连续变量编码为分类变量、变量取值的等级化处理、生成虚拟变量等。
- 了解 SPSS 支持的数据文件类型，灵活掌握数据读取，包括 SPSS 数据文件的打开与保存、读取 Stata 数据文件、读取 Excel 数据文件、读取文本数据文件等。
- 熟练掌握数据查找、数据行列转置、数据排序、数据加权处理、数据合并、数据分解、数据汇总、数据结构重组、数据缺失值处理等操作。

2.1 变量和样本观测值基本操作

下载资源:\video\第 2 章\2.1

下载资源:\sample\数据 2\儿童生长发育指标数据

2.1.1 变量和观测值的移动、复制与删除

打开"儿童生长发育指标数据"文件，如图 2.1 所示。本小节的操作相对简单，读者可按照说明自行操作，不再逐图详细展示。

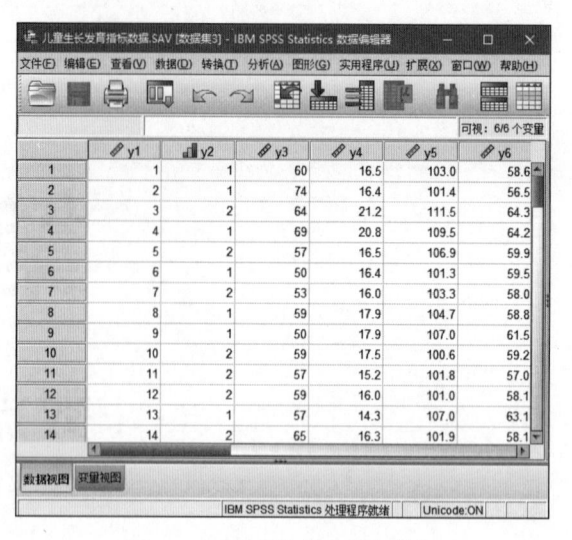

图 2.1　儿童生长发育指标数据

1. 变量和观测值的移动

在"数据视图"窗口中，选择要移动的对象后，选择"编辑|剪切"命令，找到插入位置，然后选择"编辑|粘贴"命令，将剪贴板中的变量（或观测值）粘贴到空变量（或空观测值）的位置上。

2. 变量和观测值的复制

观测值可以复制，但变量不能复制，因为变量不允许同名。要复制观测值，只要把移动方法中的"剪切"命令替换为"复制"命令即可。

3. 变量和观测值的删除

选择要删除的对象后，选择"编辑|清除"命令即可删除变量或观测值。

2.1.2　在现有数据文件中增加新的变量

如果需要在现有变量的右侧增加一个变量，则需要单击"变量视图"标签，切换到变量视图，在变量表的最底部一行根据 1.5.1 节的说明定义新变量。如果想将新变量插入已定义的变量之间，则可以插入一个变量，步骤如下：

步骤 01　确定插入位置。在"数据视图"界面中，将光标置于要插入新变量的列中任意单元格并单击，或者在"变量视图"界面中单击新变量将占据的那一行的任意位置。

步骤 02　选择"编辑|插入变量"命令，在选定的位置之前插入一个名为 Var0000n 的变量，其中 n 是系统给定的变量序号。原来占据此位置的变量及其后的变量将依次后移。

步骤 03　切换到"变量视图"界面，对插入的变量定义属性，包括更改变量名，然后切换到"数据视图"界面输入该变量的数据。

2.1.3　在现有数据文件中增加新的样本观测值

如果需要在现有数据文件中增加新的样本观测值，可以将光标置于要插入观测值的那一行的任

意单元格中,选择"编辑|插入个案"命令,或者右击,在弹出的快捷菜单中选择"插入个案"命令。此操作会在该行上方插入一个空行,如图 2.2 所示,可以在该行中输入新观测值的各个变量值。

图 2.2　完成插入后的空白观测值

2.2　根据现有的变量建立新变量

下载资源:\video\第 2 章\2.2
下载资源:\sample\数据 2\儿童生长发育指标数据、经济学院学生期末考试成绩、网购信任度调查数据一、网购信任度调查数据二、学生考试得分数据

2.2.1　通过变量计算生成新变量

有时,我们需要对变量数据进行加工。例如,在研究学生的中考成绩与 IQ 值之间的关系时,可能需要先将学生文化课、体育课和试验课等成绩按照一定的权重进行计算,从而得出学生的中考总成绩。SPSS 提供了计算变量的功能,新变量的计算可以借助该功能完成。以本书附带的"儿童生长发育指标数据"为例,若要创建新的变量"发育",其中体重、身高、坐高的权重各为 30%、40%、30%,可通过"计算变量"命令生成新变量,步骤如下:

步骤01 选择"转换|计算变量"命令,打开"计算变量"对话框,如图 2.3 所示。然后使用对话框中的计算器板或键盘将计算表达式输入"数字表达式"列表框中。表达式中需要用到的函数可从"函数组"中选择,双击或单击"函数和特殊变量"列表框左侧的箭头按钮,将选中的函数移入表达式栏。此时,栏中函数的自变量和参数将用"?"表示。自变量必须选用当前工作文件中的变量,可以从左侧变量清单栏中选择,选中后双击它,将其输入表达式中。本例在"数字表达式"列表框中输入"y4 * 0.3 + y5 * 0.4 + y6 * 0.3"。

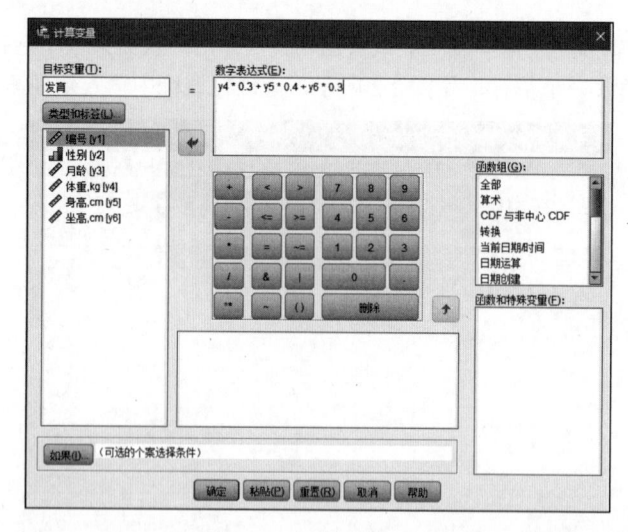

图 2.3 "计算变量"对话框

步骤 02 定义新变量及其类型。在"目标变量"文本框中输入目标变量名。本例在"目标变量"中输入"发育",然后单击"类型和标签"按钮,弹出"计算变量:类型和标签"对话框,如图 2.4 所示。

图 2.4 "计算变量:类型和标签"对话框

对话框深度解读

在"计算变量:类型和标签"对话框中,对于标签的设置有以下两种方式:

(1) 标签:可以在该文本框中给目标变量添加自定义的标签。

(2) 将表达式用作标签:使用计算目标变量的表达式作为标签,这有利于在统计分析时清晰地了解新变量的意义及运算关系。

在此对话框中,还可以对新变量的类型及宽度进行选择。本例中采取系统默认设置,单击"继续"按钮,返回"计算变量"对话框。

步骤 03 "计算变量:If 个案"对话框的使用。有时,仅需要对满足特定条件的样本观测值进行计算。在本例中,我们首先在左侧的变量列表中选择"性别",然后选中"在个案满足条件时包括"单选按钮,并在下面的文本框中输入"y2=2"(见图 2.5),表示仅计算女童的发育情况。当条件表达式"性别=2"为真时,将计算女童的发育情况。若条件表达式为假或缺失,该观测量就不会计算这个值。对应这些观测量,新变量的值为系统缺失值。

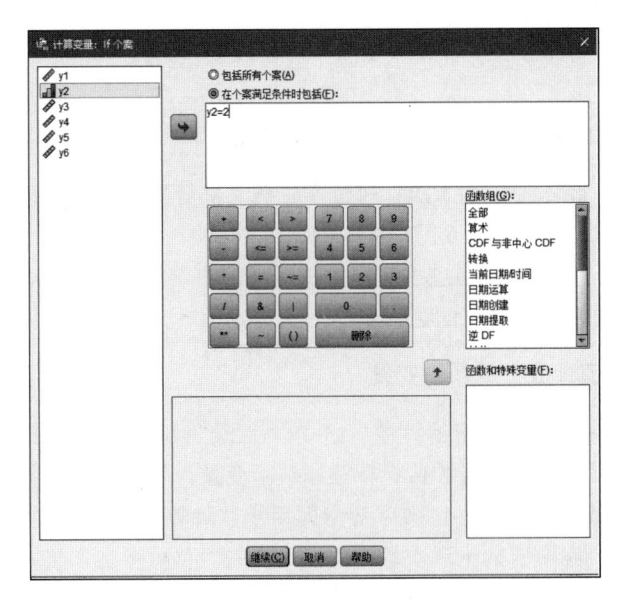

图 2.5 "计算变量：If 个案"对话框

步骤 04 单击"继续"按钮返回"计算变量"主对话框。单击"确定"按钮，结果如图2.6所示，可以看到数据视图中已增加了"发育"变量。只有女性（y2=2）的样本观测值才有发育数据（这与我们前面对表达式的具体设置有关），男性（y2=1）的样本观测值中发育变量数据都是缺失值。

图 2.6 增加"发育"变量之后的数据视图

2.2.2 通过对样本观测值计数生成新的变量

在许多情况下，我们需要对样本观测值进行计数，从而生成新的变量用于分析。例如，在某些职业资格考试中，考试科目共有 5 门，但只要通过 3 门就算合格，可以获得证书。此时，我们需要对学生各科成绩中的通过情况进行计数，统计出每位学生通过了多少门课程，进而判定其是否符合获得资格证书的要求。此处所讲述的计数，是指通过设置特定规则，例如考试成绩需要超过 60 分，来观察每个样本观测值（每个学生）在每个变量（每科成绩）上的"命中"（达标）情况，统计"命中"情况的总数。

本小节使用的案例为"经济学院学生期末考试成绩.sav"，需要完成以下操作：

（1）生成新的变量 amount，用于统计每位学生在"高等数学""英语""统计学""案例应用""微观经济学""宏观经济学"6 门课程中的通过数量。

（2）根据学院规定，如果学生通过了 4 门考试即视为本学期学业达标，那么基于新生成的变量 amount，采用频率分析方法计算学生的达标率。

1. 通过对样本观测值计数生成新的变量

步骤01 选择"转换|对个案中的值进行计数"命令，弹出"计算个案中值的出现次数"对话框，如图 2.7 所示。设置目标变量、目标标签和数字变量。目标变量是新生成的变量名称，目标标签是该新生成的变量标签，数字变量即用于"计算个案中值的出现次数"的依据变量。我们在"计算个案中值的出现次数"对话框中的"目标变量"文本框中输入拟生成的新变量名 amount，在"目标标签"文本框中输入该新变量的标签"通过课程数量"。然后，在对话框左侧的变量列表中选择"高等数学""英语""统计学""案例应用""微观经济学""宏观经济学"6 个变量，单击 ➡ 按钮将其移入"数字变量"列表框。

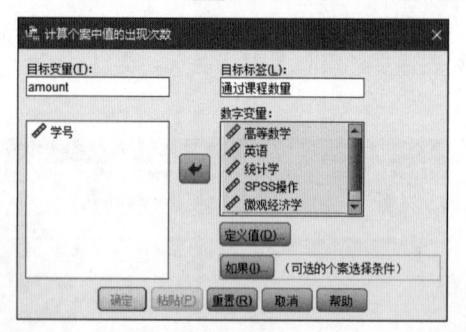

图 2.7 "计算个案中值的出现次数"对话框

步骤02 单击"定义值"按钮，弹出如图 2.8 所示的"对个案中的值进行计数：要计数的值"对话框。在该对话框中，选择"范围，从值到最高"，并在文本框中填写 60，然后单击中间的"添加"按钮，即可在"要计数的值"列表框中看到"60 thru Highest"，表示当样本观测值的取值大于或等于 60 时，才会被计数统计。

对话框深度解读

值：在该输入框中输入具体值作为将要计数的目标。

系统缺失值：将系统指定缺失的值作为计数的目标。

系统缺失值或用户缺失值：将系统缺失值或用户指定的缺失值作为计数的目标。

范围：输入一个取值范围，在这个范围内的值都是计数的目标。

范围，从最低到值：输入一个值，计数的范围是从个案中的最小值到该值。

范围，从值到最高：输入一个值，计数的范围是从这个值到个案中的最大值。

步骤 03 设置完毕后，单击"继续"按钮返回主对话框，再单击"确定"按钮等待输出结果。最终结果如图 2.9 所示。从数据文件中可以看到新生成了 amount 字段。以第一个学生为例（数据文件的第 1 行数据），该学生"高等数学""英语""统计学""案例应用""微观经济学""宏观经济学"6 门课程的成绩都在 60 分以上，因此 amount 的取值为 6。

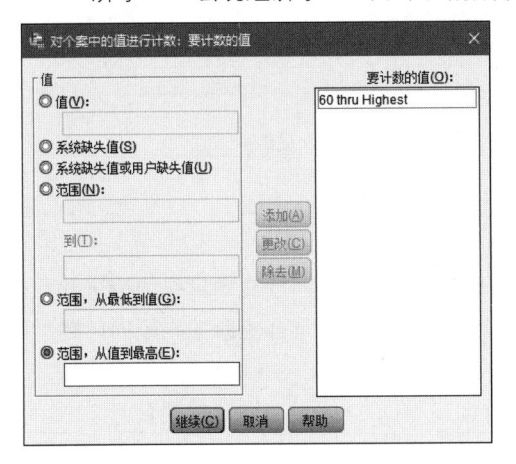

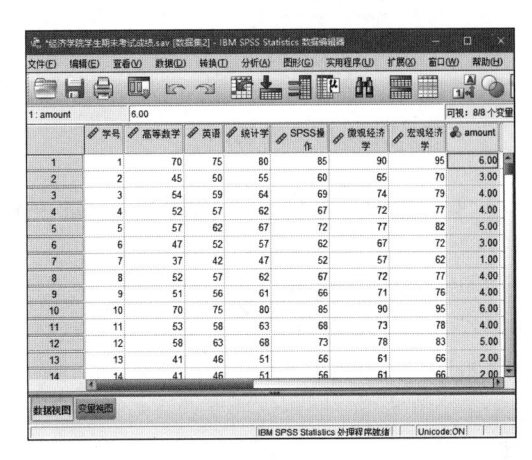

图 2.8 "对个案中的值进行计数：要计数的值"对话框　　　图 2.9 输出结果

2. 采用频率分析方法计算学生的达标率

选择"分析|描述统计|频率"命令，弹出如图 2.10 所示的"频率"对话框。在"频率"对话框的左侧列表框中选择"通过课程数量[amount]"选项，单击中间的 按钮将其加入"变量"列表框。在"频率"对话框左下角勾选"显示频率表"复选框，要求输出频率表格。单击"确定"按钮以生成输出结果。

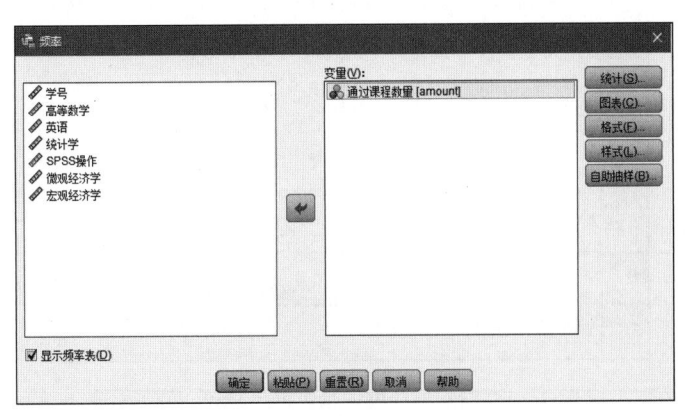

图 2.10 "频率"对话框

本例中对频率分析的介绍较为简单，详细介绍请参见 5.1 节内容。图 2.11 显示了统计表，其中有效样本数为 200 个，缺失值为 0 个。图 2.12 展示了按照课程数量的频率分布，该表从左到右依次列出有效的样本值、频率、频率占总数的百分比、有效频率占总数的百分比和累计百分比。如果学院规定通过 4 门考试即算作本学期学业达标，那么变量"通过课程数量"取值为 4、5、6 时可判定为达标，学生的达标率=（16.0%+14.0%+15.5%）=45.5%。

	通过课程数量

统计

通过课程数量

个案数	有效	200
	缺失	0

图 2.11　统计表

通过课程数量

		频率	百分比	有效百分比	累积百分比
有效	1.00	9	4.5	4.5	4.5
	2.00	45	22.5	22.5	27.0
	3.00	55	27.5	27.5	54.5
	4.00	32	16.0	16.0	70.5
	5.00	28	14.0	14.0	84.5
	6.00	31	15.5	15.5	100.0
	总计	200	100.0	100.0	

图 2.12　通过课程数量的频率分布

2.2.3　量表得分或分类变量重新编码操作

如果我们收集的数据来自问卷调查，通常会遇到正向问题和反向问题交织出现的情况。此时，我们无法直接使用原始数据，需要对反向问题进行重新编码（也可以选择重新编码正向问题，确保一致即可），然后基于统一后的数据进行分析。

本小节使用"网购信任度调查数据一.sav"，如图 2.13 所示。假设在设计的调查问卷中，只有"卖方信用处罚制度[baozhang1]"与"历史交易满意度[fankui1]"两个变量对应的是反向问题，其他变量均为正向问题。具体来说，针对正向问题，"非常同意""同意""不一定""不同意"和"非常不同意"这 5 个选项对应的值分别为 5、4、3、2、1；而对于反向问题，这 5 个选项对应的值分别为 1、2、3、4、5。

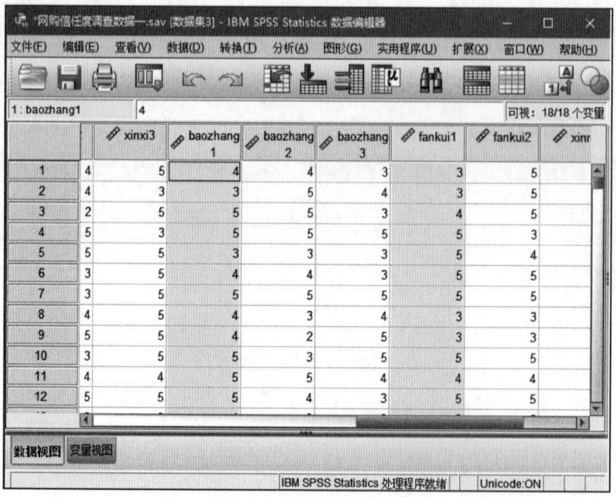

图 2.13　"网购信任度调查数据一.sav"数据视图

本例将对"卖方信用处罚制度[baozhang1]"和"历史交易满意度[fankui1]"两个变量重新编码。有两种编码方法：重新编码为相同的变量和重新编码为不同变量。

1. 重新编码为相同的变量

重新编码为相同变量是指重新编码后的数据会自动覆盖原始变量数据，即变量名称和其他属性保持不变，仅样本观测值的数据发生了变化，被转换成新编码的数据。步骤如下：

步骤 01 打开"网购信任度调查数据一",选择"转换|重新编码为相同的变量"命令,弹出如图 2.14 所示的对话框。在左侧列表框中,选择"卖方信用处罚制度[baozhang1]"与"历史交易满意度[fankui1]",并单击 ➡ 按钮将其加入"数字变量"列表框。

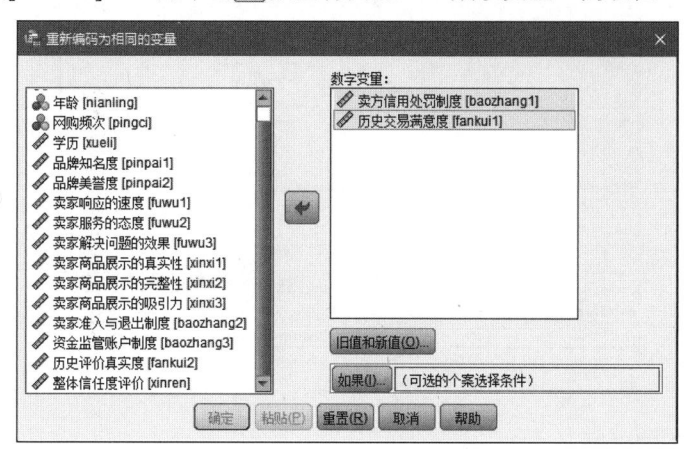

图 2.14 "重新编码为相同的变量"对话框

步骤 02 单击"旧值和新值"按钮,弹出如图 2.15 所示的"重新编码为相同的变量:旧值和新值"对话框。在"旧值"选项列表中选择"值",并在下面的文本框中输入 1;然后在"新值"选项列表中选择"值",并在下面的文本框中输入 5。接着单击下方的"添加"按钮,即可在"旧->新"列表框中看到"1→5"的编码映射。按照类似的操作方法,依次完成"2->4""3->3""4->2""5->1"的旧值向新值的重新编码映射。

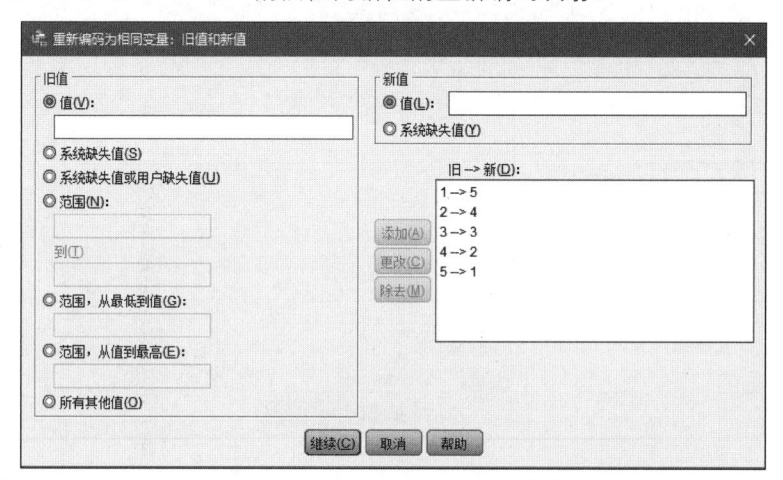

图 2.15 "重新编码为相同变量:旧值和新值"对话框

步骤 03 单击"继续"按钮返回"重新编码为相同的变量"对话框,在该对话框中单击"确定"按钮,最终结果如图 2.16 所示,所有样本观测值的"卖方信用处罚制度[baozhang1]"和"历史交易满意度[fankui1]"两个变量已成功完成重新编码。

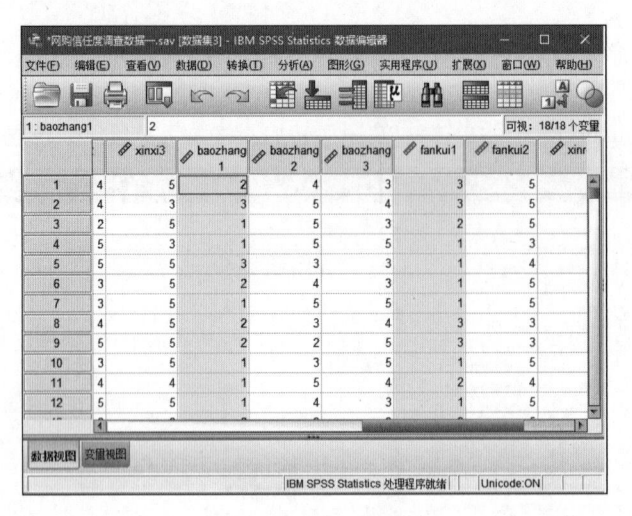

图 2.16 输出结果

2. 重新编码为不同变量

重新编码为不同变量是指重新编码后的数据会生成新的变量，而原始变量的数据将继续保留。如果我们需要保留编码前的原始变量信息，就应使用该编码方式。具体步骤如下：

步骤01 打开"网购信任度调查数据一"，选择"转换|重新编码为不同变量"命令，弹出如图 2.17 所示的对话框。在左侧列表框中，选择"卖方信用处罚制度[baozhang1]"与"历史交易满意度[fankui1]"，并单击 ➡ 按钮选入"数字变量->输出变量"列表框。

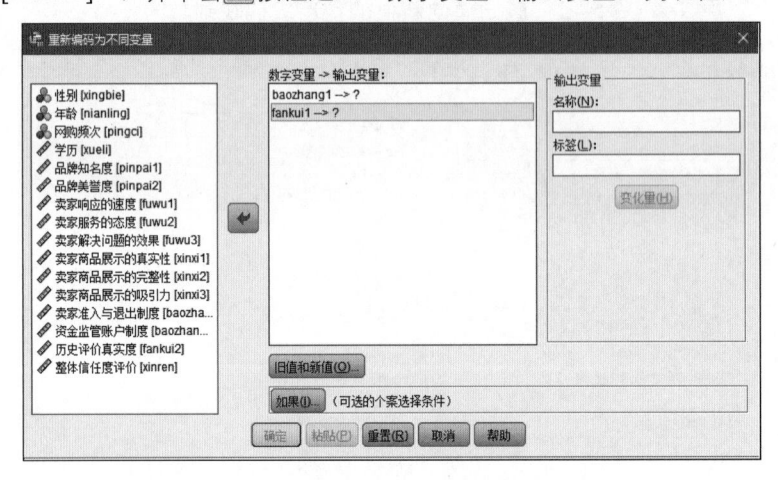

图 2.17 "重新编码为不同变量"对话框

步骤02 设置输出变量的名称及标签。首先，单击"数字变量->输出变量"列表框中的"baozhang1->？"，然后在"输出变量"下方的"名称"文本框中填写"newbaozhang1"，在"标签"文本框中填写"卖方信用处罚制度 1"，并单击"变化量"按钮进行确认。按照类似的操作方式，单击"数字变量->输出变量"列表框中的"fankui1->？"，然后在"输出变量"下方的"名称"文本框中填写"newfankui1"，在"标签"文本框中填写"历史交易满意度 1"，并单击"变化量"按钮进行确认。设置完成后结果如图 2.18 所示。

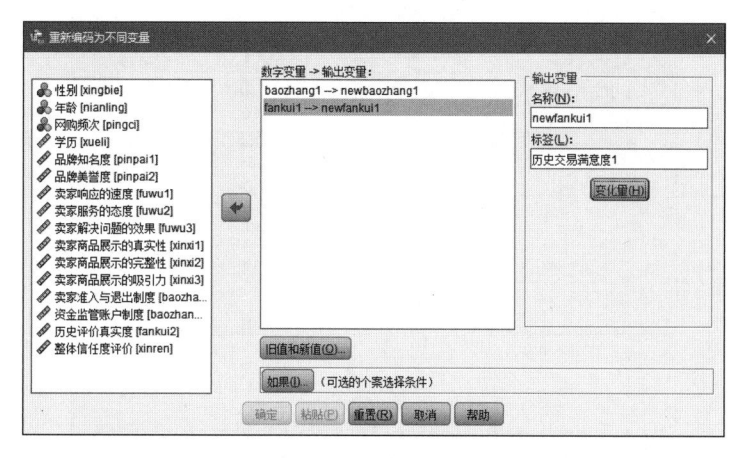

图 2.18　设置结果

步骤 03 在"重新编码为不同变量"对话框中，单击"旧值和新值"按钮，弹出如图 2.19 所示的"重新编码为不同变量：旧值和新值"对话框。在"重新编码为不同变量：旧值和新值"对话框中，在"旧值"选项列表中选择"值"，并在下面的文本框中填写 1；然后，在"新值"选项列表中选择"值"，并在下面的文本框中填写 5；接着，单击下方的"添加"按钮，即可在"旧->新"列表框中看到"1->5"的编码映射。按照类似的操作方法，依次完成"2->4""3->3""4->2""5->1"的旧值向新值的重新编码映射。设置完毕后，单击"继续"按钮返回主对话框，再单击"确定"按钮，等待输出结果。

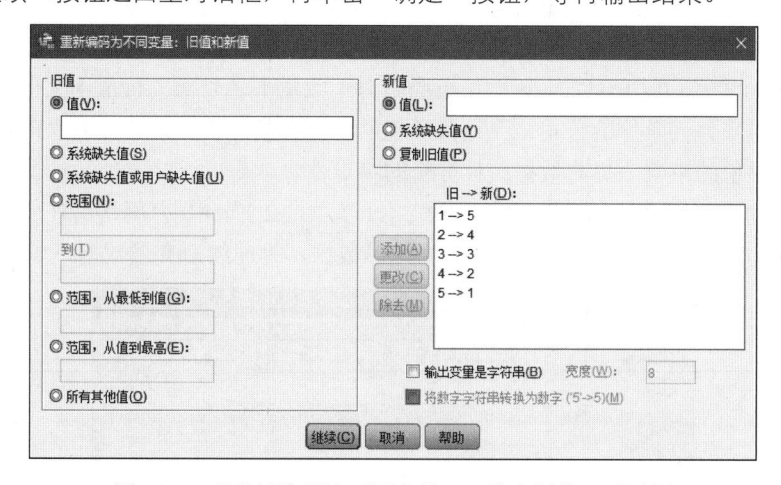

图 2.19　"重新编码为不同变量：旧值和新值"对话框

输出结果如图 2.20 所示，在"重新编码为不同变量"模式下，系统新生成了"newbaozhang1""newfankui1"两个变量，同时保留了"baozhang1"和"fankui1"两个原始变量。对比"newbaozhang1"和"newfankui1"两个新生成的变量与原始变量"baozhang1"和"fankui1"的差异，可以发现，所有样本观测值的"卖方信用处罚制度[baozhang1]"和"历史交易满意度[fankui1]"两个变量均已顺利完成重新编码。然后，切换到"变量视图"窗口，设置新生成的两个变量的属性，比如将小数位数设置为 0，将测量方式设置为标度等，以保持原始变量的属性一致，具体操作不再赘述。

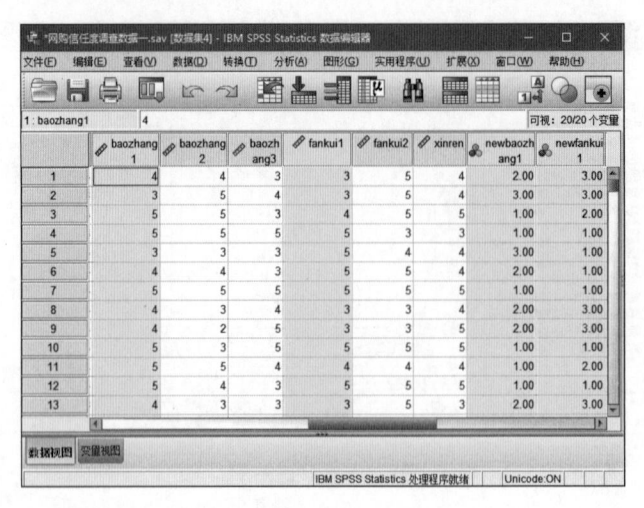

图 2.20　输出结果

2.2.4　连续变量编码为分类变量

在许多情况下，我们需要将连续变量转换为分类变量。例如，在开展问卷调查时，收集的是被调查者的具体年龄，但在实际的分析研究中，我们可能希望按照年龄将被调查者分组，以研究不同年龄段被调查者对某项研究问题的看法。这时，就需要将年龄这一连续型变量转换为类似于"老年""中年""青年"等分组的分类变量。再如，在研究上市公司净资产收益率（ROE）时，数据中很可能存在较多的极端异常值。我们可以将上市公司的净资产收益率（ROE）分为大于 100%、50%~100%、20%~50%、0~20%以及小于 0 五类。对于数量不多且研究价值不大但范围跨度较大的净资产收益率（ROE）为负值的公司，无论其负值的程度有多深，都统一归为"ROE<0"这一类，从而排除极端异常值的影响，提升数据统计分析的稳定性。

本小节使用的案例是"网购信任度调查数据二.sav"。与 2.2.3 节中的"网购信任度调查数据一.sav"不同，该数据集中的变量 nianling 是客户的真实年龄数据，为连续型变量数据，如图 2.21 所示。

图 2.21　"网购信任度调查数据二.sav"数据视图

接下来，将连续变量 nianling 编码为分类变量。我们将 30 岁及以下的被调查者编码为 1，将 31~45 岁的被调查者编码为 2，将 46 岁以上的被调查者编码为 3。编码方法与 2.2.3 节中提到的"重新编码为相同的变量"和"重新编码为不同变量"两种方法相同。

1. 重新编码为相同的变量

步骤 01 打开数据文件，选择"转换|重新编码为相同的变量"命令，弹出如图 2.22 所示的对话框。在左侧列表框中，选择"年龄[nianling]"并单击➡按钮，将其移至"数字变量"列表框。

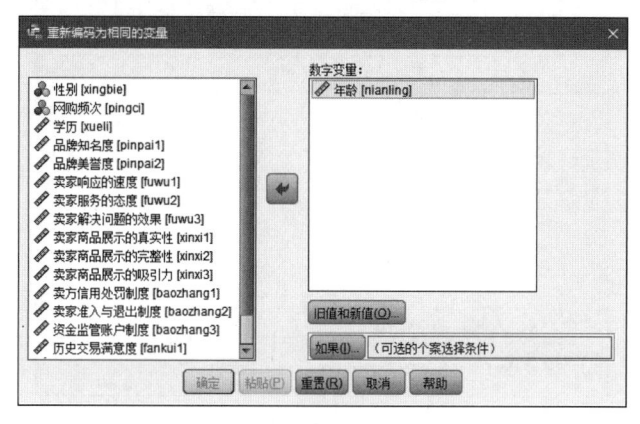

图 2.22 "重新编码为相同的变量"对话框

步骤 02 单击"旧值和新值"按钮，弹出如图 2.23 所示的"重新编码为相同的变量：旧值和新值"对话框。在"旧值"选项列表中选择"范围，从最低到值"，并在下面的文本框中填入 30；然后，在"新值"选项列表中选择"值"，并在下面的文本框中填入 1；接着，单击下方的"添加"按钮，即可在"旧->新"列表框中看到"Lowest thru 30->1"的编码映射，将 30 岁及以下的被调查者编码为 1。

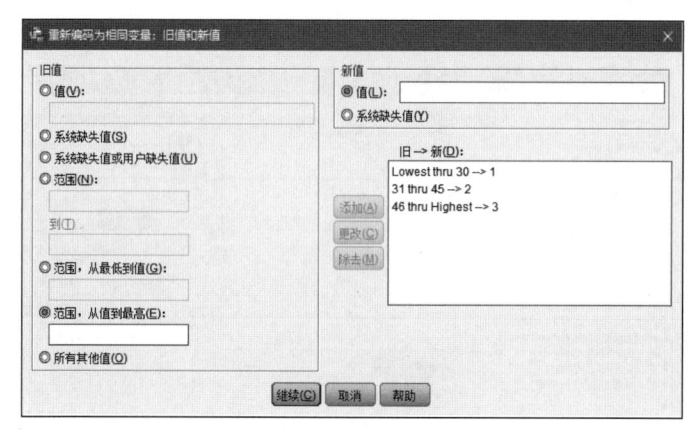

图 2.23 "重新编码为相同变量：旧值和新值"对话框

在"旧值"选项列表中选择"范围"，并在下面两个文本框中分别填写 31 和 45；在"新值"选项列表中选择"值"，并在下面文本框中填入 2。单击下方"添加"按钮，即可在"旧->新"列表框中看到"31 thru 45->2"的编码映射，将 31~45 岁的被调查者编码为 2。在"旧值"选项列表中选择"范围，从值到最高"，并在下面文本框中填入 46；在"新值"

选项列表中选择"值",并在下面的文本框中填入 3。单击下方的"添加"按钮,即可在"旧->新"列表框中看到"46 thru Highest->3"的编码映射,将 46 岁以上的被调查者编码为 3。

步骤03 设置完毕后,单击"继续"按钮返回主对话框,单击"确定"按钮,等待输出结果,最终结果如图 2.24 所示,可以看到,所有样本观测值的 nianling 变量数据已顺利完成重新编码。

图 2.24 输出结果

2. 重新编码为不同变量

步骤01 选择"转换|重新编码为不同变量"命令,弹出如图 2.25 所示的对话框。在左侧列表框中,选择"年龄[nianling]"并单击 ➡ 按钮,将其移至"数字变量->输出变量"列表框。单击"数字变量->输出变量"列表框中的"nianling->?",在"输出变量"下方的"名称"文本框中输入 newnianling,在"标签"文本框中输入"年龄",然后单击"变化量"按钮进行确认。

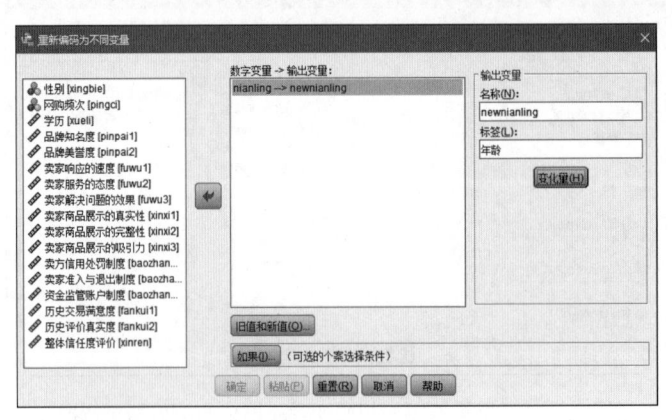

图 2.25 "重新编码为不同变量"对话框

步骤02 单击"旧值和新值"按钮,弹出如图 2.26 所示的"重新编码为不同变量:旧值和新值"对话框。在"旧值"选项列表中选择"范围,从最低到值",并在下面的文本框中输入 30;在"新值"选项列表中选择"值",并在下面的文本框中输入 1;单击"添加"按钮,即可在"旧->新"列表框中看到"Lowest thru 30->1"的编码映射，把 30 岁及以下的被调查者编码为 1。

在"旧值"选项列表中选择"范围"，并在下面两个文本框中分别填写 31 和 45；在"新值"选项列表中选择"值"，并在下面的文本框中输入 2；单击下方的"添加"按钮，即可在"旧->新"列表框中看到"31 thru 45->2"的编码映射，将 31~45 岁的被调查者编码为 2。

接着，在"旧值"选项列表中选择"范围，从值到最高"，并在下面的文本框中输入 46；在"新值"选项列表中选择"值"，并在下面的文本框中输入 3；单击下方的"添加"按钮，即可在"旧->新"列表框中看到"46 thru Highest->3"的编码映射，将 46 岁以上的被调查者编码为 3。

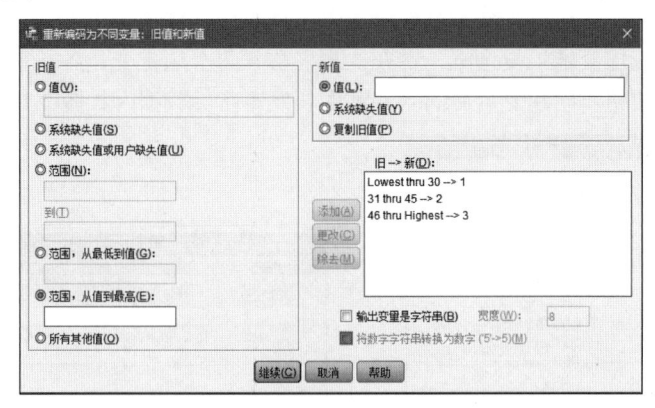

图 2.26 "重新编码为不同变量：旧值和新值"对话框

步骤03 单击"继续"按钮返回主对话框，单击"确定"按钮，等待输出结果，最终结果如图 2.27 所示。

图 2.27 输出结果

在"重新编码为不同变量"模式下，系统新生成了 newnianling 变量，同时保留了原始的 nianling 变量。对比新生成的 newnianling 变量和原始 nianling 变量的差异，可以发现，所有样本观测值均已顺利完成分类变量编码。然后，切换到"变量视图"窗口，对新生成的 newnianling 变量进行属性设置，如将小数位数设置为 0，将测量方式设置为有序等，以便更好地契合变量的实际特征，具体操作在此不再赘述。

2.2.5　生成虚拟变量

虚拟变量，也称为"哑变量"，在很多情况下，我们需要针对分类变量生成多个虚拟变量，以便用于后续分析。以本书附带的"儿童生长发育指标数据"为例，下面是针对"性别"生成虚拟变量的步骤：

选择"转换|创建虚变量"命令，打开"创建虚变量"对话框，如图 2.28 所示。将"性别[y2]"从"变量"列表中选入"针对下列变量创建虚变量"列表中，然后在下方的"主效应虚变量"选项组中勾选"创建主效应虚变量"复选框，并在"根名称（每个选定变量各一个）"中填写"y2"，最后，单击"确定"按钮。创建变量后的"儿童生长发育指标数据"如图 2.29 所示。

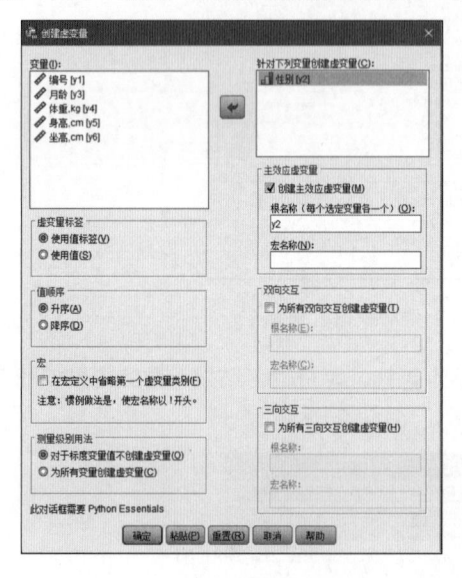

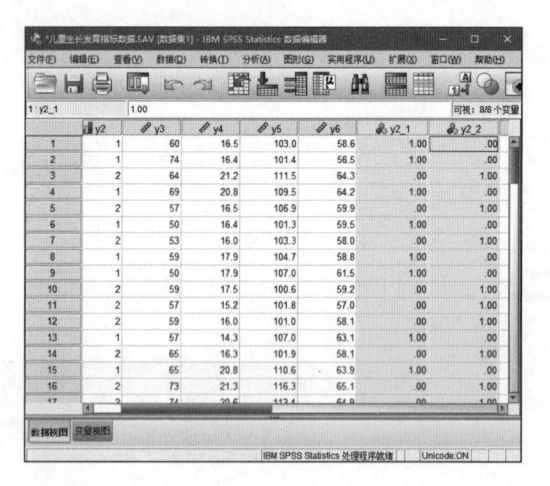

图 2.28　"创建虚变量"对话框　　　　图 2.29　创建变量后的"儿童生长发育指标数据"

2.3　数据读取

下载资源:\video\第 2 章\2.3
下载资源:\sample\数据 2\儿童生长发育指标数据、各省市门店销售总额 Stata 数据、黄金与原油价格 Excel 数据、黄金与原油价格文本数据

2.3.1　SPSS 数据文件的打开与保存

1. 打开数据文件

选择"文件|打开|数据"命令，打开如图 2.30 所示的"打开数据"对话框。在对话框中选择相

应的文件。如果需要打开其他数据文件，可以在"文件类型"下拉列表框中选择相应的类型。双击所需要的文件或单击"打开"按钮即可打开文件。

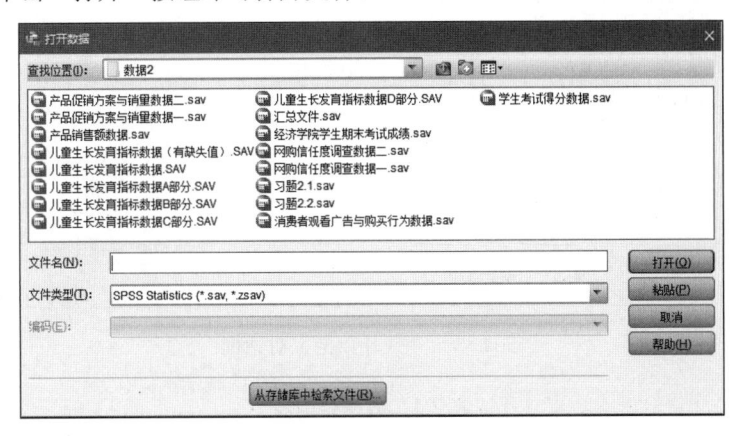

图 2.30 "打开数据"对话框

2. 保存数据文件

在菜单栏中选择"文件|保存"命令，或者选择"文件|另存为"命令，或者在工具栏中单击 按钮，都可实现数据文件的保存操作。如果用户保存的是新建的数据文件，进行以上操作时，会弹出如图 2.31 所示的"将数据另存为"对话框。在该对话框中，用户可以选择保存所有变量，或者单击"变量"按钮，在弹出的"将数据另存为：变量"对话框（见图 2.32）中选择要保存的变量。

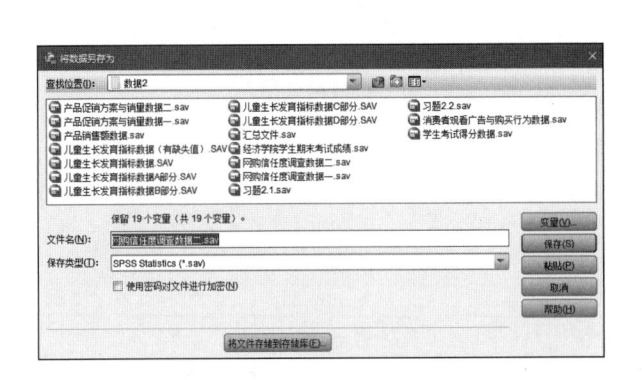

图 2.31 "将数据另存为"对话框 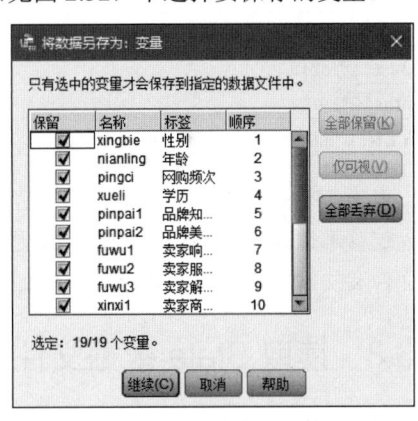   图 2.32 "将数据另存为：变量"对话框

除了保存为 SPSS 数据文件外，数据还可以用其他的格式保存。在"将数据另存为"对话框的"保存类型"下拉列表框中，选择所需的数据文件保存类型即可。

2.3.2 SPSS 支持的其他格式的数据文件

在 SPSS 中，我们可以通过选择"文件|打开|数据"命令来打开数据文件，如图 2.33 所示。在"文件类型"下拉列表框中列出了 SPSS 能够读取的文件类型。关于这些数据类型的基本信息，见表 2.1。

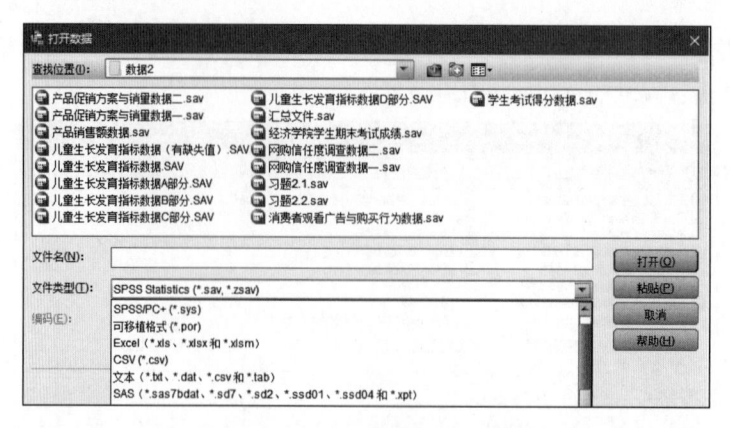

图 2.33 "打开数据"对话框

表 2.1 数据类型表

文件类型及扩展名	简单说明
SPSS（*.sav，*.zsav）	SPSS 数据文件
SPSS/PC+（*.sys）	SPSS 早期版本数据文件
可移植格式（*.por）	SPSS 便携式数据文件
Excel（*.xls、*.xlsx 和 *.xlsm）	Excel 数据文件
CSV（*.csv）	CSV 格式数据文件
文本文件（*.txt、*.dat、*.csv 和 *.tab）	文本文件
SAS（*.sas7bdat、*.sd7、*.sd2、*.ssd01、*.ssd04 和 *.xpt）	SAS 数据文件
Stata（*.dta）	Stata 数据文件
dBase（*.dbf）	dBase 数据库文件
Lotus（*.w*）	Lotus 格式数据文件
SYLK（*.slk）	符号链接格式文件

对于 SPSS 数据文件、SPSS 早期版本数据文件和 SPSS 便携式数据文件，用户可以直接打开，因为这些本来就是 SPSS 格式的数据文件。对于其他格式的数据文件，如 Stata 数据文件、Excel 数据文件和文本文件，下面将逐一讲解如何打开。

2.3.3 读取 Stata 数据文件

以本书附带的"各省市门店销售总额 Stata 数据"为例进行讲解。"各省市门店销售总额 Stata 数据"是一个 Stata 数据文件，如图 2.34 所示。

选择"文件|打开|数据"命令，弹出如图 2.35 所示的"打开数据"对话框。在该对话框中，首先需要在"查找位置"下拉列表框中找到目标文件所在的文件夹，并设置好文件路径。接着，在该对话框的"文件类型"下拉列表框中选择 Stata（*.dta），系统将自动显示目标文件所在文件夹中的所有 Stata（*.dta）格式的数据文件。

选择"各省市门店销售总额 Stata 数据.dta"，然后单击"打开"按钮，或者直接双击文件"各省市门店销售总额 Stata 数据.dta"，即可弹出如图 2.36 所示的数据文件，表示 SPSS 已经成功打开"各省市门店销售总额 Stata 数据.dta"。可以发现，已打开的数据文件包含两个变量，分别是 region 和 sum，各个样本观测值也已准确展示。

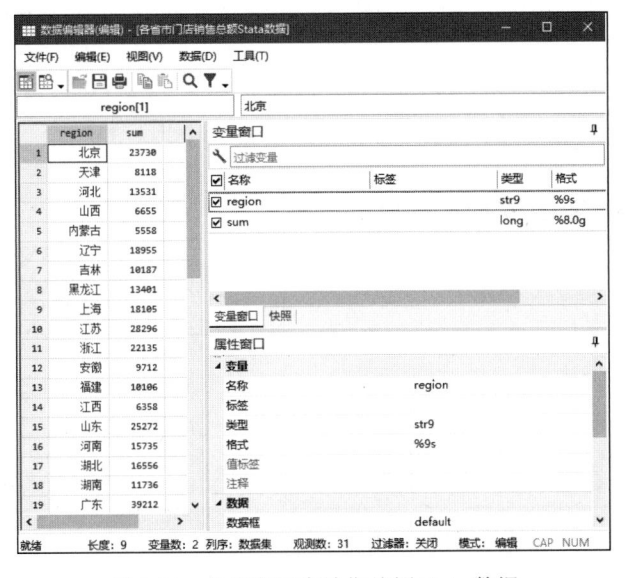

图 2.34　各省市门店销售总额 Stata 数据

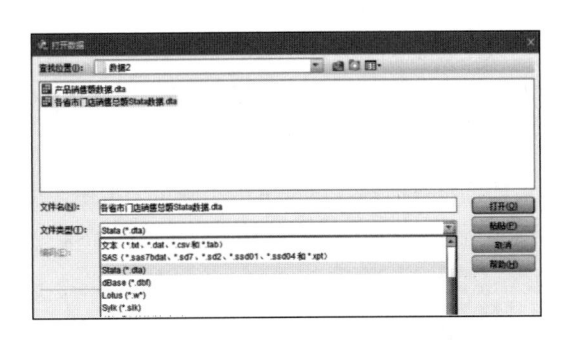

图 2.35　"打开数据"对话框

图 2.36　用 SPSS 打开 Stata 数据

2.3.4　读取 Excel 数据文件

以本书附带的"黄金与原油价格 Excel 数据"为例进行讲解。首先，启动 SPSS 软件，或者在已经打开的 SPSS 数据文件的数据视图中，从菜单栏中选择"文件|打开|数据"命令，弹出如图 2.37 所示的"打开数据"对话框。在"查找位置"下拉列表框中找到目标文件所在的文件夹，设置好文件路径，然后在该对话框的"文件类型"下拉列表中选择 Excel（*.xls、*.xlsx 和*.xlsm）。系统将自动显示目标文件所在文件夹中所有 Excel（*.xls、*.xlsx 和*.xlsm）格式的数据文件。选择"黄金与原油价格 Excel 数据.xlsx"，然后单击"打开"按钮，或者直接双击"黄金与原油价格 Excel 数据.xlsx"，将弹出如图 2.38 所示的"读取 Excel 文件"对话框。

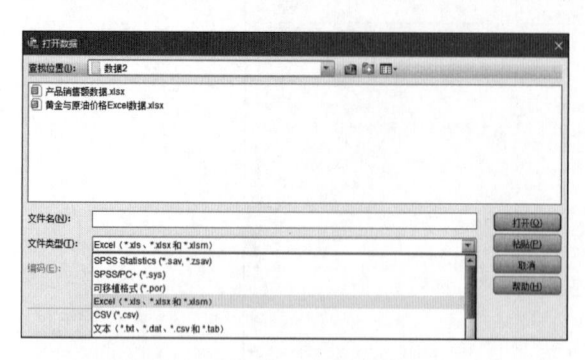

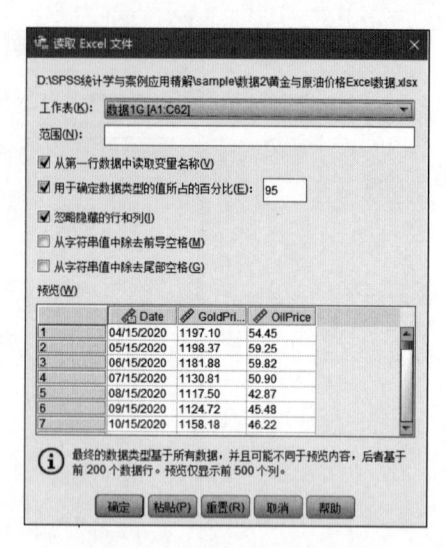

图 2.37 "打开数据"对话框   图 2.38 "读取 Excel 文件"对话框

在"读取 Excel 文件"对话框中，如果 Excel 文件包含多张工作表，可以通过"工作表"下拉列表框选择想要打开的工作表，然后圈定打开数据的范围。

- "从第一行数据中读取变量名称"复选框用于设置 Excel 文件中第一行数据的处理方式。如果 Excel 中的第一行是变量名称，则选中该复选框；如果 Excel 中的第一行是观测样本而没有变量名称，则不选中该复选框。
- "忽略隐藏的行和列"复选框用于设置是否读取 Excel 中的隐藏行和列。如果选中该复选框，SPSS 将忽略 Excel 中隐藏的行和列；如果取消选中该复选框，SPSS 将会读取 Excel 中隐藏的行和列。

在"读取 Excel 文件"对话框中的预览部分，如果预览没有问题，可以单击"确定"按钮，接着会出现如图 2.39 所示的 SPSS 数据视图，显示用 SPSS 打开的"黄金与原油价格 Excel 数据.xlsx"。

图 2.39 用 SPSS 打开的"黄金与原油价格 Excel 数据.xlsx"的数据视图

已打开的数据文件中包含 3 个变量，分别是 Date、GoldPrice 和 OilPrice。但是，由于格式问题，Date 变量的样本观测值显示不清楚。这时，我们可以调整格式。切换到变量视图，如图 2.40 所示。

图 2.40　用 SPSS 打开的"黄金与原油价格 Excel 数据.xlsx"的变量视图

我们对 Date 变量类型进行重新设置：单击变量 Date 行与"类型"列的交叉单元格右侧的省略号按钮，弹出如图 2.41 所示的"变量类型"对话框。在"变量类型"对话框中选择"yy/mm/dd"，然后单击"确定"按钮，接着切换回数据视图，如图 2.42 所示。

图 2.41　"变量类型"对话框　　　　图 2.42　调整 Date 变量格式后的数据视图

可以发现，在该数据视图中，Date 变量的观测值已经调整为易于理解的格式。第一个观测值为 2003 年 1 月 29 日的观测值。用户可以对调整后的数据进行保存，保存为 SPSS 格式或 SPSS 支持的其他文件类型格式。

2.3.5　读取文本数据文件

下面以"黄金与原油价格文本数据"为例进行讲解。数据如图 2.43 所示。首先，启动 SPSS 软件，或在已经打开的 SPSS 数据文件的数据视图中选择"文件|打开|数据"命令，弹出"打开数据"对话框。在该对话框中，首先在"查找位置"下拉列表框中找到目标文件所在的文件夹，设置好文件路径，然后在该对话框的"文件类型"下拉列表框中选择文本（*.txt、*.dat、*.csv 和*.tab）。系统将自动显示目标文件所在文件夹中的所有文本格式（*.txt、*.dat、*.csv 和*.tab）的数据文件。选择"黄金与原油价格文本数据.txt"，然后单击"打开"按钮，或者直接双击"黄金与原油价格文本数据.txt"，就会弹出如图 2.44 所示的"文本导入向导-第 1/6 步"对话框。文本导入向导总共分为 6 步，每一步都比较关键，用户需要根据研究需要认真选择。

图 2.43　黄金与原油价格文本数据

图 2.44　"文本导入向导-第 1/6 步"对话框

在"文本导入向导-第 1/6 步"对话框中，系统询问："您的文本文件与预定义的格式匹配吗？"因为我们并没有设定预定义的格式，所以在此处保持系统默认的"否"选项，然后单击"下一步"按钮，弹出如图 2.45 所示的"文本导入向导-第 2/6 步"对话框。

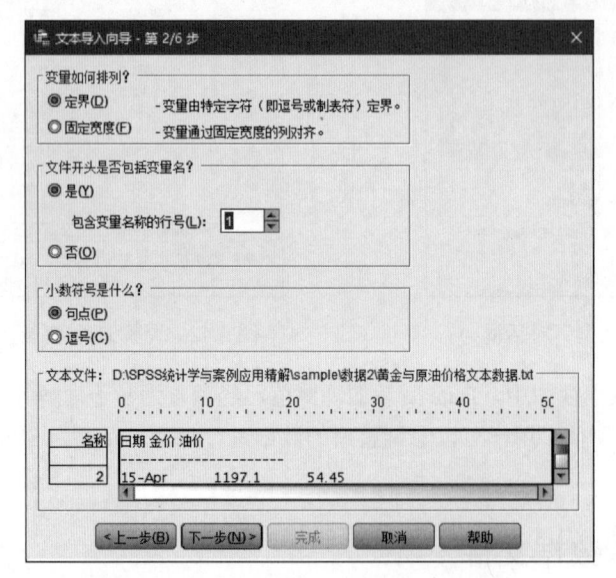

图 2.45　"文本导入向导-第 2/6 步"对话框

"文本导入向导-第 2/6 步"对话框中，有 3 个问题需要回答：

- 第一个问题："变量如何排列？"有两个选择：一个是"定界"，是变量由特定字符（如逗号或者制表符）分隔；另一个是"固定宽度"，即变量通过列宽对齐。因为我们的文本数据文件是按空格进行定界的，所以此处选中"定界"单选按钮。
- 第二个问题："文件开头是否包括变量名？"因为我们的文本数据文件的第一行是变量名，所以选中"是"单选按钮，并在"包含变量名称的行号"文本框中填写 1。

- 第三个问题:"小数符号是什么?"因为我们的文本数据文件中的小数点符号用的都是英文的句点,所以选中"句点"单选按钮。

全部选项设置完毕以后,单击"下一步"按钮,弹出如图 2.46 所示的"文本导入向导-定界,第 3/6 步"对话框。

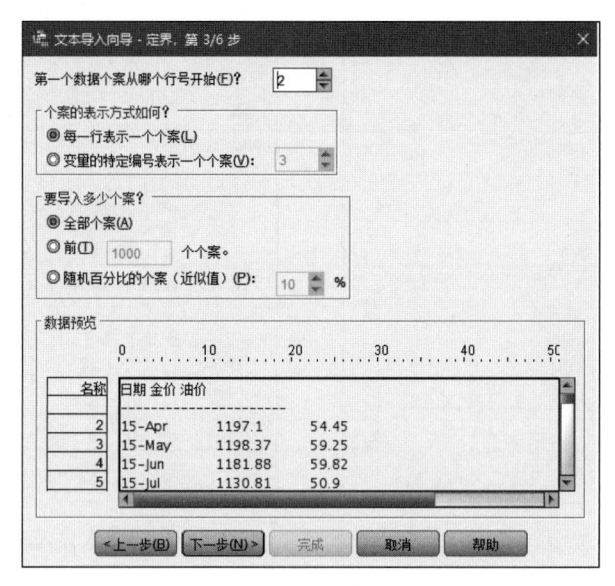

图 2.46 "文本导入向导-定界,第 3/6 步"对话框

在"文本导入向导-定界,第 3/6 步"对话框中,有 3 个问题需要回答:

- 第一个问题:"第一个数据个案从哪个行号开始?"因为我们的文本数据文件的第一个数据个案从第 2 个行号开始,所以在"第一个数据个案从哪个行号开始?"文本框中填写 2。
- 第二个问题:"个案的表示方式如何?"有两个选项:一个是"每一行表示一个个案",另一个是"变量的特定编号表示一个个案"。因为我们的文本数据文件是每一行表示一个个案,所以选中"每一行表示一个个案"单选按钮。
- 第三个问题:"要导入多少个案?"有三个选项:第一个是"全部个案",即将文本文档数据文件中的所有样本观测值导入 SPSS;第二个是"前_个个案",即把文本文档数据文件中的"前_个"样本观测值导入 SPSS 中;第三个是"随机百分比的个案(近似值)",即从文本文档数据文件中随机选取一定百分比的样本观测值导入 SPSS 中。此处选中"全部个案"单选按钮,把文本文档数据文件中所有的样本观测值都导入 SPSS 中。

全部选项设置完毕以后,单击"下一步"按钮,弹出如图 2.47 所示的"文本导入向导-定界,第 4/6 步"对话框。

"文本导入向导-定界,第 4/6 步"对话框中,有两个问题:

- 第一个问题:"变量之间存在哪些定界符?"可选项包括"制表符""空格""逗号""分号"和"其他",默认设置为"制表符"和"空格"。因为我们的文本文档数据文件是以"制表符"和"空格"作为定界符的,所以采用系统默认设置即可。
- 第二个问题:"文本限定符是什么?"可选项包括"无""单引号""双引号"和"其他",

默认设置为"无"。因为我们的文本文档数据文件没有文本限定符，所以采用系统默认设置即可。

全部选项设置完毕以后，单击"下一步"按钮，弹出如图 2.48 所示的"文本导入向导-第 5/6 步"对话框。

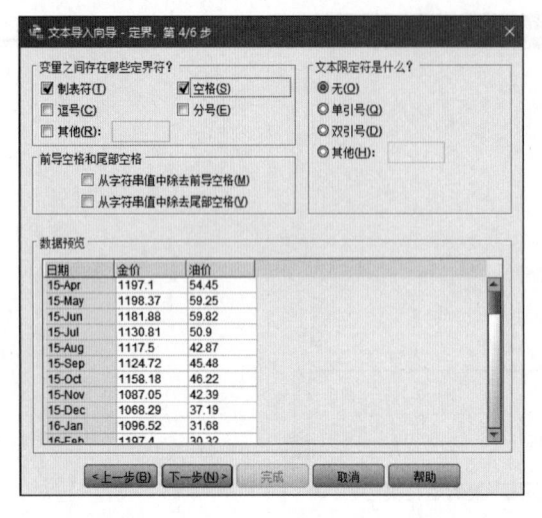

图 2.47 "文本导入向导-定界，第 4/6 步"对话框

图 2.48 "文本导入向导-第 5/6 步"对话框

在"文本导入向导-第 5/6 步"对话框中，可以设置变量名和数据格式，同时预览数据。此处采用系统默认设置，然后单击"下一步"按钮，弹出如图 2.49 所示的"文本导入向导-第 6/6 步"对话框。

在"文本导入向导-第 6/6 步"对话框中，可以设置是否保存文件格式，是否粘贴此语法，并对数据进行预览。此处我们采用系统默认设置，最后单击"完成"按钮，弹出如图 2.50 所示的用 SPSS 打开的"黄金与原油价格文本数据"数据视图。

图 2.49 "文本导入向导-第 6/6 步"对话框

图 2.50 用 SPSS 打开文本数据

2.4 数据查找

> 下载资源:\video\第 2 章\2.4
> 下载资源:\sample\数据 2\儿童生长发育指标数据

2.4.1 按照观测值序号查找单元格

当文件中包含许多观测值和变量时，我们希望能够快速查找并定位某个单元格中的数据。下面介绍通过观测值序号来查找单元格数据的方法。以查看"儿童生长发育指标数据"文件中序号为 40 的样本观测值为例，操作步骤如下：

选择"编辑|转到个案"命令，弹出"转到"对话框，如图 2.51 所示，在"转到个案号"文本框中输入 40。单击"跳转"按钮，40 号观测值将被定位数据区域的顶部，如图 2.52 所示。

图 2.51 输入需定位的观测值序号

图 2.52 观测值查找结果

2.4.2 按照变量值查找数据

如果要查找当前工作文件中某变量的具体值，可以按照以下方法进行查找。仍以"儿童生长发育指标数据"为例，假如需要查看变量 y2 性别为 1（男）的变量值，操作步骤如下：

选中变量 y2 的任意单元格，选择"编辑|查找"命令，弹出"查找和替换-数据视图"对话框，如图 2.53 所示。在"查找"文本框中输入要查找的变量值 1，单击"查找下一个"按钮，如果找到这个值，系统会

图 2.53 按变量值查找数据

定位到该变量值所在的单元格；如果需要继续查找其他相同的值，可继续单击"查找下一个"按钮。如果未发现要找的变量值，则系统将会通报用户"找不到搜索字符串'1'"，说明没有变量值为 1 的数据。

提　示

对于数值型变量，由于定义了变量的宽度和小数位数，因此数据文件的单元格显示的数值是经四舍五入后的近似数值，而非变量的真实数值。例如，某数据文件限制小数位数为 3 位，其中个别单元格中显示的数值是 6.567，而变量的真实值为 6.5669。如果在"查找"文本框中输入 6.567 后，系统可能会提示找不到该值。

2.5　数据行列转置

下载资源:\video\第 2 章\2.5
下载资源:\sample\数据 2\儿童生长发育指标数据

在大多情况下，各类数据的格式可能不同，需要对数据的行与列进行互换。利用 SPSS 数据的转置功能，可以非常方便地将原数据文件中的行与列进行互换，将观测值转变为变量，将变量转变为观测值。转置操作的结果是系统将创建一个新的数据文件，并自动创建新的变量及显示新的变量列。下面以"儿童生长发育指标数据"为例，介绍数据转置的步骤：

步骤 01　首先打开数据文件，选择"数据|转置"命令，弹出"转置"对话框，如图 2.54 所示。从左边变量框中选择要进行转置的变量，并将其移入"变量"列表框中。例如，本例中我们将除 y6 之外的所有变量进行转置，就把左侧列表框中除 y6 之外的所有变量选入右侧的"变量"列表框中。

步骤 02　单击"确定"按钮，弹出如图 2.55 所示的提示信息，提示用户"未选择转置某些变量。未转置的变量将丢失。"需要注意的是，如果对原变量列表中的全部变量进行转置，系统将不会弹出该对话框。

图 2.54　"转置"对话框　　　　　图 2.55　数据转置确认对话框

步骤 03　单击"确定"按钮，转置后的新文件将取代原数据文件，显示在数据窗口中，如图 2.56 所示。

图 2.56　转置后的数据

2.6　数据排序

下载资源:\video\第 2 章\2.6

下载资源:\sample\数据 2\儿童生长发育指标数据

2.6.1　对数据按照变量进行排序

在整理数据资料或者查看分析结果时，如果变量很多，我们有时可能需要将变量值按照变量的某一属性的大小进行升序或降序排列。例如，我们想观察有哪些变量是名义变量或有序变量，有哪些变量进行了变量标签操作或值标签操作等。下面以本章附带的"儿童生长发育指标数据"为例，介绍如何按照变量的测量方式进行降序排列。操作步骤如下：

步骤 01　图 2.57 显示了变量排序之前的数据。我们在菜单栏中选择"数据|变量排序"命令，系统将会弹出如图 2.58 所示的"变量排序"对话框。在该对话框的"变量视图列"列表框中选择"测量"属性，并在"排列顺序"选项组中选择"降序"单选按钮。

图 2.57　排序前的变量图

图 2.58　"变量排序"对话框

步骤 02　在如图 2.58 所示的"变量排序"对话框下方，可以选择是否在新属性中保存当前（预先排序的）变量顺序。如果需要保存该顺序，请勾选"在新属性中保存当前（预先排序的）

变量顺序"复选框，随后"属性名称"文本框将被激活。在该文本框中输入希望保存的属性名称。本例中我们将该设置命名为"测量方式排序"。全部设置完毕后，单击"确定"按钮，即可对数据按照变量进行排序，排序结果如图 2.59 所示。

图 2.59　排序后的变量

2.6.2　对数据按照样本观测值进行排序

在整理数据资料或查看分析结果时，我们通常希望样本观测值按照某一变量的大小进行升序或者降序排列。例如，我们想按照学生的学习成绩进行排序，或按照销售额的大小对各个便利店进行排序等。下面以本章附带的"儿童生长发育指标数据"为例，介绍如何根据 y4（体重）变量进行降序排列。操作步骤如下：

步骤 01　图 2.60 显示了按照 y4 变量排序之前的数据。在菜单栏中选择"数据|个案排序"命令，弹出"个案排序"对话框，选择"体重"变量，并单击 按钮，将其选入"排序依据"列表框。然后在"排列顺序"选项组中选中"降序"选项，如图 2.61 所示。

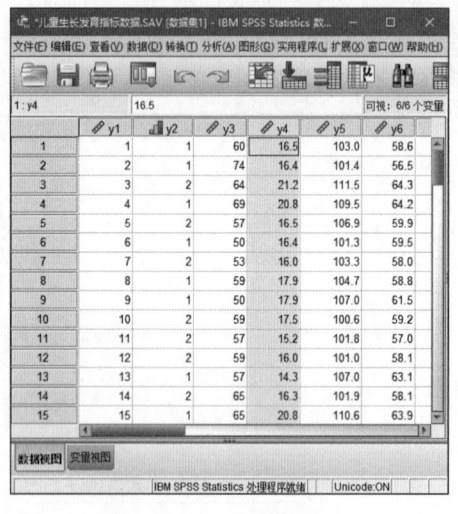

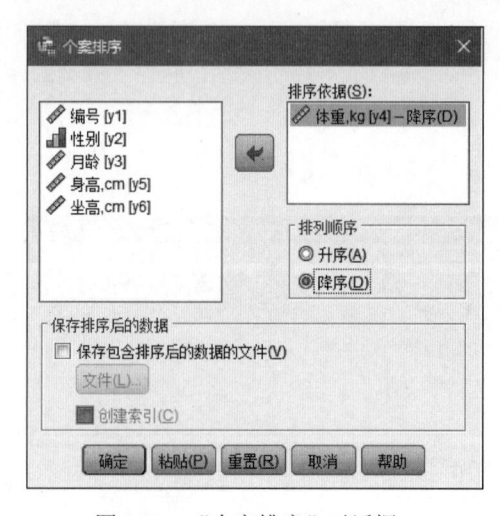

图 2.60　排序前的数据　　　　图 2.61　"个案排序"对话框

步骤 02　设置后，在"个案排序"对话框下方可以选择是否保存排序后的数据。如果需要进行保存，就勾选"保存包含排序后的数据的文件"复选框，下方的"文件"按钮将会被激活。单击"文件"按钮，即可弹出"将排序后的数据另存为"对话框，在该对话框中设置文件路径并保存数据。设置完成后，单击"确定"按钮，排序后的数据将自动保存。这里不再用图展示。

2.7 数据加权处理

> 下载资源:\video\第 2 章\2.7
> 下载资源:\sample\数据 2\消费者观看广告与购买行为数据

对数据进行加权处理是我们使用 SPSS 提供的某些分析方法的重要前提。对数据进行加权后，当前的权重将被保存在数据中。当进行相应的分析时，用户无须再次进行加权操作。本节以对广告的效果观测为例，讲解数据的加权操作。本例将给出消费者的购买行为与是否看过广告之间的联系，按"是否看过广告"和"是否购买商品"两个标准，消费者被分为 4 类，研究者对这 4 类消费者分别进行调查。由于不同情况下调查的人数不同，如果将 4 种情况等同进行分析，势必由于不同情况下的观测数目不同而导致分析出现偏误，因此我们需要对观测量进行加权。操作步骤如下：

步骤01 加权前的数据文件如图 2.62 所示。在菜单栏中选择"数据|个案加权"命令，打开"个案加权"对话框，如图 2.63 所示。其中，"不对个案加权"表示当前数据集不进行加权，该项一般用于取消对已加权数据集的加权；"个案加权系数"表示对当前数据集进行加权，同时激活"频率变量"列表框。频率变量用于定制权重，本例中选择"人数"变量作为加权频率变量。单击"确定"按钮，即可执行加权操作。

图 2.62 加权前的数据文件

图 2.63 "个案加权"对话框

步骤02 加权后数据编辑器窗口右下角的状态栏右侧会显示"权重开启"信息，表示数据已经加权，如图 2.64 所示。

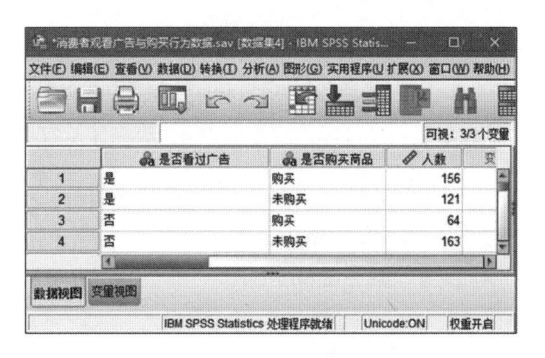

图 2.64 加权后的数据文件

2.8 数据合并

> 下载资源:\video\第 2 章\2.8
> 下载资源:\sample\数据 2\儿童生长发育指标数据 A 部分、儿童生长发育指标数据 B 部分、儿童生长发育指标数据 C 部分、儿童生长发育指标数据 D 部分

2.8.1 按照样本观测值合并数据文件

在进行数据处理时,我们往往需要将两个结构相同或部分结构相同的数据文件合并成一个文件。例如,两个公司发生了兼并,需要将这两家公司的员工信息表合并为一张信息表;又如,某公司领导想将员工的绩效考核数据和工资薪酬数据放在一起进行分析,这时就需要将员工绩效考核信息表和员工工资薪酬信息表合并。

SPSS 中的数据合并分为两种:一种是观测值的合并,因为观测值在 SPSS 的数据视图中是以行来呈现的,所以又被称为纵向合并,也就是将两个有相同变量但不同观测值的数据合并;另一种是变量的合并,因为变量在 SPSS 的数据视图中是以列来呈现的,所以又被称为横向合并,也就是将描述同一组观测样本的不同变量合并为一个数据文件,新的数据文件将包含合并前的所有数据变量。

本节介绍如何按样本观测值合并数据文件,即纵向合并。这将增加观测量,即把一个外部文件中与源文件具有相同变量的观测量合并到当前工作文件中。这种合并要求两个数据文件至少应具有一个属性相同的变量,即使它们的变量名不同。下面以"儿童生长发育指标数据 A 部分"和"儿童生长发育指标数据 B 部分"数据文件的合并为例进行讲解。

步骤 01 选择"数据|合并文件|添加个案"命令,弹出"添加个案至儿童生长发育指标数据 A 部分.SAV"对话框,如图 2.65 所示。

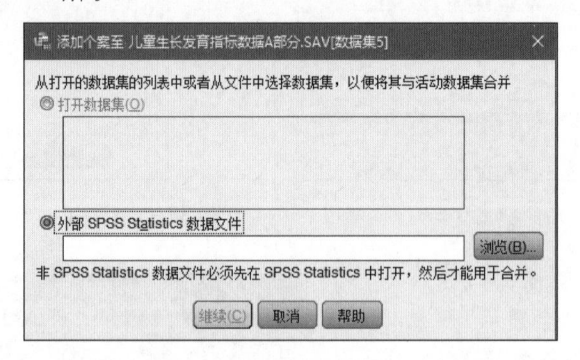

图 2.65 "添加个案至儿童生长发育指标数据 A 部分.SAV"对话框

在"从打开的数据集的列表中或者从文件中选择数据集,以便将其与活动数据集合并"选项组中,选中"外部 SPSS Statistics 数据文件"单选按钮,然后单击"浏览"按钮,弹出"添加个案:读取文件"对话框,如图 2.66 所示。

图 2.66 "添加个案：读取文件"对话框

选定数据文件"儿童生长发育指标数据 B 部分.SAV"，单击"打开"按钮，打开"添加个案至儿童生长发育指标数据 A 部分.SAV"对话框，再单击"继续"按钮，弹出"添加个案自……"对话框，如图 2.67 所示。

- "非成对变量"列表框用于列出两个文件中的不成对变量，即变量名和变量类型不匹配的变量，其中用"*"标记的属于正在打开的活动数据集，本例中为"儿童生长发育指标数据 A 部分"，用"+"标记的属于外部文件，本例中为"儿童生长发育指标数据 B 部分"。
- "新的活动数据集中的变量"列表框用于列出两个数据文件中变量名和变量类型都匹配的相同变量。
- "指示个案源变量"复选框将在合并后的文件中建立一个名为 source01 的变量。此变量仅有两个值：0 和 1，分别标记观测量属于当前工作文件和外部文件。

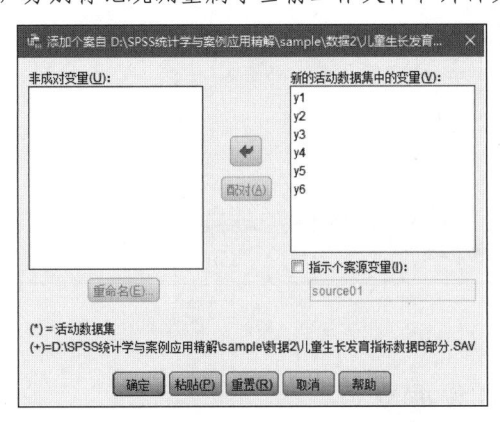

图 2.67 "添加个案自……"对话框

步骤 02 本例中，"儿童生长发育指标数据 A 部分"和"儿童生长发育指标数据 B 部分"两个数据文件的变量是完全一致的，因此它们都进入"新的活动数据集中的变量"列表框。此时保持系统默认设置即可。如果这两个数据文件的变量类型相同，但变量名不同，可以同时选中它们，单击"配对"按钮，将它们移至"新的活动数据集中的变量"列表框。

在合并后的新文件变量列中，两个数据文件的观测值会被合并在一起。如果要为"非成对变量"列表框中的变量重命名，选中该变量并单击"重命名"按钮，打开"重命名"对话框，输入新名称，然后单击“继续”按钮返回主对话框。

对“非成对变量”列表框中分属两个文件的变量进行配对时，要求它们必须具有相同的变量类型。变量宽度可以不同，但属于工作文件（本例中为“儿童生长发育指标数据 A 部分”）的变量宽度应大于或等于外部文件（本例中“为儿童生长发育指标数据 B 部分”）中的变量宽度。若情况相反，则外部文件中被合并的观测量中相应的观测值可能无法显示，而会在单元格中以若干“*”标记。

步骤 03 如果希望变量名和类型变量均不匹配的变量出现在新数据文件中，那么选中该变量，单击按钮，将它移到“新的活动数据集中的变量”列表框。设置完毕后，单击“确定”按钮执行合并，便可得到合并后的数据文件。需要注意的是，如果要将“非成对变量”列表框中分属两个文件的类型不同的变量配对，那么在合并后的新文件中，这两个变量将不会出现。本例中，可以保持系统默认设置。合并完成后的数据集如图 2.68 所示。可以发现，“儿童生长发育指标数据 A 部分”的样本观测值扩充到了 67 个，与“儿童生长发育指标数据 B 部分”完成了合并。

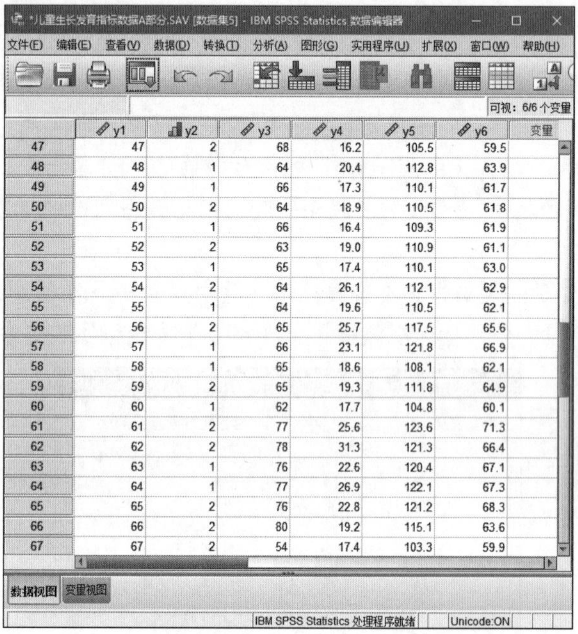

	y1	y2	y3	y4	y5	y6	变量
47	47	2	68	16.2	105.5	59.5	
48	48	1	64	20.4	112.8	63.9	
49	49	1	66	17.3	110.1	61.7	
50	50	2	64	18.9	110.5	61.8	
51	51	1	66	16.4	109.3	61.9	
52	52	2	63	19.0	110.9	61.1	
53	53	1	65	17.4	110.1	63.0	
54	54	2	64	26.1	112.1	62.9	
55	55	1	64	19.6	110.5	62.1	
56	56	2	65	25.7	117.5	65.6	
57	57	1	66	23.1	121.8	66.9	
58	58	1	65	18.6	108.1	62.1	
59	59	2	65	19.3	111.8	64.9	
60	60	1	62	17.7	104.8	60.1	
61	61	2	77	25.6	123.6	71.3	
62	62	2	78	31.3	121.3	66.4	
63	63	1	76	22.6	120.4	67.1	
64	64	1	77	26.9	122.1	67.3	
65	65	2	76	22.8	121.2	68.3	
66	66	2	80	19.2	115.1	63.6	
67	67	2	54	17.4	103.3	59.9	

图 2.68 合并后的数据

2.8.2 按照变量合并数据文件

按照变量合并数据文件是指将一个外部文件中的若干变量添加到当前工作文件中，这种方法也被称为横向合并。在按照变量合并数据文件时，要求参与合并的两个数据文件必须具有一个共同的关键变量，而且这两个文件中的关键变量还必须具有相等数量的观测值。所谓关键变量，指的是两个数据文件中变量名、变量类型、变量值排序完全相同的变量。本节以“儿童生长发育指标数据 C 部分”和“儿童生长发育指标数据 D 部分”数据文件的合并为例进行讲解。

步骤 01 选择“数据|合并文件|添加变量”命令，弹出“变量添加至儿童生长发育指标数据 C 部分.SAV”对话框，如图 2.69 所示。在“从打开的数据集的列表中或者从文件中选择数据集，以便

将其与活动数据集合并"选项组中,选中"外部 SPSS Statistics 数据文件"单选按钮,单击"外部 SPSS Statistics 数据文件"下的"浏览"按钮,弹出"添加变量:读取文件"对话框,如图 2.70 所示。

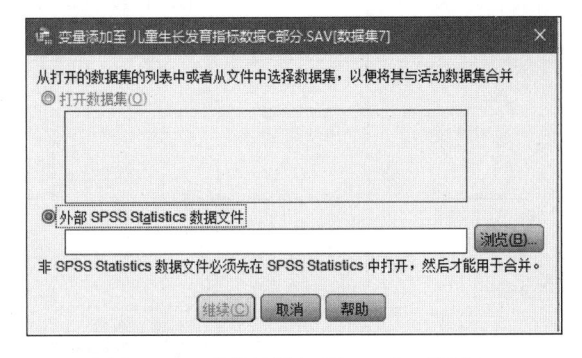

图 2.69 "变量添加至……"对话框

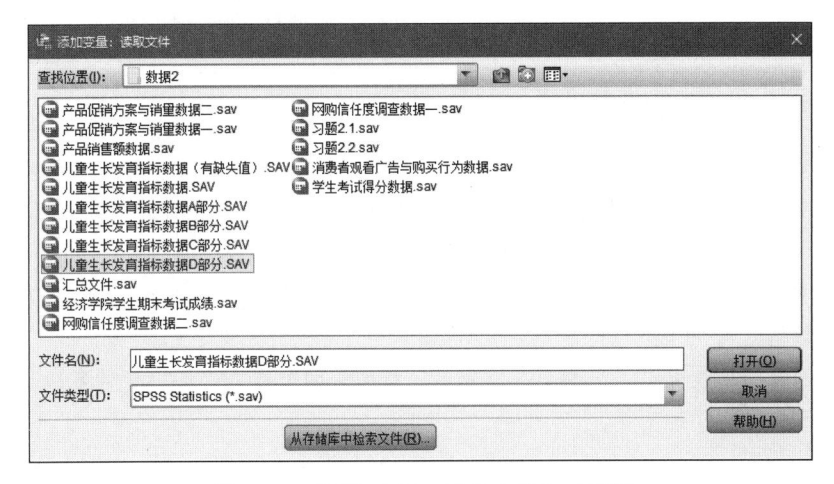

图 2.70 "添加变量:读取文件"对话框

选定数据文件(此处以本书附带的"儿童生长发育指标数据 D 部分.SAV"为例),选中后单击"打开"按钮,返回"变量添加至儿童生长发育指标数据 C 部分.SAV"对话框,再单击"继续"按钮,弹出"变量添加自……"对话框。

步骤 02 选择"合并方法"。"合并方法"选项卡如图 2.71 所示。本例采取系统默认设置。

- 基于文件顺序的一对一合并:这是按关键变量匹配观测量的系统默认选项,表示按照"选择查找表"选项组中列出的顺序将两个数据文件的所有观测量合并。合并结果是凡是关键变量值相等的合并为一个观测量;如果在参与合并的文件中找不到相等的关键变量值,就将其合并为一个独立的观测量,即在新文件中单独作为一个观测量(相当于增加一个观测量),而缺少的变量值作为缺失值。
- 基于键值的一对一合并:表示将非活动数据文件作为关键表,即只将外部数据文件中与活动数据集中对应变量值相同的观测量并入新的数据文件。
- 基于键值的一对多合并:表示合并后保留当前外部文件中的观测量,且只有当前工作文件中与外部文件关键变量值相等的观测量才被合并到新文件中。

步骤03 选择"变量"。"变量"选项卡如图 2.72 所示。本例采取系统默认设置。

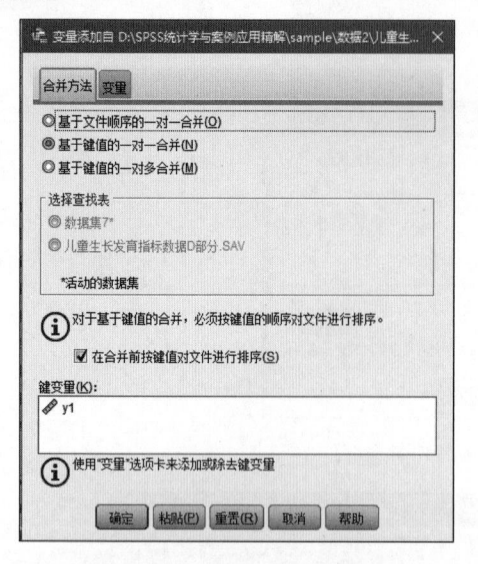

图 2.71 "合并方法"选项卡

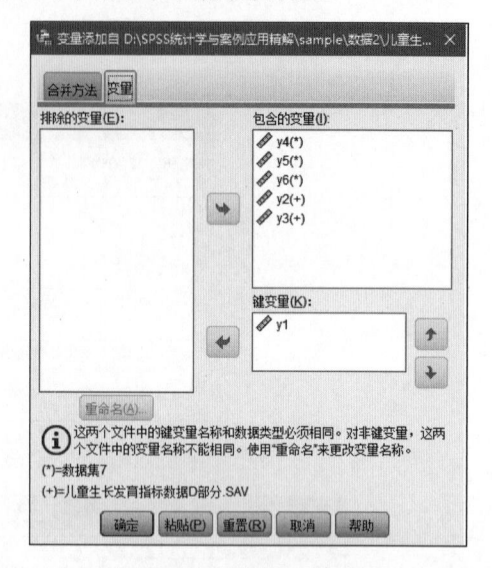

图 2.72 "变量"选项卡

- "排除的变量"列表框中列出的是外部文件(本例中为儿童生长发育指标数据 D 部分)与工作文件(本例中为儿童生长发育指标数据 C 部分)中重复的同名变量,本例中没有显示。
- "包含的变量"列表框中列出的是进入新的工作文件的变量,分别用"+"和"*"来标记外部文件(本例中为儿童生长发育指标数据 D 部分)和活动文件(本例中为儿童生长发育指标数据 C 部分)。
- "键变量"列表框中列出的是关键变量,指的是两个数据文件中变量名、变量类型、变量值排序完全相同的变量。

特别提示

如果两个文件含有相等的观测量,而且分类排序顺序一致,一一对应,就无须指定关键变量,直接单击"确定"按钮进行合并即可。

如果两个文件含有数目不等的观测量,且分类排序顺序不一致或没有一一对应关系,则需在合并之前先对数据文件按关键变量进行升序排序,然后在"排除的变量"列表框中选择一个关键变量,移至"键变量"列表框中。

步骤04 本例中,默认合并方法为"基于键值的一对一合并",表示将非活动数据文件作为关键表,即只将外部数据文件中与活动数据集中对应变量值相同的观测量并入新的数据文件。以上选项确定后,单击"确定"按钮,合并结果如图 2.73 所示。可以发现,相较于合并之前的儿童生长发育指标数据 C 部分文件,多了 y2、y3 两个变量,实现了与儿童生长发育指标数据 D 部分的合并。

图 2.73　合并后的数据

2.9　数据分解

下载资源:\video\第 2 章\2.9
下载资源:\sample\数据 2\网购信任度调查数据一

所谓数据文件的分解，是指将数据文件中的所有样本观测值以某一个或某几个变量为关键字进行分组，以便于集中对比和操作。SPSS 文件拆分功能分为两种：一种为"拆分文件"，仅进行内部拆分，数据的拆分并没有将总体文件拆分成几个单独的文件，而只是在总文件中将分文件层次分明地显示出来；另一种为拆分为文件，是文件的物理拆分。本节将以"网购信任度调查数据一"为例，讲解两种拆分文件方式。本例中，我们希望按照年龄段划分被调查者，以分析不同年龄段的 C2C 电子商务顾客的信任影响因素。

内部拆分方式的数据分解操作步骤如下：

步骤01　选择"数据｜拆分文件"命令，打开如图 2.74 所示的"拆分文件"对话框。选择文件分解方式，如选中"分析所有个案，不创建组"单选按钮，系统将不进行分组操作；如选中"比较组"单选按钮，系统将把各组的分析结果放在同一张表格中比较输出；如选中"按组来组织输出"单选按钮，系统将按分组单独输出分析结果。本例选中"按组来组织输出"单选按钮。

步骤02　选择分组方式与显示方式。选中"比较组"或"按组来组织输出"单选按钮后，分组方式列表和设置文件排序方式的两个单选按钮将被激活。在分组方式列表中选择排序依据变量，然后单击 按钮，将选中的变量加入"分组依据"列表框中。本例将按照年龄段研究 C2C 电子商务顾客的信任影响因素，故将"年龄"变量输入"分组依据"列表框。

步骤03　选择排序方式。如选中"按分组变量进行文件排序"单选按钮，系统会将观测量按分组文件的顺序进行排列；如选中"文件已排序"单选按钮，则表示文件已经排序，系统无须进行排序操作。本例中的数据文件未按"年龄"变量进行分组，故选中"按分组变量进行文件排序"单选按钮。

单击"确定"按钮,即可进行文件分解。分解完成的数据文件如图2.75所示。可以看出,数据已经按照年龄进行了划分。

图2.74 "拆分文件"对话框

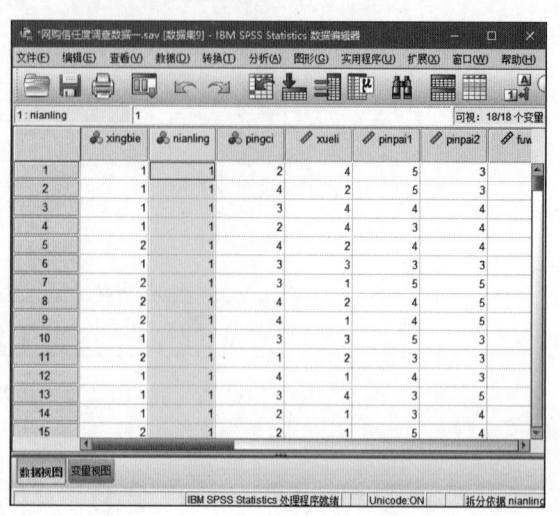

图2.75 分解后的数据文件

物理拆分方式的数据分解的具体操作步骤如下:

步骤01 重新打开数据文件"网购信任度调查数据一",选择"数据|拆分为文件"命令,打开如图2.76所示的"将数据集拆分为单独的文件"对话框。将"年龄"变量选入"按以下变量拆分个案"列表框。

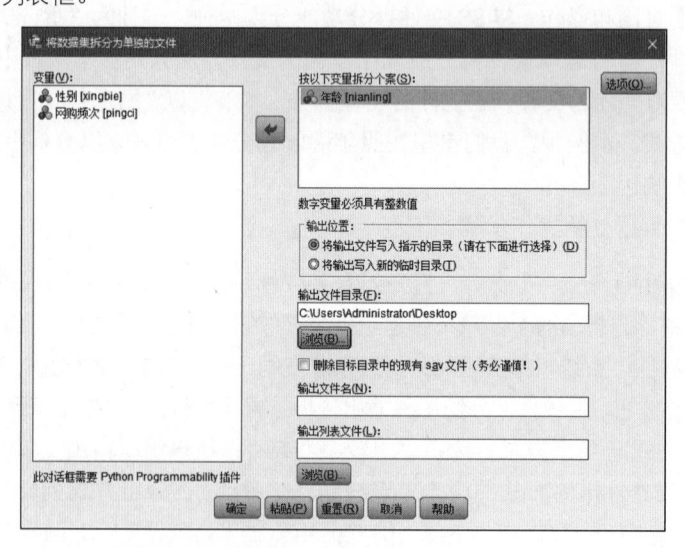

图2.76 "将数据集拆分为单独的文件"对话框

步骤02 然后通过单击"浏览"按钮设置拆分后文件路径,设置好的路径将在"输出文件目录"处显示。单击"确定"按钮,即可进行文件分解操作。在设置的路径目录下可以找到相应的文件,这里不再用图展示。

2.10 数据汇总

> 下载资源:\video\第 2 章\2.10
> 下载资源:\sample\数据 2\网购信任度调查数据一

数据汇总就是按指定的分类变量对样本观测值进行分组，并计算各分组中某些变量的描述统计量。本节以"网购信任度调查数据一"为例，讲解数据的汇总操作。本例要求按年龄段输出整体信任度评价的均值，以此分析不同年龄段的被调查者的整体信任度评价情况。操作步骤如下：

步骤 01 选择"数据|汇总"命令，打开如图 2.77 所示的"汇总数据"对话框。选择分类变量，单击 按钮将其选入"分界变量"列表框；选择要进行汇总的变量，单击 按钮将其选入"变量摘要"列表框。本例将"年龄"变量选入"分界变量"，将"整体信任度评价平均得分"变量选入"变量摘要"。如果用户希望在新变量中显示每个类别中的样本观测值的个数，可以勾选"个案数"复选框，并在其后的"名称"文本框中输入相应变量的名称。本例勾选"个案数"复选框，并输入"被调查者人数"。

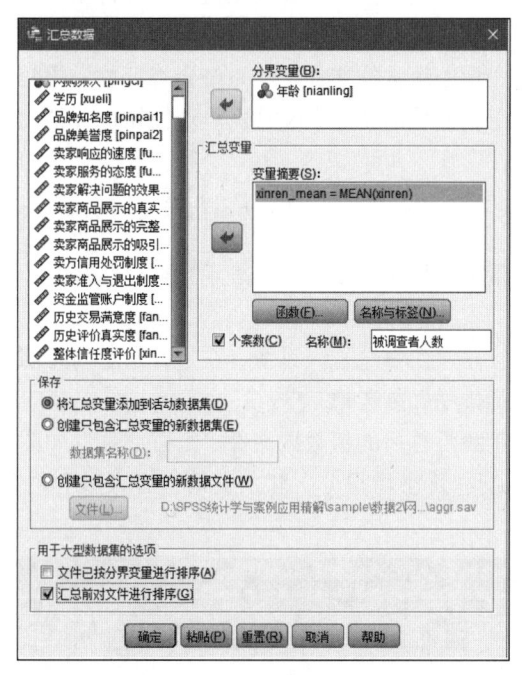

图 2.77 "汇总数据"对话框

步骤 02 设置汇总变量。在"变量摘要"列表框中选中汇总变量，单击"函数"按钮，在弹出的"汇总数据：汇总函数"对话框（见图 2.78）中选择汇总函数的类型。本例要输出整体信任度评价变量的平均值，所以采用系统默认的"平均值"即可。单击"名称与标签"按钮，在弹出的"汇总数据：变量名和标签"对话框（见图 2.79）中设置汇总后产生的新变量的变量名与变量标签。本例要输出整体信任度评价变量的平均值，所以命名为"整体信任度评价平均得分"。

图 2.78 "汇总数据：汇总函数"对话框 　　图 2.79 "汇总数据：变量名和标签"对话框

步骤 03 其他设置。

（1）"保存"设置。该选项组用于设置汇总结果的保存方式。

选中"将汇总变量添加到活动数据集"单选按钮，系统会将汇总的结果保存到当前数据集。

选中"创建只包含汇总变量的新数据集"单选按钮，系统将创建一个新的、只包含汇总变量的数据集，用户可以在"数据集名称"文本框中输入新数据集名称。

选中"创建只包含汇总变量的新数据文件"，系统会将汇总后的变量保存到一个新的数据文件中。本例选中"创建只包含汇总变量的新数据文件"单选按钮，并把文件路径设置为"桌面"，将新数据文件命名为"汇总文件"。

（2）"用于大型数据集的选项"设置。该选项组用于设置对较大数据集的处理方式。

勾选"文件已按分界变量进行排序"复选框，表示数据已经按照分组变量进行排序，系统将不再进行排序操作。

勾选"汇总前对文件进行排序"复选框，系统会在进行汇总前按照分组变量对数据进行排序。本例勾选"汇总前对文件进行排序"复选框。

单击"确定"按钮，按年龄汇总后的新数据文件"汇总文件"如图 2.80 所示。SPSS 分别给出了各个年龄段的"整体信任度评价平均得分"和"被调查者人数"，并作为新变量保存在数据文件中。

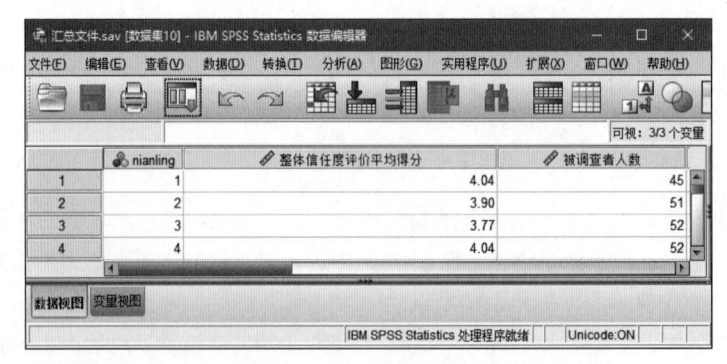

图 2.80 汇总后的数据文件

2.11 数据结构重组

下载资源:\video\第 2 章\2.11

下载资源:\sample\数据 2\产品促销方案与销量数据一、产品促销方案与销量数据二

不同的分析方法需要不同的数据文件结构。当现有的数据文件结构与将要进行的分析所要求的数据结构不一致时，我们需要进行数据文件的结构重组。一般来说，数据文件的结构分为横向与纵向两种。横向结构的数据将一个变量组中的不同分类分别作为不同的变量。例如，在示例数据中将分别采用不同促销方案下的产品销量作为变量进行保存，每个省份是一个样本观测值，如图 2.81 所示。纵向结构的数据将一个变量组中的不同分类分别作为不同的样本观测值。例如，在示例数据中将每个省份在不同促销方案下的产品销量分别作为样本观测值，如图 2.82 所示。

图 2.81　数据文件的横向结构

图 2.82　数据文件的纵向结构

2.11.1 由变量组到样本观测值组的重组

1. 选择数据重组方式及变量组个数

打开"产品促销方案与销量数据一"文件，单击"数据|重构"命令，弹出如图 2.83 所示的"重构数据向导"对话框。该对话框提供了 3 种数据重组方式，用户可以根据现有数据的组合方式和将要进行的分析来选择相应的数据重组方式。本例中选择"将选定变量重构为个案"。

单击"下一步"按钮，弹出如图 2.84 所示的"重构数据向导-第 2/7 步"对话框，在该对话框中选择要重构的变量组的个数。因为本例只有促销方案一个变量组，所以选中"一个"单选按钮。

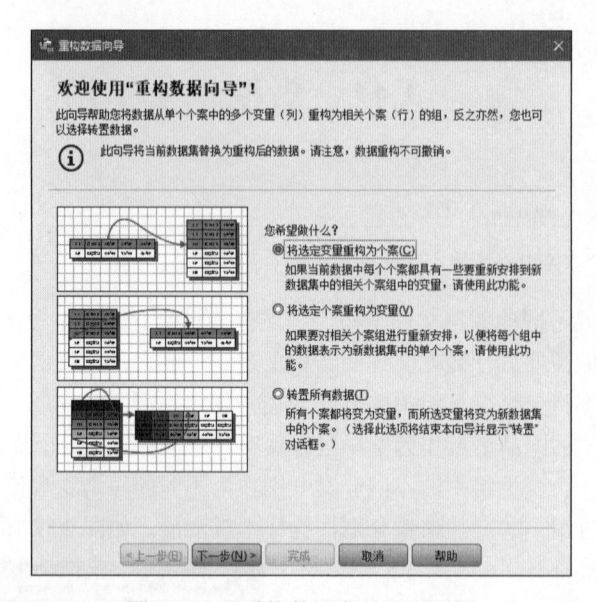

图 2.83 "重构数据向导"对话框

2. 选择要重组的变量

单击"下一步"按钮,弹出如图 2.85 所示的"重构数据向导-第 3/7 步"对话框。

图 2.84 "重构数据向导-第 2/7 步"对话框 　　图 2.85 "重构数据向导-第 3/7 步"对话框

（1）"个案组标识"选项组。该选项组用于设置需要观测的标识变量,在下拉列表框中有 3 个选项：

- 使用个案号：若选择此项,系统会出现"名称"文本框和"标签"列表,用户可以设置重组后的序号变量的变量名和变量标签。
- 使用选定变量：若选择此项,系统会出现一个 按钮和一个"变量"列表。选择标识变量,单击 按钮将其选入"变量"列表框即可。
- 无,表示不使用标识变量。

本例中选择"无"。

（2）"要转置的变量"选项组：该选项组用于设置需要进行变换的变量组。"目标变量"下拉列表框用于指定要进行重组的变量组。

本例将 prompt1、prompt2 和 prompt3 变量选入"要转置的变量"列表框，在"目标变量"后的文本框中输入"销量"。

（3）"固定变量"列表框：如果用户不希望一个变量参加重组，只需选择该变量，单击 ➡ 按钮将其选入"固定变量"列表框即可。本例中保持系统默认设置。

3. 选择索引变量的个数

单击"下一步"按钮，弹出如图 2.86 所示的"重构数据向导-第 4/7 步"对话框。

该对话框用于设置重组后生成的索引变量的个数，可以选择一个或多个，也可以选择无，表示把索引信息保存在某个要变换重组的变量中，不生成索引变量。本例选择创建一个索引变量。

4. 设置索引变量的参数

继续单击"下一步"按钮，弹出如图 2.87 所示的"重构数据向导-第 5/7 步"对话框。

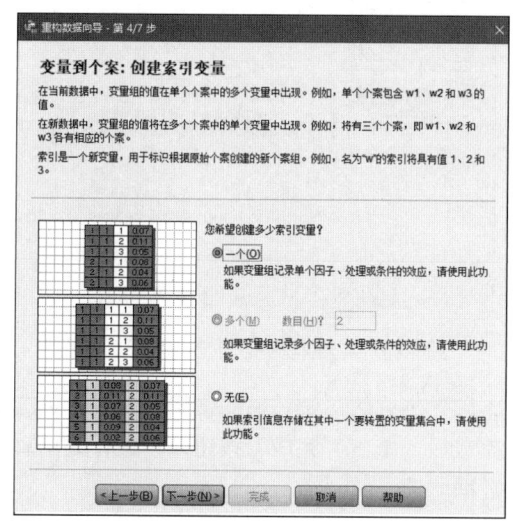

图 2.86　"重构数据向导-第 4/7 步"对话框 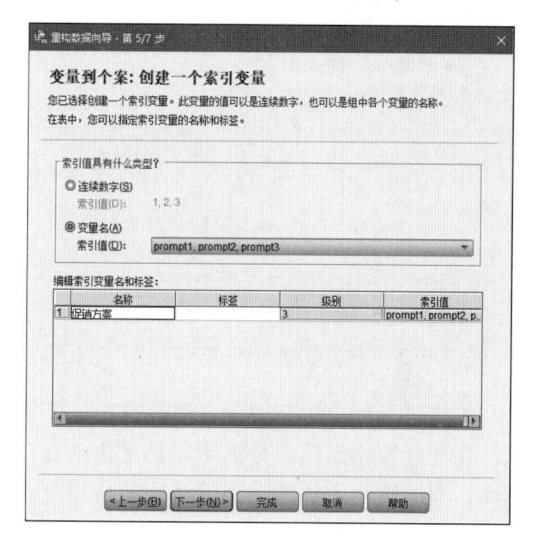　　图 2.87　"重构数据向导-第 5/7 步"对话框

（1）"索引值具有什么类型？"选项组：该选项组用于设置索引值的类型，用户可以选择连续数字或变量名作为索引值的类型。

（2）"编辑索引变量名和标签"栏：在该栏中设置索引变量的变量名和变量标签。

本例在"索引值具有什么类型？"选项组中选择"变量名"，并在下方的"编辑索引变量名和标签"栏中设置索引变量的名称为"促销方案"，其索引值为 prompt1、prompt2 和 prompt3。

5. 其他参数设置

单击"下一步"按钮，弹出如图 2.88 所示的"重构数据向导-第 6/7 步"对话框。

（1）"未选择的变量的处理方式"选项组：该选项组用于设置对用户未选择的变量的处理方式，如选中"从新数据文件中删除变量"单选按钮，系统会将这一部分变量删除；如选中"保留并作为固定变量处理"单选按钮，系统会将这一部分变量作为固定变量处理。

（2）"所有转置后的变量中的系统缺失值或空值"选项组：该选项组用于设置对要变换的变量中的缺失值和空白值的处理方式，如选中"在新文件中创建个案"单选按钮，表示系统将为这些变量单独生成观测记录；如选中"废弃数据"单选按钮，则这一部分观测值将被删除。

（3）"个案计数变量"选项组：该选项组用于设置是否生成计数变量，勾选"计算由当前数据中的个案创建的新个案的数目"复选框，则表示生成计数变量，同时将激活"名称"和"标签"文本框，用户可以在其中输入计数变量的名称和标签。在本例中，该步保持默认设置即可。

6. 完成数据重组

单击"下一步"按钮，弹出如图2.89所示的"重构数据向导-完成"对话框。

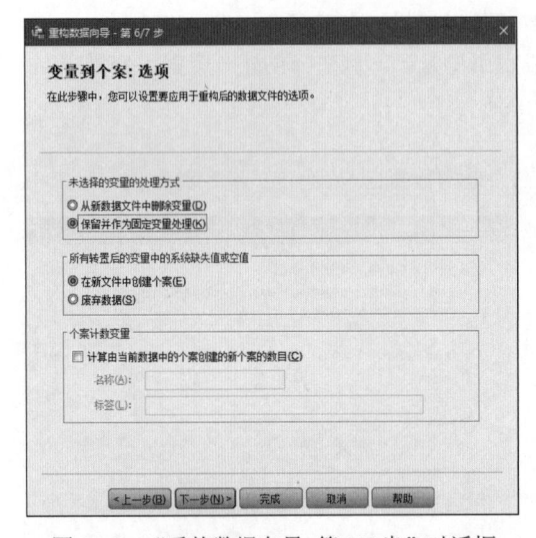

图2.88　"重构数据向导-第6/7步"对话框 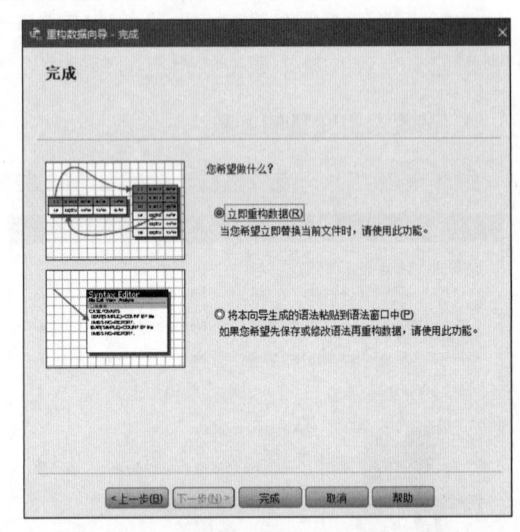　　图2.89　"重构数据向导-完成"对话框

这里可选择是否立即进行数据重组，如选中"将本向导生成的语法粘贴到语法窗口中"单选按钮，系统会将相应的命令语句粘贴至语法窗口。设置完成后，单击"完成"按钮即可进行数据重组操作，横向格式的数据文件就会被转换成纵向格式的数据文件。

2.11.2　由样本观测值组到变量组的重组

本小节以"产品促销方案与销量数据二"为例，说明由样本观测值组到变量组的重组，使数据由纵向格式转换为横向格式。具体操作步骤如下：

步骤01　选择重组变量。在前述"重构数据向导"对话框中选中"将选定个案重构为变量"单选按钮，单击"下一步"按钮，弹出如图2.90所示的"重构数据向导-第2/5步"对话框。

从"当前文件中的变量"列表框中选择在重组后将在数据集中标识观测记录的变量，单击▶按钮将其选入"标识变量"列表框；选择构成新数据集中变量组的变量，单击▶按钮将其选入"索引变量"列表框。

第 2 章 数据加工处理 | 63

图 2.90 "重构数据向导-第 2/5 步"对话框

本例将 province 变量选入"标识变量"列表框，将"促销方案"变量选入"索引变量"列表框。

步骤 02 原始数据的排序设置。单击"下一步"按钮，弹出如图 2.91 所示的"重构数据向导-第 3/5 步"对话框。该对话框用于设置是否对原始数据进行排序，选中"是"单选按钮，系统会在数据重组之前按照标识变量和索引变量对原始数据进行排序；选中"否"单选按钮，则不进行此项操作。本例选中"是"单选按钮。

步骤 03 新变量的相关参数设置。单击"下一步"按钮，弹出如图 2.92 所示的"重构数据向导-第 4/5 步"对话框。

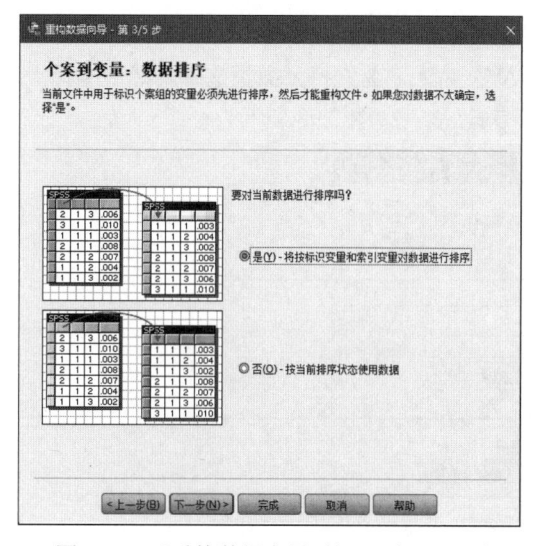

图 2.91 "重构数据向导-第 3/5 步"对话框　　图 2.92 "重构数据向导-第 4/5 步"对话框

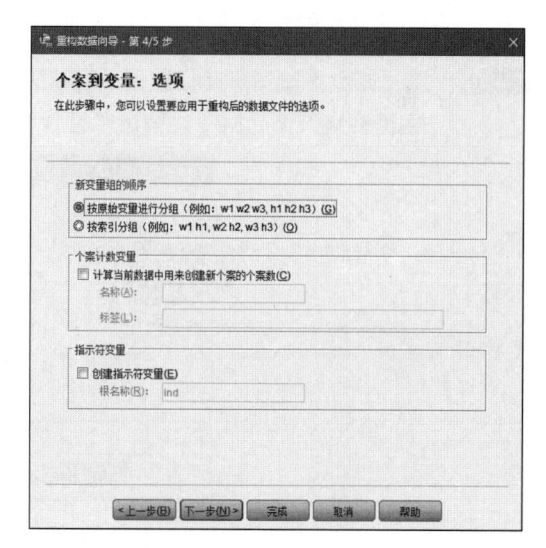

（1）"新变量组的顺序"选项组：用于设置新变量组中变量的排序方式，有"按原始变量进行分组"和"按索引分组"两种。

（2）"个案计数变量"选项组：设置是否生成计数变量，如勾选"计算当前数据中用来创建新个案的个案数"复选框，则表示生成计数变量，同时激活"名称"和"标签"文本框，用户可以在其中输入计数变量的名称和标签。

（3）"指示符变量"选项组：设置是否生成指示变量，如勾选"创建指示符变量"复选框，表示对索引变量的每个取值生成一个指示变量，用于记录对应的变量取值是否为空值，用户可以在"根名称"文本框中输入指示变量的前缀。

本例保持默认设置即可。

步骤 04 完成数据重组。继续单击"下一步"按钮，弹出"重构数据向导-完成"对话框。单击"完成"按钮即可进行数据重组操作，数据就会由纵向格式转换为横向格式。

2.12 数据缺失值处理

> 下载资源:\video\第 2 章\2.12
> 下载资源:\sample\数据 2\儿童生长发育指标数据（有缺失值）

在整理数据资料时，经常会发现有的数据有缺失值。造成这种现象的原因可能是在统计数据时没有统计完整，也有可能是在加工数据的过程中出现了数据丢失。需要注意的是，此处所指的缺失值与前面介绍变量属性时提到的缺失值的概念完全不同。变量属性中的缺失值通常指的是出现了错误值或极端异常值，我们通常会对这些数据进行缺失值处理，而不会将这些数据纳入分析范围。此处所讲的缺失值指的是数据本身存在缺失，需要采取相应的技术将缺失值补充完整，以保证数据分析的连续性。SPSS 中的缺失值替换功能针对含有缺失值的变量，使用系统提供的替换方法生成一个新的变量序列。操作步骤如下：

步骤 01 以"儿童生长发育指标数据（有缺失值）.SAV"为例，首先打开数据文件，然后选择"转换|替换缺失值"命令，弹出"替换缺失值"对话框，如图 2.93 所示。

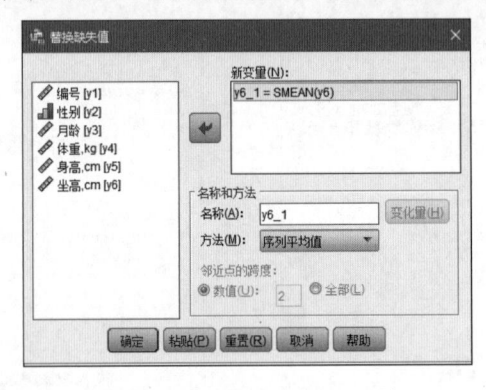

图 2.93　"替换缺失值"对话框

步骤 02 从源变量列表框中选择含有缺失值且需要替换缺失值的变量，然后将其移至"新变量"列表框。"新变量"列表框中将显示形如"变量名_l=替代的估计方法简名（变量名）"格式的变量转换表达式。其中，"变量名"是所选变量的名称或它的前 6 个字符。本例中，y6 变量存在缺失值，因此我们把 y6 从源变量列表框移至"新变量"列表框。

步骤 03 在"名称和方法"选项组中,"名称"文本框显示系统默认的变量名。重命名后需要单击"变化量"按钮确认。在"方法"下拉列表中,系统默认选择的是序列均值。如果系统默认的设置符合要求,直接单击"确定"按钮即可执行。系统将按照默认的估计方法计算出缺失值的估计值,并用它替代序列中的缺失值,替代后的时间序列将作为新变量的观测值显示在数据窗口内。如果希望使用其他估计方法来计算缺失值的估计值,可单击"方法"下拉列表,选择以下几种方法:

- 序列平均值:用整个序列有效数值的平均值作为缺失值的估计值。
- 邻近点的平均值:如果选择此方法,那么"邻近点的跨度"栏的两个单选按钮"数值"和"全部"会被激活。若选择"数值",输入缺失值上下邻近点的数量,系统会将这些邻近点的有效数值的均值作为缺失值的估计值。若邻近点的点数不足,则缺失值保持不变。若选择"全部",则用全部有效观测值的均值作为缺失值的估计值,效果与选择序列平均值相同。
- 邻近点的中间值:与邻近点的平均值方法相似,不过此方法将用缺失值上下邻近点指定跨度范围内的有效数值或全部有效数值的中位数作为缺失值的估计值。
- 线性插值:对缺失值之前的一个和其后第一个有效值,使用线性插值法计算缺失值的估计值。如果序列的第一个或最后一个观测值缺失,则不能采用这种方法。
- 邻近点的线性趋势:选择此方法时,系统会根据原序列,以序号为自变量,选择的变量作为因变量,进行线性回归分析,求出线性回归方程。然后,系统使用回归方程计算各缺失值处的趋势预测值,并用预测值替代相应的缺失值。在更改替代方法、数值等设置后,需要单击"更改"按钮以确认更改。

本例中,我们采用系统的默认设置。

步骤 04 设置完成后,单击"确定"按钮,提交系统执行。系统将按照默认的估计方法计算出估计值,用它替代序列中的缺失值,并将替代后的时间序列作为新变量的观测值显示在数据窗口内。如图 2.94 所示,数据视图中增加了 y6_1 变量,相较于 y6 变量,其所有的缺失值都得到了补充和完善。

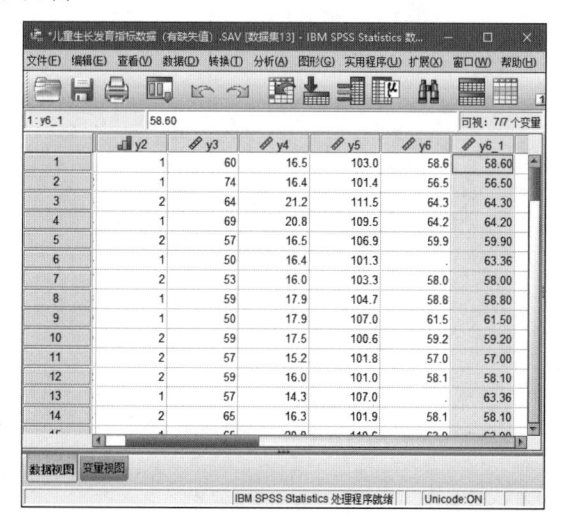

图 2.94 y6_1 变量

2.13 本章习题

1. 读取 Excel 数据文件"产品销售额数据"。
2. 读取 Stata 数据文件"产品销售额数据"。
3. 读取文本数据文件"产品销售额数据"。
4. 针对 SPSS 格式的数据文件"产品销售额数据",进行以下操作:

(1) 生成变量 total,为变量 advertisement 和 Marketing 之和。
(2) 生成变量 every,为变量 total 除以变量 customer 之商。
(3) 将数据文件按照 sales 进行降序排列。

5. 以配套资源中提供的"习题 2.1"数据为例,针对变量"行业分类"生成虚拟变量。

6. 以配套资源中提供的"习题 2.2"数据为例,针对变量"资产负债率"中的缺失值,采用"序列平均值"方法进行缺失值处理;针对变量"主营业务收入"中的缺失值,采用"邻近点的平均值"方法进行缺失值处理。

7. 以配套资源中提供的"习题 2.1"数据为例,针对变量"行业分类"进行数据分解操作,包括内部拆分和物理拆分两种方式。

8. 以配套资源中提供的"习题 2.1"数据为例,针对全部变量数据进行行列转置操作。

9. 以配套资源中提供的"习题 2.2"数据为例,进行数据汇总操作。要求按变量"行业分类"分别输出变量"银行负债""其他渠道负债"的均值,以此分析不同行业公司的负债情况。

第 3 章

统计学知识

本章介绍应用 SPSS 开展分析所需的基本统计学知识。SPSS 是一款统计分析软件，依托相关统计学知识。实质上，它通过软件工具便捷地实现统计方法。如果没有扎实的统计学知识，研究者不仅难以根据实际需要选择恰当的统计分析方法，还可能无法准确操作 SPSS 窗口的菜单选项，也难以正确解读 SPSS 的输出结果。因此，掌握一定的统计学知识并形成统计学思维，是灵活使用 SPSS 进行统计分析的基础。

本章教学要点：

- 掌握统计学常用的基本概念，包括总体、样本与统计推断、频率与概率、条件概率、独立事件与全概率公式、概率函数与概率密度函数。
- 了解离散型概率分布与连续型概率分布的区别，掌握伯努利分布、二项分布、泊松分布等离散型概率分布，以及正态分布（高斯分布）、卡方分布、T 分布和 F 分布等连续型概率分布。
- 熟练掌握常见的集中趋势统计量、离散趋势统计量和分布趋势统计量。
- 熟练掌握大数定律与中心极限定理的基本思想。
- 熟练掌握参数估计的概念及常用的点估计和区间估计方法。
- 准确理解假设检验的概念与原理，掌握 T 检验、Z 检验和 F 检验等常用的假设检验方法，并理解参数检验与非参数检验的区别。

3.1 统计学常用的基本概念

本节简单介绍统计学中的一些常用基本概念。

3.1.1 总体、样本与统计推断

总体（Population）是指由研究对象的全部个体组成的集合。例如，如果我们要研究"XX 商业

银行员工追求卓越对自驱行为的影响",那么总体即为 XX 商业银行的全体员工。为了实现充分的研究,理想情况下是应对 XX 商业银行的全体员工进行调查并收集数据。但在实际研究中,我们不可能也没有必要获取总体的数据资料。例如,如果该银行有 10 万名员工,调查全部员工的成本可能是难以承受的。因此,基于成本效益的原则,更可行的操作方式是从总体中随机或按照一定规则抽取一部分样本(Sample)进行研究,然后根据样本的数据特征来推断总体特征。这就是统计学中"统计推断"的概念。

通常情况下,我们期望的抽样方式是"随机抽样",即每个样本有相同的概率被抽中,且样本被抽中的概率是相互独立的,即样本观测值之间满足独立同分布(Independent and Identically Distributed,IID)的假定,从而可以使得样本能够较好地代表总体。

样本集合是从总体中抽取的一部分元素的集合,样本总体中的单位数称为样本容量。一般情况下,当样本单位数达到或超过 30 个时称为大样本;当样本单位数小于 30 个时称为小样本。

统计推断的具体操作包括参数估计、假设检验和预测等。其中,参数估计可以细分为点估计和区间估计,假设检验可以细分为参数检验和非参数检验。

3.1.2 频率与概率

1. 频率

对于样本而言,频率(Frequency)的定义为:在 n 次随机试验中,随机事件 A 发生了 k 次,$p=\dfrac{k}{n}$ 称为随机事件 A 在 n 次试验中出现的频率。

2. 概率

对于总体而言,概率(Probability)定义为:在大量重复的试验下,用数值度量随机事件 A 发生的可能性,称为 A 发生的概率,记作 $P(A)$。

频率与概率的区别在于:频率是样本的试验结果,是指在试验中某一事件出现的次数与试验总数的比值,具有随机性,其取值会随试验结果而改变;而概率是总体的理论值,表示事件发生的固有可能性和不变性。

3.1.3 条件概率、独立事件与全概率公式

1. 条件概率

条件概率(Conditional Probability)是随机事件 A 在另一个随机事件 B 已经发生的条件下发生的概率。条件概率表示为 $P(A|B)$,即在 B 发生的条件下 A 发生的概率。条件概率的公式为:

$$P(A|B)=\dfrac{P(A\cap B)}{P(B)}$$

也就是说,条件概率等于事件 A 与事件 B 同时发生的概率除以事件 B 发生的概率。

2. 独立事件

如果随机事件 B 的发生不影响随机事件 A 的发生,也就是说:

$$P(A|B) = \frac{P(A \cap B)}{P(B)} = P(A)$$

则称随机事件 A 与随机事件 B 为相互独立的随机事件。

3. 全概率公式

如果随机事件 B 的发生情况由互不相容的事件 $\{B_1, B_2, \cdots, B_n\}$ 组成，即这些事件不可能同时发生，并且这些事件 $\{B_1, B_2, \cdots, B_n\}$ 构成了一个必然事件（即必定有一个事件 B_i 发生），那么针对任何事件 A 都有：

$$P(A) = \sum_{i=1}^{n} P(B_i) \times P(A|B_i)$$

这一公式被称为全概率公式，无论随机事件 A 与随机事件 B 之间是否有关系，都会满足这一公式。公式的实质在于将随机事件 A 的发生切分成了 n 种可能，然后将每种可能发生的概率 $P(B_i)$ 乘以在该种可能情形下随机事件发生的概率 $P(A|B_i)$，最终将这些结果汇总，即得到随机事件 A 的总概率。

3.1.4 概率函数与概率密度函数

1. 概率函数

概率函数用于表示离散型变量的概率分布情况，表示离散随机变量 X 在各特定取值上的概率 $P(x)$，其总和为 1。

2. 概率密度函数

概率密度函数用于表示连续型变量的概率分布情况。前面提到的概率函数是针对离散型随机变量定义的，本身就代表该值的概率；而概率密度函数则是针对连续随机变量定义的，它本身不是概率，只有在某区间内积分后，才能得到该区间的概率。

3.2 概率分布

在统计学中，概率分布有离散型概率分布和连续型概率分布两种。

3.2.1 离散型概率分布

如果随机变量 X 的取值是离散的，比如取值为 $\{x_1, x_2, \cdots, x_n\}$，对应的取值概率分别为 $\{p_1, p_2, \cdots, p_n\}$，其中每个 p_i 都大于或等于 0，且所有的 p_i 之和为 1，那么就称 X 为离散型随机变量，服从离散型概率分布。统计学中的离散型概率分布主要包括伯努利分布（Bernoulli Distribution）、二项分布、泊松分布、负二项分布、多项分布等。

1. 伯努利分布

伯努利分布是为纪念瑞士科学家雅各布·伯努利而命名的,又称两点分布或者 0-1 分布。伯努利分布起源于伯努利试验(Bernoulli Trial)。考虑只有两种可能结果的随机试验,当成功的概率是恒定的且各次试验相互独立时,这种试验在统计学上被称为伯努利试验。伯努利试验只有一次试验,且只有成功、失败两种可能:若伯努利试验成功,则伯努利随机变量取值为 1;若伯努利试验失败,则伯努利随机变量取值为 0。因此,在伯努利分布中,只有一次试验,随机变量的取值也只有 0 和 1 两种可能。若将取 1 的概率设定为 p,则取 0 的概率为 $1-p$。

伯努利分布的概率函数为:

$$P(X=k) = p^k \times (1-p)^{1-k} \quad k=0,1$$

2. 二项分布

二项分布是 n 个独立的成功/失败试验中成功次数的离散概率分布,其中每次试验的成功概率为 p。因此,二项分布实质上是多次伯努利试验结果的概率分布。当 $n=1$ 时,二项分布就变成了伯努利分布。二项分布具有以下 3 个特点:

- 每次试验有两个可能的结果,这两个结果是互斥的,例如下雨或不下雨。
- 每次试验之间相互独立,某次试验的结果不会影响其他试验的结果。
- 每次试验发生事件的概率都是相同的,在整个系列试验中保持不变。

二项分布因为是多次伯努利试验,所以它衡量的是成功次数的概率,即在 n 次试验中,成功的次数 X 对应的概率。二项分布记为 $X \sim B(n,p)$,概率函数为:

$$P(X=k) = C_n^k p^k \times (1-p)^{n-k} \quad k=0,1,2,\cdots,n$$

3. 泊松分布

泊松(Poisson)分布由法国数学家西莫恩·德尼·泊松(Siméon-Denis Poisson)于 1838 年提出,用于描述单位时间或单位空间内随机事件发生次数的概率分布。

泊松分布的概率函数为:

$$P(X=k) = \frac{\lambda^k}{k!}e^{-\lambda} \quad k=0,1,2,\cdots,n$$

其中,泊松分布的参数 λ 是单位时间(或单位面积)内随机事件的平均发生次数。当二项分布的 n 很大而 p 很小时,泊松分布可作为二项分布的极限近似,其中 $\lambda=np$。通常当 $n \geq 20,p \leq 0.05$ 时,就可以用泊松公式来近似计算。

3.2.2 连续型概率分布

如果随机变量 X 的取值是连续实数,比如取值为 $(-\infty,+\infty)$,则称 X 为连续型随机变量,服从连续型概率分布。

对于连续型随机变量,因为其取值是连续的,所以其取值概率的测量是通过概率密度函数来进行的。所有概率密度函数 $f(x)$ 都具有以下共性特点:

（1）针对任意 x，都有 $f(x) \geq 0$，概率 $\int_{-\infty}^{+\infty} f(x)\mathrm{d}x = 1$。

（2）随机变量 X 的取值落入区间 $[m,n]$ 的概率为 $\int_{m}^{n} f(x)\mathrm{d}x$。

对于连续型概率分布，还有一个重要的概念是累计密度函数 $F(x)$，其计算公式为：

$$F(x) = \int_{-\infty}^{x} f(x)\mathrm{d}x$$

统计学中的连续型概率分布主要包括正态分布（高斯分布）、卡方分布、T 分布和 F 分布等。

1. 正态分布

正态分布（Normal Distribution）也称高斯分布（Gaussian Distribution），是应用最为广泛的一种连续型概率分布形式，也是许多统计方法的理论基础，通常被认为是概率论中最重要的分布之一。不论是在学术研究领域，还是在应用实践领域，很多随机变量的概率分布都可以近似地用正态分布来描述。参数检验、方差分析、相关和回归分析等多种统计方法均要求分析的变量服从正态分布。

如果随机变量 X 的概率密度函数为：

$$f(x) = \frac{1}{\sqrt{2\pi\sigma^2}} \exp\left(\frac{-(x-\mu)^2}{2\sigma^2}\right)$$

则称 X 服从正态分布，记为 $X \sim N(\mu, \sigma^2)$。其中 μ 为随机变量 X 的期望，是正态分布的位置参数，描述正态分布的集中趋势位置。正态分布以 $X=\mu$ 为对称轴，左右完全对称。正态分布的期望、均数、中位数和众数相同，均等于 μ。

正态分布的图形化表达如图 3.1 所示。概率规律表明，离 μ 越近的值的概率越大，而离 μ 越远的值的概率越小。σ^2 为随机变量 X 的方差，是正态分布的形状参数，用于描述正态分布的离散程度，σ 越大则数据分布越分散，正态分布曲线越扁平；而 σ 越小则数据分布越集中，正态分布曲线越瘦高。

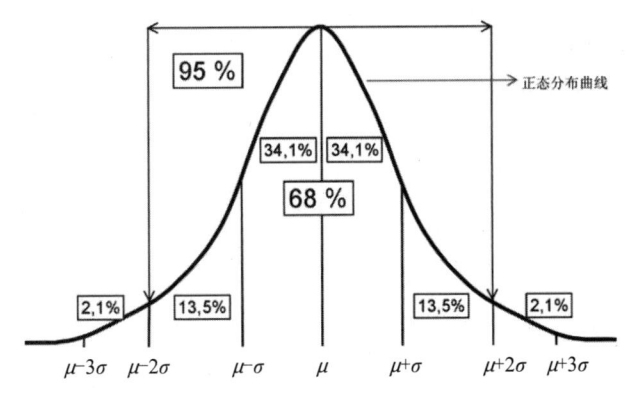

图 3.1 正态分布的图形化表达

正态分布曲线下方，横轴区间 $(\mu-\sigma, \mu+\sigma)$ 内的面积略大于 68%。

$$P\{|X-\mu|<\sigma\}=2\Phi(1)-1\approx 0.68$$

横轴区间（$\mu-2\sigma, \mu+2\sigma$）内的面积略大于 95%。

$$P\{|X-\mu|<2\sigma\}=2\Phi(2)-1\approx 0.95$$

横轴区间（$\mu-3\sigma, \mu+3\sigma$）内的面积略大于 99.7%。

$$P\{|X-\mu|<3\sigma\}=2\Phi(3)-1\approx 0.997$$

随机变量 X 落在 $[\mu-3\sigma, \mu+3\sigma]$ 以外的概率在 0.003 以下，因此在实际应用中，通常认为这些事件几乎不可能发生。因此，区间 $[\mu-3\sigma, \mu+3\sigma]$ 被视为随机变量 X 实际可能的取值区间。这就是正态分布的 3σ 原则。

当 $\mu=0$ 且 $\sigma^2=1$ 时，称 X 服从标准正态分布，记为 $X \sim N(0,1)$。

在很多情况下，为了便于描述和应用，需要将一般正态分布转换为标准正态分布。为此，可以对数据进行如下处理：

如果 $X \sim N(\mu, \sigma^2)$，则 $Y = \dfrac{X-\mu}{\sigma} \sim N(0,1)$。

2. 卡方分布

卡方分布由阿贝（Abbe）于 1863 年首先提出，后来由海尔墨特（Hermert）和卡·皮尔逊（C. K. Pearson）分别于 1875 年和 1900 年推导出来。如果随机变量 $X_1, X_2, \cdots, X_n$ 是相互独立的，而且每个 $X_i(i=1,2,\cdots,n)$ 都服从均值为 0、标准差为 1 的标准正态分布 $N(0,1)$，那么这些 X_i 的平方和 $\sum_{i=1}^{n} X_i^2$ 服从自由度为 n 的卡方分布（X^2 分布）。

不同的自由度决定不同的卡方分布。卡方分布的自由度越小，分布就会越向左边倾斜。随着自由度的不断增加，卡方分布会逐渐趋近正态分布。卡方分布的自由度分别为 3、6、10 时的分布曲线如图 3.2 所示（自坐标原点（0,0）出发，从左至右依次为自由度等于 3、6、10 时的分布曲线）。

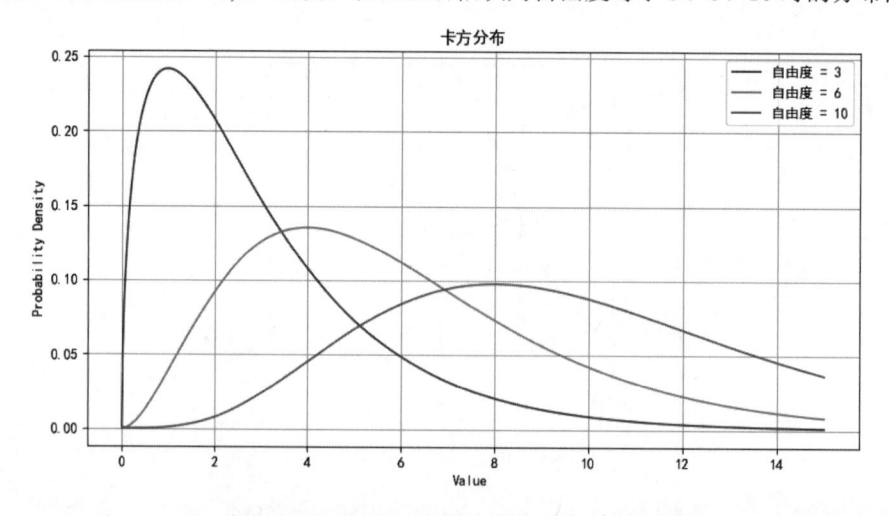

图 3.2 卡方分布曲线

3. T 分布

T 分布（学生 T-分布，T-distribution）通常用于根据小样本估计正态分布且方差未知的总体均值，如果总体方差已知（例如在样本数量足够多时），则应该用正态分布来估计总体均值。如果随机变量 Z 服从均值为 0、标准差为 1 的标准正态分布 $N(0,1)$，而随机变量 Y 服从自由度为 k 的卡方分布，且随机变量 Z 和随机变量 Y 相互独立，那随机变量 P 服从自由度为 k 的 T 分布：

$$P = \frac{Z}{\sqrt{Y/k}} \sim t(k)$$

T 分布曲线形态与自由度 k 的大小有关。与标准正态分布曲线相比，自由度 k 越小，T 分布曲线越平坦，曲线中间越低，曲线两侧尾部翘得越高；自由度 k 越大，T 分布曲线越接近正态分布曲线。随着自由度 k 的不断增加，T 分布会趋近于标准正态分布。不同自由度下，T 分布与标准正态分布的比较如图 3.3 所示。图中 df 表示 T 分布的自由度，x 表示标准正态分布。可以发现，当自由度达到 200 时，T 分布曲线与标准正态分布曲线几乎重合。

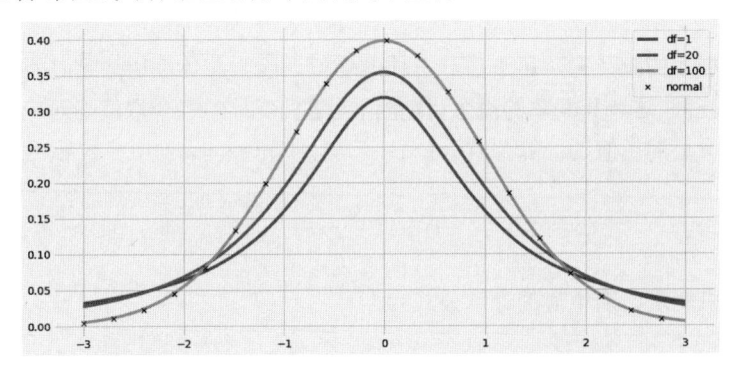

图 3.3　不同自由度下，T 分布与标准正态分布的比较

4. F 分布

F 分布由英国统计学家 R.A.Fisher 于 1924 年提出，并以其姓氏的第一个字母命名。如果随机变量 X 服从自由度为 k_1 的卡方分布，随机变量 Y 服从自由度为 k_2 的卡方分布，且随机变量 X 和随机变量 Y 相互独立，那么随机变量 Z 服从自由度为（k_1, k_2）的 F 分布：

$$Z = \frac{X/k_1}{Y/k_2} \sim F(k_1,\ k_2)$$

F 分布是一种非对称分布，具有两个自由度，并且这两个自由度的位置不可互换。F 分布常用于方差分析、回归方程的显著性检验等。

3.3　统计量

统计量是统计学中的一个重要的基础概念，指的是用于对数据进行分析和检验的变量，主要作用是把样本中有关总体的信息汇集起来。统计量只依赖所分析的样本，不依赖总体。在统计学中，一个核心概念是统计推断，即从样本推断总体。统计推断通常需要先进行随机抽样，然后计算所抽取样本的一系列统计量，最后基于这些统计量来推断总体参数。常用的统计量可以分为 3 类：集中趋势统计量、离散趋势统计量和分布趋势统计量。

3.3.1 集中趋势统计量

集中趋势指的是样本观测值趋向于某一中心位置的趋势。集中趋势统计量反映了观测值聚集于中心位置的分布情况。常见的集中趋势统计量包括平均值、中位数、众数与总和等。

1. 平均值与期望

平均值是样本层面的统计量，因为样本的取值是可以直接观测的。平均值是各个样本取值的算术平均数。例如，某组样本数据有 $X_1, X_2, \cdots, X_n$ 共 n 个数值，则其平均值的计算公式为：

$$\bar{X} = \frac{X_1 + X_2 + \cdots + X_n}{n} = \frac{\sum X}{n}$$

期望则是总体层面的统计量，用于估计总体的均值。因为总体期望通常是不可直接观测的，所以需要通过估计来获得，这涉及概率的概念。期望值是随机变量的各个取值与对应概率的加权平均。对于离散型随机变量，期望值的计算公式为：

$$E(X) = \sum_{k=1}^{\infty} x_k p_k$$

对于连续型随机变量，期望值的计算公式为：

$$E(X) = \int_{-\infty}^{+\infty} x f(x) \mathrm{d}x$$

2. 中位数

中位数是将总体单位某一变量的各个变量值按大小顺序排列，处在数列中间位置的变量值就是中位数。

在资料未分组的情况下，将各变量值按大小顺序排列后，首先可以确定中位数的位置，可用公式 $\frac{n+1}{2}$ 确定，其中 n 代表总体单位的项数；然后根据中点位置确定中位数。

有两种情况：当 n 为奇数项时，中位数是位于中间位置的变量值；当 n 为偶数项时，中位数是位于中间位置的两个变量值的简单算术平均数。

3. 众数

众数是某一变量出现次数最多的样本观测值。假定有一支足球队，11 名主力队员在某场球赛中的得分分别为 3,4,5,6,6,7,7,8,8,8,9,10。其中 8 出现的次数最多，出现了 3 次，因此这组数据的众数为 8。需要注意的是，众数可能没有，也可能有多个。例如，一支足球队的 11 名主力队员在某场球赛中的得分分别为 0,1,2,3,4,5,6,7,8,9,10，因为每个数字都只出现了一次，所以这组数据没有众数；又如足球队 11 名主力队员在某场球赛中的得分分别为 0,1,2,3,4,5,6,6,6,8,8,8，因为数字 6 和 8 都出现了

3 次，所以这组数据有 2 个众数，即 6 和 8。

4. 总和

总和是所有样本值的合计。假定有一支足球队，11 名主力队员在某场球赛中的进球数分别为 0,0,0,0,0,0,1,2,0,1,0,0，则这支球队的进球数总和为 1+2+1=4。

3.3.2 离散趋势统计量

离散趋势指样本观测值偏离中心位置的趋势。离散趋势统计量反映了所有观测值偏离中心的分布情况。离散趋势的常用统计量有方差、标准差、均值标准误差、最大值、最小值、极差、变异系数、百分位数和 Z 标准化得分等。

1. 方差和标准差

方差是总体各单位变量值与其算术平均数的离差平方的算术平均数，用 σ^2 表示。方差的平方根就是标准差 σ。与方差不同的是，标准差是具有量纲的，它与变量值的计量单位相同，其实际意义要比方差清楚。因此，在对社会经济现象进行分析时，通常更多使用标准差。

方差和标准差的计算公式为：

$$\sigma^2 = \frac{\sum(X-\bar{X})^2}{n}$$

$$\sigma = \sqrt{\frac{\sum(X-\bar{X})^2}{n}}$$

在正态分布中，68%的个案位于均值的一倍标准差范围内，95%的个案位于均值的两倍标准差范围内。例如，如果一组数据服从正态分布，且平均值为 100，标准差为 10，则 68%的个案将在 90 到 110 之间，95%的个案将在 80 到 120 之间。

2. 均值标准误差

一个容易与标准差混淆的统计量是均值标准误差。均值标准误差是样本均值的标准差，是描述样本均值和总体均值平均偏差程度的统计量，也是表示抽样误差大小的指标。

3. 最大值、最小值和极差

最大值是样本数据中取值最大的数据，最小值是样本数据中取值最小的数据。最大值与最小值的差即为极差，又称为范围、全距，用 R 表示：

$$R = X_{\max} - X_{\min}$$

4. 变异系数

变异系数是将标准差或平均差与其平均数对比所得的比值，又称离散系数。其计算公式为：

$$V_\sigma = \frac{\sigma}{\bar{X}}$$

$$V_D = \frac{A.D}{\bar{X}}$$

V_σ 和 V_D 分别表示标准差系数和平均差系数。变异系数可用于比较不同数列的变异程度。其中常用的变异系数是标准差系数。

5. 百分位数

如果将一组数据从小到大排序，并计算相应的累计百分位，则某一百分位所对应数据的值就称为这一百分位的百分位数。例如，处于10%位置的值称为第10百分位数。

最为常用的是四分位数，指将数据分为4等份，处于3个分割点位置的数值分别是25%、50%和75%位置上的值。

百分位数适用于定序数据及更高级的数据，但不能用于定类数据。百分位数的优点是不受极端值的影响。

6. Z 标准化得分

Z 标准化得分是某一数据与平均值的距离以标准差为单位的测量值。其计算公式为：

$$Z_i = \frac{X_i - \bar{X}}{\sigma}$$

Z_i 即为 X_i 的 Z 标准化得分。标准化值不仅能表明各原始数据在一组数据分布中的相对位置，而且能在不同分布的各组原始数据之间进行比较，因此常用于统一量纲差距，并在回归分析、聚类分析中应用较多。

3.3.3 分布趋势统计量

1. 偏度

偏度是衡量分布偏斜方向及程度的统计量，用于度量分布的不对称性。正态分布是对称的，偏度值为0。具有显著正偏度值的分布具有很长的右尾，具有显著负偏度值的分布则具有很长的左尾。一般情况下，如果计算得到的偏度值超过其标准误差的两倍，则认为这组数据不具有对称性。

偏度的计算公式为：

$$S = \frac{1}{n}\sum_{i=1}^{n}\left(\frac{x_i - \bar{x}}{\hat{\sigma}}\right)^3$$

2. 峰度

峰度是频率分布曲线与正态分布相比较时，分布顶端尖峭程度的度量。在 SPSS 中，正态分布的峰度统计量的值为 0；正峰度值表示相对于正态分布，观测值更为集中在均值附近，表现为分布峰度较尖，尾部较薄；负峰度值表示相对于正态分布，观察值更为分散，表现为分布峰度较低，尾部较厚。

峰度的计算公式为：

$$K = \frac{1}{n} \sum_{i=1}^{n} \left(\frac{x_i - \bar{x}}{\hat{\sigma}} \right)^4$$

3.4 大数定律与中心极限定理

本节将简单介绍大数定律与中心极限定理。

3.4.1 大数定律

大数定律，也称为大数法则或大数定理，是概率论领域的基本定律之一。最早的大数定律由瑞士人 Jacob Bernouli 于 1713 年发现。伯努利大数定律的基本概念是：当大量重复某一试验时，最后的频率无限接近事件概率。大数定律本质上反映的是当随机现象的观察量足够大时，随机事件 A 出现的频率几乎接近其发生的概率，即频率具备一定的稳定性。其基本逻辑是，如果被研究现象的总体是由大量相互独立的随机因素形成的，而且每个随机因素对总体的影响都相对较小，那么对大量随机因素进行综合平均，个别随机因素的影响将互相抵消，并显现出它们共同作用的倾向，使总体具有稳定的性质。

契比雪夫进一步丰富了大数定律，相较于伯努利大数定律不再要求随机因素相互独立，指出当抽取的样本容量足够大时，样本的算术平均值会接近总体的数学期望。具体来说，如果由随机变量构成的总体具有有限的平均数和方差，则对于充分大的抽样单位数 n（至少 $n>30$），将会有几乎趋近 1 的概率使得样本平均值接近总体平均值。

不论是伯努利大数定律，还是契比雪夫大数定律，均强调了样本容量在以样本推断总体中的重要作用，为统计学中从样本出发来估计总体分布参数提供了理论依据。在挖掘现象的某种总体性规律时，将具有这种现象的足够多的样本加以综合汇总时，这种规律就能够明显地显示出来。一言以蔽之，当样本容量足够大时，就足以代表总体。

3.4.2 中心极限定理

中心极限定理是指，不论总体服从何种分布，只要总体变量存在着有限的平均值和标准差，那么抽取的样本观测值数量越大，取样次数越多，样本平均值的分布也就越接近一条正态分布曲线。或者说，如果从某个总体中多次随机抽取数量足够多的样本，那么这些样本的平均值会以总体平均值为中心呈现正态分布。普遍经验表明，当样本数量超过 30 时，中心极限定理才能成立。

当抽取的样本观测值数量充分大、取样次数充分多时，样本平均值近似地服从正态分布，且样本的平均值等于总体平均值，样本平均值的标准误差 $=\sigma/\sqrt{n}$，其中 σ 为总体的标准差，n 为样本观测值数。

标准差和标准误差

标准差（在 SPSS 窗口界面通常为"标准偏差"）是用来衡量在一次抽取样本时，所抽取样本中所有样本观测值之间的差异程度。它是方差的平方根，而方差是一组样本数据与这组样本数据各样本观测值的平均值之差的平方数的算术平均值。标准差计算公式为：

$$\sigma = \sqrt{\frac{\sum(X-\overline{X})^2}{n}}$$

标准误差衡量的是多次抽取样本时，多组样本平均值之间的差异程度，反映的是抽取的样本能否较好地代表总体，是所有样本平均值的标准误差，等于总体标准差除以样本量的平方根。其计算公式如下：

$$样本平均值的标准误差 = \sigma \div \sqrt{n}$$

其中 σ 代表标准差，n 代表样本量。

如果标准误差很大，意味着样本平均值在总体平均值周围分布得极为分散；如果标准误差很小，意味着样本平均值之间的聚集程度很高。

3.5 参数估计

统计推断是数理统计研究的核心问题，是指根据样本对总体分布或分布的数字特征等做出合理的推断。参数估计又称抽样估计，属于统计推断的范畴，是一种根据从总体中抽取的样本估计总体分布中包含的未知参数的方法。由此可见，此处所指的参数与前文中提到的统计量最为明显的区别在于：统计量针对样本，而参数针对总体，我们计算的是样本的统计量，而估计的是总体的参数。参数估计有两种方法：点估计和区间估计。点估计是用样本指标直接推断总体指标，而不考虑抽样误差；区间估计则是用样本指标和抽样误差推断总体指标的可能范围，它能给出参数估计的准确度和置信度。

3.5.1 点估计

点估计是依据样本估计总体分布中所含的未知参数或未知参数的函数。点估计的常用方法有矩估计法、最小二乘估计（Least-Squares Estimation，LSE）和最大似然估计（Maximum Likelihood Estimation，MLE）。

1. 矩估计法

由大数定律可知，当样本容量很大时，样本均值以概率 1 趋于总体均值，因此我们可以用样本的数字特征作为总体的数字特征的估计，这就是矩估计。

2. 最小二乘估计

最小二乘估计是高斯（C.F.Gauss）在 1975 年提出的参数估计法，以残差的平方和最小为估计准则。该方法是参数估计中较成熟的基本方法，并获得了广泛的应用。考虑如下模型（如果读者在现阶段理解起来有难度，可在第 10 章详细学习）：

$$y = \alpha + \beta_1 x_1 + \beta_2 x_2 + \cdots + \beta_n x_n + \varepsilon$$

其中，y 为因变量（也称被解释变量、被影响变量），各个 x_i 为自变量（也称因子、解释变量、影响变量），α 为截距项，各个 β_i 为待估计参数，ε 为误差项。例如，在针对一项关于"某地区劳动人口中年龄、学历、受教育程度、工作年限等因素对年收入水平的影响"的研究中，y 为"年收入水平"，各个 x_i 为"年龄、学历、受教育程度、工作年限等"等因素，各个 β_i 的正负号及大小反映了这些因素对年收入水平的影响方向和影响程度。

在模型中，因变量的变化可以用由 $\alpha+\beta_1x_1+\beta_2x_2+\cdots+\beta_nx_n$ 组成的线性部分和随机误差项 ε 两部分解释。对于线性模型，一般采用最小二乘估计法估计参数 α、β，其中残差是因变量的实际值 y（样本观测值）与拟合值（通过回归方差 $\alpha+\beta_1x_1+\beta_2x_2+\cdots+\beta_nx_n$ 计算得到）之间的差值。最小二乘估计法的基本原理是使残差平方和最小，因此，采用最小二乘估计法来估计参数 α、β，也就是求解以下最优化问题：

$$\mathrm{argmin}\sum_{i=1}^{n}\mathrm{e}_i^2=\mathrm{argmin}\sum_{i=1}^{n}(y-\hat{\alpha}-\hat{\beta}X)$$

3. 最大似然估计

最大似然估计也称极大似然估计，于 1821 年首先由德国数学家高斯提出，但是这个方法通常归功于英国的统计学家罗纳德·费希尔（R. A. Fisher）。

最大似然估计本质上是概率论在统计学的应用。简单来说，最大似然估计的基本思想是，在"已知某个随机样本满足某种概率分布，但具体参数不清楚"或"模型已定，参数未知"的情况下，通过若干次试验，利用已知的样本观测值反推最有可能（即最大概率）导致这些样本观测值出现的模型参数值。或者说，如果通过观察样本观测值的结果就能知道某个参数使该样本出现的概率最大，则无须再考虑其他参数，直接把这个参数作为估计的真实值即可。

最大似然函数估计的一般步骤是：首先写出似然函数；然后对似然函数取对数，得到对数似然函数；接着基于对数似然函数求导；最后求解似然方程。

3.5.2 区间估计

区间估计（Interval Estimation）是从点估计值和抽样标准误差出发，按给定的概率值建立包含待估计参数的区间，从而综合考虑样本指标和抽样误差。其中这个给定的概率值被称为置信度或置信水平（Confidence Level）；建立的包含待估计参数的区间被称为置信区间（Confidence Interval）。

置信水平通常以 1-α 来表示，α 又被称为显著性水平。置信水平可以理解成是总体参数落在样本统计值某一区间内的信心或把握，这个信心或把握是以概率形式来表示的。其中常用的置信水平包括 90%、95%、99%等，而 95%最为常用。当置信水平取为 95%时，表示总体参数落在样本统计值某一区间内的概率是 95%，或者说有 95%的信心或把握断定总体参数将落在样本统计值某一区间内。

置信区间主要用于假设检验，划定置信区间的两端数值分别称为置信下限（Lower Confidence Limit，LCL）和置信上限（Upper Confidence Limit，UCL）。95%的置信区间示例如图 3.4 所示。

在图 3.4 中，样本数据服从标准正态分布，即均值为 0，标准差为 1，所以统计推断总体均值亦紧紧围绕均值 0 分布。总体均值有 68%（34%×2）的置信水平落入样本均值 0 左右各 1 个标准差的区间（即[-1,1]区间）内，总体均值有 95%（47.5%×2）的置信水平落入样本均值 0 左右各 1.96 个标准差的区间（即[-1.96,1.96]区间）内。

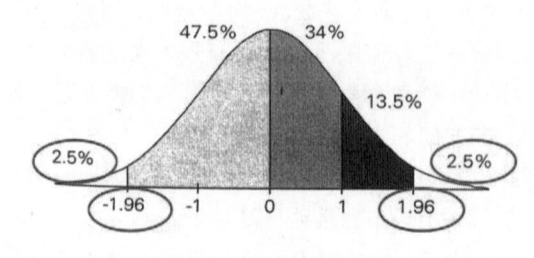

图 3.4　95%的置信区间

3.5.3　参数估计的无偏性、有效性以及一致性

参数估计的无偏性、有效性以及一致性是用于评价参数估计优良性的准则。

1. 参数估计的无偏性

无偏性的实际意义是指没有系统性的偏差。无偏性的数学表达式为：

$$E(\hat{\beta}) = \beta$$

在基于样本统计量估计总体参数时，期望计算得到的估计参数 $\hat{\beta}$ 的数学期望能够等于总体的真实参数 β，即 $\hat{\beta}$ 是真实参数 β 的无偏估计。换言之，参数估计具有无偏性时，基于不同样本进行多次重复估计，得到的 $\hat{\beta}$ 的平均值会无限接近于所估计的参数真值 β。

统计推断的要义在于通过样本推断总体，由于样本不可能完全代表总体，因此在参数估计时，估计参数 $\hat{\beta}$ 和真实参数 β 之间必然会产生误差。这些误差分为系统误差和随机误差两种。无偏估计量的优良性在于它仅包含随机误差而没有系统误差，即基于不同样本进行多次重复估计时，不会产生系统误差，而仅产生随机误差。随机误差会围绕 0 波动，但整体期望为 0。

2. 参数估计的有效性

参数估计的有效性是指估计参数 $\hat{\beta}$ 的方差值，方差代表波动，波动越小，估计越有效。

如果 $\mathrm{Var}(\hat{\beta}_1) < \mathrm{Var}(\hat{\beta}_2)$，则说明 $\hat{\beta}_1$ 的有效性高于 $\hat{\beta}_2$。

3. 参数估计的一致性

参数估计的一致性指的是在大样本条件下，估计值接近真实值。

具体来说，对于 $\forall \varepsilon > 0$，都满足：

$$\lim_{n \to \infty} P\left(\left|\hat{\beta} - \beta\right| \geq \varepsilon\right) = 0$$

3.6　假设检验

假设检验是一种统计推断方法，用来判断样本与样本、样本与总体之间的差异是由抽样误差引起的,还是由本质差别造成的。常用的假设检验方法有 T 检验、Z 检验、F 检验等。在 SPSS 中,假设检验的应用非常广泛,基本上都是对估计参数的显著性检验。不论是哪种类型的假设检验,其基本原理都是先对总体的特征做出某种假设,然后构建检验统计量,并将检验统计量与临界值进行比较,最后根据结果决定是否接受原假设。

3.6.1 假设检验概述

假设检验的基本思想是小概率事件原理,即小概率事件在一次试验中几乎不会发生。其统计推断方法是带有某种概率性质的反证法,也就是说先提出检验的原假设和备择假设,然后使用适当的统计方法,利用小概率原理来确定原假设是否成立。简单来说,就是提出原假设后,首先假定原假设是可以接受的,然后依据样本观测值进行相应的检验。如果检验中发现小概率事件发生了,即基本不可能发生的事件发生了,就说明原假设不可接受,应拒绝原假设,接受备择假设。如果检验中没有发生小概率事件,就接受原假设。

上面提到的小概率事件基于实践中广泛采用的原则,但概率小到什么程度才能算作小概率事件呢?显而易见的事实是小概率事件的概率越小,否定原假设的说服力就越强。通常情况下,将这个概率值记为 α($0<\alpha<1$),称为检验的显著性水平;将基于样本观测值实际计算的容忍小概率事件发生的概率值记为 p($0<p<1$),称为检验的显著性 p 值。如果 p 值大于显著水平 α 值,则说明实际可以容忍的小概率事件发生的概率要大于设定的 α 值,因此接受原假设。常用的显著性水平包括 0.1、0.05、0.01 等,其中 0.05 最为常用。

假设检验的步骤如下:

步骤 01 提出原假设($H0$)和备择假设($H1$)。原假设的含义一般是样本与总体或样本与样本间的差异是由抽样误差引起的,不存在本质差异;备择假设的含义是样本与总体或样本与样本间存在本质差异,而不是由抽样误差引起的。

步骤 02 设定显著性水平 α。

步骤 03 构建合适的统计量,然后基于样本观测值按相应的公式计算出统计量的大小,如 T 检验、Z 检验、F 检验、卡方检验等。

步骤 04 根据统计量的大小计算显著性 p 值,并将 p 值与显著性水平 α 进行比较。如果 p 值大于 α 值,则说明实际可以容忍的小概率事件发生的概率大于设定的 α 值,即接受原假设;如果 p 值小于 α 值,则拒绝原假设。

假设检验有以下注意事项:

在进行假设检验之前,应该先判断样本观测值是否具有可比性,并且注意每种检验方法的适用条件,根据资料类型和特点选用正确的假设检验方法。在假设检验结束之后,对结果的运用也不要绝对化:一是假设检验反映的差异仅仅是数据本身的统计学意义,而这种差别可能没有实际应用意义;二是由于样本的随机性及选择显著性水平 α 的不同,基于某次抽样或特定范围内的样本观测值得出的检验结果,与真实情况有可能不吻合。因此,无论是接受还是拒绝检验假设,都有可能出现判断错误。

假设检验中可能的错误有以下两类:

(1)拒绝为真错误。即使原假设正确,小概率事件也可能发生。如果我们抽取的样本观测值恰好是符合小概率事件的样本观测值，可能会因为小概率事件的发生而错误地拒绝原假设。这类错误称为"拒绝为真"错误或第一类错误。犯第一类错误的概率恰好是小概率事件发生的概率 α。

（2）接受伪值错误。如果原假设不正确，但由于抽样的不合理，导致假设检验通过了原假设，这类错误被称为"接受伪值"错误或第二类错误。我们把犯第二类错误的概率记为 β。

对于研究人员来说，无论是哪种错误，都是不希望出现的。但是，当样本容量固定时，第一类错误发生的概率 α 和第二类错误发生的概率 β 不可能同时减小。换言之，当我们倾向于使得 α 变小时，β 会变大；同理，当倾向于使得 β 变小时，α 会变大。只有当样本容量增大到能够更好地满足大样本随机原则时，才有可能使得 α 和 β 同时减小。在实际操作中，我们通常控制住犯第一类错误的概率，即设定显著性水平 α，然后通过增大样本容量来降低第二类错误的发生概率 β。

> **注　意**
>
> 本小节内容非常重要，显著性水平 α、显著性 p 值等基本概念将在后续的参数检验、非参数检验、方差分析、相关分析和各类回归分析中频繁使用，因此需要扎实掌握。

3.6.2　T 检验、Z 检验和 F 检验

1. T 检验

T 检验（t test）又称"学生检验"，由英国统计学家戈塞特 W.S.（Gosset）首创，可用于样本为小样本、总体服从正态分布、总体标准差未知的情况，是一种参数检验。其基本思想是使用 T 分布理论来推断差异发生的概率，对总体平均值 μ 进行检验，既可检验一个样本平均值与一个已知的总体平均值的差异是否显著，也可检验两个样本的平均值与其各自所代表的总体的差异是否显著。

T 检验的步骤如下：

步骤 01　建立原假设，即假定总体平均值与指定常数之间无显著差异，或者两个平均值之间无显著差异。

步骤 02　构建 t 统计量。

步骤 03　比较计算所得的 t 值与理论 t 值，计算显著性 p 值，将显著性 p 值与设定的显著性水平进行比较，并做出判断。

T 检验包括单一样本 T 检验（One-Sample T Test）、独立样本 T 检验、配对样本 T 检验等。

单一样本 T 检验相当于数理统计中的单个总体均值的假设检验，根据样本观测值，检验抽样总体的均值与指定的常数之间的差异程度，即检验零假设 $H_0: \mu = \mu_0$。设 n 为样本容量，$\overline{X}$ 为样本均值，检验使用 t 统计量。在原假设成立的条件下，t 统计量的表达式为：

$$t = \frac{\overline{X} - \mu_0}{S/\sqrt{n}} \sim t(n-1)$$

其中 $S = \sqrt{\frac{1}{n-1}\sum_{1}^{n}(X_t - \overline{X})^2}$ 为样本标准差。在 T 检验中，一般可用样本标准差 S 代替总体标准差 σ。我们检验的目的是推断样本所代表的未知总体的均值与已知总体的均值有无差异。

独立样本 T 检验用于检验两个独立样本的平均值各自所代表的总体平均值的差异是否显著,即检验 H_0: $\mu_1 = \mu_2$ 是否成立。

配对样本 T 检验用于检验两个配对样本的平均值各自所代表的总体平均值的差异是否显著,常用于同一研究对象的处理前、后的比较,或者同一研究对象分别给予两种不同处理的效果比较,不同研究对象配对后分别接受不同处理的效果比较等。如果我们假设来自两个正态总体的配对样本为 $(X_1,Y_1),(X_2,Y_2),\cdots,(X_n,Y_n)$,令 $D_i = X_i - Y_i$($i=1,2,\cdots,n$),则相当于检验样本 D_i($i=1,2,\cdots,n$)是否来自均值为零的正态总体,即检验假设 $H_0: \mu = \mu_1 - \mu_2 = 0$。

2. Z 检验

Z 检验,也称 u 检验,是对服从正态分布的统计量所进行的统计检验,属于秩和检验法之一,且通常作为非参数检验。Z 检验可用于小样本、总体为正态分布且已知总体方差的情况,对总体平均值进行检验;也可用于大样本、总体为任何分布的情况,对总体平均数进行检验。

Z 检验的步骤如下:

步骤 01 建立原假设,即假定总体平均值与指定常数之间无显著差异,或者两个平均值之间无显著差异。

步骤 02 构建 Z 统计量,例如,要检验一个样本平均值 $\bar{x}$ 与一个已知的总体平均数 μ_0 的差异是否显著,Z 统计量即为:

$$Z = \frac{\sqrt{n}(\bar{x} - \mu_0)}{\sigma} \sim N(0,1)$$

步骤 03 比较计算所得 Z 值与理论 Z 值,计算显著性 p 值,将显著性 p 值与设定的显著性水平进行比较,并做出判断。

注 意

根据智冬晓等人(2004)[1]的研究,Z 检验与 T 检验的统计量源自同一理论,只是在方差处理上有所不同,导致检验方法存在差异。Z 检验与 T 检验的绝对差异并不明显,这两种检验方法均可用于总体比例的大样本近似检验中。

基于这一结论,当待检验变量为连续型变量时,T 检验不仅适用于小样本($n<30$)且服从正态分布的情形,也适用于大样本($n \geq 30$)的情形。

---

3. F 检验

F 检验又称方差分析(ANOVA 检验)、方差齐性检验,是一种用来捕捉每个自变量与响应变量之间线性关系的过滤方法,实现路径是针对两个及两个以上分组的样本均值进行差异显著性检验,基本思想是将不同分组的样本均值之间的差异归结于两个方面:

- 一是组间差异,即不同分组之间的均值差异,用变量在各组的均值与总均值的偏差平方和的总和表示,记为 SSA。如果有 r 个分组,则其自由度为 r-1。

---

[1] 智冬晓,许晓娟,张皓博.z 检验与 t 检验方法的比较[J].统计与决策,2014(20):31-33.

- 二是组内差异,也就是同一分组内部样本之间的差异,用变量在各组的均值与该组内变量值之偏差平方和的总和表示,记为 SSE。如果一共有 n 个样本、r 个分组,则其自由度为 $n-r$。

基于上述思想,可以构建 F 统计量:

$$F = \frac{SSA/df1}{SSE/df2} = \frac{SSA/(r-1)}{SSE/(n-r)} = \frac{SSA/(r-1)}{SSE/(n-r)}$$

可以发现,F 值越大,组间差异越大,也就是说基于该结果对样本进行分类具有更高的意义。F 检验的步骤如下:

步骤 01 根据已有数据建立假设,确定显著性水平 α。

步骤 02 构建 F 统计量,由样本数据计算 F 值。

步骤 03 将计算所得的显著性 p 值与显著性水平 α 进行比较,并做出判断。

3.6.3 参数检验和非参数检验

从是否假设总体分布特征已知的角度来看,检验方法分为参数检验和非参数检验两大类。

1. 参数检验

参数检验需要预先假设总体的分布,在这个严格假设的基础上才能推导各个统计量,从而对原假设(H_0)进行检验。3.6.2 节介绍的 T 检验、Z 检验和 F 检验均为参数检验。

2. 非参数检验

非参数检验不需要预先假设总体的分布特征,而是直接从样本计算所需的统计量,进而对原假设进行检验。常见的非参数检验包括卡方检验、二项检验、单样本 K-S 检验、两个独立样本检验、两个相关样本检验、K 个独立样本检验、K 个相关样本检验等。

样本类型和具体参数检验、非参数检验方法的选择如表 3.1 所示。

表 3.1 样本类型和具体参数检验、非参数检验方法的选择

样本类型	参数检验	非参数检验
两个独立样本	独立样本 T 检验	曼-惠特尼 U、柯尔莫戈洛夫-斯米诺夫 Z、莫斯极端反应和瓦尔德-沃尔福威茨游程检验
两个配对样本	配对样本 T 检验	威尔科克森、符号、麦克尼马尔和边际齐性
多个独立样本	ANOVA 检验(方差分析)	克鲁斯卡尔-沃利斯 H、约克海尔-塔帕斯特拉和中位数
多个配对样本	/	傅莱德曼、肯德尔 W 和柯克兰 Q
单样本	单样本 T 检验	卡方检验、二项检验、游程检验、单样本 K-S 检验

在方法选择方面,一般情况下,当待检验的随机变量为连续型变量时,针对大样本($n \geq 30$)数据,或者虽然为小样本($n<30$)但服从正态分布的数据,可使用参数检验方法。当待检验随机变量不是连续型变量,或者为小样本($n<30$)且不服从正态分布的数据时,则可使用非参数检验方法。

3.6.4　模型设定检验

在实证研究类文章中，经济社会变量之间的因果关系往往通过构建回归模型的方式来表达。所设定模型的科学性、合理性和优良性在很大程度上决定了研究结果的有效性。为了探索模型的效果，需要进行模型设定检验。根据刘明和宋彦玲（2023）[1]的划分方式，模型设定检验包含相对检验、模型拟合检验和分析残差结构的模型拟合检验三大类。

1. 相对检验

相对检验包括 AIC 检验、BIC 检验等方法，其作用在于提供一种标准来检验多个模型之间的相对优劣，从而可以从模型构建的角度帮助研究者找到最为合适的模型。

AIC 和 BIC 检验采用信息准则来确定最为合适的模型标准。一般情况下，模型中的解释变量越多，其对于被解释变量的解释就越充分，也能够更好地解决"遗漏变量"问题，模型的可决系数 R^2 也会增大，模型拟合效果变好；但这同时可能导致模型中解释变量过多，从而引发多重共线性等解释变量冗余、过度拟合的问题。AIC 和 BIC 检验统筹考虑模型中产生遗漏变量和变量冗余等问题，通过加入模型复杂程度的惩罚项来避免过度拟合问题。AIC 和 BIC 值越小，模型越值得选择。

2. 模型拟合检验

模型拟合检验包括 T 检验、F 检验、计算 R^2 值等，用以评价模型拟合的效果与质量。

- T 检验针对模型中单个解释变量系数的显著性，系数对应 t 值的绝对值越大，显著性 p 值越小，说明系数的统计显著性意义越明显。
- F 检验针对模型整体的显著性，系数对应 F 值的绝对值越大，显著性 p 值越小，说明模型整体的统计显著性越明显。
- R^2 值即模型的可决系数，R^2 越大，表明模型拟合效果越好，所选解释变量越能较好地解释被解释变量。

3. 分析残差结构的模型拟合检验

分析残差结构的模型拟合检验包括 BP 检验、White 检验、DW 检验等。BP 检验和 White 检验等用于检验模型中是否存在异方差，DW 检验等用于检验模型中是否存在自相关。如果通过检验发现模型中存在异方差或自相关，则需要对模型进行处理，以消除异方差和自相关带来的不利影响。

3.7　本章习题

1. 下列哪些属于集中趋势的常用统计量？（　　）多选
   A. 平均值　　　　　B. 中位数　　　　　C. 众数　　　　　D. 标准差

---

[1] 刘明，宋彦玲. 经济学实证研究中的稳健性检验方法——基于检验逻辑视角的阐释[J]. 统计与决策，2023，39(12)：45-50.

2. 下列哪些属于离散趋势的常用统计量？（ ）多选
   A. 平均值　　　　　B. 极差　　　　　　C. 方差　　　　　　D. 标准差

3. （ ）是对分布偏斜方向及程度的测度，用来度量分布的不对称性。单选
   A. 平均值　　　　　B. 极差　　　　　　C. 偏度　　　　　　D. 峰度

4. （ ）是频率分布曲线与正态分布相比较，顶端的尖峭程度。单选
   A. 平均值　　　　　B. 极差　　　　　　C. 偏度　　　　　　D. 峰度

5. 用于评价参数估计优良性的准则有哪些（ ）？多选
   A. 无偏性　　　　　B. 有效性　　　　　C. 稳定性　　　　　D. 一致性

6. 以下关于假设检验的说法正确的有（ ）。多选
   A. 第一类错误的概率恰好就是小概率事件发生的概率 α
   B. 假设检验的基本思想是小概率事件原理
   C. 第一类错误被称为"拒绝为真"错误
   D. 第二类错误被称为"接受伪值"错误

7. 若设定显著性水平为 0.05，那么以下计算的显著性 p 值，哪些会拒绝原假设？（ ）多选
   A. p=0.000　　　　B. p=0.01　　　　C. p=0.055　　　　D. p=0.1

8. 下面哪些属于非参数检验？（ ）多选
   A. 卡方检验　　　　B. 二项检验　　　　C. 游程检验　　　　D. T 检验

9. 下面哪些属于参数检验？（ ）多选
   A. 卡方检验　　　　B. Z 检验　　　　　C. F 检验　　　　　D. T 检验

10. 最小二乘法以（ ）为估计准则。单选
    A. 似然值最大　　　B. 残差的平方和最小　C. 对数似然值最大　　D. 残差的平方和最大

11. 参数估计的有效性就是看估计参数 $\hat{\beta}$ 的方差值，方差代表波动，波动（ ）越有效。单选
    A. 越大　　　　　　B. 越小

12. 参数估计的（ ）表示在大样本条件下，估计值接近真实值。多选
    A. 无偏性　　　　　B. 有效性　　　　　C. 稳定性　　　　　D. 一致性

13. 下面哪些说法是正确的？（ ）多选
    A. 模型拟合检验包括 T 检验、F 检验、计算 R^2 值等，用以评价模型拟合的效果与质量。
    B. T 检验针对的是单个解释变量系数的显著性，系数对应 t 值的绝对值越大说明系数越显著。
    C. F 检验针对的是模型整体的显著性，系数对应 F 值的绝对值越小说明模型整体越显著。
    D. R^2 值即模型的可决系数，取值越小表明模型拟合效果越好。

14. 分析残差结构的模型拟合检验包括（ ）等，检验模型中是否存在异方差和自相关。多选
    A. 卡方检验　　　　B. BP 检验　　　　　C. White 检验　　　　D. DW 检验

第二部分

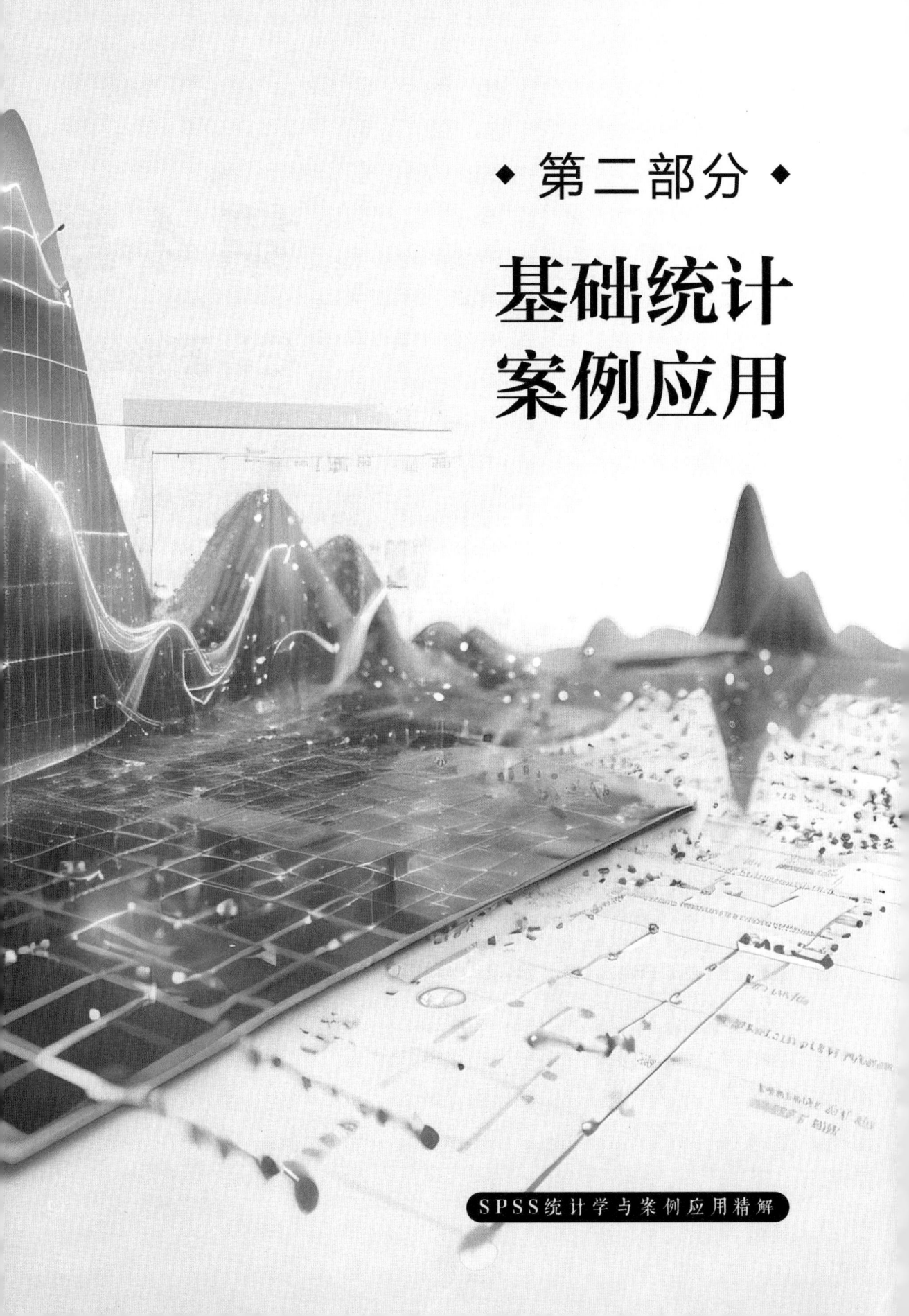

基础统计案例应用

SPSS统计学与案例应用精解

第 4 章

统计图形绘制

统计图形绘制是指将数据内部结构或数据分析结果以图形化的形式直观地表达出来,在数据统计分析中占据非常重要的地位。一方面,统计图形绘制本身是数据分析的重要方法和实现途径之一,针对一些相对简单的、无须深度挖掘的数据统计分析项目,通常可以通过使用图形绘制和可视化表达的方式完成;另一方面,统计图形绘制是展示数据统计分析结果的重要途径,通过数据可视化可以更清晰地传达分析结果,从而帮助分析结果的使用者更容易理解,并据此做出相应的决策。本章介绍 SPSS 中 3 种典型的图形绘制方法,以及常用统计图形的绘制。

本章教学要点:

- 学会 3 种典型的图形绘制方法。
- 学会使用 3 种图形绘制方法绘制条形图,包括简单条形图、分类条线图、分段条形图。
- 学会使用 3 种图形绘制方法绘制直方图。
- 学会使用 3 种图形绘制方法绘制箱图,包括简单箱图、簇状箱图。
- 学会使用 3 种图形绘制方法绘制散点图,包括简单散点图、重叠散点图、矩阵散点图、三维散点图。
- 学会使用 3 种图形绘制方法绘制折线图,包括简单折线图、多线折线图、垂线折线图。
- 学会使用 3 种图形绘制方法绘制面积图,包括简单面积图、堆积面积图。
- 学会使用 3 种图形绘制方法绘制饼图。
- 学会使用 3 种图形绘制方法绘制误差条线图,包括简单误差条形图、簇状误差条形图。
- 学会绘制双轴线图。
- 学会绘制普通时间序列趋势图、自相关序列图、偏自相关序列图和互相关序列图。
- 学会绘制高低图。

4.1 3种典型的图形绘制方法

下载资源:\video\第4章\4.1
下载资源:\sample\数据4\某国公共养老金现金和有价证券持有量分布情况.sav

SPSS中常用的3种典型的图形绘制方法分别是图表构建器、图形画板模板选择器和旧对话框。

4.1.1 图表构建器

打开"某国公共养老金现金和有价证券持有量分布情况.sav",在数据文件的数据编辑器窗口的菜单栏中选择"图形|图表构建器"命令,即可打开"图表构建器"对话框,如图4.1所示。

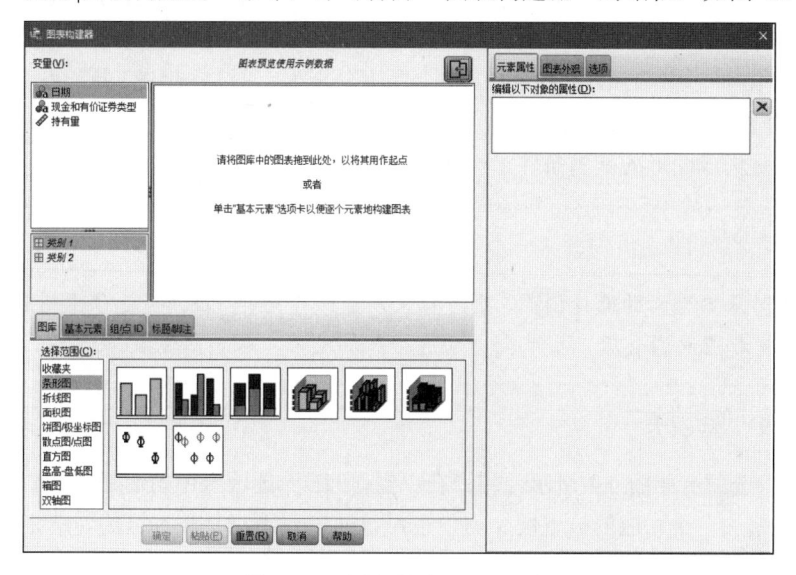

图4.1 "图表构建器"对话框

"图表构建器"对话框左侧的"变量"列表框显示了"图表构建器"所打开的数据文件中的所有可用变量。对话框下方包括"图库""基本元素""组/点 ID""标题/脚注"4个选项卡,右侧包括"元素属性""图表外观""选项"3个选项卡。

1. "图库"选项卡

"图库"选项卡如图4.2所示,是"图表构建器"对话框中的默认选项卡。

左侧是"选择范围"列表框,列出了系统可以使用图表构建器绘制的各种常用图形及用户放在收藏夹中的图形。用户在"选择范围"列表框中选中相应图形后,右侧即可出现与该图表类型对应的图库。例如,在"选择范围"列表框中选择了"条形图",右侧即可出现可供选择的8种具体条形图类型。

用户选中某种类型后,可以双击该图片或将其拖动到上方的图表预览区域(此区域显示"请将图库中的图表拖动到此处,以将其用作起点,或者单击'基本元素'选项卡以便逐个元素地构建图表")。如果图表预览区域原本已有图表,则新的图库图表会自动取代已有的图表。

2. "基本元素"选项卡

"基本元素"选项卡如图 4.3 所示，包括选择轴和选择元素。

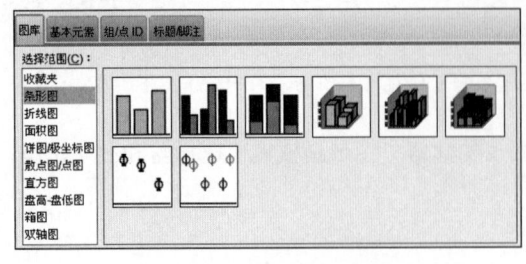

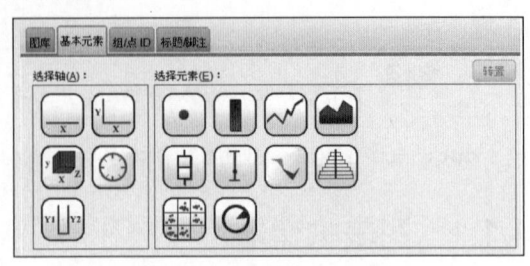

图 4.2　"图库"选项卡

图 4.3　"基本元素"选项卡

选择轴即为选择坐标轴，有 5 种可供选择，自左至右、自上而下分别为一维坐标、二维坐标、三维坐标、极坐标、双 Y 坐标。

选择元素有 10 种可供选择，自左至右、自上而下分别为点图、条形图、折线图、面积图、箱图、盘高-盘低图、差别面积图、人口金字塔、散点图矩阵、饼图。

轴和元素都是构成图形的基本条件，一般先选择轴，再选择元素。

特别提示

如果用户对基本元素的选择困难，则可仅使用前面介绍的"图库"选项卡进行设置。在"图库"选项卡选择相应的图表后，系统会自动选择基本元素，从而简化操作。

---

3. "组/点 ID"选项卡

"组/点 ID"选项卡如图 4.4 所示。用户在"组/点 ID"选项卡中勾选任意一个复选框，系统会在图表预览区域增加一个相应的放置区。用户也可以通过取消对某复选框的勾选来删除画布中已存在的放置区。

4. "标题/脚注"选项卡

"标题/脚注"选项卡如图 4.5 所示。用户在"标题/脚注"选项卡中勾选相应的复选框，选中的项将对图表添加标题和脚注。同时，在"图表构建器"对话框右侧的"元素属性"选项卡中的"编辑以下对象的属性"列表框中会出现相应的对象，单击该对象即可编辑文本。

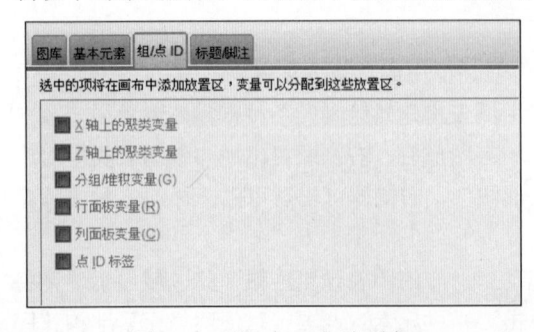

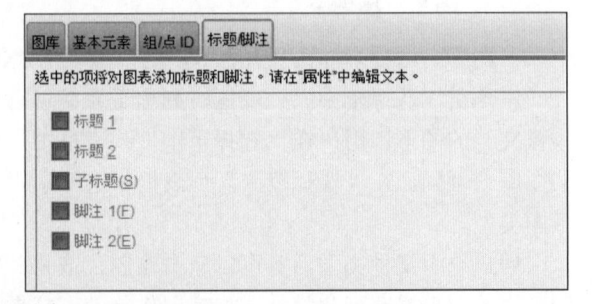

图 4.4　"组/点 ID"选项卡

图 4.5　"标题/脚注"选项卡

5. "元素属性"选项卡

"元素属性"选项卡如图 4.6 所示。该选项卡中的"编辑以下对象的属性"列表框用于显示可以进行属性设置的图形元素,本例中显示的图形元素包括 X-Axis1、Y-Axis1。需要注意的是,用户选择的图表不同,相应的图形元素可以设置的属性也会不同。

6. "图表外观"选项卡

"图表外观"选项卡如图 4.7 所示。用户既可以通过该选项卡手工编辑图表的外观,对颜色、边框和网格线进行设置,也可以直接调用相应的模板进行设置。

7. "选项"选项卡

"选项"选项卡如图 4.8 所示。

- "用户缺失值"选项组用于设置缺失值的处理方式。
    - "分界变量"缺失值有两种处理方式,如果选择"排除",则表示系统在绘制图形时排除缺失值;如果选择"包括",则表示系统在绘制图形时把它作为一个单独的类别。
    - "摘要统计和个案值"选项组用于设置当观测变量出现用户定义的缺失值时对相应样本观测值的处理方法。如果选择"以列表方式排除以确保一致的个案库",则表示系统在绘制图形时将直接忽略这个样本,以确保所有变量的样本观测值都保持一致。如果选择"逐个排除变量",则表示只有在包含缺失值的变量用于当前计算和分析时才忽略这个样本观测值,以便最大限度地利用数据。
- "图表大小"文本框用于设置图形显示的大小,默认值为 100%。
- "面板"选项组用于图形列过多时的显示设置,若勾选"面板回绕"复选框,则表示图形列过多时允许换行显示,否则即使图形再多,也不会换行,只会使每行上的图形自动缩小,以确保显示在同一行中。

图 4.6 "元素属性"选项卡 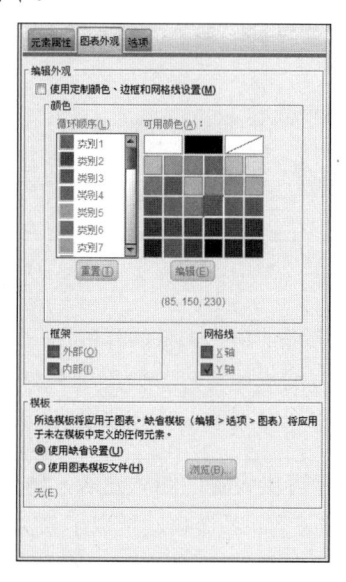   图 4.7 "图表外观"选项卡 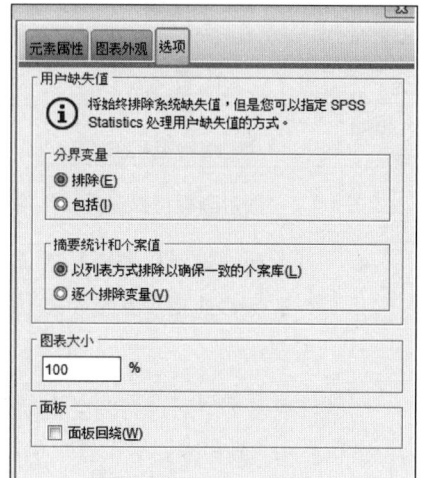   图 4.8 "选项"选项卡

4.1.2 图形画板模板选择器

图形画板模板选择器相对更加智能，它会根据用户选择的变量自动推荐可用的常见图形，用户只需做出选择即可，大大简化了操作。在数据文件的数据编辑器窗口中，选择菜单栏中的"图形|图形画板模板选择器"命令，即可打开"图形画板模板选择器"对话框，如图4.9所示。

"图形画板模板选择器"对话框包括"基本""详细""标题"及"选项"4个选项卡。

1. "基本"选项卡

"基本"选项卡上方有"自然""名称""类型"3个选项，用户可以通过选择相应选项对所有变量进行排序，这在变量比较多的情形下，可以快速找出绘制图形所需的变量。3个选项下方即为变量列表框，其中显示了所打开数据文件中的所有变量。用户选择其中一个或多个变量后，列表框右侧会显示可用的绘图类型。例如，本例中选中"现金和有价证券类型"和"持有量"两个变量，右侧显示了饼图、带状图、二维点图等可选择的图形类型。变量列表框下方是"摘要"下拉列表框，供用户选择相应的摘要统计量。常用的摘要统计量包括和、平均值、极小值和极大值等。

2. "详细"选项卡

如果用户需要明确地绘制某一种图形，而不需要系统提供可选项辅助决策，或者用户需要更加精细化地设置，可以使用"详细"选项卡。"详细"选项卡如图4.10所示。

图4.9 "图形画板模板选择器"对话框　　　　图4.10 "详细"选项卡

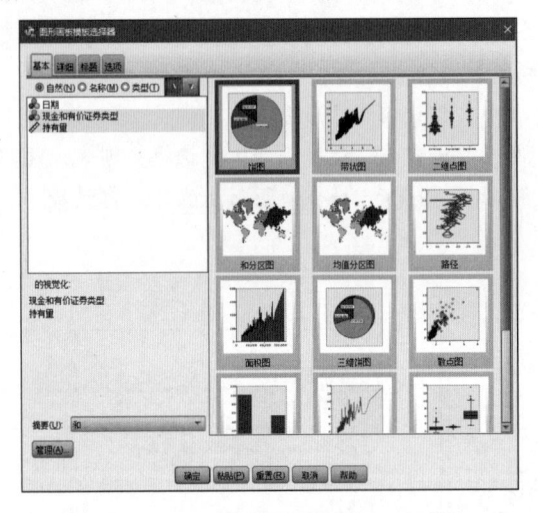

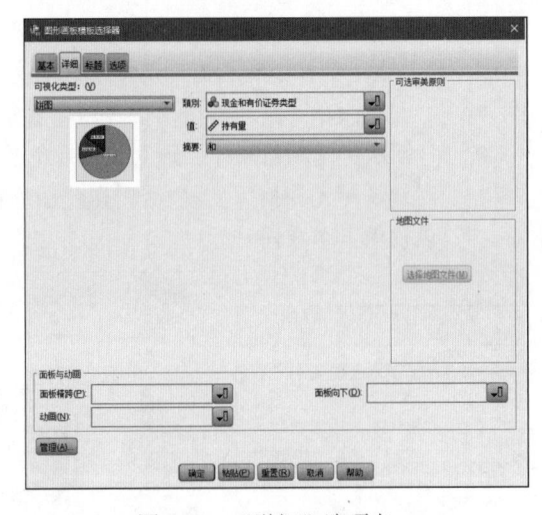

- 上方的"可视化类型"下拉列表框供用户选择具体的图形类型。用户首先根据研究需要进行选择，选择后系统将自动预览相应的图形。如果用户在"基本"选项卡中已选择了图形类型，则"详细"选项卡会展示出该类型的详细设置。

选择可视化类型后，右侧会自动显示可供设置的图表元素。例如，在本例中选择了饼图后，右侧会出现类别、值和摘要等设置项供用户设置。系统自动抓取了分类变量"现金和有价证券类型"，并将其作为"类别"，即饼图扇形所代表的内容；自动抓取了定距变量"持有量"，并将其作为"值"；摘要统计设置为"和"。

- "可选审美原则"选项组用于设置图形的外观显示。根据用户选择的可视化类型，系统提供的选项也会有所不同。以本例中的饼图为例，它没有任何可设置的选项。为了更全面地讲解，我们在"可视化类型"下拉列表中选择了"中位数分区图上的坐标"选项，系统会显示出如图 4.11 所示的内容。

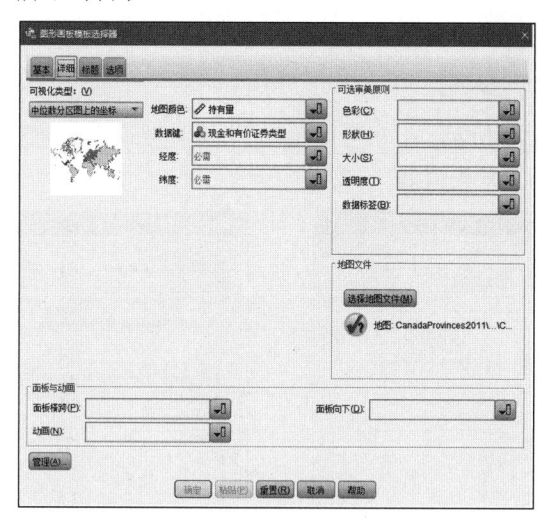

图 4.11 选择"中位数分区图上的坐标"选项

对话框深度解读

"色彩"：如果用户使用定距变量定义颜色，则图形的颜色会根据该变量的值而有所不同；如果使用分类变量定义颜色，则每个类别对应一种颜色；如果图形元素代表多个样本观测值，并且使用范围变量定义颜色，则颜色会根据该范围变量的平均值变化。

"形状"：仅能使用分类变量，每个类别对应一种形状。

"大小"：如果用户使用定距变量定义大小，则图形的大小会根据该变量的值有所不同；如果使用分类变量定义大小，则每个类别对应一种大小；如果图形元素代表多个样本观测值，并且使用范围变量定义大小，则大小根据该范围变量的平均值有所不同。

"透明度"：如果用户使用定距变量定义透明度，则图形的透明度会根据该变量的值而有所不同；如果使用分类变量定义透明度，则每个类别对应一种透明度；如果图形元素代表多个样本观测值，并且使用范围变量定义透明度，则透明度会根据该范围变量的平均值变化，最大值对应完全透明，最小值对应完全不透明。

"数据标签"：仅能使用分类变量。

- "面板与动画"选项组用于选择面板变量和动画变量。
  - "面板横跨"和"面板向下"下拉列表框用于选择面板变量，只能选择分类变量。在"面板横跨"和"面板向下"输出的图形中，都会为每个类别生成一个图形，区别在于"面板横跨"会同时从左至右显示所有面板，而"面板向下"则会从上至下同时显示所有面板。
  - "动画"下拉列表框用于选择动画变量，可以是分类变量或定距变量。与面板不同，动画会依次显示不同的图形。

3. "标题"选项卡

"标题"选项卡如图 4.12 所示。默认为"使用缺省标题",此时图形中不会显示任何标题或脚注。若用户选择"使用定制标题",则可以在相应文本框中输入图形的标题、副标题和脚注。

4. "选项"选项卡

"选项"选项卡如图 4.13 所示。用户可以通过"选项"选项卡设置在结果输出窗口查看器中显示的输出标签、样式表和用户缺失值处理方法。

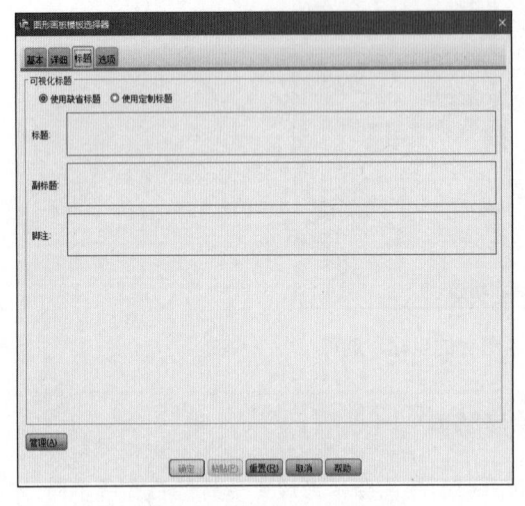

图 4.12　"标题"选项卡

图 4.13　"选项"选项卡

4.1.3　旧对话框

旧对话框是通过菜单绘制图形的另一种方法,支持绘制的图形种类包括条形图、三维条形图、线图、面积图、饼图、盘高-盘低图、箱图、误差条形图、金字塔图、散点图和直方图等。与前面介绍的两种图形绘制方法不同,使用旧对话框要求用户对拟创建的图形种类有明确的认知。

以创建"某国公共养老金现金和有价证券持有量分布情况"条形图为例,打开数据文件,在菜单栏中选择"图形|旧对话框|条形图"命令,即可打开"条形图"对话框,如图 4.14 所示。

- "条形图"对话框的上半部分展示了 3 种可供选择的条形图,包括"简单""簇状"和"堆积",用户根据自身研究需要进行选择。本例中选择"简单"。

图 4.14　"条形图"对话框

- "图表中的数据为"选项组用于设置条形图中数据的展示情况,包括"个案组摘要""单独变量的摘要""单个个案的值"3 种。本例中我们选择"个案组摘要"表示将按样本观测值分组生成条形图,"单独变量的摘要"表示将按变量分组生成条形图,"单个个案的值"表示将按每个样本观测值逐一生成条形图。

本例中我们选择"个案组摘要",然后单击对话框下方的"定义"按钮,弹出如图 4.15 所示的"定义简单条形图:个案组摘要"对话框,可以在此进行图形的详细设置。

- "定义简单条形图:个案组摘要"对话框的左侧为变量列表,展示了可供选择的变量。
- 右侧"条形表示"选项组用于定义条形图中条带长度的统计量,各选项的含义如下:
  - 个案数:选中该单选按钮表示条形图的长度为分类变量值的观测数。条形图中条的长度表示频率,分类变量可以是字符型变量或数值型变量。该选项为系统默认选项。
  - 个案百分比:选中该单选按钮表示条形图的长度为分类变量的观测在总观测中所占的比重,即以频率作为统计量。
  - 累积数量:选中该单选按钮表示条形图的长度为分类变量中某一值的累积频率,即当期分类变量的当前值对应的个案数与以前各值对应的总个案数之和。
  - 累积百分比:选中该单选按钮表示条形图的长度为分类变量中某一值的累积百分比,即条形图的长度表示累积频率。
  - 其他统计:选中该单选按钮后,"变量"列表框会被激活,选定变量后,系统会默认计算该变量的数据的平均值,并将其作为条形图的长度。

若想选择其他统计量,则可单击"更改统计"按钮,打开如图 4.16 所示的"统计"对话框。

图 4.15 "定义简单条形图:个案组摘要"对话框　　　　图 4.16 "统计"对话框

对话框深度解读

在"统计"对话框中,可以选择总体特征的描述统计量、单侧区间数据特征的描述统计量和双侧区间数据的特征描述统计量。"统计"对话框的上方展示的是总体特征的描述统计量,设置较为简单,故不再赘述。

"统计"对话框的中间部分展示了单侧区间数据特征的描述统计量。当选择该部分中的某个选项时,上方的"值"文本框被激活,用户可以在文本框中输入数值,表示单侧区间的内界。

按照原有数据与内界的大小关系，可将所有数据划分为两个区间：大于该值的区间和小于该值的区间。各单选按钮的含义如下：

- "上方百分比"：选中该单选按钮后，条形的长度表示变量值大于内界（阈值）的比例。
- "下方百分比"：选中该单选按钮后，条形的长度表示变量值小于内界（阈值）的比例。
- "百分位数"：选中该单选按钮后，条形的长度表示变量值的百分位数。
- "上方数目"：选中该单选按钮后，条形的长度表示变量值大于内界（阈值）的个数。
- "下方数目"：选中该单选按钮后，条形的长度表示变量值小于内界（阈值）的个数。

"统计"对话框的下方展示出了双侧区间数据特征的描述统计量。当选择该部分中的某个选项时，上方的"低"和"高"文本框会被激活，分别用于输入区间的下限和上限。各单选按钮的含义如下：

- "区间内百分比"：选中该单选按钮后，条形的长度表示变量值在指定区间的比例。
- "区间内数目"：选中该单选按钮后，条形的长度表示变量值在指定区间的个数。

勾选"值是分组中点"复选框，表示值将根据中点进行分类。

本例中，我们将"持有量"选入"变量"框中，然后选择"其他统计（例如平均值）"，并在其中选择"值的平均值"，即条形图中的条形代表资产负债率的平均值。

- "类别轴"列表框用于从变量列表框中选入 X 轴要表示的变量。在本例中，我们把"现金和有价证券类型"选入进来作为 X 轴，即绘制按现金和有价证券类型分类的"持有量"平均值的简单条形图。
- "标题"按钮用于设置标题。单击该按钮，即可打开如图 4.17 所示的"标题"对话框，在此用户可以设置输出图形的标题和脚注。本例中，我们在"标题|第 1 行"中输入"某国公共养老金现金和有价证券持有量分布"，然后单击"继续"按钮返回主对话框。
- "选项"按钮用于设置缺失值处理及误差条形图等。单击该按钮，即可打开如图 4.18 所示的"选项"对话框。在本例中，我们勾选"显示误差条形图"复选框，其他设置采用系统默认设置。设置完毕后，单击对话框中的"确定"按钮，即可生成如图 4.19 所示的条形图。

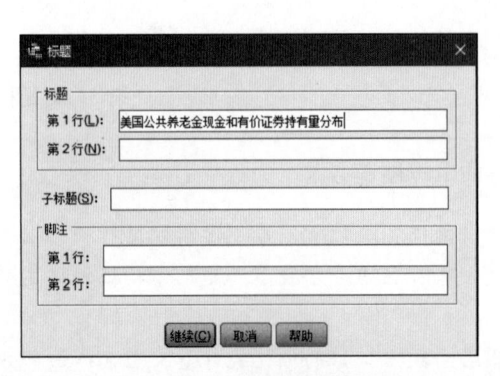

图 4.17 "标题"对话框　　　　　图 4.18 "选项"对话框

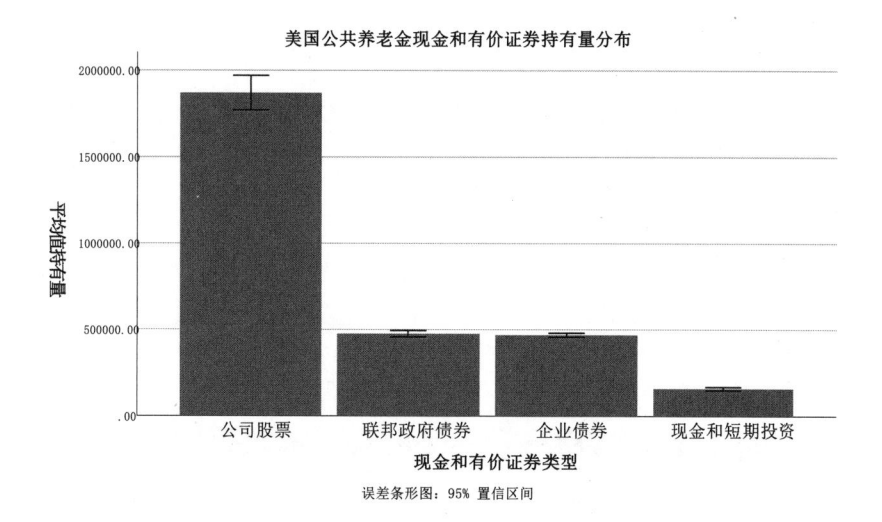

图 4.19　美国公共养老金现金和有价证券持有量分布条形图

4.2　条形图：绘制世界部分地区不同年龄区间人口占比条形图

下载资源：\video\第 4 章\4.2
下载资源：\sample\数据 4\世界部分地区不同年龄区间人口占比.sav

条形图也称柱状图、长条图、条状图，是一种通过将数据分组到同等宽的长方形长条（bin）中，展示每个观察数据的数量的统计图。条形图的长条反映数据的大小。条形图适用于只有一个变量但有多种情形（例如不同时间或不同横截面）的情况，通常用于较小的数据集分析。

4.2.1　条形图的类型

条形图可分为简单条形图、分类条形图和分段条形图 3 种类型：

- 简单条形图：又称单式条形图。该条形图用单个条形对每个类别、观测或变量进行对比，用等宽的不同长度的条形表示各类统计数据的大小。它主要由两个统计量决定。通过简单条形图可以清楚地看到各类数据间的对比情况。
- 分类条形图：又称集群条形图，适用于描述两个变量交叉分类的情况。该条形图使用一组条形进行对比，每个组的位置代表一个变量的取值，与其紧密排列的条形则表示另一个变量的不同取值，通常通过不同颜色区分。因此，分类条形主要由 3 个变量决定，它可以看作简单条形图中每个条形进一步分类的表现。
- 分段条形图：又称堆栈条形图，适用于描述两个变量交叉分类的情况。在该图中，每个条的位置代表一个变量的取值，条形的长度表示统计量的值。条形按另一个变量的各类别所占比例被划分为多个段，并用不同的颜色或阴影来表示各个分段。

4.2.2 简单条形图

本节使用"世界部分地区不同年龄区间人口占比.sav"数据文件,绘制世界部分地区不同年龄区间人口占比平均值的简单条形图。

1. 用图表构建器绘制简单条形图

步骤01 打开数据文件,在菜单栏中选择"图形|图表构建器"命令,打开"图表构建器"对话框。在"选择范围"列表框中选择"条形图",然后从右侧显示的直观表示中双击简单条形图 或将其选中并拖入画布中。从"变量"列表框中选中"年龄区间"变量并拖至 X 轴变量放置区,选中"人口比重"变量并拖至 Y 轴变量放置区,如图 4.20 所示。

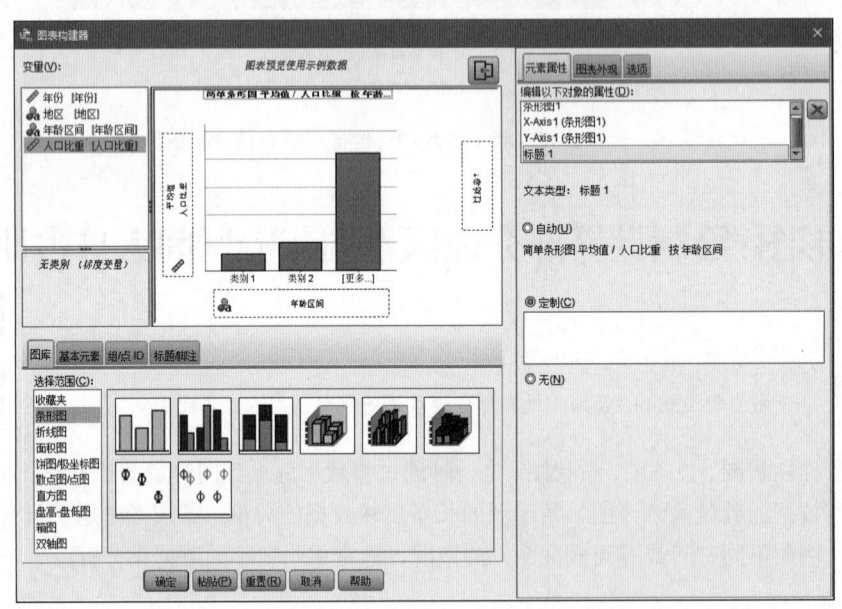

图 4.20 "图表构建器"对话框

步骤02 设置图形元素的属性。

- 在"图表构建器"对话框右侧的"元素属性"选项卡中,在"编辑以下对象的属性"列表中选择"条形图 1",然后在下方"统计"下拉列表中选择"平均值"作为输出统计量。
- 在"编辑以下对象的属性"列表中选择"X-Axis1",进入 X 轴元素属性设置对话框,在"轴标签"文本框中输入"年龄区间"作为 X 轴标签。
- 在"编辑以下对象的属性"列表中选择"Y-Axis1",进入 Y 轴元素属性设置对话框,在"轴标签"文本框中输入"人口比重平均值"作为 Y 轴标签。
- 在"编辑以下对象的属性"列表中选择"标题 1",进入标题设置对话框,选择"定制"并在下面的文本框中输入"不同年龄区间人口占比平均值"作为标题。

步骤03 单击"图表构建器"对话框中的"确定"按钮,在结果输出窗口中查看结果,如图 4.21 所示。

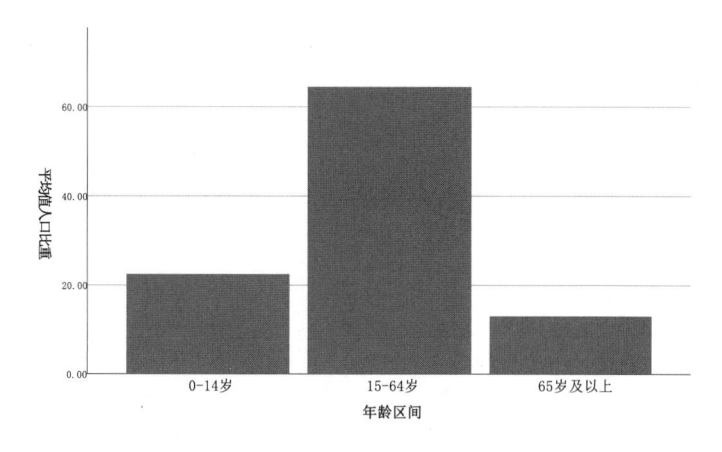

图 4.21 不同年龄区间人口占比平均值简单条形图

2. 用图形画板模板选择器绘制简单条形图

在菜单栏中选择"图形|图形画板模板选择器"命令，打开"图形画板模板选择器"对话框，如图 4.22 所示。

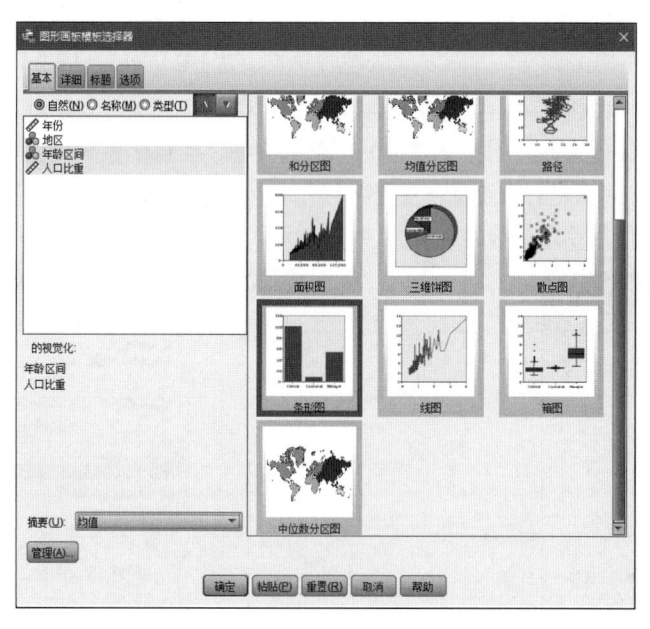

图 4.22 "图形画板模板选择器"对话框

步骤 01 在变量列表框中同时选中"年龄区间"和"人口比重"两个变量（选中一个后按住键盘上的 **Ctrl** 键再选另一个），对话框右侧将显示可用的图形直观表示，有条形图、三维饼图、散点图、线图、面积图等，从中选择条形图直观表示 ，从"摘要"下拉列表框中选择"均值"作为输出摘要统计量。

步骤 02 单击"标题"选项卡，选中"使用定制标题"单选按钮，在"标题"文本框中输入"不同年龄区间人口占比平均值"。单击"选项"选项卡，在"输出标签"选项组的"标签"文本框中输入"简单条形图：不同年龄区间人口占比平均值"，其他采用默认设置。设置完毕后，单击"图表构建器"对话框中的"确定"按钮，即可在结果输出窗口中查看结果，如图4.23所示。

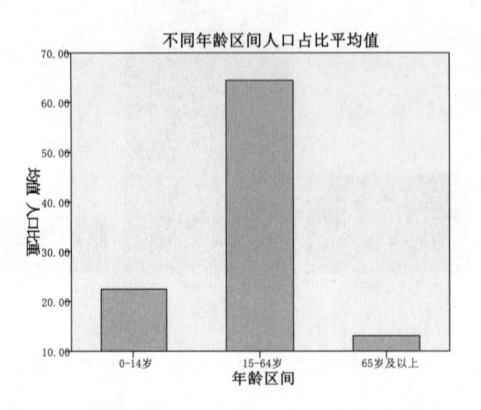

图4.23 不同年龄区间人口占比平均值简单条形图

3. 使用旧对话框绘制简单条形图

在菜单栏中选择"图形|旧对话框|条形图"命令，打开"条形图"对话框。选择"简单"直观表示，在"图表中的数据为"选项组中选中"个案组摘要"单选按钮，如图4.24所示。

步骤01 单击"定义"按钮，弹出"定义简单条形图：个案组摘要"对话框，从"条形表示"选项组中选中"其他统计（例如平均值）"单选按钮，并从变量列表框中将"人口比重"变量选入"变量"列表框，系统默认变量的统计量为均值，将"年龄区间"变量选入"类别轴"列表框，其他采用默认设置，如图4.25所示。

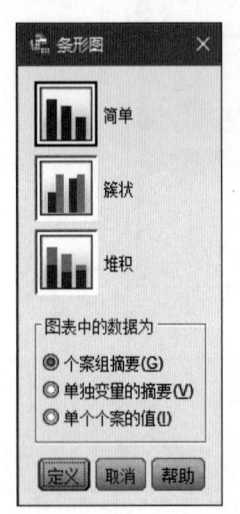

图4.24 "条形图"对话框　　图4.25 "定义简单条形图：个案组摘要"对话框

步骤02 在"定义简单条形图：个案组摘要"对话框中单击"标题"按钮，打开"标题"对话框，在"标题"选项组"第1行"文本框中输入"不同年龄区间人口占比平均值"字样。设置完毕后，单击"继续"按钮，返回主对话框。单击"图表构建器"对话框中的"确定"按钮，即可在结果输出窗口中查看结果，如图4.26所示。

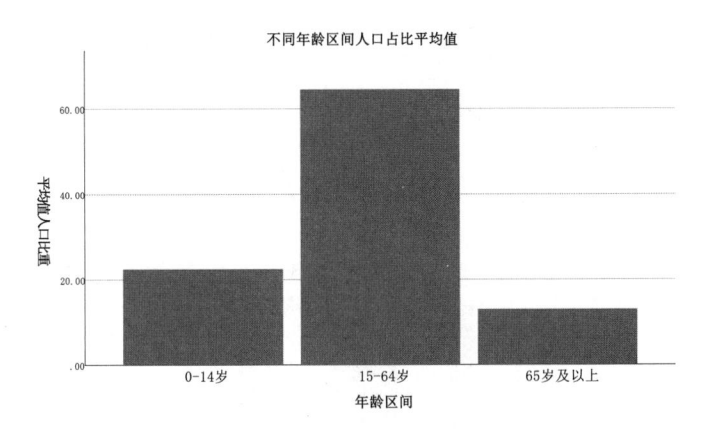

图 4.26　不同年龄区间人口占比平均值简单条形图

4.2.3　分类条形图

分类条形图能够反映更多的信息。它在 X 轴的每个取值基础上，再按某个指标进一步细分，并绘制出关于所得子类别的条形图。接下来，我们继续使用"世界部分地区不同年龄区间人口占比.sav"数据文件，绘制分类条形图，观察不同地区、不同年龄区间人口比重的平均值差异。

步骤01　在菜单栏中选择"图形|图形画板模板选择器"命令，打开"图形画板模板选择器"对话框。

步骤02　在变量列表框中同时选择"年龄区间"和"人口比重"两个变量，选择条形图直观表示 ，然后从"摘要"下拉列表框中选择"均值"作为输出摘要统计量。

步骤03　单击"详细"选项卡，从"可选审美原则"选项组的"色彩"下拉列表框中选择"地区"，如图 4.27 所示。

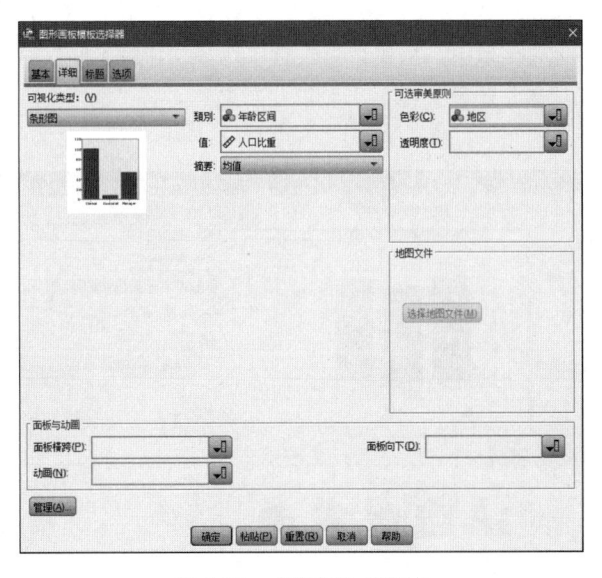

图 4.27　"详细"选项卡

步骤04　在"标题"选项卡中为图表添加标题"不同地区不同年龄区间人口占比平均值"，其他均采用默认设置。

步骤05 单击"确定"按钮,即可在结果输出窗口中查看图形,如图 4.28 所示。

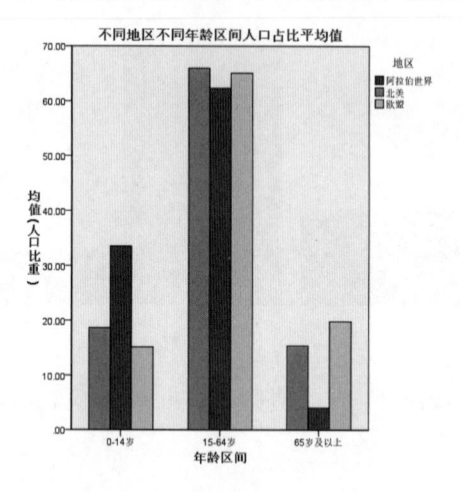

图 4.28 不同地区不同年龄区间人口占比平均值分类条形图

4.2.4 分段条形图

分段条形图或堆积条形图与分类条形图相似,主要区别在于堆积条形图不会将子类别分开绘制条形图,而是将其逐次堆积在 Y 轴方向上,这样可以更好地比较总值的大小。接下来,我们继续使用"世界部分地区不同年龄区间人口占比.sav"数据文件,绘制世界不同地区、不同年龄区间人口占比的分段条形图。

步骤01 在菜单栏中选择"图形|图表构建器"命令,打开"图表构建器"对话框。

步骤02 在"选择范围"列表框中选择"条形图",然后从右侧的直观表示中双击分类条形图直观表示■■或将其拖入画布中。从变量列表框中选择"年龄区间"变量并拖至 X 轴变量放置区,选择"人口比重"变量并拖至 Y 轴变量放置区,将"地区"拖入"堆积"变量放置区,如图 4.29 所示。

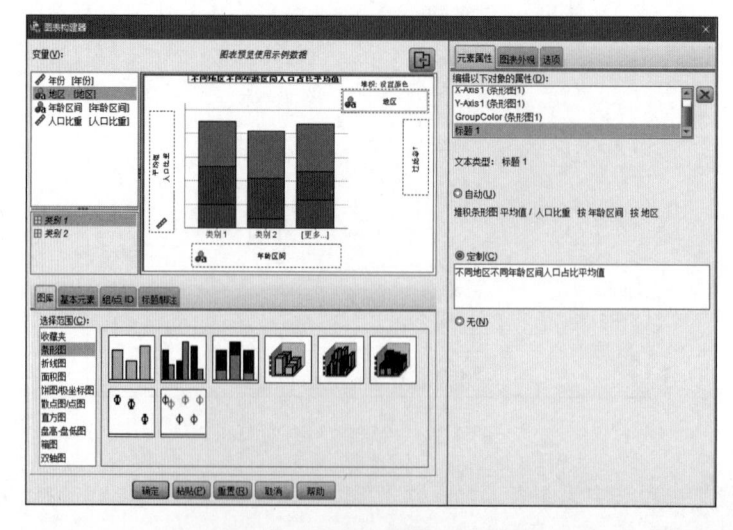

图 4.29 "图表构建器"对话框

步骤 03 设置图形元素的属性。

- 在"图表构建器"对话框右侧"元素属性"选项卡中，在"编辑以下对象的属性"列表中选择"条形图 1"，然后在下方"统计"下拉列表中选择"平均值"作为输出统计量。
- 在"编辑以下对象的属性"列表中选择"X-Axis1（条形图 1）"，进入 X 轴元素属性设置对话框，在"轴标签"文本框中输入"年龄区间"作为 X 轴标签。
- 在"编辑以下对象的属性"列表中选择"Y-Axis1（条形图 1）"，进入 Y 轴元素属性设置对话框，在"轴标签"文本框中输入"人口比重平均值"作为 Y 轴标签。
- 在"编辑以下对象的属性"列表中选择"GroupColor（条形图 1）"，在"图注标签"文本框中输入"地区"作为图注标签。
- 在"编辑以下对象的属性"列表中选择"标题 1"，进入标题设置对话框，选择"定制"并在下面的文本框中输入"不同地区不同年龄区间人口占比平均值"作为标题。

步骤 04 单击"确定"按钮，即可在结果输出窗口中查看图形，如图 4.30 所示。

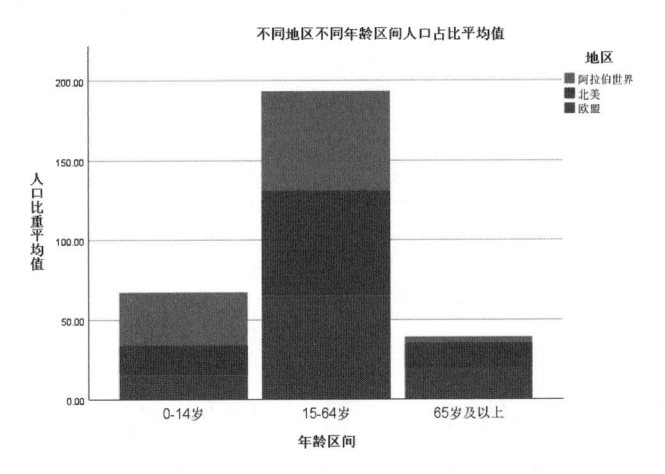

图 4.30　不同地区不同年龄区间人口占比平均值分段条形图

4.3　直方图：绘制晨鸣纸业 A 股每日收盘价直方图

下载资源:\video\第 4 章\4.3
下载资源:\sample\数据 4\晨鸣纸业 A 股每日收盘价.sav

直方图（Histogram）又称质量分布图，是一种以组距为底边、以频率为高度的矩形条形图，它通过一系列高度不等的纵向条纹或线段表示数据的分布情况。通常，横轴表示数据类型，纵轴表示数据的分布情况。绘制直方图可以直观地展示变量数据的变化，帮助数据使用者观察变量数据波动的状态，并为决策者提供依据来分析结果，以确定在什么地方需要集中力量改进工作。绘制直方图时，可选择带上正态分布曲线，以便更直观地检查数据是否服从正态分布。

下面将介绍如何使用图形画板模板选择器绘制直方图，读者可参照前文所述方法尝试其他绘图方法。本示例使用"晨鸣纸业 A 股每日收盘价.sav"数据文件，绘制变量"收盘价"带有正态分布曲线的直方图。

步骤01 打开"晨鸣纸业 A 股每日收盘价.sav"数据文件，在菜单栏中选择"图形|图形画板模板选择器"命令，打开"图形画板模板选择器"对话框。从变量列表框中选择变量"收盘价"，从右侧可用图形类型中选择"带有正态分布的直方图"。在"标题"选项卡中添加"晨鸣纸业 A 股收盘价直方图"标题。

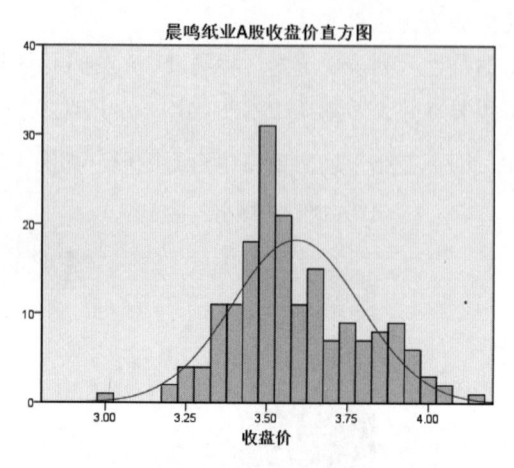

步骤02 单击"确定"按钮，即可在结果输出窗口中查看图形，如图 4.31 所示。可以发现晨鸣纸业 A 股收盘价不完全符合正态分布，表现为直方条的走势与正态分布曲线之间的距离较大。

图 4.31　晨鸣纸业 A 股收盘价直方图

4.4　箱图：绘制陕西、浙江、江苏、福建四个省份星级酒店营业额箱图

下载资源:\video\第 4 章\4.4
下载资源:\sample\数据 4\部分省份星级酒店营业额数据.sav

　　箱图（Box-Plot）是一种用于显示一组数据的分散情况的统计图。箱图提供了一种只用 5 个点总结数据集的方式，这 5 个点包括最小值（minimum）、第一个四分位数 Q1、中位数点（median）、第三个四分位数 Q3 和最大值（maximum）。数据分析者通过绘制箱图不仅可以直观明了地识别数据中的异常值，还可以判断数据的偏态、尾重，并对不同数据集进行比较。

　　绘制箱图的基本思路是：针对某一变量数据，计算该变量数据的 5 个特征值，包括除异常值外的最小值、最大值、中位数、两个四分位数（下四分位数 Q1 和上四分位数 Q3）。其中中位数的计算方法为：将变量数据的所有数值从小到大排列，如果是奇数个数值，则取最中间一个值作为中位数，之后最中间的值在计算下四分位数 Q1 和上四分位数 Q3 时不再使用；如果是偶数个数值，则取最中间两个数的平均数作为中位数，这两个数在计算下四分位数 Q1 和上四分位数 Q3 时继续使用。

下四分位数 Q1 的计算方法为：首先用中位数将变量的所有数据分成两部分，然后针对变量最小值到中位数的部分，再按取中位数的方法取中位数，即为下四分位数 Q1。

上四分位数 Q3 的计算方法为：首先用中位数将变量的所有数据分成两部分，然后针对中位数到变量最大值的部分，再按取中位数的方法取中位数，即为上四分位数 Q3。

四分位数间距（IQR）即为：

$$IQR = Q3-Q1$$

一般情况下，将所有不在（Q1-1.5IQR, Q3+1.5IQR）区间内的数值称为异常值。除去异常值之后，剩下数值中最大的为变量数据的最大值，最小的为变量数据的最小值。将上述变量数据的 5 个特征值（除异常值外的最小值、下四分位数 Q1、中位数、上四分位数 Q3、除异常值外的最大值）描绘在一幅图上，5 个特征值在垂直方向上由大到小排列，最小值和 Q1 连接起来，Q1、中位数、Q3 分别作平行等长线段，最大值和 Q3 连接起来，连接两个四分位数构成箱体，然后将除异常值外的最小值、除异常值外的最大值这两个极值点与箱子连接，形成箱式图，最后点上离群值即可。

4.4.1 箱图的类型

SPSS 26.0 为用户提供了两种箱图：简单箱图和簇状箱图。简单箱图用于描述单个变量数据的分布，簇状箱图用于描述某个变量关于另一个变量的数据分布。

4.4.2 简单箱图

下面使用"部分省份星级酒店营业额数据.sav"数据文件绘制陕西、浙江、江苏和福建四个省份星级酒店营业额简单箱图。

步骤01 打开"部分省份星级酒店营业额数据.sav"，在菜单栏中选择"图形|图形画板模板选择器"命令，打开"图形画板模板选择器"对话框，如图 4.32 所示。

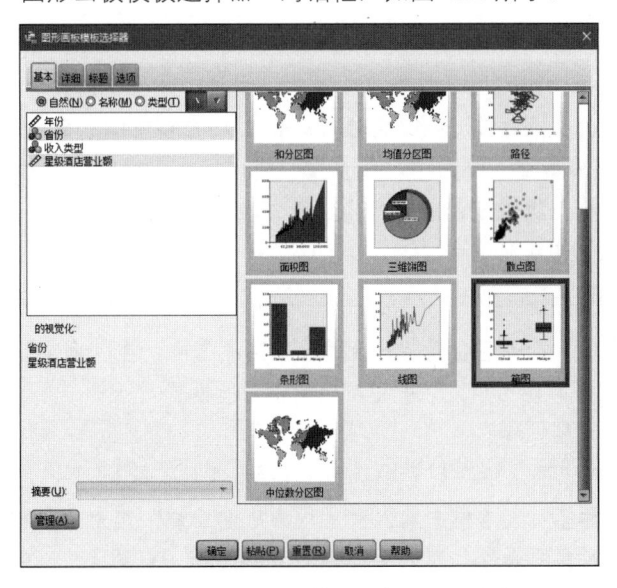

图 4.32 "图形画板模板选择器"对话框

步骤 02 在变量列表框中同时选中"星级酒店营业额"和"省份"变量,从右侧可用图形类型中选择"箱图"。

步骤 03 在"标题"选项卡中,选择"使用定制标题",在"标题"文本框中为图表添加标题"各省份星级酒店营业额箱图",其他均采用默认设置。

步骤 04 单击"确定"按钮,即可在结果输出窗口中查看图形,如图 4.33 所示。可以看出,浙江的星级酒店营业额要明显高于其他省份。

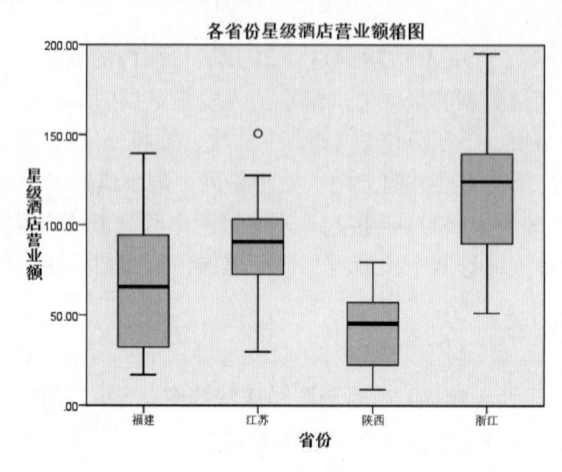

图 4.33 各省份星级酒店营业额箱图

4.4.3 簇状箱图

簇状箱图的绘制过程与简单箱图的绘制基本相同,只需要在原有变量的基础上添加一个分类变量即可。下面继续使用"部分省份星级酒店营业额数据.sav"数据文件,介绍如何使用图表构建器绘制陕西、浙江、江苏、福建四个省份星级酒店营业额的簇状箱图(按收入类型分类)。

步骤 01 打开数据文件"部分省份星级酒店营业额数据.sav",进入 SPSS Statistics 数据编辑器窗口,在菜单栏中选择"图形|图表构建器"命令,打开"图表构建器"对话框。

步骤 02 在"选择范围"列表框中选择"箱图",然后从右侧显示的直观表示中双击"群集框图"直观表示或将其拖入画布中。将变量"省份"拖入横轴变量放置区内,将变量"星级酒店营业额"拖入纵轴变量放置区内,将"收入类型"拖入"X 轴上的聚类:设置颜色"变量放置区,如图 4.34 所示。

步骤 03 设置图形元素的属性。

- 在"图表构建器"对话框右侧"元素属性"选项卡中,在"编辑以下对象的属性"列表中选择"X-Axis1(箱图 1)",进入 X 轴元素属性设置对话框,在"轴标签"文本框中输入"省份"作为 X 轴标签。

- 在"编辑以下对象的属性"列表中选择"Y-Axis1(箱图 1)",进入 Y 轴元素属性设置对话框,在"轴标签"文本框中输入"星级酒店营业额"作为 Y 轴标签。

- 在"编辑以下对象的属性"列表中选择 GroupColor(箱图 1),在"图注标签"文本框中输入"收入类型"作为图注标签。

- 在"编辑以下对象的属性"列表中选择"标题 1",进入标题设置对话框,选择"定制"并在下面的文本框中输入"各省份星级酒店营业额箱图"作为标题。

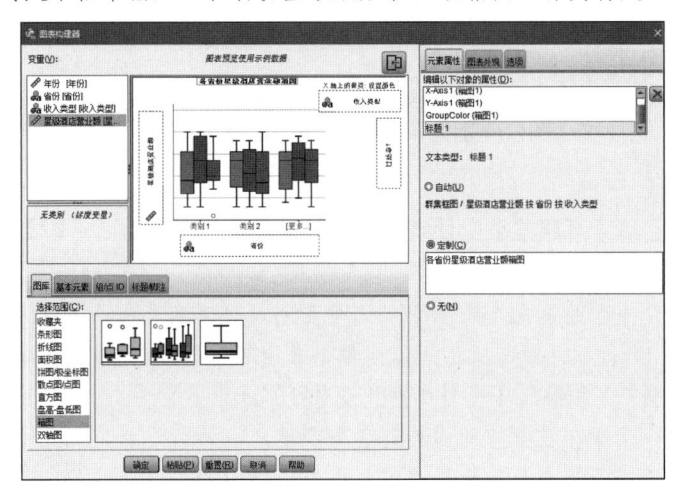

图 4.34 "图表构建器"对话框

步骤 04 单击"确定"按钮,即可在结果输出窗口中查看图形,如图 4.35 所示。

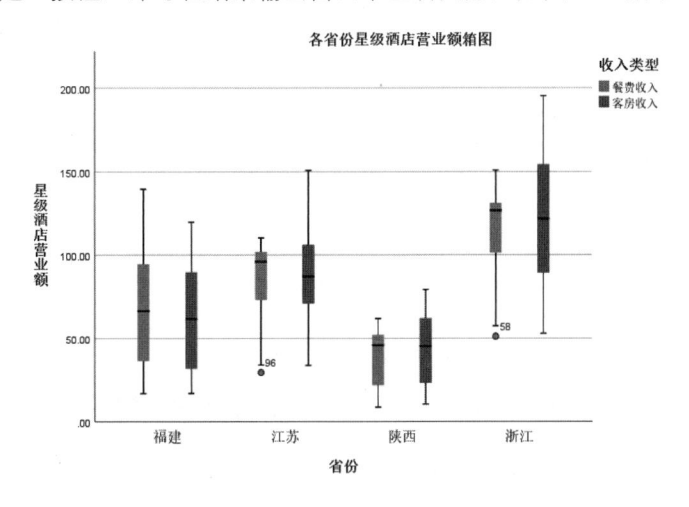

图 4.35 各省份星级酒店营业额箱图

4.5 散点图:绘制美国制造业 PMI 指数、中小企业乐观指数、失业率散点图

下载资源:\video\第 4 章\4.5
下载资源:\sample\数据 4\美国制造业 PMI 指数、中小企业乐观指数、失业率数据.sav

散点图的简要定义就是点在直角坐标系平面上的分布图。研究者对数据制作散点图的主要目的

是通过绘制该图来观察某变量随另一变量变化的大致趋势，据此可以探索数据之间的关联关系，甚至选择合适的函数对数据点进行拟合。

4.5.1 散点图的类型

SPSS 26.0 提供了 5 种散点图，分别为简单散点图、重叠散点图、矩阵散点图、三维散点图和简单点图。

- 简单散点图：用于对照某个变量绘制另一个变量或在一个标记变量定义的类别中绘制两个变量。
- 重叠散点图：用于绘制两个或多个 Y-X 变量对，每对都采用不同标记来表示。
- 矩阵散点图：当行和列数与所选矩阵变量个数相等时，所有可能的变量组合都会被显示（变量 1 对比变量 2）和翻转（变量 2 对比变量 1）。
- 三维散点图：用于在三维空间内绘制 3 个变量。
- 简单点图：用于为某个数值变量绘制各个观察值。

由于简单点图的绘制较为简单，不需要过多说明。接下来我们将使用"XX 保险公司促销数据"数据文件，介绍除简单点图外的 4 种散点图的具体操作方法。

4.5.2 简单散点图

本小节以"美国制造业 PMI 指数、中小企业乐观指数、失业率数据.sav"为例，绘制"美国制造业 PMI 指数"和"失业率"的简单散点图，操作步骤如下：

步骤01 打开数据文件"美国制造业 PMI 指数、中小企业乐观指数、失业率数据.sav"，在菜单栏中选择"图形|图形画板模板选择器"命令，打开"图形画板模板选择器"对话框，如图 4.36 所示。在变量列表框中同时选中"美国制造业 PMI 指数"和"美国失业率"变量，从右侧可用图形类型中选择"散点图"。

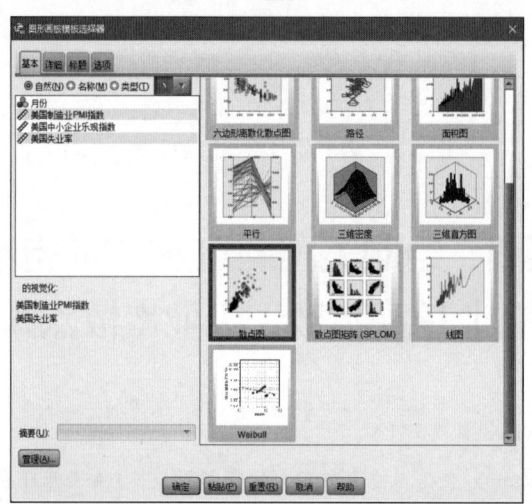

图 4.36 "图形画板模板选择器"对话框

步骤 02　在"标题"选项卡中选择"使用定制标题",并在下面的文本框中输入"美国制造业 PMI 指数和失业率的简单散点图"作为标题。

步骤 03　单击"确定"按钮,即可在结果输出窗口中查看图形,如图 4.37 所示。从图中可以看出,美国制造业 PMI 指数和失业率之间没有明显的相关关系,体现在两个变量组合的散点没有任何规律性。

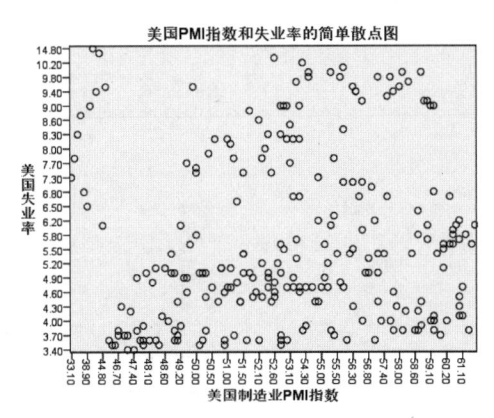

图 4.37　美国制造业 PMI 指数和失业率的简单散点图

4.5.3　重叠散点图

本小节同样使用"美国制造业 PMI 指数、中小企业乐观指数、失业率数据"展示重叠散点图的绘制。以"美国制造业 PMI 指数"和"中小企业乐观指数"为 X 变量,以"失业率"为 Y 变量。

步骤 01　打开数据文件,在菜单栏中选择"图形|旧对话框|散点/点状"命令,打开"散点图/点图"对话框,如图 4.38 所示,选中"重叠散点图"。

步骤 02　单击"定义"按钮,弹出"重叠散点图"对话框,在此指定变量及其他图形元素。从变量列表框中将"美国失业率"变量选入变量配对 1 和 2 的 Y 变量放置区,将"美国制造业 PMI 指数"和"美国中小企业乐观指数"分别拖入变量配对 1 和 2 的 X 变量放置区,如图 4.39 所示。

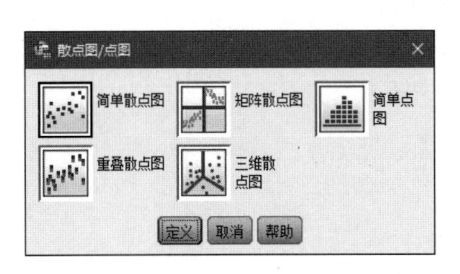

图 4.38　"散点图/点图"对话框　　　　图 4.39　"重叠散点图"对话框

步骤 03　打开"标题"对话框,在"第 1 行"文本框中输入"美国制造业 PMI 指数、中小企业乐观指数、失业率重叠散点图"。

步骤 04　单击"确定"按钮,即可在结果输出窗口中查看图形,如图 4.40 所示。美国制造业 PMI 指数与失业率,以及中小企业乐观指数与失业率的关系都不明显,散点没有什么规律性。

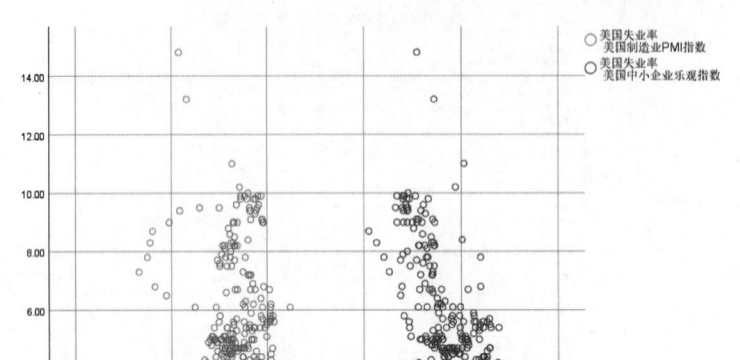

图 4.40　美国制造业 PMI 指数、中小企业乐观指数、失业率重叠散点图

4.5.4　矩阵散点图

本小节使用"美国制造业 PMI 指数、中小企业乐观指数、失业率数据"数据文件,绘制 3 个变量的矩阵散点图。

步骤 01　打开数据文件,在菜单栏中选择"图形|图表构建器"命令,打开"图表构建器"对话框。

步骤 02　在"选择范围"列表框中选择"散点图/点图",然后从右侧显示的直观表示中双击散点图矩阵直观表示或将其拖入画布中。将变量"美国制造业 PMI 指数""美国中小企业乐观指数""美国失业率"拖入散点矩阵变量放置区内,如图 4.41 所示。

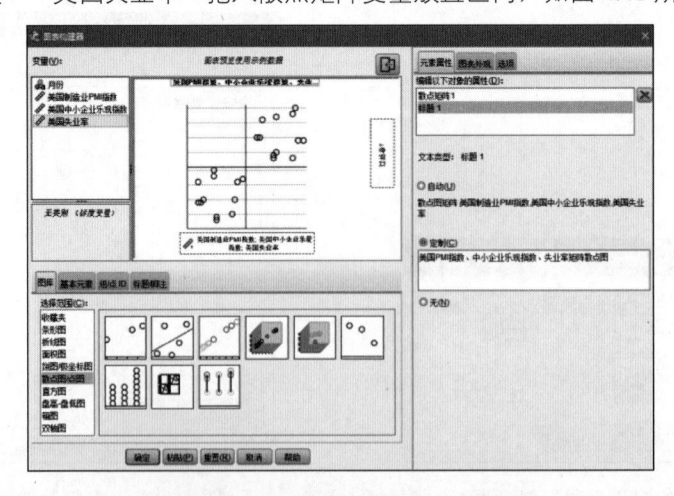

图 4.41　"图表构建器"对话框

步骤 03 在"元素属性"选项卡"编辑以下对象的属性"列表中选择"标题 1",进入标题设置对话框,选择"定制"并在下面的文本框中输入"美国制造业 PMI 指数、中小企业乐观指数、失业率矩阵散点图"作为标题。

步骤 04 单击"确定"按钮,即可在结果输出窗口中查看图形,如图 4.42 所示。

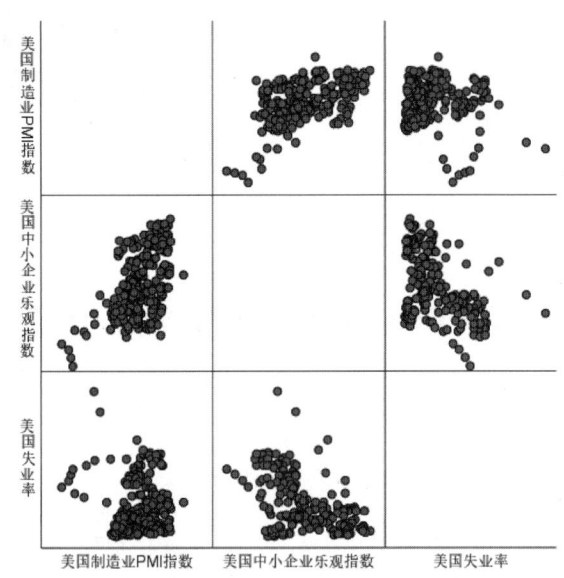

图 4.42 美国制造业 PMI 指数、中小企业乐观指数、失业率矩阵散点图

4.5.5 三维散点图

三维散点图的绘制过程与简单散点图的绘制过程基本一致,只是在图形中增加了一个 Z 轴。下面基于"美国制造业 PMI 指数、中小企业乐观指数、失业率数据"数据文件,讲解如何绘制 3 个变量的三维散点图。

步骤 01 打开数据文件,进入 SPSS Statistics 数据编辑器窗口,在菜单栏中选择"图形|图表构建器"命令,打开"图表构建器"对话框。

步骤 02 在"选择范围"列表框中选择"散点图/点图",然后在右侧的直观表示中双击简单 3-D 散点图直观表示 或将其拖入画布中。将变量"美国制造业 PMI 指数""美国中小企业乐观指数""美国失业率"分别拖入 X 轴变量放置区、Y 轴变量放置区及 Z 轴变量放置区,如图 4.43 所示。

步骤 03 在"元素属性"选项卡"编辑以下对象的属性"列表中选择"标题 1",进入标题设置对话框,选择"定制"并在下面的文本框中输入"美国制造业 PMI 指数、中小企业乐观指数、失业率三维散点图"作为标题。

步骤 04 单击"确定"按钮,即可在结果输出窗口中查看图形,如图 4.44 所示。

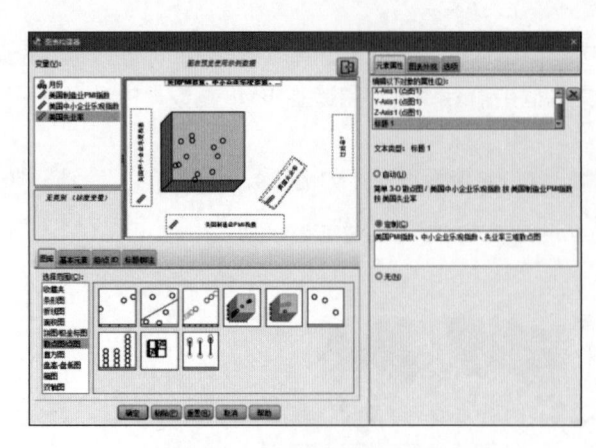

图 4.43 "图表构建器"对话框　　　　图 4.44 三维散点图输出结果

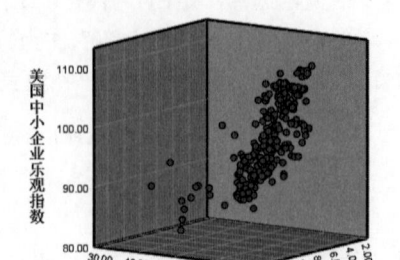

4.6 折线图：绘制中国沿海省市海洋生产总值折线图

下载资源:\video\第 4 章\4.6
下载资源:\sample\数据 4\沿海省市海洋生产总值.sav

折线图是一种通过线段的升降在坐标系中表示某一变量变化趋势或其随时间变化过程的图形。折线图适用于连续性数据，通常用于展示两个因素之间的关系，即当一个因素发生变化时，另一个因素对应的变化情况。

4.6.1 折线图的类型

折线图分为 3 种类型，分别是简单折线图、多线折线图和垂线折线图。

- 简单折线图：用一条折线表示某个现象的变化趋势。
- 多线折线图：用多条折线表示各种现象的变化趋势。
- 垂线折线图：用于反映某些事件或现象在特定时间点上的特征。

与条形图类似，每种类型的折线图都对应 3 种描述方法：个案组摘要、单独变量的摘要和单个个案的值。其概念与条形图中的描述方法一致，此处不再赘述。

4.6.2 简单折线图

本小节以"沿海省市海洋生产总值.sav"数据文件为例，讲述海洋生产总值平均值简单折线图的绘制。

步骤 01 打开数据文件，进入 SPSS Statistics 数据编辑器窗口，在菜单栏中选择"图形|图表构建器"命令，打开"图表构建器"对话框。

步骤 02 在"选择范围"列表框中选择"折线图"，然后从右侧显示的直观表示中双击简单折线图直观表示☑或将其拖入画布中。将变量"省份"和"海洋生产总值"分别拖入横轴和纵轴变量放置区内，如图4.45所示。

图4.45 "图表构建器"对话框

步骤03 设置图形元素的属性。

- 在"图表构建器"对话框右侧"元素属性"选项卡中，在"编辑以下对象的属性"列表中选择"折线图1"，然后在下方"统计"下拉列表中选择"平均值"作为输出统计量。
- 在"编辑以下对象的属性"列表中选择"X-Axis1"，进入 X 轴元素属性设置对话框，在"轴标签"文本框中输入"省份"作为 X 轴标签。
- 在"编辑以下对象的属性"列表中选择"Y-Axis1"，进入 Y 轴元素属性设置对话框，在"轴标签"文本框中输入"海洋生产总值平均值"作为 Y 轴标签。
- 在"编辑以下对象的属性"列表中选择"标题1"，进入标题设置对话框，选择"定制"并在下面的文本框中输入"沿海省市海洋生产总值平均值"作为标题。

步骤04 单击"确定"按钮，即可在结果输出窗口中查看图形，如图4.46所示。

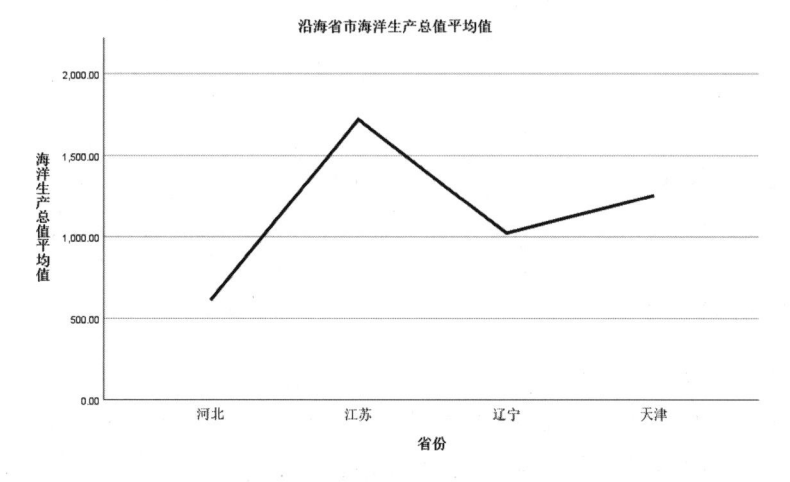

图4.46 沿海省市海洋生产总值平均值简单折线图

4.6.3 多线折线图

多线折线图在一个图中显示多条趋势图,它需要指定一个分线变量,对其每个取值分别在图中作一条曲线,以便观察和比较不同类别的样本的变化趋势。本小节继续使用"沿海省市海洋生产总值.saw"数据文件,介绍如何利用旧对话框绘制沿海省市海洋生产总值(按产业分类)平均值的多线折线图。

步骤01 打开数据文件,在菜单栏中选择"图形|旧对话框|折线图"命令,打开"折线图"对话框。选择"多线",在"图中的数据为"选项组中选择"个案组摘要",单击"定义"按钮,弹出"定义多线折线图:个案组摘要"对话框,如图4.47所示。

步骤02 从"定义多线折线图:个案组摘要"对话框左侧的源变量列表框中选择"省份"进入"类别轴",选择"产业"进入"折线定义依据",在"折线表示"选项组中选择"其他统计(例如平均值)",然后选择"海洋生产总值"进入"变量"。统计量默认为平均值,无须通过"更改统计"按钮特别设置。

步骤03 在"定义多线折线图:个案组摘要"对话框中单击"标题"按钮,在弹出的"标题"对话框的"第1行"中填写"沿海省市海洋生产总值平均值(按产业分类)"。

步骤04 单击"确定"按钮,即可在结果输出窗口中查看图形,如图4.48所示。

图4.47 "定义多线折线图:个案组摘要"对话框

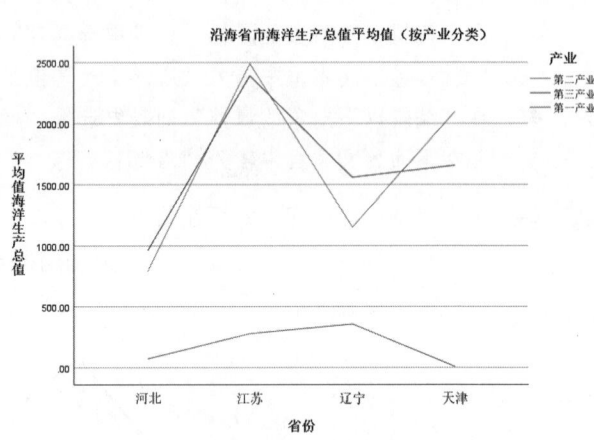

图4.48 多线折线图

4.6.4 垂线折线图

垂线折线图与多线折线图反映的内容类似,主要区别在于其表现形式不同。垂线折线图可以反映某些现象在同一时期的差距,或反映各种数据在各分类中所占的比例。本节继续使用"沿海省市海洋生产总值.saw"数据文件,介绍如何绘制沿海省市海洋生产总值平均值(按产业分类)的垂线折线图。

步骤01 打开数据文件后，在菜单栏中选择"图形|旧对话框|折线图"命令，打开"折线图"对话框。选择"垂线"，在"图中的数据为"选项组中选择"个案组摘要"，然后单击"定义"按钮，弹出"定义垂线折线图：个案组摘要"对话框，如图 4.49 所示。

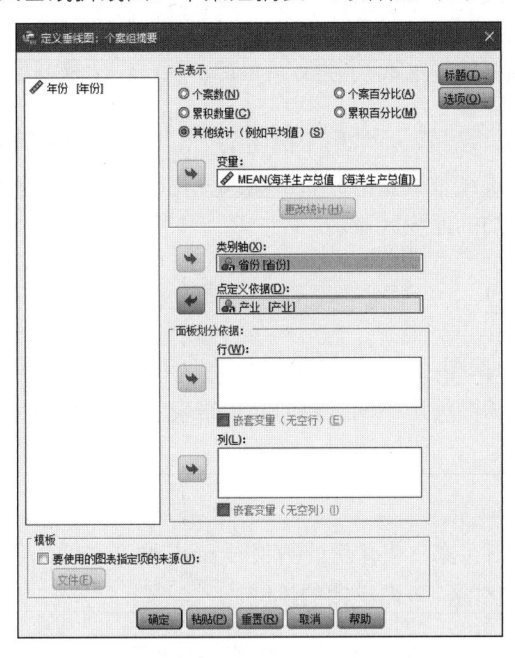

图 4.49　"定义垂线折线图：个案组摘要"对话框

步骤02 从对话框左侧的源变量列表框中选择"省份"进入"类别轴"，选择"产业"进入"点定义依据"，在"折线表示"选项组中选择"其他统计（例如平均值）"，然后选择"海洋生产总值"进入"变量"。统计量默认为平均值，无须通过"更改统计"按钮进行特别设置。

步骤03 在对话框中单击"标题"按钮，在弹出的"标题"对话框的"第 1 行"文本框中输入标题"沿海省市海洋生产总值平均值（按产业分类）"。

步骤04 单击"确定"按钮，即可在结果输出窗口中查看图形，如图 4.50 所示。

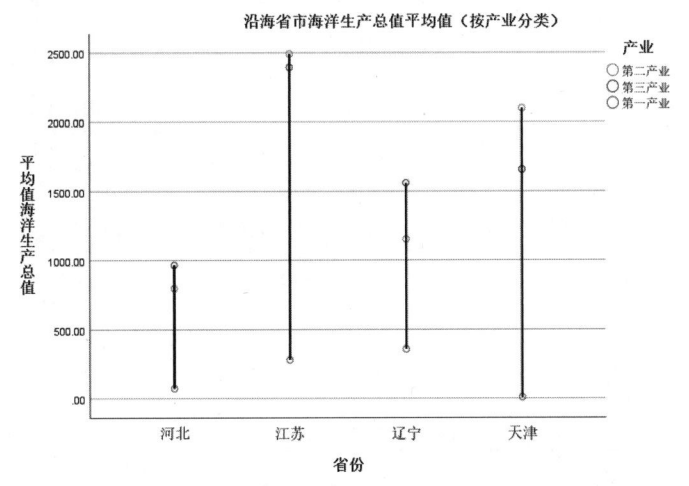

图 4.50　沿海省市海洋生产总值平均值（按产业分类）垂线折线图

4.7 面积图：绘制美国对外国买家出售住房的销售额面积图

下载资源:\video\第 4 章\4.7
下载资源:\sample\数据 4\美国对外国买家出售住房的销售额.sav

面积图与线形图反映的信息相似，常用于描述某个汇总变量随时间或其他变量变化的过程。面积图通过面积的变化来描绘连续型变量的分布形状或变化趋势。直观来看，它相当于在线形图中用某种颜色填充线条和横轴之间的面积区域。

4.7.1 面积图的类型

SPSS 26.0 提供了两种面积图：简单面积图和堆积面积图。简单面积图通过面积的变化来表示某一现象的变化趋势；堆积面积图使用不同颜色的面积来表示两种或多种现象的变化趋势。

4.7.2 简单面积图

本小节使用"美国对外国买家出售住房的销售额.sav"数据文件，介绍"美国向该国买家出售住房的销售额"随"年份"变化的简单面积图的绘制。

步骤 01 打开数据文件，在菜单栏中选择"图形|图形画板模板选择器"命令，打开"图形画板模板选择器"对话框，如图 4.51 所示。在变量列表框中同时选中"年份"和"美国向该国买家出售住房的销售额"两个变量，在右侧选择面积图直观表示，并在"摘要"下拉列表框中选择"均值"作为摘要统计量。

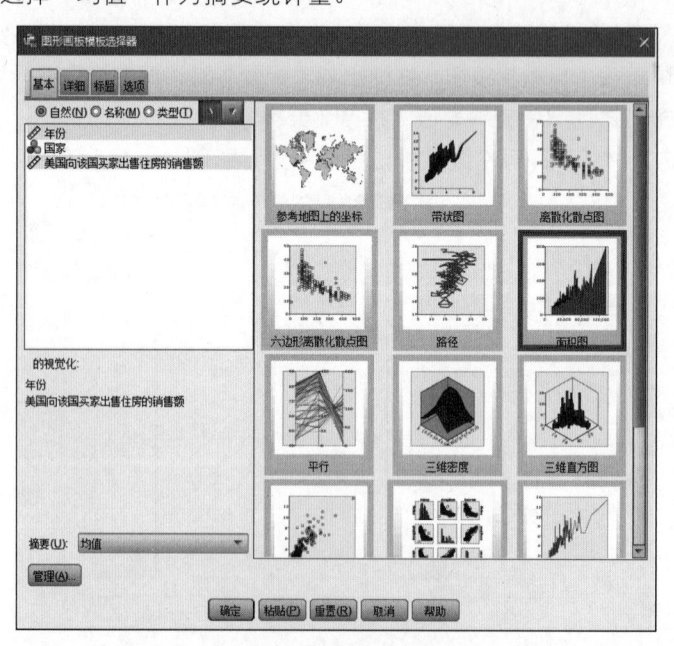

图 4.51 "图形画板模板选择器"对话框

步骤02 在"标题"选项卡中,为图表添加标题"美国对外国买家出售住房销售额面积图",其他均采用默认设置。

步骤03 单击"确定"按钮,即可在结果输出窗口中查看图形,如图4.52所示。从图中可以直观地看到美国对外国买家出售住房的销售额随时间的变化情况,其中2017年为最高,2021年为最低。

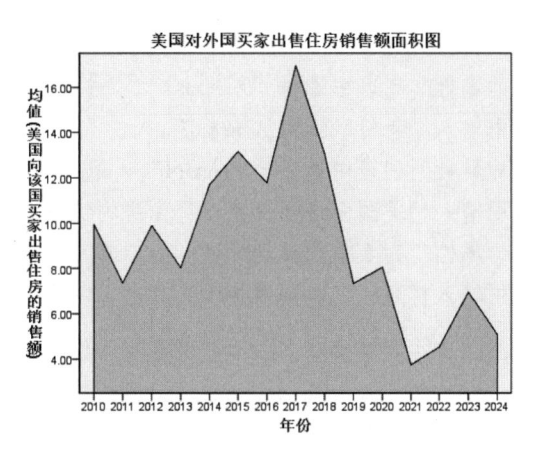

图 4.52　美国对外国买家出售住房销售额面积图

4.7.3　堆积面积图

本小节继续使用"美国对外国买家出售住房的销售额.sav"数据文件,介绍如何绘制"美国向该国买家出售住房的销售额"随"年份"变化的堆积面积图(按国家区分)。

步骤01 打开数据文件,进入 SPSS Statistics 数据编辑器窗口,在菜单栏中选择"图形|图表构建器"命令,打开"图表构建器"对话框,如图4.53所示。

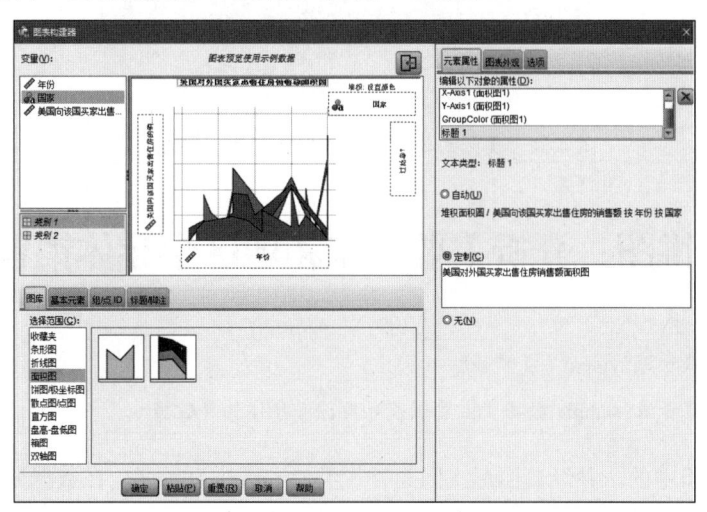

图 4.53　"图表构建器"对话框

步骤02 在"选择范围"列表框中选择"面积图",然后从右侧显示的直观表示中双击堆积面积图直观表示🗔或将其拖入画布区域。从变量列表框中选择"年份"变量并拖至 X 轴变量放置区，选择"美国向该国买家出售住房的销售额"变量并拖至 Y 轴变量放置区，将"国家"变量拖入"堆栈：设置颜色"变量放置区。

步骤 03 设置图形元素的属性。

- 在"图表构建器"对话框右侧的"元素属性"选项卡中，在"编辑以下对象的属性"列表中选择"面积图 1"，然后在下方的"统计"下拉列表中选择"平均值"作为输出统计量。
- 在"编辑以下对象的属性"列表中选择"X-Axis1"，进入 X 轴元素属性设置对话框，在"轴标签"文本框中输入"年份"作为 X 轴标签。
- 在"编辑以下对象的属性"列表中选择"Y-Axis1"，进入 Y 轴元素属性设置对话框，在"轴标签"文本框中输入"美国向该国买家出售住房的销售额平均值"作为 Y 轴标签。
- 在"编辑以下对象的属性"列表中选择"标题 1"，进入标题设置对话框，选择"定制"并在下方的文本框中输入标题："美国对外国买家出售住房销售额面积图"。

步骤 04 单击"确定"按钮，即可在结果输出窗口中查看图形，如图 4.54 所示。

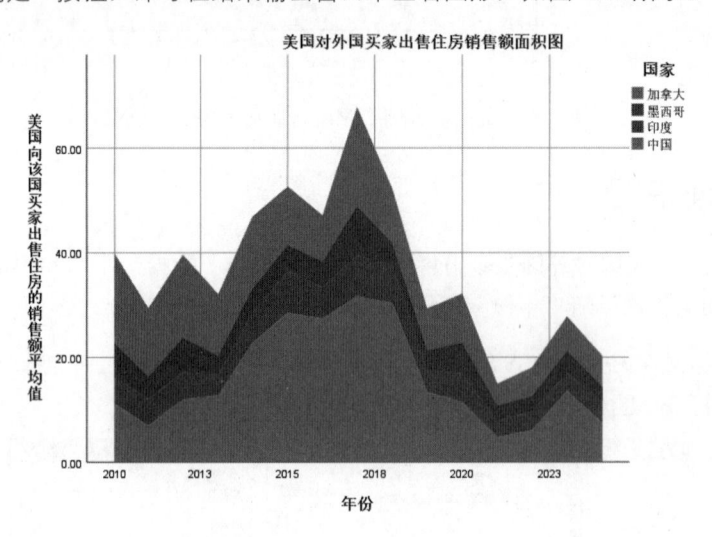

图 4.54　美国对外国买家出售住房销售额面积图

4.8　饼图：分析主要国家和地区半导体销售占比

下载资源:\video\第 4 章\4.8
下载资源:\sample\数据 4\主要国家和地区半导体销售数据

饼图是数据分析中的一种经典图形，因其外形类似于圆饼而得名。在数据分析中，许多情况下我们需要分析数据总体各个组成部分的占比，虽然可以通过各个部分与总额的比值来计算，但这种数学比例的表示方法相对抽象。而饼图则通过图形直观地展示各组成部分所占的比例，因此更加形象和易于理解。

本节使用"主要国家和地区半导体销售数据.sav"数据文件,绘制主要国家和地区半导体销售占比的饼图。

步骤01 打开数据文件后,在菜单栏中选择"图形|图表构建器"命令,打开"图表构建器"对话框。

步骤02 在"选择范围"列表框中选择"饼图/极坐标图",然后从右侧显示的直观表示中双击饼图直观表示 或将其拖入画布区域。将"国家或地区"变量拖入横轴放置区,将"半导体销售额"变量拖入纵轴放置区。

步骤03 设置图形元素的属性。

- 在"图表构建器"对话框右侧的"元素属性"选项卡中,在"编辑以下对象的属性"列表中选择"极坐标区间图 1",然后在下方的"统计"下拉列表中选择"总和"作为输出统计量。
- 在"编辑以下对象的属性"列表中选择"标题 1",进入标题设置对话框,选择"定制"并在文本框中输入标题"主要国家和地区半导体销售占比"。

步骤04 单击"确定"按钮,即可在结果输出窗口中查看图形,如图 4.55 所示。

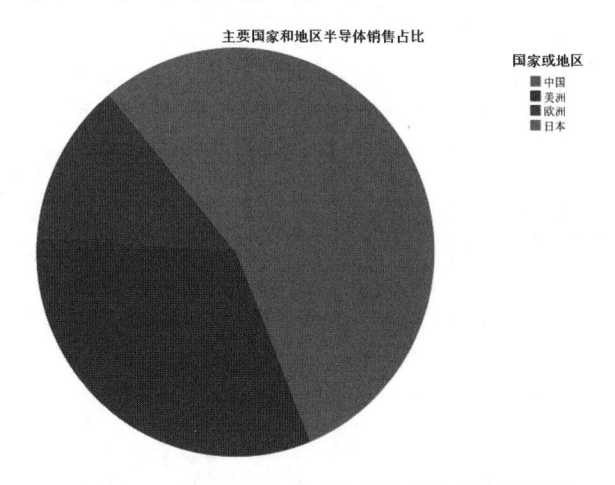

图 4.55 主要国家和地区半导体销售占比饼状图

4.9 误差条形图:绘制欧洲不同国家航空公司飞机利用率误差条形图

下载资源:\video\第 4 章\4.9
下载资源:\sample\数据 4\欧洲航空公司飞机利用率数据

误差条形图是一种用于描述平均值、标准差、标准误差和总体平均值的置信区间等统计指标的图形。通过误差条形图,可以观测样本的离散程度。误差条形图还可以与其他图形(如条形图、线图等）结合使用，以更全面地展示数据。

4.9.1 误差条形图的类型

误差条形图包括两种基本类型，即简单误差条形图和簇状误差条形图。每种图形类型都可以通过"个案组摘要"和"单独变量的摘要"两种模式进行展示。

4.9.2 简单误差条形图

本小节以"欧洲航空公司飞机利用率数据"为例，介绍如何绘制简单误差条形图。该数据文件中记录的是 2024 年 8 月和 9 月部分欧洲航空公司飞机的利用率数据，包括具体日期、航空公司所在国家、机型及飞机利用率（单位：小时/日）。SPSS 数据视图如图 4.56 所示。

我们首先绘制不同国家航空公司飞机利用率平均值的置信区间的简单误差条形图。

步骤01 打开数据文件后，进入 SPSS Statistics 数据编辑器窗口，在菜单栏中选择"图形｜旧对话框｜误差条形图"命令，打开"误差条形图"对话框。选择"简单"，在"图表中的数据为"选项组中选中"个案组摘要"单选按钮。

步骤02 单击"定义"按钮，弹出"定义简单误差条形图：个案组摘要"对话框，如图 4.57 所示。从变量列表框中将"飞机利用率"和"国家"分别选入"变量"放置区和"类别轴"列表框。在"条形表示"下拉列表框中选择默认的"平均值的置信区间"。

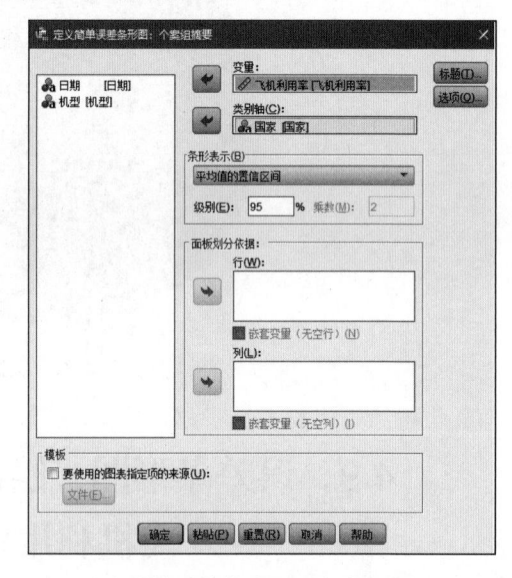

图 4.56　欧洲航空公司飞机利用率数据　　图 4.57　"定义简单误差条形图：个案组摘要"对话框

步骤03 打开"标题"对话框，将"欧洲不同国家航空公司飞机利用率简单误差条形图"输入"第 1 行"文本框中作为输出图形的标题，如图 4.58 所示。单击"继续"按钮保存设置，返回主对话框，其他采用默认设置。

步骤04 单击"确定"按钮，即可在结果输出窗口中查看图形，如图 4.59 所示。

图 4.58 "标题"对话框

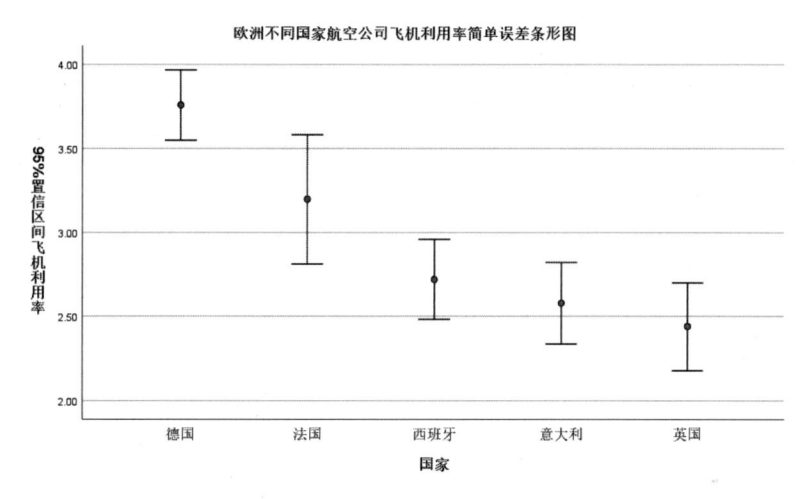

图 4.59 欧洲不同国家航空公司飞机利用率简单误差条形图

4.9.3 簇状误差条形图

接下来,我们将绘制欧洲不同国家航空公司飞机利用率的簇状误差条形图(按不同机型分类)。

步骤01 打开数据文件后,弹出 SPSS Statistics 数据编辑器窗口,在菜单栏中选择"图形 | 旧对话框 | 误差条形图"命令,打开"误差条形图"对话框。选择"簇状"直观表示,在"图表中的数据为"选项组中选中"个案组摘要"单选按钮。

步骤02 单击"定义"按钮,弹出"定义簇状误差条形图:个案组摘要"对话框,如图 4.60 所示。从变量列表框中将"飞机利用率""国家"和"机型"选入"变量""类别轴"和"聚类定义依据"中。在"条形表示"下拉列表框中选择默认的"平均值的置信区间"。

步骤03 打开"标题"对话框,将"欧洲不同国家航空公司不同机型飞机利用率簇状误差条形图"输入"第 1 行"文本框中作为输出图形的标题,如图 4.61 所示。单击"继续"按钮保存设置,返回到主对话框,其他采用默认设置。

步骤04 单击"确定"按钮,即可在结果输出窗口中查看图形,如图 4.62 所示。

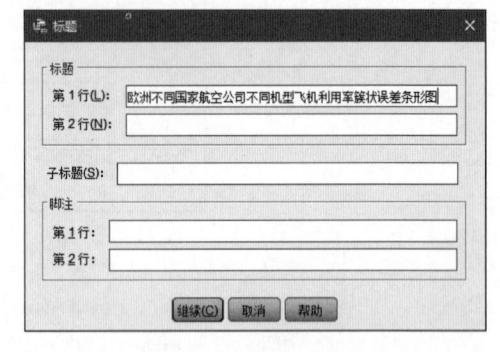

图 4.60　"定义簇状误差条形图：个案组摘要"对话框　　　图 4.61　"标题"对话框

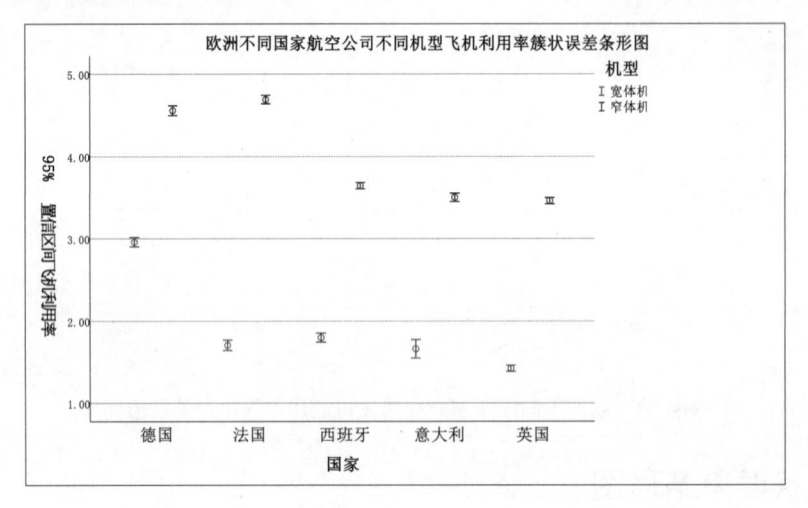

图 4.62　欧洲不同国家航空公司不同机型飞机利用率簇状误差条形图

4.10　双轴线图：绘制中国历年全社会固定资产投资与 GDP 双轴线图

| 下载资源:\video\第 4 章\4.10 |
| 下载资源:\sample\数据 4\中国宏观经济指标数据 |

　　双轴线图主要用来展示两个因变量和一个自变量之间的关系，并且这两个因变量的数值单位不同。具体来说，双轴线图在一幅图上有一个横轴和两个纵轴，适用于三个变量。两个纵轴分别表示一个变量，横轴则同时适用于两个纵轴上的变量，从而将多个变量的信息集中到一幅图上，提供更加直观的对比分析效果。当不同作图对象的度量单位或量纲不同时，可以使用双轴线图。

本节以"中国宏观经济指标数据.sav"为例,绘制变量"中国全社会固定资产投资完成额"和"中国GDP"的双轴线图。

步骤01 打开数据文件,在菜单栏中选择"图形|图表构建器"命令,打开"图表构建器"对话框,如图 4.63 所示。

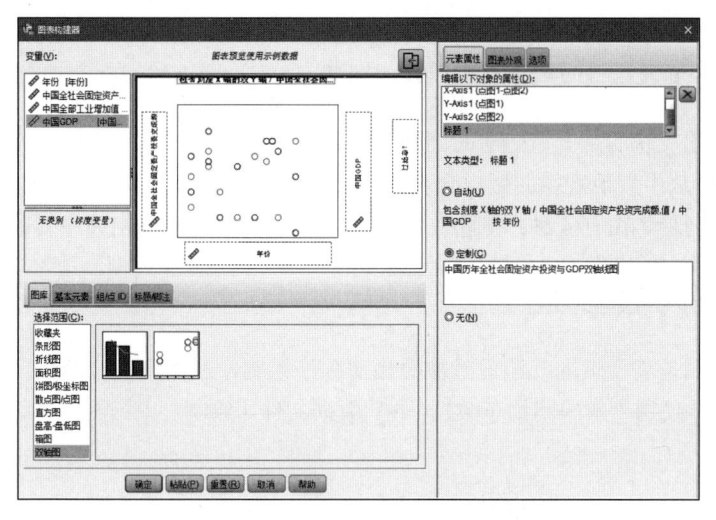

图 4.63 "图表构建器"对话框

步骤02 在"选择范围"列表框中选择"双轴图",然后从右侧显示的直观表示中双击包含 X 轴刻度的双 Y 轴直观表示，或将其拖入画布中。将变量"年份"拖入横轴变量放置区,将变量"中国全社会固定资产投资完成额"和"中国 GDP"分别拖入左、右纵轴变量放置区。

步骤03 在"图表构建器"对话框右侧"元素属性"选项卡的"编辑以下对象的属性"列表中,选择"标题 1",进入标题设置对话框,选择"定制"并在下面的文本框中输入"中国历年全社会固定资产投资与 GDP 双轴线图"作为标题。

步骤04 单击"确定"按钮,即可在结果输出窗口中查看图形,如图 4.64 所示。

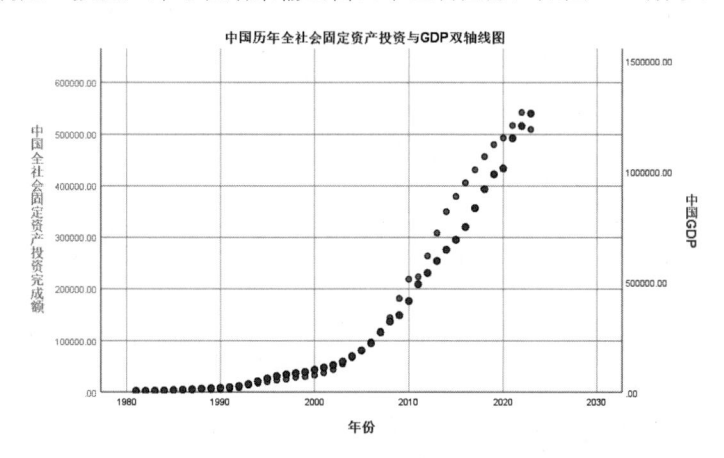

图 4.64 中国历年全社会固定资产投资与 GDP 双轴线图

4.11 时间序列趋势图：分析中国网约车订单总量、网约车公司经营许可量

下载资源:\video\第 4 章\4.11
下载资源:\sample\数据 4\中国网约车数据.sav

时间序列趋势图反映的是变量随着时间变化的趋势。通过绘制时间序列趋势图，可以直观地观察变量的变化情况，从中发现规律并做出合理解释，因此它常用于对时间序列数据的研究。SPSS 26.0 中可绘制的时间序列趋势图有 4 种：普通序列图、自相关序列图、偏自相关序列图和互相关序列图。

4.11.1 时间序列趋势图

时间序列趋势图是将变量的观测记录按照当前顺序绘制，从而反映一个或多个变量观测值随时间变化的趋势。本节使用"中国网约车数据.sav"数据文件，绘制"中国网约车订单总量"的时间序列趋势图。

步骤 01 打开数据文件，进入 SPSS Statistics 数据编辑器窗口，在菜单栏中选择"分析|时间序列预测|序列图"命令，打开"序列图"对话框。

步骤 02 将"中国网约车订单总量"选入"变量"列表框中，将"月份"选入"时间轴标签"列表框，其他均采用默认设置。

步骤 03 单击"确定"按钮，即可在结果输出窗口中查看图形，如图 4.65 所示。图中展出了中国网约车订单总量随时间变化的趋势。

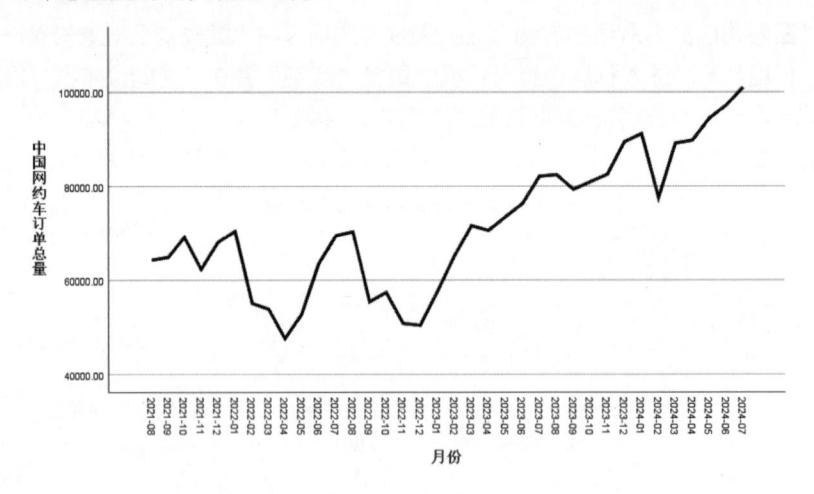

图 4.65 普通时间序列趋势图输出结果

4.11.2 自相关序列图和偏自相关序列图

自相关序列图和偏自相关序列图分别用于描述时间序列的自相关函数和偏自相关函数。本小节

继续使用"中国网约车数据.sav"数据文件,针对"中国网约车订单总量"变量,讲解自相关序列图和偏自相关序列图的绘制方法。

步骤 01 打开数据文件,进入 SPSS Statistics 数据编辑器窗口,在菜单栏中选择"分析|时间序列预测|自相关"命令,打开"自相关性"对话框。

步骤 02 将"中国网约车订单总量"选入"变量"列表框,其他采用默认设置。注意,在"自相关性"对话框左下方需同时勾选"自相关性"和"偏自相关性"复选框,才能输出自相关序列图和偏自相关序列图。"转换"选项组无须特别设置。

步骤 03 单击"自相关性"对话框中的"选项"按钮,打开如图 4.66 所示的"自相关性:选项"对话框,对话框中各选项的含义介绍如下:

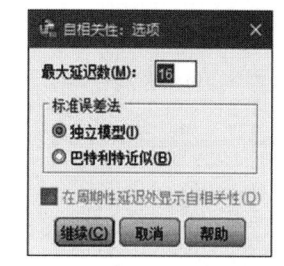

图 4.66 "自相关性:选项"对话框

- "最大延迟数"文本框:定义自相关或偏自相关的一个最大延迟数。默认为 16。
- "标准误差法"选项组:该选项组用于选择计算标准误差的方法,只适用于自相关序列图。若选中"独立模型"单选按钮,则表示假设数据为白噪声序列;"巴特利特近似"单选按钮适用于 $k-1$ 阶的滑动平均序列。
- "在周期性延迟处显示自相关性"复选框:勾选该复选框,表示只输出延迟阶数为序列周期长度的自相关或偏自相关序列。

步骤 04 单击"确定"按钮,即可在结果输出窗口中查看图形。图 4.67 和图 4.68 分别给出了自相关性表和自相关性图。从中可以看出,"中国网约车订单总量"存在明显的自相关关系(显著性 p 值为 0,显著拒绝了序列为白噪声、无自相关的原假设),延迟 7 期以内的自相关系数都很高(超出置信度上下限构成的区间),序列存在较为严重的多期自相关。图 4.69 和图 4.70 分别给出了偏自相关性表和偏自相关性图,可以明显看出,"中国网约车订单总量"延迟一期的偏自相关系数较高,接近 1,后续延迟各期逐渐趋于收敛,均在置信度上下限构成的区间以内,序列存在延迟一期的偏自相关。

自相关性
序列:中国网约车订单总量

延迟	自相关性	标准误差	博克斯-杨统计值	自由度	显著性
1	.837	.160	27.378	1	.000
2	.695	.158	46.795	2	.000
3	.569	.155	60.217	3	.000
4	.480	.153	70.051	4	.000
5	.452	.151	79.056	5	.000
6	.460	.148	88.694	6	.000
7	.404	.146	96.406	7	.000
8	.307	.143	101.010	8	.000
9	.223	.140	103.519	9	.000
10	.131	.138	104.422	10	.000
11	.033	.135	104.482	11	.000
12	-.036	.132	104.556	12	.000
13	-.115	.130	105.341	13	.000
14	-.177	.127	107.279	14	.000
15	-.242	.124	111.099	15	.000
16	-.295	.121	117.064	16	.000

a. 假定的基本过程为独立性(白噪声)。
b. 基于渐近卡方近似值。

图 4.67 自相关性表

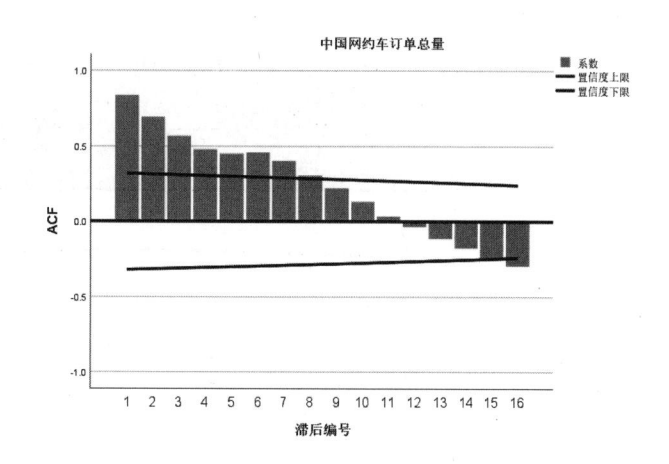

图 4.68 自相关性图

偏自相关性

序列：中国网约车订单总量

延迟	偏自相关性	标准误差
1	.837	.167
2	-.019	.167
3	-.025	.167
4	.047	.167
5	.158	.167
6	.130	.167
7	-.174	.167
8	-.160	.167
9	.015	.167
10	-.068	.167
11	-.177	.167
12	-.092	.167
13	-.100	.167
14	.002	.167
15	-.122	.167
16	-.067	.167

图 4.69　偏自相关性表

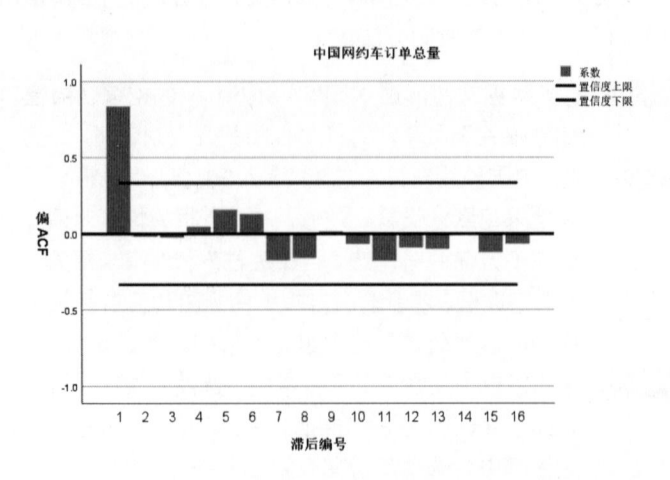

图 4.70　偏自相关性图

4.11.3　互相关序列图

互相关函数表示两个时间序列之间的相关系数，用于展示不同序列之间的相关关系，且适用于时间序列数据。本小节继续使用"中国网约车数据.sav"数据文件，讲述如何绘制"中国网约车订单总量"和"中国网约车公司经营许可量"两个变量的互相关序列图。

步骤01　打开数据文件，进入 SPSS Statistics 数据编辑器窗口，在菜单栏中选择"分析|时间序列预测|交叉相关性"命令，打开"交叉相关性"对话框。从变量列表框中将"中国网约车订单总量"和"中国网约车公司经营许可量"选入"变量"列表框，其他采用默认设置。

步骤02　单击"确定"按钮，即可在结果输出窗口中查看图形，如图 4.71 所示。图中显示了"中国网约车订单总量"和"中国网约车公司经营许可量"两个变量序列的交叉相关关系。可以看出，多期延迟均明显突破置信度上下限构成的区间，但在零延迟时相关性最强。

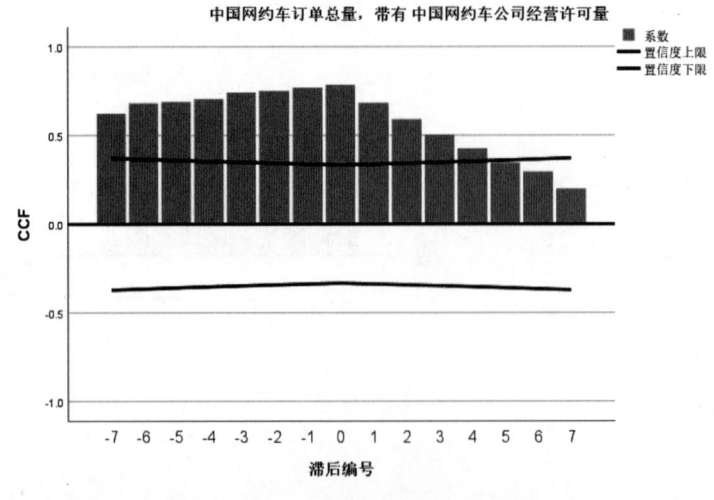

图 4.71　交叉相关性和互相关图

4.12 高低图：绘制美的集团 A 股股价高低图

下载资源:\video\第 4 章\4.12
下载资源:\sample\数据 4\美的集团 A 股股价数据.sav

高低图适用于描述每小时、每天或每周等时间内不断波动的数据，可以形象地向用户呈现出单位时间内某变量的最高值、最低值和最终值。它是专为观察股票、期货、外汇等市场波动趋势而设计的。本节使用"美的集团 A 股股价数据.sav"讲述如何绘制高低图。

步骤01 打开数据文件，在菜单栏中选择"图形|图表构建器"命令，打开"图表构建器"对话框。

步骤02 在"选择范围"列表框中选择"盘高-盘低图"，然后从右侧显示的直观表示中双击高-低-收盘图直观表示，或将其拖入画布中。将变量"日期"拖入横轴变量放置区，将"最高价""最低价""收盘价"分别拖入"高变量""低变量"和"收盘变量"放置区。

步骤03 在"图表构建器"对话框右侧"元素属性"选项卡中，在"编辑以下对象的属性"列表中选择"标题 1"，进入标题设置对话框，选择"定制"并在下面的文本框中输入"美的集团 A 股股价简单高低图"作为标题。

步骤04 单击"确定"按钮，即可在结果输出窗口中查看图形，如图 4.72 所示。

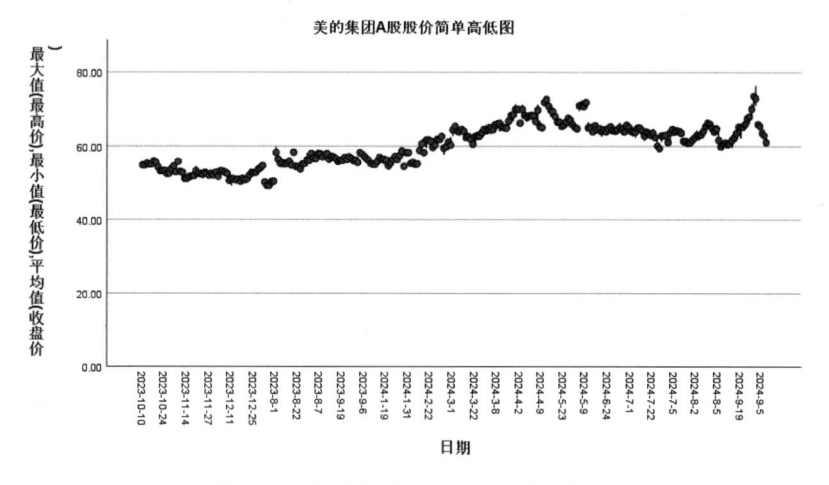

图 4.72 美的集团 A 股股价简单高低图

4.13 本章习题

针对所有习题，要求：一是要提交 SPSS 结果文件；二是要进行必要的解读，写出完整的研究结论。

1. 使用"XX 饮料连锁企业各省市连锁店经营数据（增加类型）.sav"完成以下操作：

（1）绘制 XX 饮料连锁企业各省市连锁店经营利润平均值的简单条形图。

（2）绘制分类条形图，观察不同省市、不同商圈类型对门店经营利润平均值的影响。

（3）绘制分段条形图，观察不同省市、不同商圈类型对门店经营利润平均值的影响。

（4）绘制带有正态分布曲线的各门店经营利润直方图。

（5）绘制各省市连锁店经营利润的简单箱图。

（6）绘制各省市连锁店经营利润的簇状箱图（按商圈类型分类）。

（7）绘制各省市连锁店经营利润平均值的简单折线图。

（8）绘制各省市连锁店营业收入平均值的多线折线图（按商圈类型分类）。

（9）绘制各省市连锁店营业收入平均值的垂线折线图（按商圈类型分类）。

（10）绘制各省市连锁店营业收入的簇状误差条形图（按商圈类型分类）。

2. 使用"XX 保险公司促销数据.sav"完成以下操作：

（1）绘制"促销人天投入"和"成交客户数量"的简单散点图。

（2）以"促销费用"和"目标客户数量"为 X 变量，以"成交客户数量"为 Y 变量，绘制重叠散点图。

（3）绘制变量"成交客户数量""促销费用"和"目标客户数量"的矩阵散点图。

（4）绘制变量"成交客户数量""促销费用"和"目标客户数量"的三维散点图。

（5）绘制变量"成交客户数量"和"目标客户数量"的简单面积图。

（6）绘制变量"成交客户数量"和"目标客户数量"的堆积面积图（区分促销地点）。

（7）绘制变量"目标客户数量"平均值的置信区间简单误差条形图。

（8）绘制变量"促销费用"和"目标客户数量"的双轴线图。

3. 使用数据文件"某银行 2024 年 8 家城市分行的存贷款数据"分别绘制存款数据和贷款数据的饼图。

4. 使用数据文件"济南市 1994－2020 年部分发展指标时间序列数据.xls"绘制时间序列趋势图。数据为济南市 1994－2020 年部分发展指标时间序列数据，记录了济南市 1994－2020 年地区生产总值、固定资产投资、年底就业人数、财政科技投入等时间序列数据。所有数据均取自历年《济南统计年鉴》。数据文件中共有 5 个变量，分别为 year（年份）、gdp（地区生产总值）、invest（固定资产投资）、labor（年底就业人数）、scientific（财政科技投入）。

（1）分别绘制地区生产总值、固定资产投资、年底就业人数、财政科技投入的普通时间序列趋势图。

（2）分别绘制地区生产总值、固定资产投资、年底就业人数、财政科技投入的自相关序列图。

（3）分别绘制地区生产总值、固定资产投资、年底就业人数、财政科技投入的偏自相关序列图。

（4）分别绘制地区生产总值和固定资产投资、地区生产总值和年底就业人数、地区生产总值和财政科技投入的互相关序列图。

5. 使用数据文件"stocks.sav"绘制高低图。

第 5 章

描述统计分析

在进行数据统计分析时，用户通常需要首先研究数据的基本特征，获得对变量分布特征及其内部结构的直观认识，从而决定采用何种分析方法来更深入地揭示变量的统计规律。本章将介绍 SPSS 的描述统计分析，包括 4 种方法：频率分析、描述分析、探索分析和交叉表分析。其中，频率分析用于对分类变量（如性别、学历、所在行业）的各个分类输出统计量指标；描述分析可对变量进行标准化处理；探索分析用于进行数据的正态性检验，并输出箱图；交叉表分析则用于输出两个分类变量的交叉表。

本章教学要点：

- 了解 SPSS 的频率分析、描述分析、探索分析和交叉表分析 4 种分析方法的特色，掌握每种方法的适用条件。
- 熟练掌握 SPSS 中频率分析、描述分析、探索分析和交叉表分析的窗口功能，能够根据研究需要灵活设置窗口，进行描述性统计分析。
- 能够解读各种描述性分析的结果，发现数据特征，并得出研究结论。

5.1 频率分析

下载资源:\video\第 5 章\5.1
下载资源:\sample\数据 5\数据 5.1

5.1.1 统计学原理

频率分析是描述统计分析中的一种基础分析方法，通常是数据分析的起点。通过频率分析，我们可以得到各种类型变量的统计量和统计图。统计量包括详细的频率表，平均值、中位数、众数、总和、最大值、最小值、方差、标准差、范围、标准误差、偏度系数和峰度系数等；统计图包括条形图、饼图和直方图等。

5.1.2 案例应用——分析汽车制造业上市公司盈利能力指标

本小节使用的数据为"数据5.1",包含2023年末195家汽车制造业A股上市公司的盈利能力指标数据,包括净资产收益率(ROE)、人力投入回报率(ROP)、销售净利率和主营业务比率。SPSS数据视图如图5.1所示。

图 5.1 数据 5.1

接下来,我们将针对这195家汽车制造业上市公司的净资产收益率(ROE)指标进行频率分析,操作步骤如下:

步骤01 打开"数据5.1",选择"分析|描述统计|频率"命令,弹出如图5.2所示的"频率"对话框。

步骤02 选择进行频率分析的变量。在"频率"对话框左侧的列表框中选择"净资产收益率ROE"选项,单击中间的➡按钮将其添加到"变量"列表框中。

步骤03 选择是否显示频率表。勾选"频率"对话框左下角的"显示频率表"复选框,以输出频率表。

步骤04 选择输出相关描述统计量。单击"频率"对话框右上角的"统计"按钮,弹出如图5.3所示的"频率:统计"对话框,在该对话框中可以设置相关描述统计量。

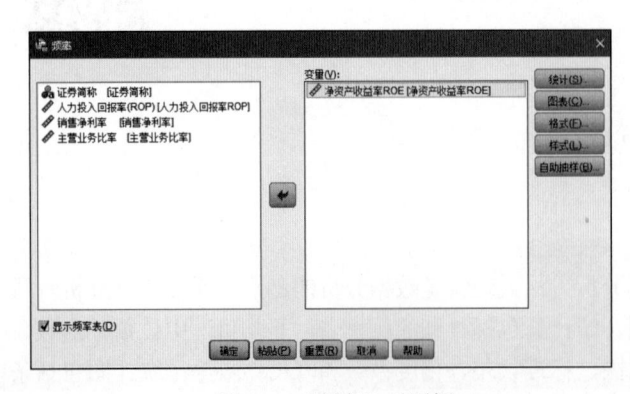

图 5.2 "频率"对话框　　　　图 5.3 "频率:统计"对话框

对话框深度解读

百分位值：用来表示数据所处的位置，包括四分位数、分割点、百分位数3种设置方式。

- 四分位数：将观察值分为4个大小相等的组，显示第25、50、75个百分位数。
- 分割点：如果用户希望将分组数从默认的4改为8，选择该选项，并在后面的文本框中输入8，这样将观察值分为8个大小相等的组，显示第15.5、25、35.5、50、65.5、75、85.5个百分位数。
- 百分位数：用户指定单个百分位数。例如，输入60，则显示第60个百分位数，这意味着有60%的观察值大于该值。

集中趋势：用来表示数据的集中趋势，具体包括平均值、中位数、众数和总和。

- 平均值：此处计算的是算术平均值，即用所有值的总和除以样本数。
- 中位数：按大小顺序排列后位于中间的数值，样本中大于该值和小于该值的样本数各占一半，该值也是第50个百分位数。如果样本数为偶数，则中位数是样本在以升序或降序排列的情况下最中间的两个样本的平均值。
- 众数：出现次数最多的值。按照统计学上的概念，如果有多个值出现频次相同且为最多次数，那么这些数被称为众数。但此处SPSS的频率分析过程中，并不会显示所有众数，仅显示最小的众数。
- 总和：所有非缺失值样本的合计。

离散：用来表示数据的离散程度，包括标准差、方差、范围、最小值、最大值和标准误差的平均值。

表示后验分布：包括偏度和峰度，是描述数据分布形状和对称性的统计量。这些统计量通常与其标准误差一起计算。有关偏度和峰度的详细说明，见3.3.3节。

值为组的中点：如果数据被重新编码为组的中点，则可以选择该选项。例如，当所有体重在50~60kg的人被统一为55kg时，可以选择该选项，用来估计原始未分组数据的中位数和百分位数。

本例中，我们在"百分位值"选项组中勾选"四分位数"复选框，在"集中趋势"选项组中勾选"平均值""中位数""众数""总和"复选框，在"离散"选项组中勾选"标准差""方差""范围""最小值""最大值""标准误差平均值"复选框，在"表示后验分布"选项组中勾选"偏度""峰度"复选框。设置完毕后，单击"继续"按钮返回"频率"对话框。

步骤05 设置图表的输出。单击"频率"对话框中的"图表"按钮，弹出如图5.4所示的"频率：图表"对话框，选择有关的图形输出。

图5.4 "频率：图表"对话框

> **对话框深度解读**
>
> 图表类型：用于设置图表的输出类型，包括无、饼图、条形图、直方图。
> 在直方图上显示正态曲线：选择该选项可以帮助用户判断数据是否符合正态分布。
> 图表值：用户在"图表类型"中选择"条形图"时，可以选择按频率或百分比标记刻度轴。

本例中，我们选择直方图，并且带有正态曲线。

步骤 06 设置相关输出的格式。单击"频率"对话框中的"格式"按钮，弹出如图 5.5 所示的"频率：格式"对话框。

图 5.5 "频率：格式"对话框

> **对话框深度解读**
>
> "排序方式"选项组：用于设置频率表中各个数据值的排列顺序。"按值的升序排序"表示按数据值的大小升序排列；"按计数的升序排序"表示按数据值的频率升序排列。在本例中我们选择了"按值的升序排序"单选按钮。
> "多个变量"选项组：针对按多个变量进行频率输出的情况。如果用户生成多个变量的统计表，则可以选择单个表中显示所有变量（比较变量），或显示每个变量的独立统计量表（按变量组织输出）。因为本例中进行频率分析输出依据的变量仅为"净资产收益率 ROE"，所以保持默认设置。
> "排除具有多个类别的表"选项：用于防止显示超过指定数目（最大类别数）的表。在本例中，我们保持系统默认设置。

步骤 07 设置完毕后，单击"确定"按钮，等待输出结果。

5.1.3 结果解读

1. 统计表

图 5.6 为统计表，从中可以读出以下信息：有效样本数为 193 个，缺失值为 2 个，净资产收益率 ROE 的平均值为 5.8949，标准偏差为 13.76741，最大值是 30.43，最小值是-90.28 等。偏度为负，峰度为正且较大，说明数据不完全符合正态分布，存在显著的左偏，并且呈现尖峰分布。

2. 频率分布

图 5.7 展示了净资产收益率 ROE 的频率分布表。该表从左到右依次列出有效的样本值、频率、频率占总数的百分比、有效频率占总数的百分比和累积百分比。

统计

净资产收益率ROE

个案数	有效	193
	缺失	2
平均值		5.8949
平均值标准误差		.99100
中位数		8.1744
众数		.37ª
标准 偏差		13.76741
方差		189.542
偏度		-3.171
偏度标准误差		.175
峰度		15.692
峰度标准误差		.348
范围		120.71
最小值		-90.28
最大值		30.43
总和		1137.71
百分位数	25	3.1782
	50	8.1744
	75	12.0604

a. 存在多个众数。显示了最小的值。

图 5.6 统计

净资产收益率ROE

	频率	百分比	有效百分比	累积百分比
有效 -90.28	1	.5	.5	.5
-54.77	1	.5	.5	1.0
-47.13	1	.5	.5	1.6
-44.36	1	.5	.5	2.1
-38.56	1	.5	.5	2.6
-32.71	1	.5	.5	3.1
-27.00	1	.5	.5	3.6
-24.52	1	.5	.5	4.1
-21.87	1	.5	.5	4.7
-21.46	1	.5	.5	5.2
-15.90	1	.5	.5	5.7
-12.33	1	.5	.5	6.2
-11.49	1	.5	.5	6.7
-10.42	1	.5	.5	7.3
-10.11	1	.5	.5	7.8
-9.28	1	.5	.5	8.3
-7.97	1	.5	.5	8.8

图 5.7 频率分布表（仅显示部分）

3. 带正态曲线的直方图

图 5.8 展示了净资产收益率 ROE 的带正态曲线的直方图。从图 5.8 可以看出，这些公司的净资产收益率 ROE 指标数据不符合正态分布，左偏和尖峰现象较为明显。

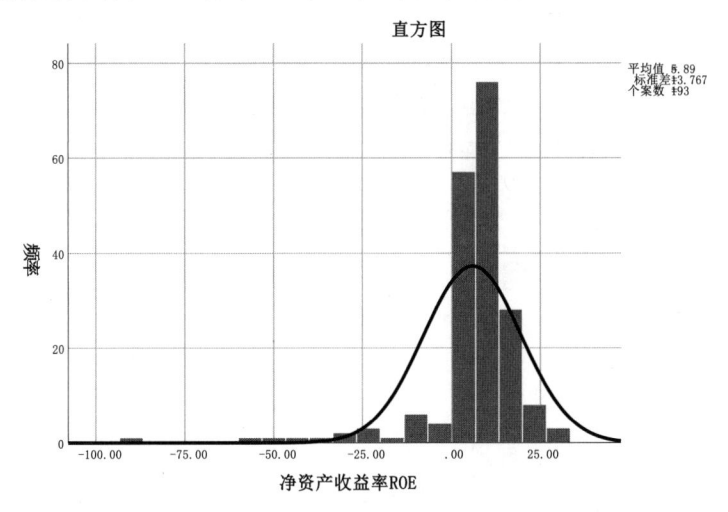

图 5.8 带正态曲线的直方图

5.2 描述分析

```
下载资源:\video\第 5 章\5.2
下载资源:\sample\数据 5\数据 5.2
```

5.2.1 统计学原理

本节讲述的描述分析也是描述统计分析的一种。该分析方法与前面所讲述的频率分析具有相似性，相关描述统计量包括平均值、最大值、最小值、方差、标准差、极差、平均数标准误差、偏度系数和峰度系数等。除此之外，它也有自己的分析特色。其最大的特色在于，该分析方法可以为单张表中的若干变量显示单变量摘要统计量，并计算变量的标准化值（Z 得分）。标准化值不仅能表明各原始数据在一组数据分布中的相对位置，而且能够在不同分布的各组原始数据之间进行比较。标准化的意义在于，它能够有效消除变量单位及量纲之间的差异，从而使数据更加可比，有效提升分析质量。例如，假设希望根据城市人口数、GDP、就业率等不同指标进行聚类分析，我们可以先对这些变量数据进行标准化处理，再进行分析，这样可以提高分析效率。

Z 得分的计算公式如下：

$$Z_i = \frac{X_i - \overline{X}}{\sigma}$$

Z_i 即为 X_i 的 Z 标准化得分。

5.2.2 案例应用——分析上海金交所黄金现货收盘价

本小节使用"数据 5.2"。数据 5.2 包含了 2023 年 9 月 25 日至 2024 年 9 月 20 日上海金交所各品种黄金现货收盘价数据（不包括节假日），具体包括 Au9999 黄金现货收盘价、Au T+D 黄金现货收盘价、Au100g 黄金现货收盘价、Au9995 黄金现货收盘价，单位均为元/克。SPSS 数据视图如图 5.9 所示。

图 5.9 数据 5.2

下面，我们针对Au9999黄金现货收盘价进行描述分析。案例应用的具体步骤如下：

步骤01 打开"数据5.2"，选择"分析|描述统计|描述"命令，弹出如图5.10所示的"描述"对话框。

步骤02 选择进行描述分析的变量。在"描述"对话框左侧的列表框中选择"净资产收益率ROE"，单击➡按钮将其加入"变量"列表框。

步骤03 选择是否将标准化值另存为变量。若勾选"描述"对话框左下角的"将标准化值另存为变量"复选框，则系统会将标准化值另存为变量；若不勾选此项，则系统不会执行此操作。此处我们勾选该复选框。

步骤04 选择输出相关描述统计量。单击"描述"对话框右上角的"选项"按钮，弹出如图5.11所示的"描述：选项"对话框，在该对话框中可以设置相关描述统计量。关于各统计量的概念，可参考5.1节的相关介绍。在本例中，我们选择输出"平均值"和"总和"。在"离散"选项组中勾选"标准差""方差""范围""最小值""最大值""标准误差平均值"复选框。在"表示后验分布的特征"选项组中勾选"峰度""偏度"复选框。

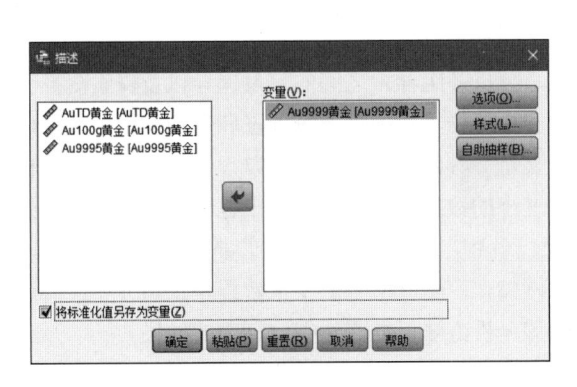

图5.10 "描述"对话框　　　　　　图5.11 "描述：选项"对话框

关于"显示顺序"选项组的解释如下：

- 变量列表：表示按变量列表中变量的顺序排序。
- 字母：表示按变量列表中变量的首字母顺序排序。
- 按平均值的升序排序：表示按变量列表中变量的均值升序排序。
- 按平均值的降序排序：表示按变量列表中变量的均值降序排序。

本例中我们采用系统默认设置，即选中"变量列表"单选按钮。
设置完毕后，单击"继续"按钮返回"描述"对话框。

步骤05 单击"确定"按钮，等待输出结果。

5.2.3 结果解读

图5.12为描述分析结果。可以看出，样本个数为240个，范围为150.30，最小值是438.00，最大值是588.30，均值为518.4678，标准偏差是42.32468，偏度系数和峰度系数分别为-0.018和-1.694。

描述统计

	N 统计	范围 统计	最小值 统计	最大值 统计	合计 统计	均值 统计	均值 标准 错误	标准 偏差 统计	方差 统计	偏度 统计	偏度 标准 错误	峰度 统计	峰度 标准 错误
Au9999黄金	240	150.30	438.00	588.30	124432.28	518.4678	2.73205	42.32468	1791.379	-.018	.157	-1.694	.313
有效个案数（成列）	240												

图 5.12　描述分析结果

此外，读者可以在数据编辑器的数据视图或变量视图中看到 Au9999 黄金现货收盘价的 Z 得分变量已被保存到数据文件中，此处不再展示相关图表。

5.3　探索分析

下载资源:\video\第 5 章\5.3

下载资源:\sample\数据 5\数据 5.3

5.3.1　统计学原理

探索分析用于数据筛选、识别极端异常值、分析各组样本之间的变量差异以及探索变量变化的分布特征。首先，探索分析不仅可以为所有参与分析的样本生成摘要统计量和图形显示，还可以依据分组变量为各组样本分别生成摘要统计量和图形显示。其次，探索分析可以识别极端异常值。极端异常值包括错误数据、与绝大多数数值相比过大或过小的数据等。如果数据中包含极端异常值，必然会影响分析结果，掩盖变量变化的真实规律和特征。最后，探索分析帮助用户探索变量变化的分布特征，从而判断用于数据分析的统计方法是否合适。例如，有些分析方法要求数据呈正态分布，而通过探索分析可以发现数据不符合正态分布，这时选择该分析方法可能无法得到期望的结果。

5.3.2　案例应用——分析我国新能源汽车月度产量

本小节使用"数据 5.3"。数据 5.3 包含 2016 年 7 月至 2024 年 8 月我国新能源汽车月度产量的相关数据，具体包括新能源汽车当月产量、新能源乘用车当月产量、新能源商用车当月产量，单位均为万辆。动力类型包括纯电动、插电式混动（已进行值标签操作，1 表示纯电动，2 表示插电式混动）。"数据 5.3"的数据视图如图 5.13 所示。

下面，我们将针对新能源汽车当月产量进行探索分析，具体步骤如下：

步骤 01　打开"数据 5.3"，选择"分析|描述统计|探索"命令，弹出如

图 5.13　"数据 5.3"的数据视图

图5.14所示的"探索"对话框。

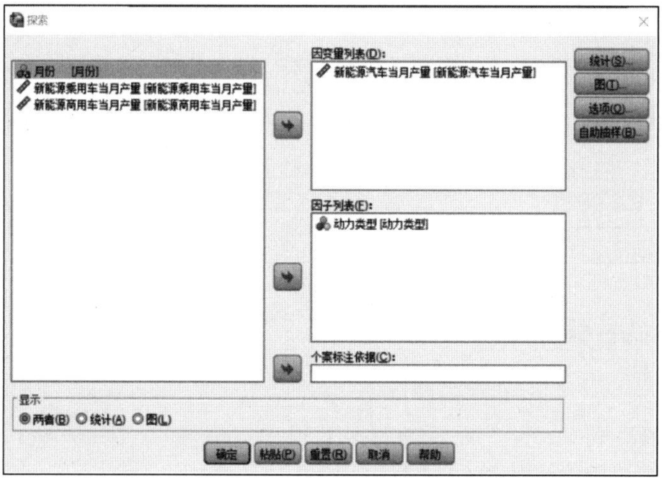

图 5.14 "探索"对话框

步骤02 选择进行探索分析的变量。在"探索"对话框左侧的列表框中,选择"新能源汽车当月产量",并单击➡按钮将其加入"因变量列表"列表框。因为我们要分析的变量是"新能源汽车当月产量",如果要分析多个变量,可以把要分析的所有变量都移至"因变量列表"。然后,在左侧的变量框中选择"动力类型",单击➡按钮,将它移入右侧的"因子列表"列表框。把"动力类型"作为因子变量是为了考虑不同动力类型的差异。

在"探索"对话框"因子列表"下方有一个"个案标注依据"列表框,用户可以从左侧的变量窗口中选择变量作为"个案标注依据"的变量。选择"个案标注依据"的意义在于,当系统在进行数据探索时发现极端异常值时,便可利用标识变量加以标记,以便用户查找这些极端异常值;如果用户不选择变量,SPSS会默认将第一个变量作为"个案标注依据"变量。

步骤03 在"探索"对话框下方的"显示"选项组中选择是否输出统计量表或者统计图。

- 统计:选择"统计"时,"统计"功能处于激活状态("图"单选按钮取消激活),输出时只显示统计量表。
- 图:选择"图"时,"图"功能处于激活状态("统计量"单选按钮取消激活),输出时只显示统计图。
- 两者:选择此项则两者同时显示,这是系统默认的选项。

本例中我们选择"两者"单选按钮。

步骤04 选择输出相关描述统计量。单击"探索"对话框右上角的"统计"按钮,弹出如图 5.15 所示的"探索:统计"对话框,在该对话框中可以设置相关描述统计量。

- "描述"复选框用于输出基本描述统计量,系统默认平均值的置信区间为95%。
- "M-估计量"复选框用于输出样本均值和中位数的稳健替代值,包括休伯 M 估计量、图基双权、汉佩尔 M 估计量、安德鲁波 4 种。其中休伯 M 估计量比较适合接近正态分布的数据,其余 3 种比较适合数据中有较多极端值的情况。

- "离群值"复选框用于输出 5 个最大值和最小值。
- "百分位数"复选框用于输出 5%、10%、25%、50%、75%、90%以及 95%的百分位数。

我们勾选所有复选框。设置完毕后,单击"继续"按钮返回"探索"对话框。

步骤 05 设置统计图的输出。单击"探索"对话框中的"图"按钮,弹出如图 5.16 所示的"探索:图"对话框,在该对话框中可以设置相关的图形输出。

图 5.15 "探索:统计"对话框　　　　图 5.16 "探索:图"对话框

左上角的"箱图"选项组有以下 3 个选项。

- 因子级别并置:该选项主要针对一个因变量,将因变量在不同分组的箱图并列显示,有助于比较各组因变量在同一水平上的差异。
- 因变量并置:该选项主要针对多个因变量,根据因变量每个分组单独产生箱图,各因变量的箱图并排排列。
- 无:将不显示任何箱图。

这里选择"因子级别并置",因为我们要比较的是各组变量在同一水平上的差异。

右上方的"描述图"选项组有两种图形可选:茎叶图和直方图。我们选择这两种图形。

"含检验的正态图"复选框可以显示正态图和去趋势正态概率图。将它们都勾选上。

下方的"含莱文检验的分布-水平图"选项组中有以下 4 个选项。

- 无:不进行莱文检验。
- 效能估算:将产生四分位数间距的自然对数与所有单元格中位数的自然对数的散布图。
- 转换后:选择相应的幂次,产生转换后数据的散布图。
- 未转换:产生原始数据的散布图。

本例中我们在"含莱文检验的分布-水平图"选项组中选择"无"。之所以选择"无",因为我们要分析的变量是单变量,不需要进行莱文检验。

步骤 06 选项设置。单击"探索"对话框中的"选项"按钮,弹出如图 5.17 所示的"探索:选项"对话框,在该对话框中可以设置对缺失值的处理方法。

图 5.17 "探索:选项"对话框

- 按列表排除个案：在所有分析中，剔除因变量或自变量中含有缺失值的个案。
- 按对排除个案：在分析时剔除含有缺失值的个案。
- 报告值：将因变量中含有缺失值的样本作为一个独立的分类处理，在结果中产生一个附加分类。

选择"按列表排除个案"单选按钮，单击"继续"按钮返回"探索"对话框。

步骤07 设置完毕后，单击"确定"按钮，等待输出结果。

5.3.3 结果解读

1. 个案处理摘要

图 5.18 为个案处理摘要，列出了参与分析的样本的基本信息。可以看出，参与分析的纯电动、插电式混动新能源汽车当月产量样本数均为 98 个，没有缺失值。

个案处理摘要

		个案				
		有效		缺失		总计
动力类型	N	百分比	N	百分比	N	百分比
新能源汽车当月产量 纯电动	98	100.0%	0	0.0%	98	100.0%
插电式混动	98	100.0%	0	0.0%	98	100.0%

图 5.18 个案处理摘要

2. 描述统计量

图 5.19 为描述统计量信息，按动力类型分组列出。每组的描述统计量均包括平均值、平均值的 95%的置信区间上下限、中位数、方差、标准差、最小值、最大值、范围、偏度、峰度等信息。

3. M 估计量

图 5.20 为 M 估计量。极端异常值会导致数据的均值和中位数有所失真，M 估计量则是样本均值和中位数的稳健替代值，适用于数据中有较多极端异常值、需要寻找数据位置的情形。SPSS 输出的 M 估计量有 4 种，分别是休伯 M 估计量、图基双权、汉佩尔 M 估计量、安德鲁波。本例中 4 种估计量的值与数据的实际平均值、中位数差别较大（如纯电动新能源汽车当月产量均值为 23.7192，中位数为 12.9000；休伯 M 估计量、图基双权、汉佩尔 M 估计量、安德鲁波分别为 16.2060、11.3117、

描述

动力类型		统计	标准误差
新能源汽车当月产量 纯电动	平均值	23.7192	2.18894
	平均值的 95% 置信区间下限	19.3717	
	上限	28.0636	
	5% 剪除后平均值	22.4308	
	中位数	12.9000	
	方差	469.562	
	标准偏差	21.66938	
	最小值	.59	
	最大值	81.12	
	范围	80.53	
	四分位距	37.79	
	偏度	.827	.244
	峰度	-.722	.483
插电式混动	平均值	8.9651	1.16257
	平均值的 95% 置信区间下限	6.6577	
	上限	11.2725	
	5% 剪除后平均值	7.6884	
	中位数	2.7850	
	方差	132.453	
	标准偏差	11.50881	
	最小值	.10	
	最大值	44.49	
	范围	44.39	
	四分位距	13.15	
	偏度	1.598	.244
	峰度	1.513	.483

图 5.19 描述统计量

16.4567、11.2203），这在一定程度上说明数据中存在极端异常值的概率相对较大。

M 估计量

动力类型		休伯 M 估计量[a]	图基双权[b]	汉佩尔 M 估计量[c]	安德鲁波[d]
新能源汽车当月产量	纯电动	16.2060	11.3117	16.4567	11.2203
	插电式混动	3.4217	2.1557	2.4941	2.1514

a. 加权常量为 1.339。
b. 加权常量为 4.685。
c. 加权常量为 1.700、3.400 和 8.500。
d. 加权常量为 1.340*pi。

图 5.20　M 估计量

4. 百分位数

图 5.21 为百分位数统计指标。百分位数是一种位置指标，它将一组观察值分为两部分。例如，百分位数 5 代表的值就表示理论上有 5% 的观察值比该值小，95% 的观察值比该值大。从图 5.21 中可以看到分组后的各个百分位数。

百分位数

	动力类型	5	10	25	50	75	90	95
加权平均（定义 1）	新能源汽车当月产量 纯电动	2.6985	3.1820	6.4000	12.9000	44.1925	58.0000	60.2130
	插电式混动	.6235	.9800	1.5375	2.7850	14.6875	29.9410	36.0950
图基枢纽	新能源汽车当月产量 纯电动			6.4000	12.9000	43.3900		
	插电式混动			1.5400	2.7850	14.4300		

图 5.21　百分位数

5. 极值

图 5.22 展示了按动力类型分组列出的前 5 个最大值和最小值。

6. 正态性检验

图 5.23 为按动力类型分组的整体信任度评价的正态分布的检验结果。SPSS 对数据进行了柯尔莫戈洛夫-斯米诺夫(V)和夏皮洛-威尔克正态性检验。

极值

动力类型			个案号	值
新能源汽车当月产量 纯电动	最大值	1	90	81.12
		2	89	72.69
		3	88	65.60
		4	98	64.64
		5	78	59.98
	最小值	1	7	.59
		2	44	.83
		3	8	1.53
		4	9	2.67
		5	1	2.70
插电式混动	最大值	1	196	44.49
		2	194	42.24
		3	195	41.48
		4	193	38.28
		5	188	35.98
	最小值	1	105	.10
		2	142	.16
		3	106	.26
		4	102	.50
		5	107	.63

图 5.22　极值

正态性检验

动力类型	柯尔莫戈洛夫-斯米诺夫(V)			夏皮洛-威尔克		
	统计	自由度	显著性	统计	自由度	显著性
新能源汽车当月产量 纯电动	.202	98	.000	.842	98	.000
插电式混动	.275	98	.000	.727	98	.000

a. 里利氏显著性修正

图 5.23　正态分布的检验结果

柯尔莫戈洛夫-斯米诺夫检验（V 检验）即 Kolmogorov-Smirnov 检验（K-S 检验），它的基本原理是比较观测到的数据分布（经验分布函数）与理论分布（可以是正态分布或其他分布）的累积分布函数（CDF）之间的最大差异，该差异即为样本中的最大绝对偏差，也就是K-S统计量。由于该方法检验样本与理论分布之间的整体拟合程度，因此不仅可用于正态性检验，还可用于检验是否服从其他分布。如果需要比较样本与一个已知理论分布的整体拟合程度，K-S检验是更为合适的选择。

夏皮洛-威尔克正态性检验即Shapiro-Wilk检验（S-W检验），其基本原理是通过样本中的观察值与样本均值之间的协方差来检验数据是否服从正态分布，考察数据点是否围绕着样本均值对称分布，使用的是Shapiro-Wilk统计量，该方法通常仅用于正态性检验。相对于S-W检验，前面介绍的K-S检验对小样本不敏感。对于小于30个样本观测值的小样本而言，S-W检验更有优势。如果用户主要关心数据是否符合正态分布，尤其是样本容量较小时，S-W检验更为合适。

本例中，两组数据的显著性都非常低（"显著性"一列的值接近0，远远小于参考显著性水平0.05），显著拒绝了数据符合正态分布的原假设，说明两组数据不符合正态分布。

7. 直方图

按动力类型分组列出的直方图如图5.24所示，可以直观地看出两组数据不符合正态分布。

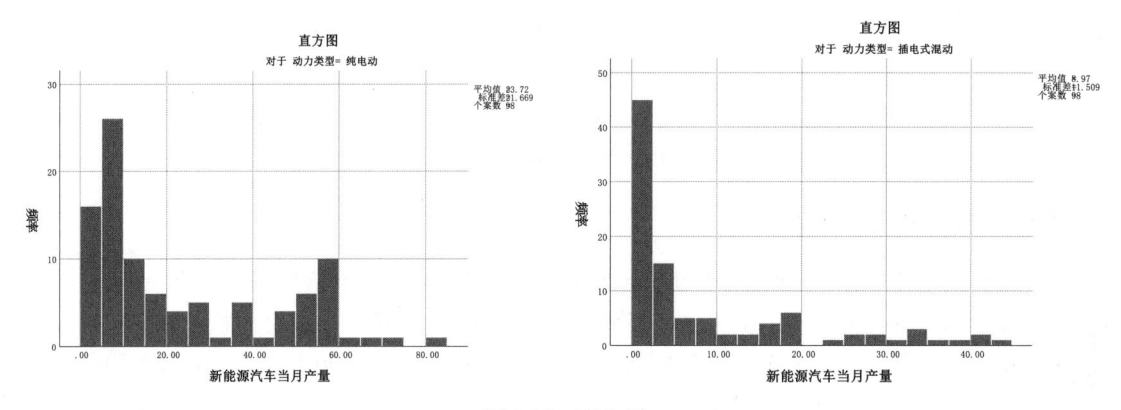

图 5.24　直方图

8. 茎叶图

图5.25展示了两组数据的茎叶图。从左到右，图形由频率、茎和叶3部分组成。茎代表数值的整数部分；"主干宽度：10.0"表示"茎"的整数位数为2位；叶代表数值的小数部分，每个叶表示一个样本，因此叶的个数与频率一致。例如，当动力类型为纯电动时，茎为3的叶片有6个（小数位数为6），主干宽度为10，叶片的数值分别为2、6、6、7、7、8，对应的6个数取整后分别为32、36、36、37、37、38（小数位数直接忽略，而非四舍五入）。

9. 正态概率图

图5.26展示了按动力类型分组的新能源汽车当月产量的正态概率图，其中直线表示正态分布的标准线，点表示实际数据的分布。各点越接近直线，说明数据分布越接近正态分布。从图5.26中可以看出，数据并不服从正态分布。

```
新能源汽车当月产量 茎叶图:
动力类型= 纯电动

频率      Stem &  叶
42.00      0 .  001222223333444455566666666777777777788999
16.00      1 .  0000112234667888
 9.00      2 .  003458899
 6.00      3 .  266778
 5.00      4 .  36788
16.00      5 .  1133445567788889
 2.00      6 .  45
 1.00      7 .  2
 1.00      8 .  1

主干宽度:       10.00
每个叶:         1个案
```

```
新能源汽车当月产量 茎叶图:
动力类型= 插电式混动

频率      Stem &  叶
60.00      0 .  00000000011111111111111111111112222222222222222233333334
10.00      0 .  5566688888
 4.00      1 .  0224
10.00      1 .  5566778899
 1.00      2 .  3
 4.00      2 .  5589
 3.00      3 .  133
 6.00    极值   (>=35)

主干宽度:       10.00
每个叶:         1个案
```

图 5.25 茎叶图

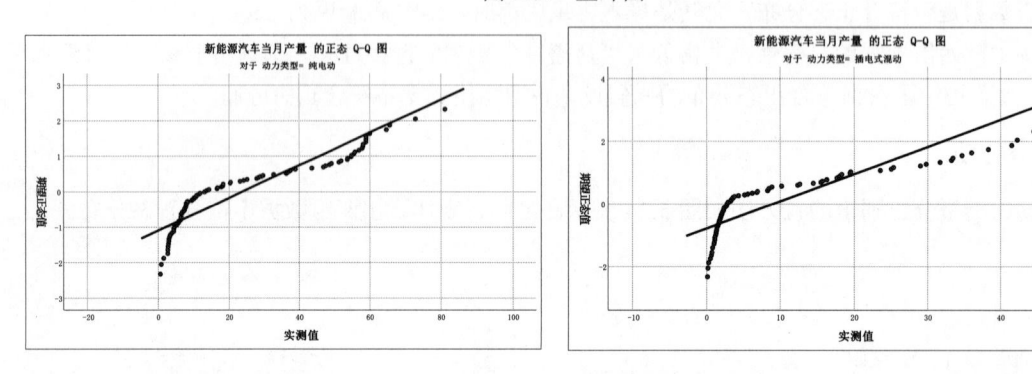

图 5.26 正态概率图

10. 去掉趋势的正态概率图

图 5.27 是按动力类型分组的新能源汽车当月产量的去掉趋势的正态概率图。去掉趋势的正态概率图反映的是按正态分布计算的理论值和实际值之差（即残差）的分布情况。如果数据服从正态分布，那么数据点应该均匀地分布在中间标准线的上下。从图 5.27 中可以看到，实测值与正态的偏差较大，说明样本数据不服从正态分布。

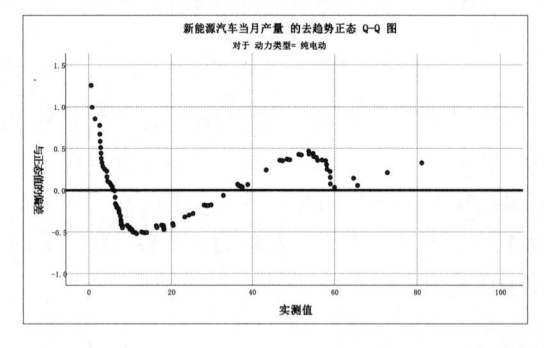

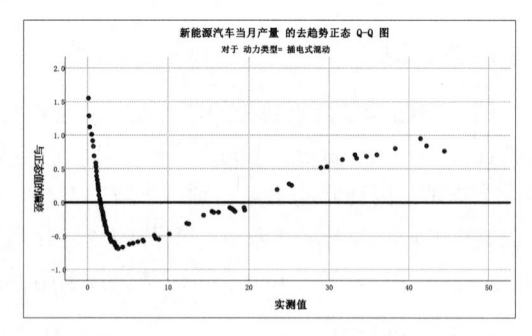

图 5.27 去掉趋势的正态概率图

11. 箱图

图 5.28 展示了按动力类型分组的新能源汽车当月产量的箱图。本例中，纯电动新能源汽车当月产量平均值要显著高于插电式混动新能源汽车，而且插电式混动新能源汽车箱图中存在一些极端异常值，反映出个别月份实现了产量的激增。

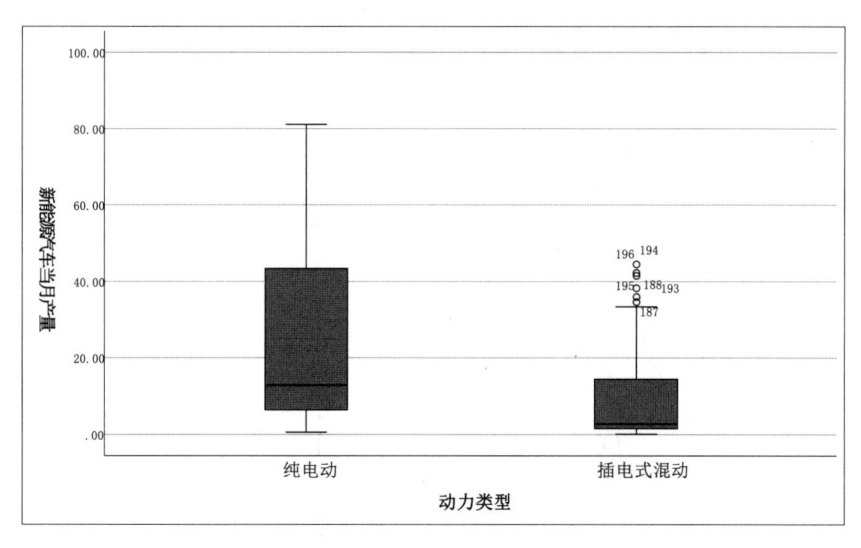

图 5.28　箱图

5.4　交叉表分析

下载资源:\video\第 5 章\5.4
下载资源:\sample\数据 5\数据 5.4

5.4.1　统计学原理

交叉表分析是一种描述统计方法，旨在通过层变量、行变量和列变量进行描述统计，其分析结果为交叉表格。此外，交叉表分析还可以对行变量、列变量进行相关性检验和度量。例如，我们要针对体检结果分析高血脂和高血压的关系时，可以使用交叉表分析方法将高血脂作为行变量、高血压作为列变量（行列变量也可以互换），对所有被体检者生成二维交叉表格进行统计分析。如果想要在此基础上再按性别进行细化分析，可以将性别作为层变量、高血脂作为行变量、高血压作为列变量，生成带有层变量的描述统计交叉表格。同时，还可以评估高血脂和高血压之间的相关性，并进行度量和显著性检验。

5.4.2　案例应用——分析专用设备制造业上市公司 ESG 数据

本小节使用"数据 5.4"，如图 5.29 所示，它包含截至 2024 年 9 月末专用设备制造业 371 家 A 股上市公司的 ESG 相关数据。ESG 是英文 Environmental（环境）、Social（社会）和 Governance（公司治理）的缩写，代表一种关注企业环境、社会、治理绩效，而非财务绩效的投资理念和企业评价标准。通过观察企业 ESG 指标，可以评估其在促进经济可持续发展和履行社会责任等方面的贡献。

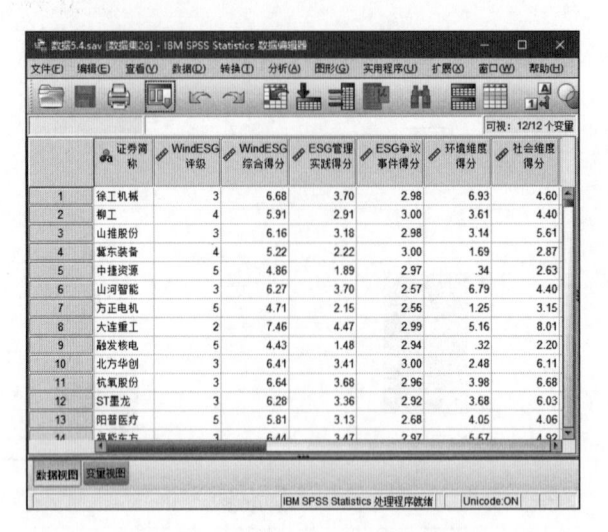

图 5.29 "数据 5.4"的数据视图

下面我们针对这些公司的 WindESG 评级、企业规模与是否高新技术企业进行交叉表分析，具体步骤如下：

步骤 01 选择"分析|描述统计|交叉表"命令，弹出如图 5.30 所示的"交叉表"对话框。

步骤 02 首先，定义行变量，在对话框左侧的列表中选择"WindESG 评级"，单击 ▶ 按钮将其添加到右侧的"行"列表框。然后，定义列变量，在对话框左侧的列表中选择"企业规模"，单击 ▶ 按钮将其添加到右侧的"列"列表框。接着，定义层变量，在对话框左侧的列表中选择"是否高新技术企业"，单击 ▶ 按钮将其添加到右侧的"层 1/1"列表框，并勾选下面的"在表层中显示层变量"复选框。最后，勾选"显示簇状条形图"复选框。最后一行是"禁止显示表"复选框，若不想显示交叉表，可以勾选该复选框，但本例中不勾选该复选框。

对话框深度解读

行变量最终生成交叉表格中的行，列变量最终生成交叉表格中的列。

层变量也称为控制变量，移入"层 1/1"列表框中，可以决定交叉表频率分布的层。用户可以选择多个层变量，通过"下一个"按钮依次移入。单击左边的"上一个"按钮，可选择前面已经选定的变量。如果不选择层变量，则直接对全部数据形成一个包含行变量和列变量的交叉表。如果选择层变量，则将按照总计及各个分层变量的值分别输出交叉表。下面的"在表层中显示层变量"复选框用来选择最终交叉表格的显示方式，具体情况将在结果解读部分详细解释。

对话框下面的"显示簇状条形图"将对每个层变量分类中的每个行变量和列变量的组合输出一幅分簇的条形图。具体展示详见结果解读部分。

步骤 03 选择相关统计检验。单击"交叉表"对话框右侧的"统计"按钮，弹出如图 5.31 所示的"交叉表：统计"对话框，在该对话框中可以设置相关统计检验。勾选"卡方""相关性"复选框，用于检验行变量"WindESG 评级"和列变量"企业规模"之间是否存在相关性。

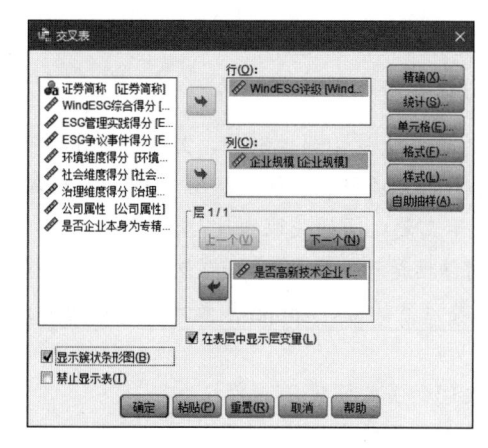

图 5.30　"交叉表"对话框　　　　　图 5.31　"交叉表：统计"对话框

对话框深度解读

"卡方"对行变量和列变量的相关性进行卡方检验，包括皮尔逊卡方检验、似然比检验、线性关联检验 3 种。对于具有任意行列数的表，皮尔逊卡方检验和似然比检验都是有效的。当行变量和列变量均为定量变量时，卡方将进行线性关联检验。

"相关性"可以通过计算相关系数来检验行、列变量之间的线性相关程度。若行和列都包含排序值的表，则计算斯皮尔曼相关系数；当行、列变量都是定量变量时，则计算皮尔逊相关系数。斯皮尔曼相关系数和皮尔逊相关系数的取值都在-1（完全负相关）和+1（完全正相关）之间，如果相关系数为 0，则表明二者不存在线性相关关系。二者的区别在于：斯皮尔曼相关系数衡量的是等级顺序之间的相关性，而皮尔逊相关系数衡量的是变量之间的线性相关性。

"交叉表：统计"对话框左侧的"名义"选项组用于处理无序分类变量（如黄色、红色等）。

- 列联系数：基于卡方统计量计算的相关性，其取值严格大于 0 且小于 1。当列联系数的值接近 0 时，表示行、列变量之间几乎没有关联；接近于 1 时表示它们之间高度关联。列联系数的大小与表中行、列的数量有关。
- Phi 和克莱姆 V：这两者也是基于卡方统计量计算的相关性。Phi 系数的值等于卡方统计量除以样本数，然后取平方根。
- Lambda 系数：反映在用自变量值预测因变量值时的误差比率。当 Lambda 值为 1 时，表示自变量的值可以完美地预测因变量的值；当 Lambda 值为 0 时，表示自变量的值无助于预测因变量的值。
- 不确定性系数：反映用一个变量值预测另一个变量值时的误差比率。

右侧的"有序"选项组用于处理有序分类变量（如不喜欢、比较喜欢、喜欢等）。

- Gamma 系数（伽马系数）：反映两个有序分类变量之间的对称相关性，取值范围为-1～1。伽马系数的绝对值接近 1 时，表明两个变量之间具有高度线性关系；接近 0 时，表明变量之间没有显著的线性关系。
- 萨默斯系数：其作用与伽马系数类似，用于衡量两个有序分类变量的对称相关性。
- 肯德尔 tau-b：反映有序分类变量之间的非参数关联程度，取值范围为-1～1。该系数的符号反映相关的方向，其绝对值越大，表明相关程度越高。
- 肯德尔 tau-c：与肯德尔 tau-b 系数的作用基本相同。

"按区间标定"选项适用于行、列变量中为分类变量（如性别），另一个为定量变量（如购物金额）的情形。Eta 系数反映行、列变量之间的关联程度，取值范围为 0～1。值越接近 1，表示变量之间的关联程度越高；值越接近 0，表示变量之间的关联程度越低。

Kappa 系数用于检验两个模型对同一对象的评估是否一致。Kappa 值为 1 表示两个模型完全一致，值为 0 表示两个模型没有任何一致性。需要注意的是，Kappa 系数只适用于两个变量有相等数量分类时的情形。

"风险"反映某因子的存在与某事件发生之间的关联强度。

"麦克尼马尔"检验用于两个相关二分变量之间的非参数检验。

"柯克兰和曼特尔-亨赛尔统计"用于检验二值因变量与二值自变量之间的条件独立性。

步骤 04 选择交叉表单元格中需要计算的指标，单击"交叉表"对话框右侧的"单元格"按钮，弹出如图 5.32 所示的"交叉表：单元格显示"对话框，在该对话框中可以设置相关输出内容。本例我们在"计数"选项组中勾选"实测"复选框，在"百分比"选项组中勾选"总计"复选框。设置完毕后，单击"继续"按钮返回"交叉表"对话框。

图 5.32 "交叉表：单元格显示"对话框

对话框深度解读

在"计数"选项组中，可以选择列联表单元格中频率的显示格式，具体包含以下 3 个选项：
- 实测：表示显示观测值频率，这是系统默认的选项。
- 期望：如果行、列变量在统计意义上相互独立或不相关，则显示期望的或预测的观测值频率。
- 隐藏较小的计数：如果数值小于下方的框中所设置的值，则不予显示。

在"百分比"选项组中，可以选择列联表单元格中百分比的显示格式，各选项含义如下：
- 行：显示观测值数占该行观测值总数的百分比。
- 列：显示观测值数占该列观测值总数的百分比。

- 总计：显示观测值数占全部观测值总数的百分比。

步骤 05 设置完毕后，单击"确定"按钮，等待输出结果。

5.4.3 结果解读

1. 个案处理摘要

图 5.33 为个案处理摘要，参与分析的样本个数为 371，没有缺失值。

个案处理摘要

	有效		个案缺失		总计	
	N	百分比	N	百分比	N	百分比
WindESG评级 * 企业规模 * 是否高新技术企业	371	100.0%	0	0.0%	371	100.0%

图 5.33　个案处理摘要

2. 交叉表

图 5.34 为交叉表。可以看到，标题为"WindESG 评级 * 企业规模 * 是否高新技术企业 交叉表"。WindESG 评级为 AA 且企业规模为大型的样本有 4 个，占全部样本的 1.1%。需要说明的是，在设置"交叉表"对话框时，我们勾选了"在表层中显示层变量"复选框，其中的"是否高新技术企业：总计"选项是可以选择的。因此，在结果输出窗口双击此处后，会出现如图 5.35 所示的对话框。在该对话框中，我们可以按照"0""1""总计"分别生成仅包括非高新技术企业、仅包括高新技术企业、包括全部企业的交叉表。图 5.35 显示的是包括全部企业的交叉表。

WindESG评级 * 企业规模 * 是否高新技术企业 交叉表

是否高新技术企业：总计

			企业规模			总计
			大型	中型	小型	
WindESG评级	AA	计数	4	1	0	5
		占总计的百分比	1.1%	0.3%	0.0%	1.3%
	A	计数	19	3	0	22
		占总计的百分比	5.1%	0.8%	0.0%	5.9%
	BBB	计数	51	22	2	75
		占总计的百分比	13.7%	5.9%	0.5%	20.2%
	BB	计数	85	86	8	179
		占总计的百分比	22.9%	23.2%	2.2%	48.2%
	B	计数	36	40	12	88
		占总计的百分比	9.7%	10.8%	3.2%	23.7%
	CCC	计数	2	0	0	2
		占总计的百分比	0.5%	0.0%	0.0%	0.5%
总计		计数	197	152	22	371
		占总计的百分比	53.1%	41.0%	5.9%	100.0%

图 5.34　交叉表 1

图 5.35　交叉表 2

读者可以自行尝试在设置"交叉表"对话框时不勾选"在表层中显示层变量"复选框，以观察两种设置方式的输出结果的区别。

3. 卡方检验结果

如图 5.36 所示，卡方检验用于假设检验判断分类变量之间的关系。基于全体样本数据进行的皮尔逊卡方检验（见图中"总计"所在的行）显示，显著性 p 值为 0.000，低于显著性水平参考值 0.05，因此拒绝原假设（原假设为行、列两个变量呈统计独立性）。这意味着 WindESG 评级和是否为高新技术企业之间不是独立的，存在显著的相关性，即公司是否属于高新技术企业，WindESG 评级有显著差异。

4. 相关性对称测量结果

因为我们在"交叉表：统计"对话框中勾选了"相关性"复选框，所以生成了如图 5.37 所示的相关性对称测量结果。从结果中可以看出，基于全体样本数据（见图中"总计"包括的行）计算的斯皮尔曼相关系数为 0.247，渐近显著性 p 值为 0.000，呈现出显著的弱正相关关系。

图 5.36　卡方检验

图 5.37　相关性对称测量结果

5. 簇状条形图

由于我们在本例中将"是否高新技术企业"设置为层变量（控制变量），因此系统输出了按"是否高新技术企业"分类的簇状条形图。高新技术企业和非高新技术企业的簇状条形图分别如图 5.38 和图 5.39 所示。

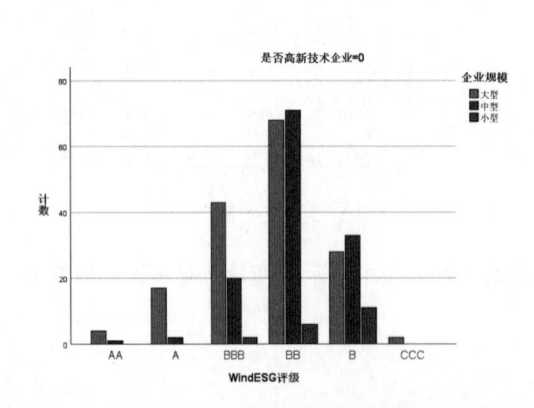

图 5.38　高新技术企业簇状条形图

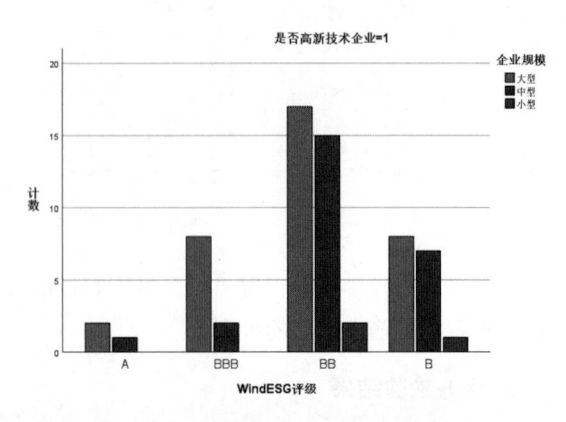

图 5.39　非高新技术企业簇状条形图

5.5 本章习题

针对所有习题，要求：一是要提交 SPSS 结果文件；二是要进行必要的解读，写出完整的研究结论。

1. 使用"数据 5.1"，针对 195 家汽车制造业上市公司，开展人力投入回报率（ROP）、销售净利率、主营业务比率指标的频率分析，计算并分析以下统计量：平均值、中位数、众数、总和、最大值、最小值、方差、标准差、范围、标准误差平均值、偏度系数和峰度系数等。

2. 使用"数据 5.2"，针对 Au T+D 黄金现货收盘价、Au100g 黄金现货收盘价、Au9995 黄金现货收盘价开展描述分析，进行描述性统计分析，计算并分析以下统计量：平均值、中位数、众数、总和、最大值、最小值、方差、标准差、范围、标准误差平均值、偏度系数和峰度系数等。并生成 3 个变量的标准化值（Z 得分）变量并保存。

3. 使用"数据 5.3"，针对新能源乘用车当月产量、新能源商用车当月产量，分别按动力类型分组进行探索分析，得出分组展示的统计量：平均值、平均值的置信区间、中位数、方差、标准差、最小值、最大值、范围、偏度、峰度等。对分组数据进行正态检验，得出分组数据的直方图、茎叶图、正态概率图、去掉趋势的正态概率图、箱图。

4. 使用"数据 5.4"，针对 WindESG 评级、公司属性与是否"专精特新"企业进行交叉表分析。要求：一是把 WindESG 评级作为行变量，公司属性作为列变量，是否"专精特新"企业作为层变量，求出交叉表并进行结果解读；二是运用卡方检验和相关性检验分析行变量和列变量之间的相关关系。

第 6 章

均值比较、T 检验、单因素方差分析

本章介绍均值比较、T 检验、单因素方差分析。如果样本数据只有一组，则通常使用均值比较过程和单样本 T 检验；如果样本数据有两组且两组样本是随机独立的，则通常用到独立样本 T 检验；如果样本数据有两组且两组样本不是随机独立的，则通常用到成对样本 T 检验；如果样本数据有三组及以上，则需要用到 ANOVA 检验。

本章教学要点：

- 了解 SPSS 的平均值分析、单样本 T 检验、独立样本 T 检验、成对样本 T 检验、单因素 ANOVA 检验 5 种分析方法的特色，并了解每种方法的适用条件。
- 熟练掌握 SPSS 的均值分析、单样本 T 检验、独立样本 T 检验、成对样本 T 检验、单因素 ANOVA 检验的窗口功能，能够根据研究需要灵活进行窗口设置，进行平均值比较分析。
- 能够解读各种比较平均值分析的结果，从中发现数据特征，得出研究结论。

6.1 平均值分析

下载资源:\video\第 6 章\6.1
下载资源:\sample\数据 6\数据 6.1

6.1.1 统计学原理

平均值分析的特点在于根据因子变量对因变量进行分组，输出每组的均值及其他相关统计量。此外，它还可以提供单因素方差分析和相关性测量的结果。

6.1.2 案例应用——分析中美等国家年平均光伏安装量

本小节用于分析的数据是"数据 6.1"，它包含 2004—2019 年中国、美国、日本、德国、法国、

第 6 章　均值比较、T 检验、单因素方差分析 | 151

英国的光伏安装量以及炼油厂日均产能数据，反映了各个国家对光伏新能源的推广程度和石油炼化能力。其中，光伏安装量的单位为兆瓦，炼油厂日均产能的单位为千桶/开工日。SPSS 数据视图如图 6.1 所示，其中针对变量"国家"进行了值标签操作，1、2、3、4、5、6 分别表示中国、美国、日本、德国、法国、英国。接下来，我们将对光伏安装量进行平均值分析，并探索不同国家的年平均光伏安装量是否存在显著差异。案例应用的具体步骤如下：

步骤 01　打开"数据 6.1"，选择"分析|比较平均值|平均值"命令，弹出如图 6.2 所示的"平均值"对话框。

步骤 02　选择进行平均值分析的变量。在"平均值"对话框左侧的列表框中选择"光伏安装量（兆瓦）"，并单击 ➡ 按钮将其添加到"因变量列表"列表框；选择"国家"并单击 ➡ 按钮将其加入"层 1/1"列表框。

图 6.1　"数据 6.1"的数据视图　　　　　图 6.2　"平均值"对话框

对话框深度解读

因变量列表：该列表框中的变量为要进行均值比较的目标变量，一般为连续变量。例如，本例中研究的是不同国家的年平均光伏安装量是否存在显著差异，因此"光伏安装量"即为目标变量（因变量）。

层 1/1：该列表框中的变量为分组变量，也被称为因子或自变量。自变量为分类变量，取值可以为数字或字符串。指定了自变量后，对话框中的"下一个"按钮就会被激活，此时单击该按钮可以在原分层基础上进一步细分层次，也可以使用"上一个"按钮返回到上一个层次。如果在层 1 和层 2 中各有一个自变量，结果将显示为一张交叉表，而不是对每个自变量显示一张独立的表。

步骤 03　选择输出相关描述统计量。单击"平均值"对话框右上角的"选项"按钮，弹出如图 6.3 所示的"平均值：选项"对话框，在该对话框中可以选择输出的单元格统计量。我们在"统计"列表框中依次选择"平均值""个案数""标准差"，并单击 ➡ 按钮将其添加到"单元格统计"列表框，然后勾选"Anova 表和 Eta"以及"线性相关度检验"两个复选框，单击"继续"按钮返回"平均值"对话框。

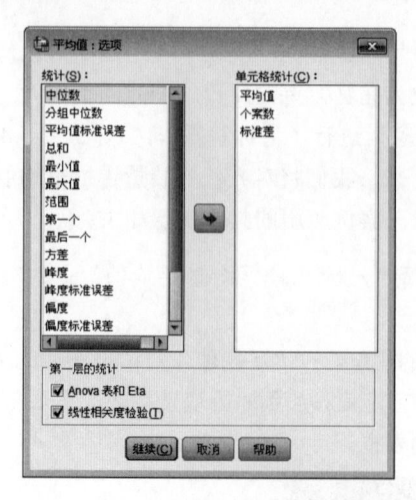

图 6.3 "平均值：选项"对话框

> **对话框深度解读**
>
> 关于各统计量的基本概念不再赘述。针对"第一层的统计"选项组说明如下：
>
> 该选项组主要用于检验第一层自变量对因变量的影响是否显著，主要包括以下两个复选框：
>
> - "Anova 表和 Eta"复选框：表示对第一层自变量和因变量进行单因素方差分析，然后输出 Anova 表和 Eta 的值。
> - "线性相关度检验"复选框：表示对各组平均数进行线性相关度检验，实际上是通过因变量的均值对自变量进行线性回归，并计算该回归的可决系数和线性度量。该检验仅在自变量有 3 个以上层次时才能进行。

步骤 04 设置完毕后，单击"确定"按钮，等待输出结果。

6.1.3 结果解读

1. 个案处理摘要

图 6.4 为个案处理摘要。参与分析的样本数为 96 个，没有被排除的样本。

2. 描述性分析报告

图 6.5 给出了描述性分析报告。该报告展示了按国家分组的年平均光伏安装量，比如中国的年平均光伏安装量为 12837.12 兆瓦，样本数为 16，标准差为 17747.946。

3. 方差分析表

图 6.6 是方差分析表。从表中可以看出，不同国家的年平均光伏安装量差别非常显著（体现为组间显著性 p 值为 0.000，小于通常意义上的显著性水平 0.05）。组间代表不同的分组，本例中为不同国家。这一结论与前面的描述性分析报告一致，6 个国家年平均光伏安装量的均值差别较大。

第 6 章　均值比较、T 检验、单因素方差分析 | 153

个案处理摘要

	个案					
	包括		排除		总计	
	个案数	百分比	个案数	百分比	个案数	百分比
光伏安装量（兆瓦）*国家	96	100.0%	0	0.0%	96	100.0%

图 6.4　个案处理摘要

报告

光伏安装量（兆瓦）

国家	平均值	个案数	标准 偏差
中国	12837.12	16	17747.946
美国	4659.19	16	5143.014
日本	3608.89	16	3577.457
德国	3053.67	16	2463.758
法国	610.63	16	511.160
英国	814.86	16	1185.221
总计	4264.06	96	8609.844

图 6.5　描述性分析报告

ANOVA 表

			平方和	自由度	均方	F	显著性
光伏安装量（兆瓦）*国家	组间	（组合）	1612676980	5	322535395.9	5.346	.000
		线性相关度	1211798092	1	1211798092	20.086	.000
		偏离线性度	400878887.9	4	100219722.0	1.661	.166
	组内		5429617877	90	60329087.52		
	总计		7042294856	95			

图 6.6　方差分析表

4. 相关性测量

图 6.7 是相关性测量结果，可以看出有复相关系数 R、可决系数 R 方、Eta、Eta 平方。

相关性测量

	R	R 方	Eta	Eta 平方
光伏安装量（兆瓦）*国家	-.415	.172	.479	.229

图 6.7　相关性测量

复相关系数用于测量一个变量（因变量 Y）与其他多个变量（自变量 $X_1, X_2 \cdots$）之间的线性相关程度。具体计算方式是先将因变量对自变量开展回归分析[1]，求出回归方程，再根据各个自变量 X_i 的实际值和回归系数求出因变量的拟合值。

$$\hat{y} = \hat{\beta}_0 + \hat{\beta}_1 X_1 + \cdots + \hat{\beta}_k X_k$$

然后计算因变量实际值与拟合值之间的简单相关系数，即为复相关系数。

$$R = \frac{\sum (y - \bar{y})(\hat{y} - \bar{y})}{\sqrt{\sum (y - \bar{y})^2 \sum (\hat{y} - \bar{y})^2}}$$

复相关系数的平方（R^2）被称为可决系数，也被称为拟合优度，用于衡量自变量对因变量的解释程度或者模型的拟合度。可决系数越大，模型的解释能力就越强。

$$R^2 = \frac{\left[\sum (y - \bar{y})(\hat{y} - \bar{y})\right]^2}{\sum (y - \bar{y})^2 \sum (\hat{y} - \bar{y})^2}$$

---

[1] 关于回归分析的详细介绍可参阅"第 10 章　回归分析"。

Eta 系数用于衡量分类变量与连续变量的相关性,以连续变量作为因变量 Y,分类变量作为自变量 X。Eta 系数的值为 0~1,值越大,说明 X 无法解释 Y 差异的程度越高,也就说明变量之间的相关性越强。Eta 平方的概念是分类变量对连续变量的削减误差比例(PRE),或者说是分类自变量对于连续因变量的解释力,又或者说是效应量。

本例中,复相关系数 R 为-0.415,可决系数 R 方为 0.172,Eta 系数为 0.479,Eta 平方为 0.229。可决系数和 Eta 平方均不高,说明仅引入国家这一分类变量对于年平均光伏安装量的解释能力非常有限,或者说除了国家因素之外,年平均光伏安装量还受到其他因素的影响。Eta 接近 0.5,说明国家因素与年平均光伏安装量具有一定的相关性,但相关性并不算很强。

6.2 单样本 T 检验

下载资源:\video\第 6 章\6.2
下载资源:\sample\数据 6\数据 6.2

6.2.1 统计学原理

单样本 T 检验的统计学原理是将单个变量的样本平均值与特定值进行比较,检验单个变量的平均值是否与指定的常数不同。比如抽取样本检验某个地区高三学生的数学高考成绩均值是否显著为 125 分。"单样本 T 检验"一般要求数据服从正态分布,但对于偏离正态性的数据也是相当稳健的。

6.2.2 案例应用——分析中国有色市场 1#铜的价格

本小节使用"数据 6.2"。数据 6.2 包含 2021 年 1 月 4 日至 2024 年 9 月 24 日中国有色市场 1#铜价格数据(不包括节假日),具体包括中国有色市场 1#铜的平均价、最低价、最高价,单位均为元/吨。SPSS 数据视图如图 6.8 所示。

下面我们对中国有色市场 1#铜的平均价开展单样本 T 检验,检验 2021 年 1 月 4 日至 2024 年 9 月 24 日每日铜平均价的均值是否为 69500 元/吨。案例应用的具体步骤如下:

步骤01 打开"数据 6.2",选择"分析|比较平均值|单样本 T 检验"命令,弹出如图 6.9 所示的"单样本 T 检验"对话框。

步骤02 选择进行单样本 T 检验分析的变量。在"单样本 T 检验"对话框左侧的列表框中选择"中国有色市场 1#铜平均价元/吨",并单击 ➡ 按钮将其添加到"检验变量"列表框。在"检验值"文本框中输入待检验的值"69500"。

步骤03 设置置信区间和缺失值的处理方法。单击"单样本 T 检验"对话框中的"选项"按钮,弹出如图 6.10 所示的"单样本 T 检验:选项"对话框。我们在"置信区间百分比"文本框中输入 95,即设置显著性水平为 5%。在"缺失值"选项组中,选择"按具体分析排除个案"单选按钮。设置完毕后,单击"继续"按钮返回"单样本 T 检验"对话框。

第 6 章　均值比较、T 检验、单因素方差分析 | 155

图 6.8　"数据 6.2"的数据视图

图 6.9　"单样本 T 检验"对话框　　　　图 6.10　"单样本 T 检验：选项"对话框

对话框深度解读

"缺失值"选项组用于检验多个变量，当一个或多个变量的数据缺失时，设置分析包含（或排除）哪些样本。

- 按具体分析排除个案：每个变量的 T 检验，均使用对于检验的变量具有有效数据的全部样本。这种情况下，参与分析的样本大小可能随 T 检验的不同而不同。
- 成列排除个案：每个变量的 T 检验，只使用对于在所有请求的 T 检验中使用的所有变量都具有有效数据的样本。这种情况下，参与分析的样本大小在各个 T 检验之间是恒定的。

步骤 04　设置完毕后，单击"确定"按钮，等待输出结果。

6.2.3　结果解读

1. 单样本统计量

图 6.11 为单样本统计量结果。参与分析的样本数为 904 个，样本的平均值为 69472.9425，标准偏差为 4876.40900，标准误差平均值为 162.18695。

单样本统计

	个案数	平均值	标准 偏差	标准 误差平均值
中国有色市场1#铜平均价元/吨	904	69472.9425	4876.40900	162.18695

图 6.11　单样本统计量

2. 单样本 T 检验

图 6.12 为单样本 T 检验结果。t 值为-0.167，自由度为 903，双侧检验显著性 p 值为 0.868，远远大于 0.05（对应 95%的置信区间），说明接受原假设，即统计上没有发现 2021 年 1 月 4 日至 2024 年 9 月 24 日每日铜平均价的均值与 69500 元/吨之间有显著差异。

单样本检验

检验值 = 69500

	t	自由度	Sig. (双尾)	平均值差值	差值 95% 置信区间 下限	上限
中国有色市场1#铜平均价元/吨	-.167	903	.868	-27.05752	-345.3647	291.2497

图 6.12　单样本 T 检验

读者可自行验证每日铜平均价的均值与 69000 元/吨、70000 元/吨之间的差异是否显著。可以发现这两者之间是有显著差异的，这里不再赘述。

6.3　独立样本 T 检验

下载资源:\video\第 6 章\6.3
下载资源:\sample\数据 6\数据 6.3

6.3.1　统计学原理

独立样本 T 检验用于比较两组独立样本中某一变量的均值是否显著相同。该检验方法输出的结果是每组样本的描述统计量和莱文方差齐性检验的结果，以及按相等方差和不等方差分组列示的 t 值和均值差分的 95%置信区间。

6.3.2　案例应用——分析不同类型国家的替代能源和核能占能耗总量的比重

本小节使用"数据 6.3"。数据 6.3 包含 1971 年至 2014 年不同类型国家的替代能源和核能占能耗总量比重的数据。SPSS 数据视图如图 6.13 所示，其中针对"国家类型"变量进行了值标签操作，用 1、2、3、4 分别表示中低收入国家、中等偏上收入国家、低收入国家、高收入国家。

下面使用独立样本 T 检验方法，检验中低收入国家和中等偏上收入国家的替代能源和核能占能耗总量的比重是否存在显著差异。案例应用的具体步骤如下：

步骤 01　打开"数据6.3",选择"分析|比较平均值|独立样本T检验"命令,弹出如图6.14所示的"独立样本T检验"对话框。

图6.13　数据6.3的数据视图

图6.14　"独立样本T检验"对话框

步骤 02　选择进行独立样本T检验的变量。在"独立样本T检验"对话框左侧的列表框中选择"替代能源和核能占能耗总量比重",并单击 按钮将其加入"检验变量"列表框。

步骤 03　选择分组变量。在"独立样本T检验"对话框左侧的列表框中选择"国家类型"并单击 按钮,将其添加到"分组变量"列表框。然后单击"定义组"按钮,弹出如图6.15所示的"定义组"对话框。其中"组1""组2"分别表示第一、二组类别变量的取值。因为针对"国家类型"变量我们用1、2分别表示中低收入国家和中等偏上收入国家,所以在"组1"中输入1,在"组2"中输入2。如果要比较中等偏上收入国家和低收入国家的差异,则需在"组1"中输入2,在"组2"中输入3。

对话框深度解读

"定义组"对话框包括两种选择,一是"使用指定的值",二是"分割点"。

- 使用指定的值:如果分组变量是名义变量,在"组1"中输入一个字符串,在"组2"中输入另一个字符串,具有其他字符串的个案将从分析中排除;如果分组变量是连续变量,在"组1"中输入一个值,在"组2"中输入另一个值,具有任何其他值的个案将从分析中排除。

- 分割点:如果使用"分割点"设置,则需要输入一个分组变量的值,值小于分割点的样本组成一个组,值大于或等于分割点的样本组成另一个组。

步骤 04　设置置信区间和缺失值的处理方法。单击"独立样本T检验"对话框中的"选项"按钮,弹出如图6.16所示的"独立样本T检验:选项"对话框。我们在"置信区间百分比"文本框中输入95,即设置显著性水平为5%。在"缺失值"选项组中,选择"按具体分析排除个案",单击"继续"按钮,返回"独立样本T检验"对话框。

图 6.15 "定义组"对话框   图 6.16 "独立样本 T 检验：选项"对话框

步骤 05 设置完毕后，单击"确定"按钮，等待输出结果。

6.3.3 结果解读

1. 组统计量

图 6.17 为组统计量结果。可以看出，参与分析的中低收入国家和中等偏上收入国家两组样本数均为 44 个。中低收入国家、中等偏上收入国家两组样本替代能源和核能占能耗总量比重的平均值分别为 3.2727 和 3.5684，标准偏差分别为 0.89177 和 1.10529，标准误差平均值分别为 0.13444 和 0.16663。

组统计

	国家类型	个案数	平均值	标准 偏差	标准 误差平均值
替代能源和核能占能耗总量比重	中低收入国家	44	3.2727	.89177	.13444
	中等偏上收入国家	44	3.5684	1.10529	.16663

图 6.17 组统计量

2. 独立样本 T 检验

图 6.18 给出了独立样本 T 检验结果。左侧是莱文方差齐性检验结果，显示显著性 p 值为 0.124，显著接受了等方差的原假设。在等方差情形下，平均值 T 检验的双尾显著性水平为 0.171，显著拒绝了原假设，即中低收入国家和中等偏上收入国家在替代能源和核能占能耗总量比重没有显著差异。

独立样本检验

		莱文方差等同性检验		平均值等同性 t 检验					差值 95% 置信区间	
		F	显著性	t	自由度	Sig.(双尾)	平均值差值	标准误差差值	下限	上限
替代能源和核能占能耗总量比重	假定等方差	2.408	.124	-1.381	86	.171	-.29568	.21410	-.72130	.12993
	不假定等方差			-1.381	82.321	.171	-.29568	.21410	-.72157	.13021

图 6.18 独立样本 T 检验

6.4 成对样本 T 检验

下载资源:\video\第 6 章\6.4
下载资源:\sample\数据 6\数据 6.4

6.4.1 统计学原理

成对样本 T 检验用于比较具有关联关系的两个变量的均值是否显著相同，例如比较某患者服药前后身体相关指标的变化等。检验原理是计算两个变量的值之差，并检验该差值的平均数是否为 0。该检验方法输出的结果包括检验变量的描述统计量、两个变量之间的相关性、配对差值的描述统计量、T 检验结果和 95%置信区间。

6.4.2 案例应用——分析办公电脑通过软件优化开机时间的效果

本小节用于分析的数据是"数据 6.4"，这是一组办公电脑使用某款软件优化开机时间前后的数据，单位为秒。SPSS 数据视图如图 6.19 所示。

下面使用成对样本 T 检验方法检验这些电脑使用软件优化开机时间的效果，即观测优化前后开机时间是否存在显著差异。案例应用的具体步骤如下：

步骤 01 打开"数据 6.4"，选择"分析|比较平均值|成对样本 T 检验"命令，弹出如图 6.20 所示的"成对样本 T 检验"对话框。

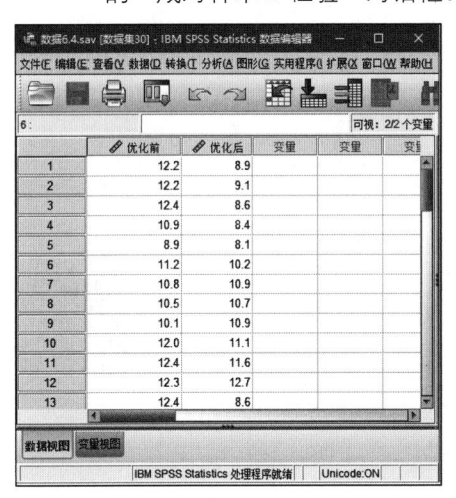

图 6.19 "数据 6.4"的数据视图 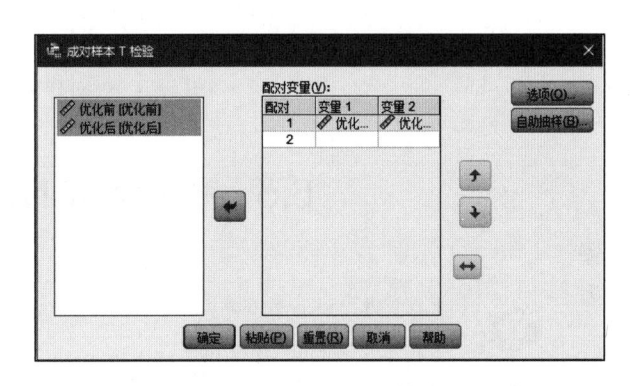　　　　图 6.20 "成对样本 T 检验"对话框

步骤 02 选择进行成对样本 T 检验的变量。在"成对样本 T 检验"对话框左侧的列表框中同时选中"优化前"和"优化后"，并单击➡按钮将其添加到"配对变量"列表框。

步骤 03 设置完毕后，单击"确定"按钮，等待输出结果。

6.4.3 结果解读

1. 配对样本统计量

图 6.21 展示了配对样本统计量结果。从图中可以看出，共有 30 个样本参与了分析。软件优化前后的样本开机时间平均值分别为 11.480 和 10.127，标准偏差分别为 1.5444 和 1.7591，标准误差的平均值分别为 0.2820 和 0.3212。

2. 配对样本相关性

图 6.22 展示了配对样本相关性结果。可以看出，共有 30 个样本参与了分析，两组样本的相关系数为 0.420，表明它们之间存在一定的正相关关系；显著性 p 值为 0.021，表明相关性较为显著。

配对样本统计

		平均值	个案数	标准 偏差	标准 误差平均值
配对 1	优化前	11.480	30	1.5444	.2820
	优化后	10.127	30	1.7591	.3212

图 6.21 配对样本统计量

配对样本相关性

		个案数	相关性	显著性
配对 1	优化前 & 优化后	30	.420	.021

图 6.22 配对样本相关性

3. 配对样本 T 检验

图 6.23 给出了配对样本 T 检验结果，结果中包含配对差值的平均值、标准偏差、标准误差平均值以及差值 95% 的置信区间。最终配对样本 T 检验的显著性 p 值为 0.000，显著拒绝了差值为 0 的原假设，说明使用软件优化前后的开机时间是有着显著差异的。结合"优化前-优化后"的平均值为 1.3533，说明优化后的开机时间要显著少于优化前，优化起到的效果是正面的。

配对样本检验

		配对差值			差值 95% 置信区间		t	自由度	Sig.（双尾）
		平均值	标准 偏差	标准 误差平均值	下限	上限			
配对 1	优化前 - 优化后	1.3533	1.7875	.3263	.6859	2.0208	4.147	29	.000

图 6.23 配对样本 T 检验

6.5 单因素 ANOVA 检验

下载资源:\video\第 6 章\6.5

下载资源:\sample\数据 6\数据 6.5

6.5.1 统计学原理

单因素 ANOVA 检验（单因素方差分析）用于检验多组变量的均值是否相等，本质上是前面介绍的两个独立样本 T 检验的拓展。单因素方差分析根据单因子变量（只有一个自变量）对单一定量因变量（因变量只有一个）进行方差分析。数据要求是因变量应为定量连续变量，自变量的取值应为整数。除了确定不同组之间的均值是否相等外，单因素方差还可以检验哪些组之间存在显著差异。

6.5.2 案例应用——分析部分欧洲国家外汇储备量

本节使用"数据 6.5"，如图 6.24 所示，该数据包含了 2000—2023 年英国、德国、法国的外汇储备量数据，单位为亿美元。对于"国家"变量进行值标签操作，用 1、2、3 分别表示英国、德国、法国。

第 6 章 均值比较、T 检验、单因素方差分析 | 161

图 6.24 "数据 6.5"的数据视图

接下来，我们使用单因素 ANOVA 检验方法，检验英国、德国和法国三个国家的外汇储备量是否存在显著差异。具体操作步骤如下：

步骤 01 打开"数据 6.5"，选择"分析|比较平均值|单因素 ANOVA 检验"命令，弹出如图 6.25 所示的"单因素 ANOVA 检验"对话框。"因变量列表"列表框中的变量是要进行方差分析的目标变量，要求为连续数值变量。"因子"列表框中的变量是因子变量（自变量），也主要用来分组，取值可以为数字或字符串，但变量值应为整数，并且类别有限。本例中，我们在"单因素 ANOVA 检验"对话框左侧的列表框中选择"外汇储备量"，并单击 ➡ 按钮使其进入"因变量列表"列表框；选择"国家"并单击 ➡ 按钮，使其进入"因子"列表框。

步骤 02 设置先验对比检验（在试验开始前进行的检验）。单击"单因素 ANOVA 检验"对话框右上角的"对比"按钮，弹出如图 6.26 所示的"单因素 ANOVA：对比"对话框。在本例中，采用系统默认设置。

图 6.25 "单因素 ANOVA 检验"对话框 　　　　图 6.26 "单因素 ANOVA：对比"对话框

对话框深度解读

在"单因素 ANOVA：对比"对话框中，用户既可以进行趋势检验，也可以进行先验对比检验。

- 趋势检验：趋势检验适用于因子（控制变量）为定序变量的情况（本例中不满足这一条件，因为各地区之间有明确的顺序）。它用于判断因变量随因子（控制变量）的变化趋势，例如是线性变化，还是一阶、二阶变化等。如果用户希望进行趋势检验，可以勾选"多项式"复选框，并在后面的"度"下拉菜单中选择多项式的阶次。可选的阶次包括线性、二次、三次、四次、五次等，多项式的阶次可根据研究需要选择。系统将输出指定阶次和低于指定阶次的各阶的平方和的分解结果，以及各阶次的自由度、F 值和 F 检验的概率值。

- 先验对比检验：先验对比是指定各均值的系数，并对这些系数的线性组合进行检验。例如，我们可以为 X_1、X_2、X_3、X_4 四个变量指定一组系数（0.7，0.3，-0.5，-0.5），则系统会对（$0.7 \times X_1 + 0.3 \times X_2$）和（$0.5 \times X_3 + 0.5 \times X_4$）的均值进行检验。

指定系数的具体操作如下：首先在"系数"框中输入一个系数，单击"添加"按钮后，则"系数"框中的系数进入下面的方框中。然后，按照同样的操作方式，依次输入其他各组均值的系数，因子变量有几个分组，就输入几个系数，最终在方框中形成一列系数。需要注意的是，不参与比较的分组系数应设为 0。通常情况下，所有系数的和应为 0。如果系数的和不为 0，系统就会发出警告消息。一组系数输入完毕后，单击"下一页"按钮，"系数"框将被清空，准备接收下一组系数数据。最多可以输入 10 组系数。如果认为前面输入的几组系数有误，可视情况单击"上一页"或"下一页"按钮找出具体项进行更改，并单击"更改"按钮进行确认。

步骤 03 设置事后多重比较方法。单因素方差分析的基本分析只能判断自变量是否对因变量产生显著影响。如果自变量确实对因变量产生了显著影响，那么还应该进一步确定自变量不同水平对因变量的影响程度，包括哪些水平的作用显著，哪些水平的作用不显著等。单击"单因素 ANOVA 检验"对话框右上角的"事后比较"按钮，弹出如图 6.27 所示的"单因素 ANOVA 检验：事后多重比较"对话框。在"假定等方差"选项组中提供了 14 种方法，在"不假定等方差"选项组提供了 4 种方法，各种方法各有优劣，具体统计量的计算公式可参阅相关统计学教材。在本例中，我们选择"假定等方差"选项组中的常用方法 LSD，并在"不假定等方差"选项组选择"塔姆黑尼 T2"。

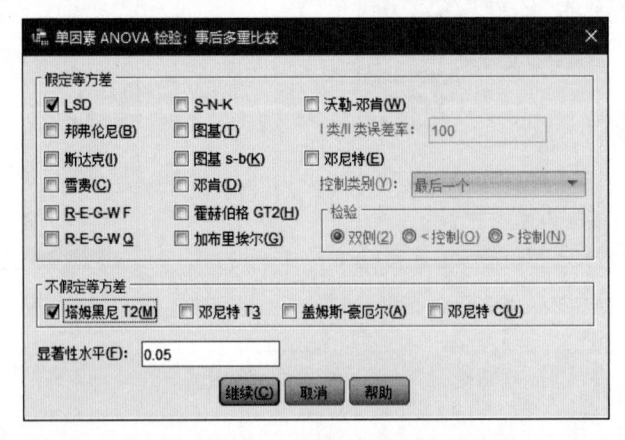

图 6.27 "单因素 ANOVA 检验：事后多重比较"对话框

步骤 04 定义相关统计选项以及缺失值处理方法。单击"单因素 ANOVA 检验"对话框右侧的"选项"按钮，弹出如图 6.28 所示的"单因素 ANOVA 检验：选项"对话框。我们在"统计"选项组中，勾选"描述""方差齐性检验""布朗-福塞斯""韦尔奇"复选框，然后勾选"平均值图"复选框。对于"缺失值"选项组，采用系统默认设置。设置完毕后，单击"继续"按钮返回"单因素 ANOVA 检验"对话框。设置完毕后。

图 6.28 "单因素 ANOVA 检验：选项"对话框

对话框深度解读

"统计"选项组可以设置需要输出的统计量。

- 描述：计算并输出各组中每个因变量的个案数、平均值、标准偏差、标准错误、最小值、最大值、95％置信区间。
- 固定和随机效应：输出固定效应模型的标准偏差、标准错误和 95％置信区间，以及随机效应模型的标准错误、95％置信区间和方差成分间估测值。
- 方差齐性检验：使用莱文统计量进行方差齐性检验。
- 平均值相等性稳健检验：包括布朗-福塞斯统计量和韦尔奇统计量，检验各组平均值是否显著相等。当无法确定方差齐性假设时，该统计量优于 F 统计量。

"平均值图"：绘制平均值分布图，反映因变量随自变量分组的均值分布情况。

步骤 05 单击"确定"按钮，等待输出结果。

6.5.3 结果解读

1. 描述统计量

图 6.29 为描述统计量结果，按英国、德国和法国以及总计分别展示了参与分析的外汇储备量的个案数、平均值、标准偏差、标准错误、平均值的 95% 置信区间、最小值、最大值等统计量。

描述

外汇储备量

	个案数	平均值	标准 偏差	标准 错误	平均值的 95% 置信区间 下限	上限	最小值	最大值
英国	24	842.6475	396.62615	80.96097	675.1670	1010.1280	400.13	1601.92
德国	24	387.6667	30.70005	6.26662	374.7032	400.6302	359.92	496.67
法国	24	355.0950	104.45706	21.32221	310.9867	399.2033	219.65	551.64
总计	72	528.4697	324.08109	38.19332	452.3144	604.6250	219.65	1601.92

图 6.29 描述统计量

2. 方差齐性检验

图 6.30 为方差齐性检验结果。使用 4 种方法（基于平均值、基于中位数、基于中位数并调整后的自由度、基于剪除后平均值）进行方差齐性检验，显著性 p 值均为 0.000，远小于常见的显著性 p 值 0.05，因此非常显著地拒绝了方差齐性的原假设。

方差齐性检验

		莱文统计	自由度1	自由度2	显著性
外汇储备量	基于平均值	66.722	2	69	.000
	基于中位数	20.374	2	69	.000
	基于中位数并具有调整后自由度	20.374	2	26.192	.000
	基于剪除后平均值	59.118	2	69	.000

图 6.30　方差齐性检验

3. 方差分析结果

图 6.31 给出了方差分析结果。方差分析的统计学原理是将因变量差异分为组间差异和组内差异，分别计算组间平方和与组内平方和。组间差异反映了自变量分组带来的差异，而组内差异则是由于同一自变量分组内部的随机因素造成的差异。组间差异能够衡量自变量对因变量的影响。从结果来看，本例中方差检验的 F 值为 31.622，显著性 p 值为 0.000，表明组间影响非常显著，或者说不同国家的外汇储备量存在显著差异。

4. 平均值相等性稳健检验

图 6.32 给出了平均值相等性稳健检验结果。与方差分析使用 F 检验不同，平均值相等性稳健检验使用的是渐近 F 分布。韦尔奇检验和布朗-福塞斯检验的显著性 p 值均为 0.000，显著拒绝了原假设（原假设为差异不显著），表明不同国家的外汇储备量显著不同，这与方差分析的结论一致。

ANOVA

外汇储备量

	平方和	自由度	均方	F	显著性
组间	3566207.299	2	1783103.650	31.622	.000
组内	3890819.758	69	56388.692		
总计	7457027.058	71			

图 6.31　方差分析结果

平均值相等性稳健检验

外汇储备量

	统计	自由度1	自由度2	显著性
韦尔奇	16.624	2	33.255	.000
布朗-福塞斯	31.622	2	26.468	.000

a. 渐近 F 分布。

图 6.32　平均值相等性稳健检验

5. 多重比较结果

图 6.33 展示了多重比较结果。多重比较结果包括等方差假设下的 LSD 法和不等方差假设下的塔姆黑尼法。根据方差齐性检验结果，由于方差不是齐性（不等方差）的，因此我们只分析塔姆黑尼法。结果显示，英国与德国、法国的外汇储备量差异都非常显著（显著性 p 值分别为 0.000、0.000）；德国的外汇储备量只与英国有显著差异（显著性 p 值为 0.000），与法国（显著性 p 值为 0.395）没有显著差异；法国的外汇储备量与英国有显著差异（显著性 p 值为 0.000），与德国没有显著差异（显著性 p 值为 0.395）。从平均值差值（I-J）列可以看出，英国的外汇储备量要显著高于德国和法国；德国的外汇储备量显著低于英国，虽然高于法国，但这种差异并不显著；法国的外汇储备量显著低于英国，虽然低于德国，但这种差异并不显著。

多重比较

因变量：外汇储备量

	(I) 国家	(J) 国家	平均值差值 (I-J)	标准 错误	显著性	95% 置信区间 下限	上限
LSD	英国	德国	454.98083*	68.54967	.000	318.2280	591.7337
		法国	487.55250*	68.54967	.000	350.7996	624.3054
	德国	英国	-454.98083*	68.54967	.000	-591.7337	-318.2280
		法国	32.57167	68.54967	.636	-104.1812	169.3245
	法国	英国	-487.55250*	68.54967	.000	-624.3054	-350.7996
		德国	-32.57167	68.54967	.636	-169.3245	104.1812
塔姆黑尼	英国	德国	454.98083*	81.20314	.000	246.1238	663.8379
		法国	487.55250*	83.72166	.000	274.0344	701.0706
	德国	英国	-454.98083*	81.20314	.000	-663.8379	-246.1238
		法国	32.57167	22.22402	.395	-23.9976	89.1409
	法国	英国	-487.55250*	83.72166	.000	-701.0706	-274.0344
		德国	-32.57167	22.22402	.395	-89.1409	23.9976

*.平均值差值的显著性水平为 0.05。

图 6.33　多重比较结果

6. 平均值图

图 6.34 展示了平均值图。从图中可以直观地看出 3 个国家的外汇储备量平均值对比情况，英国的外汇储备量平均值明显偏高；德国的外汇储备虽然高于法国，但这种差异并不显著。这与前面的多重比较分析结果一致。

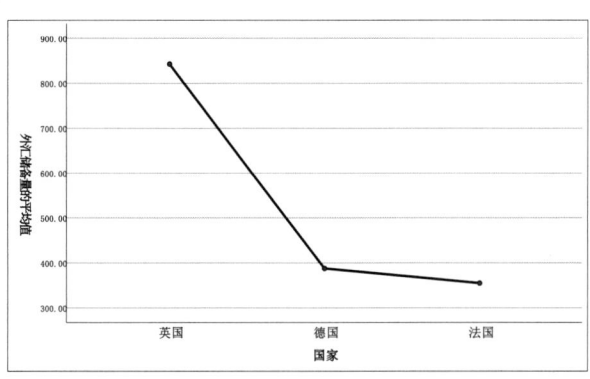

图 6.34　平均值图

6.6　本章习题

针对所有习题，要求：一是要提交 SPSS 结果文件；二是要进行必要的解读，写出完整的研究结论。

1. 继续使用"数据 6.1"，对炼油厂日均产能（千桶/开工日）进行平均值分析，探索不同国家的炼油厂日均产能（千桶/开工日）是否存在显著差异。

2. 继续使用"数据 6.2"，一是针对中国有色市场 1#铜最低价，进行单样本 T 检验，检验 2021 年 1 月 4 日至 2024 年 9 月 24 日每日铜最低价的均值是否为 60000 元/吨；二是针对中国有色市场 1#铜最高价，进行单样本 T 检验，检验 2021 年 1 月 4 日至 2024 年 9 月 24 日每日铜最高价的均值是否为 70000 元/吨。

3. 继续使用"数据 6.3", 一是使用独立样本 T 检验方法, 检验中低收入国家和低收入国家替代能源和核能占能耗总量比重是否存在显著差异; 二是使用独立样本 T 检验方法, 检验中低收入国家和高收入国家替代能源和核能占能耗总量比重是否存在显著差异; 三是使用独立样本 T 检验方法, 检验中等偏上收入国家和低收入国家替代能源和核能占能耗总量比重是否存在显著差异; 四是使用独立样本 T 检验方法, 检验中等偏上收入国家和高收入国家替代能源和核能占能耗总量比重是否存在显著差异; 五是使用独立样本 T 检验方法, 检验低收入国家和高收入国家替代能源和核能占能耗总量比重是否存在显著差异。

4. 使用本书配套资源中提供的"习题 6.4"数据, 该数据记录的是 25 名患者在服用一种药物前后身体健康指数的变化。请使用成对样本 T 检验方法检验该药物是否有效。

5. 使用本书配套资源中提供的"习题 6.5"数据, 该数据是 2000—2023 年法国、意大利、西班牙三个国家外汇储备量的数据, 单位为亿美元。在数据文件中, 针对"国家"变量进行了值标签操作, 用 1、2、3 分别表示法国、意大利、西班牙。请使用单因素 ANOVA 检验方法检验法国、意大利、西班牙三个国家的外汇储备量是否存在显著差异。

第 7 章

非参数检验

本章介绍非参数检验方法，包括卡方检验、二项检验、单样本 K-S 检验、两个独立样本检验、两个相关样本检验、K 个独立样本检验以及 K 个相关样本检验等 7 种分析方法。第 6 章介绍的各类 T 检验方法本质上都是参数检验，参数检验一般假设统计总体的具体分布为已知，但在实际中，我们往往会遇到一些总体分布无法通过有限个实参来描述的情况，或者我们无法明确被研究对象为何种分布，甚至无法合理假设总体分布。这时，我们需要放弃对总体分布参数的依赖，转而依靠更多来自样本的信息。基于这种思路的统计检验方法被称为非参数检验。

本章教学要点：

- 了解卡方检验、二项检验、单样本 K-S 检验、两个独立样本检验、两个相关样本检验、K 个独立样本检验和 K 个相关样本检验 7 种分析方法的特色，知晓每种方法的适用条件。
- 熟练掌握卡方检验、二项检验、单样本 K-S 检验、两个独立样本检验、两个相关样本检验、K 个独立样本检验和 K 个相关样本检验的窗口功能，根据研究需要灵活进行窗口设置，开展非参数检验。
- 能够解读各种非参数检验的结果，从中发现数据特征并得出研究结论。

7.1 卡方检验

下载资源:\video\第 7 章\7.1

下载资源:\sample\数据 7\数据 7.1

7.1.1 统计学原理

卡方检验（Chi-Square Test）主要针对分类变量，其基本原理是通过样本的频率分布来推断总体是否服从某种理论分布。这种检验过程是通过分析实际频率与理论频率之间的差别或吻合程度来进行的。卡方检验可以将一个变量以表格形式列在不同的类别中，检验各类别是否包含相同比例的值，或检验每个类别是否包含用户指定比例的值。例如,卡方检验可用于确定一盒积木是否包含相等比例的三角形、长方形、正方形和圆形,也可以检验一盒积木中是否包含 35%的三角形、35%的长方形、15%的正方形和 15%的圆形。

卡方检验的原假设是:样本所属总体的分布与理论分布之间不存在显著差异。

卡方检验的检验统计量公式为:

$$x^2 = \sum_{i=1}^{k} \frac{(A_i - E_i)^2}{E_i}$$

在公式中,x^2 统计量在大样本条件下渐近服从自由度为 $k-1$ 的卡方分布,A_i 表示观测频率,E_i 表示理论频率。从公式可以看出,x^2 统计量本质上描述的是观察值与期望值之间的接近程度。(A_i-E_i) 的平方和越小,计算得到的 x^2 统计量就会越小;(A_i-E_i) 的平方和越大,计算得到的 x^2 统计量就会越大。x^2 统计量越小,表示观测频率与理论频率越接近,如果该值小于由显著性水平和自由度确定的临界值,则认为样本所属的总体分布与理论分布无显著差异。

7.1.2　案例应用——分析工商银行 A 股每日涨跌幅数据

本小节使用"数据 7.1"。数据 7.1 包含 2023 年 1 月 3 日至 2024 年 9 月 25 日工商银行 A 股每日涨跌幅数据(不包括节假日及涨跌幅为 0 的交易日),单位为%。SPSS 数据视图如图 7.1 所示。

图 7.1　"数据 7.1"的数据视图

接下来,我们对工商银行 A 股每日涨跌幅数据开展卡方检验,探索涨跌天数是否均匀(涨的天数和跌的天数是否大致相等)。案例应用的具体步骤如下:

步骤 01　打开"数据 7.1"。因为只提供了涨跌幅数据,所以需要进行必要的加工。选择"转换|计算变量"命令,弹出如图 7.2 所示的"计算变量"对话框。参照"2.2.1　通过变量计算生成新变量"中的讲解,在"目标变量"中输入"涨跌情况",在"数字表达式"列表框中输入"涨跌幅 >= 0",单击"确定"按钮生成"涨跌情况"变量,其中 0 表示跌,1 表示涨,如图 7.3 所示。

第 7 章 非参数检验 | 169

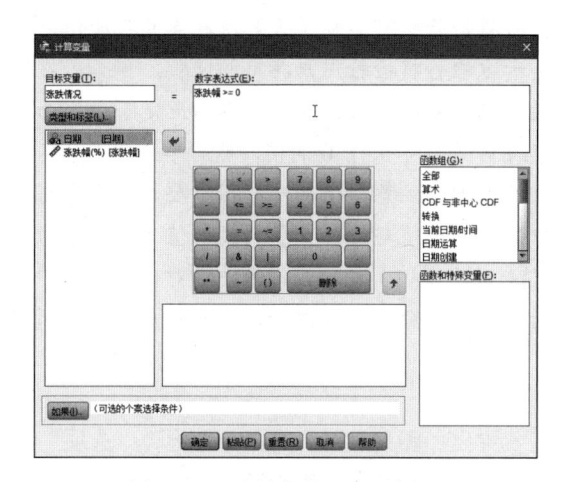

图 7.2 "计算变量"对话框

图 7.3 生成"涨跌情况"变量后的数据视图

步骤 02 选择"分析|非参数检验|旧对话框|卡方"命令，弹出如图 7.4 所示的"卡方检验"对话框。因为本例检验的是"涨跌情况"，所以在"卡方检验"对话框左侧的列表框中选择"涨跌情况"，并单击 按钮将其添加到"检验变量列表"列表框；在"期望范围"选项组中选中"从数据中获取"单选按钮，在"期望值"选项组中选择"所有类别相等"单选按钮。

图 7.4 "卡方检验"对话框

对话框深度解读

- 期望范围：如果选择"从数据中获取"，则系统将为检验变量的每个不同的值定义一个类别。如果选择"使用指定范围"，并在"下限"和"上限"文本框中输入整数值，则系统仅为上下限范围内的每个整数值建立类别，并在执行检验时排除不在上下限范围内的样本。如果有多个类别（如 1~6 个类别），且指定下限值为 2，上限值为 3，则对卡方检验仅使用 2 和 3 的整数值，针对类别为 2 和 3 的样本进行分析，检验两个类别的样本数是否相等。

- 期望值。如果选择"所有类别相等",卡方检验将检验所有类别是否具有相等的期望值,即是否符合均匀分布。如果选择"值",则卡方检验将检验用户指定的比例。例如,在本例中,如果输入一组值(3,4),系统将检验0(跌)、1(涨)的样本占比是否分别为3/7、4/7。具体操作方式是,在"值"文本框中输入一个大于0的值,然后单击"添加"按钮,每次添加值时,该值会出现在值列表的底部。注意,值的顺序很重要,该顺序与检验变量的类别值的升序相对应,即列表中的第一个值与检验变量的最低值(本例中为0)相对应,而列表中的最后一个值与最高值(本例为1)相对应,系统会对值列表框中的所有值进行求和(本例为3+4=7),然后将每个值分别除以该和,得到相应类别中所期望的样本占比。

步骤03 单击"卡方检验"对话框中的"选项"按钮,弹出如图 7.5 所示的"卡方检验:选项"对话框。在"统计"选项组中,勾选"描述"复选框,以输出变量的描述性统计量,包括平均值、标准偏差、最小值、最大值、非缺失样本个数;勾选"四分位数"复选框,以输出变量对应第 25 个、第 50 个和第 75 个百分位数的值。在"缺失值"选项组中,采用系统默认设置,相关选项的含义不再赘述。设置完毕后,单击"继续"按钮返回"卡方检验"对话框,最后单击"确定"按钮确认。

图 7.5 "卡方检验:选项"对话框

7.1.3 结果解读

1. 描述统计结果

图 7.6 为描述统计结果。参与分析的非缺失样本数为 370 个,平均值为 0.5838,标准偏差为 0.49360。因为只有 0、1 两种取值,所以最小值、最大值、百分位数的分析意义不大。从平均值大于 0.5 来看,涨的天数要高于跌的天数。接下来,我们通过查看卡方检验结果来分析这种差异是否足够显著。

2. 卡方检验结果

图 7.7 为卡方检验结果,可以看到卡方统计量、自由度以及渐近显著性 p 值。渐近显著性 p 值为 0.001,远小于通常意义上的显著性水平 0.05,所以可以显著地拒绝了原假设"没有显著区别",从而得到研究结论:2023 年 1 月 3 日至 2024 年 9 月 25 日,工商银行 A 股的涨跌天数存在显著差异,涨的天数要显著高于跌的天数。

描述统计

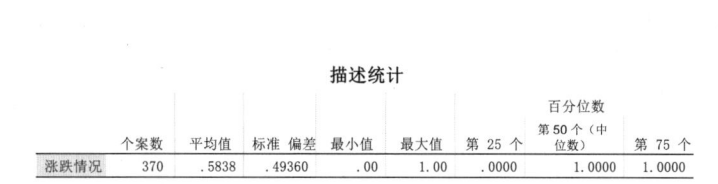

	个案数	平均值	标准 偏差	最小值	最大值	第 25 个	百分位数 第 50 个（中位数）	第 75 个
涨跌情况	370	.5838	.49360	.00	1.00	.0000	1.0000	1.0000

图 7.6 描述统计结果

检验统计

	涨跌情况
卡方	10.389ª
自由度	1
渐近显著性	.001

a. 0 个单元格 (0.0%) 的期望频率低于 5。期望的最低单元格频率为 185.0。

图 7.7 卡方检验结果

7.2 二项检验

下载资源:\video\第 7 章\7.2
下载资源:\sample\数据 7\数据 7.2

7.2.1 统计学原理

二项检验（Binomial Test）是一种用于检验样本是否来自二项分布总体的方法。其统计学原理是检验二分类变量的两个类别的实际频率与指定概率参数的二项分布下的期望频率是否相同，或者说检验样本所属的总体分布是否与指定的某个二项分布存在显著差异。二分变量是只能取两个值的变量，如是或否、0 或 1 等。SPSS 默认把数据集中出现的第一个值定义为第一组，第二个值定义为第二组。如果参与分析的变量不是二分变量，则用户需要指定分割点。通过设置分割点的方式将小于或等于分割点的值的样本分到第一组，其他样本分到第二组。

二项检验的检验统计量为：

$$p_1 = \frac{n_1 - np}{\sqrt{np(1-p)}}$$

n_1 表示第一个类别的样本个数，p 表示指定二项分布中第一个类别个体在总体中所占的比重。检验统计量在大样本条件下渐进服从正态分布。如果检验统计量小于临界值，则认为样本所属的总体分布与所指定的某个二项分布无显著差异。

7.2.2 案例应用——分析某地区新生儿性别差异

本小节使用"数据 7.2"。数据 7.2 包含某地区部分新生儿性别数据。SPSS 数据视图如图 7.8 所示。针对变量"性别"进行值标签操作，用 1、2 分别代表男、女。接下来，我们对新生儿性别进行二项检验，检验男、女比例是否存在显著差异。案例应用的具体步骤如下：

步骤 01 打开"数据 7.2"，选择"分析|非参数检验|旧对话框|二项"命令，弹出如图 7.9 所示的"二项检验"对话框。因为本例检验的是性别，所以在"二项检验"对话框左侧的列表框中选择"性别"，并单击➡按钮将其加入"检验变量列表"列表框。在"定义二分法"选项组中，选择"从数据中获取"单选按钮，在"检验比例"文本框中输入 0.50。

图 7.8　"数据 7.2"的数据视图　　　　图 7.9　"二项检验"对话框

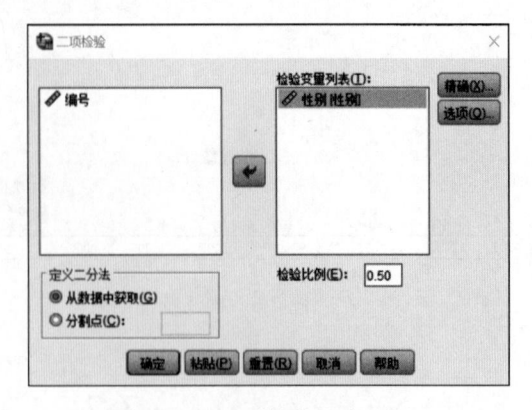

> **对话框深度解读**
>
> - **定义二分法**：只有检验变量存在两种取值时，才能选择"从数据中获取"。SPSS 默认将在数据集中出现的第一个值定义为第一组，第二个值定义为第二组。"分割点"选项适用于检验变量存在多种取值的情形，比如有 1~9 共 9 种取值并指定分割点 5，则小于或等于 5 的值的样本将被分到第一组，其他样本分到第二组。
> - **检验比例**：用于设置检验概率，系统默认为 0.50，即假设两个类别均匀分布。用户可根据研究需要在其中输入合适的值。需要注意的是，此处设定的检验比例是针对第一组的。

步骤 02　设置完毕后，单击"确定"按钮，等待输出结果。

7.2.3　结果解读

图 7.10 为二项检验结果。组 1 为男新生儿样本组，共有 17 个样本，在全部样本中的实际占比为 0.61。设定的检验比例为 0.50，双尾精确显著性 p 值为 0.345，远大于 0.05，说明显著接受了原假设，即组 1 的实测比例与检验比例并无显著不同，或者说新生儿性别无显著差异这一假设被通过了。

二项检验

		类别	个案数	实测比例	检验比例	精确显著性（双尾）
性别	组 1	男	17	.61	.50	.345
	组 2	女	11	.39		
	总计		28	1.00		

图 7.10　二项检验

7.3　单样本 K-S 检验

下载资源:\video\第 7 章\7.3

下载资源:\sample\数据 7\数据 7.3

7.3.1 统计学原理

单样本 K-S 检验的基本功能是判断一组样本观测结果的经验分布是否服从特定的理论分布。该理论分布可以是正态分布、均匀分布、泊松分布或指数分布。这种检验过程通过将变量的观察累积分布函数与指定的理论分布进行比较，计算观察累积分布函数和理论累积分布函数之间的最大差分来实现。

7.3.2 案例应用——分析上海期货交易所螺纹钢期货收盘价

本小节使用"数据 7.3"。数据 7.3 包含 2021 年 1 月 4 日至 2024 年 9 月 25 日上海期货交易所螺纹钢期货收盘价（活跃合约）的数据（不包括节假日），单位为元/吨。SPSS 数据视图如图 7.11 所示。

下面使用单样本 K-S 检验方法判断数据的分布特征，案例应用的具体步骤如下：

步骤01 打开"数据 7.3"，选择"分析|非参数检验|旧对话框|单样本 K-S"命令，弹出如图 7.12 所示的"单样本柯尔莫戈洛夫-斯米诺夫检验"对话框。在该对话框左侧的列表框中选择"螺纹钢期货收盘价（活跃合约）"，并单击➡按钮将其加入"检验变量列表"列表框。在该对话框的"检验分布"选项组中，勾选"正态""均匀""泊松""指数"复选框。

图 7.11　"数据 7.3"的数据视图　　　图 7.12　"单样本柯尔莫戈洛夫-斯米诺夫检验"对话框

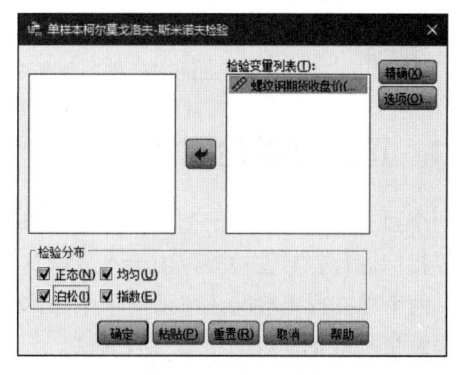

对话框深度解读

检验分布：用户可以选择相关的检验分布选项，以判断检验变量是否服从相应的分布特征。检验分布选项包括正态分布、均匀分布、泊松分布和指数分布。如果用户选择多个分布选项，系统将为用户选择的每种检验分布选项分别执行一次单样本柯尔莫戈洛夫-斯米诺夫检验。

步骤02 设置完毕后，单击"确定"按钮，等待输出结果。

7.3.3 结果解读

图 7.13 为正态分布、均匀分布、泊松分布和指数分布执行单样本柯尔莫戈洛夫-斯米诺夫检验的结果。可以看到，所有检验的双尾渐近显著性 p 值均为 0.000，显著小于 0.05，意味着显著地拒绝了原假设，也就是说螺纹钢期货收盘价（活跃合约）数据不服从正态分布、均匀分布、泊松分布和指数分布中的任何一种。

单样本柯尔莫戈洛夫-斯米诺夫检验		螺纹钢期货收盘价(活跃合约)
个案数		905
正态参数[a,b]	平均值	4208.2818
	标准 偏差	646.23569
最极端差值	绝对	.118
	正	.118
	负	-.068
检验统计		.118
渐近显著性（双尾）		.000

a. 检验分布为正态分布。
b. 根据数据计算。
c. 里利氏显著性修正。

单样本柯尔莫戈洛夫-斯米诺夫检验 2		螺纹钢期货收盘价(活跃合约)
个案数		905
均匀参数[a,b]	最小值	3051.00
	最大值	6171.00
最极端差值	绝对	.244
	正	.244
	负	-.076
柯尔莫戈洛夫-斯米诺夫		7.348
渐近显著性（双尾）		.000

a. 检验分布为均匀分布。
b. 根据数据计算。

单样本柯尔莫戈洛夫-斯米诺夫检验 3		螺纹钢期货收盘价(活跃合约)
个案数		905
泊松参数[a,b]	平均值	4208.2818
最极端差值	绝对	.515
	正	.515
	负	-.332
柯尔莫戈洛夫-斯米诺夫		15.499
渐近显著性（双尾）		.000

a. 检验分布为泊松分布。
b. 根据数据计算。

单样本柯尔莫戈洛夫-斯米诺夫检验 4		螺纹钢期货收盘价(活跃合约)
个案数		905
指数参数[a,b]	平均值	4208.2818
最极端差值	绝对	.518
	正	.249
	负	-.518
柯尔莫戈洛夫-斯米诺夫 Z		15.573
渐近显著性（双尾）		.000

a. 检验分布为指数分布。
b. 根据数据计算。

图7.13　单样本柯尔莫戈洛夫-斯米诺夫检验结果

7.4　两个独立样本检验

> 下载资源:\video\第 7 章\7.4
> 下载资源:\sample\数据 7\数据 7.4

7.4.1　正态性检验回顾

两个独立样本检验用于在总体分布未知的情况下，通过对两个独立样本的集中趋势、离中趋势、偏度等指标进行差异性检验。由于不依赖总体分布，因此除了大样本数据以及服从正态分布的数据之外，两个独立样本检验还可适用于小样本（$n<30$）且不服从正态分布的数据，它是第 6 章介绍的独立样本 T 检验的非参数检验替代方法。

正态性检验方法

在 SPSS 中，常用的正态性检验方法有两种：一是根据 "5.3　探索分析" 中的介绍，在 "探索" 对话框中选择 "图" 按钮，在 "探索：图" 对话框中勾选 "含检验的正态图" 复选框。输出的结果即包括 "柯尔莫戈洛夫-斯米诺夫(V)和夏皮洛-威尔克正态性检验" 两种结果；二是根据 "7.3　单样本 K-S 检验" 中的介绍，在 "单样本柯尔莫戈洛夫-斯米诺夫检验" 对话框的 "检验分布" 选项组中勾选 "正态" 复选框。

SPSS 非参数检验模块提供了 4 种 "两个独立样本检验" 方法，分别是曼-惠特尼 U、柯尔莫戈洛夫-斯米诺夫 Z、莫斯极端反应和瓦尔德-沃尔福威茨游程检验。

7.4.2 案例应用——分析德国、荷兰的年通货膨胀率差异

本小节使用"数据 7.4"。数据 7.4 是 1990—2023 年中国、美国、德国、荷兰以链式 GDP 平减指数计算的年通胀率数据，单位均为%。SPSS 数据视图如图 7.14 所示，其中针对"国家"变量进行了值标签操作，用 1、2、3、4 分别表示中国、美国、德国、荷兰。

现使用两个独立样本检验方法检验德国、荷兰的年通货膨胀率是否存在显著差异。案例应用的具体步骤如下：

步骤01 打开"数据 7.4"，选择"分析|非参数检验|旧对话框|2 个独立样本"命令，弹出如图 7.15 所示的"双独立样本检验"对话框。在该对话框左侧的列表框中选择"年通胀率（链式 GDP 平减指数）"，并单击➡按钮将其加入"检验变量列表"列表框。

步骤02 选择检验类型。在"双独立样本检验"对话框的"检验类型"选项组中，选择曼-惠特尼 U、柯尔莫戈洛夫-斯米诺夫 Z、莫斯极端反应和瓦尔德-沃尔福威茨游程 4 种方法。

图 7.14　"数据 7.4"的数据视图　　　　图 7.15　"双独立样本检验"对话框

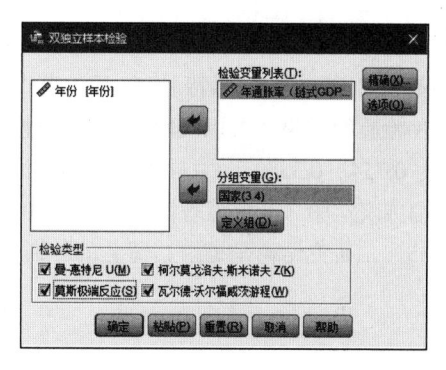

对话框深度解读

- 曼-惠特尼 U 检验法：是最常用的两个独立样本检验方法，等同于对两个组进行的 Wilcoxon 秩检验和 Kruskal-Wallis 检验，检验时会同时输出 Wilcoxon 秩和 W 统计量。原假设是两个独立样本来自的总体不存在显著差异。

- 柯尔莫戈洛夫-斯米诺夫 Z 检验法：计算两个样本的实际累积分布函数之间的最大绝对差，当这个差很大时，就将两个分布视为不同的分布。原假设是两个独立样本来自的总体不存在显著差异。

- 莫斯极端反应检验法：将一个样本作为试验样本，另一个样本作为控制样本，再将两个样本合并按升序排列，得出每个数据的等级并计算控制组的跨度（控制组样本中最大等级和最小等级之间包含的样本个数）。如果跨度较大，则认为两个样本存在极限反应，具有显著性差异。因为极端异常值能轻易使跨度范围变形，所以系统还会修剪取值极高和极低的各 5%的数据，生成另一个跨度辅助检验。原假设是两个独立样本来自的总体不存在显著差异。

- 瓦尔德-沃尔福威茨游程检验法：对两个组的样本观测值进行组合和排秩。如果两个样本来自同一总体，则它们的秩次应该是随机散布的。原假设是两个独立样本来自的总体不存在显著差异。

步骤03 选择分组变量。在"双独立样本检验"对话框左侧的列表框中选择"国家"，并单击➡按钮将其加入"分组变量"列表框。然后单击"定义组"按钮，弹出如图 7.16 所示的"双独立样本：定义组"对话框。在该对话框中，"组1""组2"分别表示第一、二组类别变量的取值。在"组1"中输入 3，在"组2"中输入 4。单击"继续"按钮，返回"双独立样本检验"对话框。

图 7.16 "双独立样本：定义组"对话框

步骤04 设置完成后，单击"确定"按钮，等待输出结果。

7.4.3 结果解读

图 7.17 依次为曼-惠特尼 U、柯尔莫戈洛夫-斯米尔诺夫 Z、莫斯极端反应和瓦尔德-沃尔福威茨游程 4 种检验的结果。可以发现曼-惠特尼检验（渐近显著性 p 值为 0.206）、莫斯检验（渐近显著性 p 值为 0.754、0.355）、双样本柯尔莫戈洛夫-斯米尔诺夫检验（渐近显著性 p 值为 0.106）、瓦尔德-沃尔福威茨检验（渐近显著性 p 值为 0.403）4 种检验都显著接受了原假设（渐近显著性 p 值均远大于 0.05）。研究结论是德国、荷兰的年通货膨胀率不存在显著差异。

检验统计

	年通胀率（链式GDP平减指数）
曼-惠特尼 U	475.000
威尔科克森 W	1070.000
Z	-1.263
渐近显著性（双尾）	.206

a. 分组变量：国家

检验统计[b]

	年通胀率（链式GDP平减指数）
实测控制组范围	67
Sig.（单尾）	.754
剪除后控制组跨度	61
Sig.（单尾）	.355
在两端剪除了离群值	1

a. 莫斯检验
b. 分组变量：国家

检验统计

		年通胀率（链式GDP平减指数）
最极端差值	绝对	.294
	正	.294
	负	-.059
柯尔莫戈洛夫-斯米诺夫		1.213
渐近显著性（双尾）		.106

a. 分组变量：国家

检验统计[b]

	游程数	Z	渐近显著性（单尾）
年通胀率（链式GDP平减指数）精确游程	34[c]	-.244	.403

a. 瓦尔德-沃尔福威茨检验
b. 分组变量：国家
c. 未遇到任何组内绑定值。

图 7.17 双独立样本检验结果

7.5 两个相关样本检验

下载资源:\video\第 7 章\7.5

下载资源:\sample\数据 7\数据 7.5

7.5.1 统计学原理

两个相关样本的非参数检验一般用于分析研究对象试验前后是否具有显著性差异。它同样用于在总体分布未知的情况下，通过对两个相关样本的集中趋势、离中趋势、偏度等指标进行差异性检验。由于不依赖总体分布，除了大样本数据以及服从正态分布的数据，两个相关样本检验还适用于小样本（$n<30$）且不服从正态分布的数据，它是第 6 章介绍的"相关样本 T 检验"的非参数检验替代方法。SPSS 非参数检验模块提供 4 种方法用于两个相关样本检验，分别是威尔科克森、符号、麦克尼马尔和边际齐性。

7.5.2 案例应用——分析试验药品服药前后的效果

本小节使用"数据 7.5"。数据 7.5 包含多名药物志愿者服用某种药物前后，血液中谷丙转氨酶的数据。谷丙转氨酶是一种参与人体蛋白质新陈代谢的酶，也是反映肝细胞损伤程度的酶，其正常值范围为 0 至 40 个单位每升，大于 40 个单位每升表明转氨酶升高，可能有肝功能异常。SPSS 数据视图如图 7.18 所示。

图 7.18 "数据 7.5"的数据视图

下面使用两个相关样本检验方法检验服药前后谷丙转氨酶的差异，案例应用的具体步骤如下：

步骤 01 打开"数据 7.5"，选择"分析|非参数检验|旧对话框|2 个相关样本"命令，弹出如图 7.19 所示的"双关联样本检验"对话框。从源变量列表框中选择"服药前"和"服药后"变量，并单击 按钮将其加入"检验对"列表框。

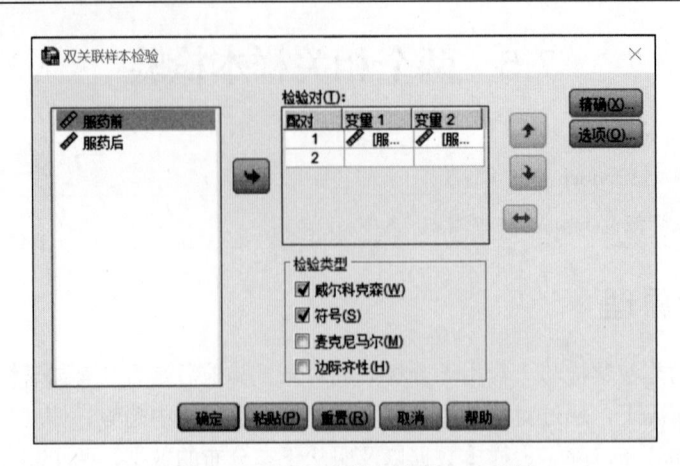

图 7.19 "双关联样本检验"对话框

步骤02 选择检验类型。在"双关联样本检验"对话框的"检验类型"列表框中选择威尔科克森和符号两种方法。本例中"服药前"和"服药后"两个变量均为连续变量，因此仅选择这两种方法。

> **对话框深度解读**
>
> 威尔科克森、符号、麦克尼马尔和边际齐性4种方法的具体选取取决于数据类型。
>
> 如果数据是连续的，可使用威尔科克森或符号检验。符号检验计算所有样本的两个变量（如本例中服药前、服药后）之间的差，并将差分类为正、负或0。如果两个变量分布相似，则正和负的数目相差不大。威尔科克森检验除了考虑两个变量之间差的正负方向，还考虑差的幅度，因此它比符号检验更为强大。
>
> 如果数据为二值分类数据（取值只有两个），则使用麦克尼马尔检验。此检验通常用于测量由试验引起的响应变化（如服药前、服药后）。每个样本有两次响应数据，一次在指定事件发生之前，一次在指定事件发生之后。麦克尼马尔检验确定初始响应率（事件前）是否等于最终响应率（事件后）。
>
> 如果数据为分类数据（不局限于两个值，也可能有多个取值），则使用边际齐性检验。边际齐性检验本质上是麦克尼马尔检验从二值响应到多项响应的扩展。

步骤03 设置完成后，单击"确定"按钮，等待输出结果。

7.5.3 结果解读

图 7.20 为威尔科克森检验、符号检验两种检验的结果。可以看到，威尔科克森检验（渐近显著性 p 值为 0.000）和符号检验（渐近显著性 p 值为 0.000）都显著拒绝了原假设，即服药前后谷丙转氨酶的差异是显著的。另外，观察到两种检验的 Z 统计量（服药后-服药前）为负值，说明血液中谷丙转氨酶的数量是显著下降的，这表明该药物的效果较好。

威尔科克森符号秩检验				符号检验		
秩				频率		
		个案数	秩平均值	秩的总和		个案数
服药后 - 服药前	负秩	30[a]	15.50	465.00	服药后 - 服药前 负差值[a]	30
	正秩	0[b]	.00	.00	正差值[b]	0
	绑定值	0[c]			绑定值[c]	0
	总计	30			总计	30

a. 服药后 < 服药前
b. 服药后 > 服药前
c. 服药后 = 服药前

检验统计[a]			检验统计[a]	
	服药后 - 服药前			服药后 - 服药前
Z	-4.782[b]		Z	-5.295
渐近显著性（双尾）	.000		渐近显著性（双尾）	.000

a. 威尔科克森符号秩检验
b. 基于正秩。

a. 符号检验

图 7.20　双关联样本检验结果

7.6　K 个独立样本检验

下载资源:\video\第 7 章\7.6

下载资源:\sample\数据 7\数据 7.6

7.6.1　统计学原理

K 个独立样本检验的统计学原理与两个独立样本检验相同，两个独立样本检验是 K 个独立样本检验的特殊情况。K 个独立样本检验同样用于总体分布未知的情况，不依赖总体分布。除了大样本数据以及服从正态分布的数据之外，K 个独立样本检验还适用于小样本（$n<30$）且不服从正态分布的数据，它是第 6 章介绍的"单因素 ANOVA 检验"的非参数检验替代方法。SPSS 提供了克鲁斯卡尔-沃利斯 H、约克海尔-塔帕斯特拉和中位数 3 种检验方法进行 K 个独立样本检验。

7.6.2　案例应用——分析中国、韩国、日本的失业率差异

本小节使用"数据 7.6"。数据 7.6 包含 2018 年 1 月至 2024 年 7 月中国、韩国、日本、美国的失业率数据，单位均为%。SPSS 数据视图如图 7.21 所示，其中针对"国家"变量进行了值标签操作，用 1、2、3、4 分别表示中国、韩国、日本、美国。

接下来，我们使用 K 个独立样本检验方法检验中国、韩国、日本的失业率是否存在显著差异。案例应用的具体步骤如下：

步骤 01 打开"数据 7.6"，选择"分析|非参数检验|旧对话框|K 个独立样本"命令，弹出如图 7.22 所示的"针对多个独立样本的检验"对话框。在该对话框左侧的列表框中选择"失业率"，并单击按钮将其加入"检验变量列表"列表框。

图 7.21　数据 7.6 的数据视图

步骤 02 在"针对多个独立样本的检验"对话框左侧的列表框中选择"国家",并单击 ➡ 按钮将其加入"分组变量"列表框。然后单击"定义范围"按钮,弹出如图 7.23 所示的对话框,设置分组变量的范围。"最小值""最大值"分别表示分组变量的取值下限和上限。我们在"最小值"中输入 1,在"最大值"中输入 3。

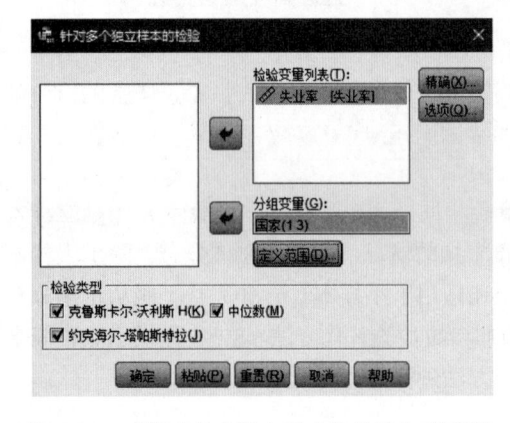

图 7.22　"针对多个独立样本的检验"对话框　　图 7.23　"针对多个独立样本的检验:定义范围"对话框

步骤 03 选择检验类型。在"针对多个独立样本的检验"对话框的"检验类型"选项组中,选择克鲁斯卡尔-沃利斯 H、中位数和约克海尔-塔帕斯特拉 3 种方法。

对话框深度解读

- 克鲁斯卡尔-沃利斯 H 检验:曼-惠特尼 U 检验法的扩展,是单因素方差分析的非参数模拟,用于检测分布位置的差别。

- 中位数检验:首先将所有样本合并并计算中位数,然后计算各组样本中大于或小于这个中位数的样本的个数。如果这些数据差距过大,则认为两组样本所属的总体有显著差异。

- 约克海尔-塔帕斯特拉检验：在 K 个总体已进行自然先验排序（升序或降序）的情况下，该检验性能更优。

步骤04 设置完成后，单击"确定"按钮，等待输出结果。

7.6.3 结果解读

图 7.24 依次展示了克鲁斯卡尔-沃利斯 H、中位数和约克海尔-塔帕斯特拉 3 种检验的结果。可以看到，克鲁斯卡尔-沃利斯 H（渐近显著性 p 值为 0.000）、中位数检验（渐近显著性 p 值为 0.000）、约克海尔-塔帕斯特拉（渐近显著性 p 值为 0.000）3 种检验都显著拒绝了原假设。综合这 3 种检验方法的结论，可以认为中国、韩国、日本的失业率存在显著差异。

检验统计[b]

	失业率
克鲁斯卡尔-沃利斯 H	181.201
自由度	2
渐近显著性	.000

a. 克鲁斯卡尔-沃利斯检验
b. 分组变量：国家

检验统计

	失业率
个案数	237
中位数	3.4000
卡方	158.281[b]
自由度	2
渐近显著性	.000

a. 分组变量：国家
b. 0 个单元格 (0.0%) 的期望频率低于 5。期望的最低单元格频率为 38.7。

约克海尔-塔帕斯特拉检验[a]

	失业率
国家 中的级别数	3
个案数	237
实测 J-T 统计	983.000
平均值 J-T 统计	9361.500
J-T 统计的标准差	574.062
标准 J-T 统计	-14.595
渐近显著性（双尾）	.000

a. 分组变量：国家

图 7.24 K 个独立样本检验结果

7.7 K 个相关样本检验

下载资源:\video\第 7 章\7.7
下载资源:\sample\数据 7\数据 7.7

7.7.1 统计学原理

K 个相关样本检验用于在总体分布未知的情况下，检验多个相关样本之间的差异性。K 个相关样本检验的统计学原理与两个相关样本检验相同，两个相关样本检验是 K 个相关样本检验的特殊情况。SPSS 提供了傅莱德曼检验、肯德尔 W 检验和柯克兰 Q 检验 3 种方法进行 K 个相关样本检验。

7.7.2 案例应用——分析主要城市日照时数差异

本节使用"数据 7.7"，该数据为"中国 2018 年主要城市日照时数统计"（摘编自《中国统计年鉴 2019》），数据视图如图 7.25 所示。

图 7.25 "数据 7.7"的数据视图

下面将使用 K 个相关样本检验方法检验 10 月、11 月、12 月的日照时数是否存在显著不同，案例应用的具体步骤如下：

步骤01 打开"数据 7.7"，选择"分析|非参数检验|旧对话框|K 个相关样本"命令，弹出如图 7.26 所示的"针对多个相关样本的检验"对话框。从源变量列表框中选择"10 月[@10 月]""11 月[@11 月]"和"12 月[@12 月]"变量，并单击 ➡ 按钮将其加入"检验变量"列表框。

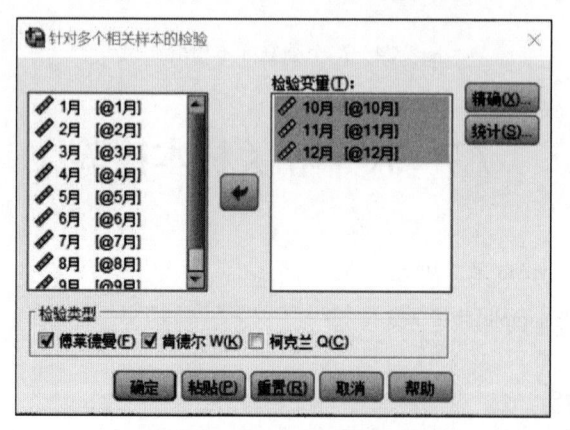

图 7.26 "针对多个相关样本的检验"对话框

步骤02 选择检验类型。在"针对多个相关样本的检验"对话框的"检验类型"选项组中，选择傅莱德曼检验和肯德尔 W 检验两种方法。因为柯克兰 Q 检验仅适用于处理二值数据，而日照时数为连续变量，所以不选择它。

对话框深度解读

傅莱德曼检验：首先将所有样本合并并按升序排列，然后计算各观测量在各自行中的等级，并求出各组样本的平均等级与等级和。如果平均等级或等级和相差较大，则认为各组样本所属的总体存在显著差异。

肯德尔 W 检验：傅莱德曼的标准化形式。该方法将每个样本观测值视为一名评分者，每个变量视为评价项，计算协调系数 W，作为评分者之间一致程度的测量。W 取值范围为 0（完全不一致）~1（完全一致）。

柯克兰 Q 检验：等同于傅莱德曼检验，但仅适用于处理二值数据的情况。

步骤 03 设置完成后，单击"确定"按钮，等待输出结果。

7.7.3 结果解读

图 7.27 为傅莱德曼检验和肯德尔 W 检验的结果。可以看到，傅莱德曼检验（渐近显著性 p 值为 0.000）和肯德尔 W（渐近显著性 p 值为 0.000）都显著拒绝了原假设，即 10 月、11 月和 12 月的日照时数存在显著差异。

傅莱德曼检验

秩

	秩平均值
10月	2.82
11月	1.85
12月	1.32

检验统计[a]

个案数	34
卡方	39.353
自由度	2
渐近显著性	.000

a. 傅莱德曼检验

肯德尔 W 检验

秩

	秩平均值
10月	2.82
11月	1.85
12月	1.32

检验统计

个案数	34
肯德尔 W[a]	.579
卡方	39.353
自由度	2
渐近显著性	.000

a. 肯德尔协同系数

图 7.27 K 个相关样本检验结果

7.8 本章习题

针对所有习题，要求：一是要提交 SPSS 结果文件；二是要进行必要的解读，并写出完整的研究结论。

1. 使用本书配套资源中提供的"习题 7.1"数据。该数据是 2023 年 1 月 4 日至 2024 年 9 月 25 日建设银行 A 股每日涨跌幅数据（不包括节假日及涨跌幅为 0 的交易日），单位为%。请针对建设银行 A 股每日涨跌幅数据进行卡方检验，探索涨跌天数比例是否为 2:1。

2. 继续使用"数据 7.1"，针对工商银行 A 股每日涨跌幅数据进行二项检验，探索涨跌天数是否均匀（即涨的天数和跌的天数是否大致相等）。

3. 继续使用"数据 7.6"，使用单样本 K-S 检验方法判断数据的分布特征是否服从正态分布、均匀分布、泊松分布或指数分布。

4. 继续使用"数据 7.4",使用两个独立样本检验方法检验中国和美国的年通货膨胀率是否存在显著差异。

5. 继续使用"数据 7.7",使用两个相关样本检验方法检验 8 月和 9 月的日照时数是否存在显著差异。

6. 继续使用"数据 7.6",使用 K 个独立样本检验方法检验韩国、日本和美国的失业率是否存在显著差异。

7. 继续使用"数据 7.7",使用 K 个相关样本检验方法检验 4 月、5 月和 6 月的日照时数是否存在显著差异。

◆ 第三部分 ◆

高级统计案例应用

第 8 章

多因素方差分析与多因变量分析

本章介绍多因素方差分析与多因变量分析。多因素方差分析用于研究两个或更多自变量（因素）对一个因变量的影响，同时考察这些自变量之间是否存在交互作用，比如研究不同教学方法和不同学习时间对学生成绩的影响，同时考察教学方法与学习时间是否存在交互作用。多因变量分析用于研究一个或多个自变量对多个因变量的联合影响，比如研究不同教学方法对学生数学成绩、语文成绩和英语成绩的联合影响。

本章教学要点：

- 了解 SPSS 的多因素方差分析与多因变量分析的特色，并掌握每种方法的适用条件。
- 熟练掌握 SPSS 的多因素方差分析与多因变量分析的窗口功能，能够根据研究需要灵活进行窗口设置，进行一般线性模型分析。
- 能够解读各种分析的结果，从中发现数据特征，并得出研究结论。

8.1 多因素方差分析

> 下载资源:\video\第 8 章\8.1
> 下载资源:\sample\数据 8\数据 8.1

8.1.1 统计学原理

SPSS 多因素方差分析的统计学原理是通过一个或多个因子或协变量（解释变量）分析一个因变量（被解释变量）的回归和方差。之所以称为多因素方差分析，是因为因子（包括固定因子和随机因子）或协变量可以有一个或多个，但因变量只有一个。用户既可以研究单个因子对因变量的影响，也可以研究因子之间的交互效应对因变量的影响，还可以研究协变量对因变量的影响以及协变量与因子之间的交互效应对因变量的影响。

关键点 1：因子和协变量的区别是什么？SPSS 多因素方差分析要求因变量是定量连续变量，对于因子要求必须是分类变量,当然分类变量可以是最多 8 个字符的字符串值,也可以是用 1、2、3、4 数字表示的分组。如果还有定量连续变量可能影响因变量,该怎么办呢?这就需要通过设置协变量来实现。协变量是对因变量有影响的定量连续变量。

关键点 2:固定因子和随机因子的区别是什么?如果因变量为单变量,同时因子之间属于同级并列关系,则应将因子都作为固定因子处理。如果因子之间有明确的从属关系,则应将主要因子作为固定因子,其他因子作为随机因子处理。如果因变量为多变量,则不论因子之间的从属关系如何,都应将因子作为固定因子处理。

8.1.2 案例应用——分析德国、法国、西班牙、意大利四个国家的住房拥挤率

本节使用"数据 8.1"。数据 8.1 是欧盟统计局公布的 2005 年至 2023 年德国、法国、西班牙、意大利四个国家,不同年龄区间、不同性别的人的住房拥挤率(单位为%)数据。根据欧盟统计局的定义,如果一个家庭的住房无法提供足够的房间以让家庭成员舒适地生活,那么该家庭的住房被视为"过于拥挤"。具体来说,如果一个家庭的住房不满足以下条件,则被视为过于拥挤:一个家庭一间房、每对夫妻一间房、每位 18 岁以上单身人士一间房以及每两个未成年人一间房。"数据 8.1"的数据视图如图 8.1 所示。

图 8.1 "数据 8.1"的数据视图

接下来,以"拥挤率"作为因变量,以"国家""年龄区间""性别"作为固定因子,进行多因素方差分析。案例应用的具体步骤如下:

步骤 01 打开"数据 8.1",选择"分析|一般线性模型|单变量"命令,弹出"单变量"对话框。在左侧变量框中选择"拥挤率"变量,单击 ▶ 按钮,将其加入右侧的"因变量"列表框;选择"国家""年龄区间""性别"变量,单击 ▶ 按钮,将其加入右侧的"固定因子"列表框,如图 8.2 所示。

步骤 02 单击"模型"按钮,弹出"单变量:模型"对话框,如图 8.3 所示。本例中采用系统默认

的"全因子"模型。

图 8.2 "单变量"对话框

图 8.3 "单变量：模型"对话框

对话框深度解读

"指定模型"选项组用于设置模型的类型，即最终进入模型的自变量（因子）。

（1）全因子：系统默认选项。全因子模型包括所有因子变量的主效应、所有协变量的主效应、所有因子与因子的交互效应，但不包括多个协变量之间或协变量与因子之间的交互效应。如果选择"全因子"，则无须进行其他设置。

（2）构建项：若用户不需要使用全因子模型，而仅需指定其中部分因子的主效应、部分因子之间的交互效应或一部分因子与协变量之间的交互效应，可选择该选项。系统将在"因子与协变量"列表框中自动列出可以作为因子与协变量的变量，这些变量是由用户在前面的"单变量"对话框中指定的，用户可以根据表中列出的变量自行建立模型即可。

构建项包括交互、主效应、所有二阶、所有三阶、所有四阶、所有五阶等类型。在选中"因子与协变量"列表框中的各个因子与协变量以后，若选择主效应，则将各个因子与协变量本身作为变量纳入模型，本例中为"国家""年龄区间""性别"；若选择交互，则创建所有选定因子与协变量的最高级交互项，本例中为国家*年龄区间*性别；若选择二阶交互，则创建所有选定因子与协变量的所有可能的二阶交互，本例中为国家*年龄区间、年龄区间*性别、国家*性别；若选择三阶交互，则创建所有选定因子与协变量的所有可能的三阶交互，本例中为国家*年龄区间*性别，若选择四阶交互，则创建所有选定因子与协变量的所有可能的四阶交互；若选择五阶交互，则创建所有选定因子与协变量的所有可能的五阶交互。因为本例中只有 3 个因子，所以即使选择四阶交互、五阶交互，也仅会出现三阶交互的结果，即国家*年龄区间*性别。

（3）构建定制项：如果要包含嵌套项，或者想要按变量显式构建任何项，可以使用该选项。

（4）在对话框的左下方有"平方和"下拉框，它提供了 4 项选择来确定平方和的分解方法，包括 I 类、II 类、III 类和 IV 类，其中 III 类是系统默认的，也是常用的一种。

- I 类：平衡设计，顺序依赖；按模型中变量的顺序逐步分解平方和，顺序影响结果。
- II 类：平衡设计，无交互作用；考虑主效应，忽略交互作用，适用于无交互作用的模型。
- III 类：非平衡设计，有交互作用；最常用的方法，适用于非平衡设计和有交互作用的模型。

- IV类：非平衡设计，有缺失单元格；专门为有缺失的单元格设计，确保独立性，适用于复杂缺失数据情况。

（5）右下角的"在模型中包括截距"项，系统默认截距包括在回归模型中。如果数据通过原点，则可以不包括截距，即不选择此项。这里保持默认设置。

步骤03 单击"继续"按钮，回到"单变量"对话框，单击"对比"按钮，弹出"单变量：对比"对话框，如图8.4所示。本例中采用系统默认设置。

图8.4 "单变量：对比"对话框

对话框深度解读

"因子"列表框中显示出所有在主对话框中选中的因子变量，因子变量名后的括号中显示当前的对比方法。在"更改对比"栏中可以更改变量的对比方法。

对比用于检验因子水平之间的差异。我们可以为模型中的每个因子指定一种对比方法，对比结果描述的是参数的线性组合。操作步骤如下：

（1）在"因子"列表框中选择要更改对比方法的因子，这一操作将激活"更改对比"选项组中的各项。

（2）单击"对比"下拉列表框后的下拉箭头，在展开的对比方法列表中选择合适的对比方法。可供选择的对比方法及其含义如下：

- 无：不进行均值比较。
- 偏差：将因子的每个水平（除参考类别除外）的平均值与所有水平的平均值（总平均值）进行比较。
- 简单：将因子的每个水平的平均值与指定水平的平均值进行比较。当存在控制组时，此类对比很有用。
- 差值：将因子的每个水平的平均值（第一个水平除外）与前一个水平的平均值进行比较。
- 赫尔默特：将因子的每个水平的平均值（最后一个水平除外）与后一个水平的平均值进行比较。
- 重复：将因子的每个水平的平均值（最后一个水平除外）与后一个水平的平均值进行比较。
- 多项式：比较线性效应、二次效应、三次效应等。第一自由度包含跨所有类别的线性效应，第二自由度包含二次效应，以此类推。这些对比常用来估计多项式趋势。

需要提示的是，对于偏差对比和简单对比，用户可以选择参考类别是最后一个类别还是第一个类别。

（3）单击"更改"按钮，所选的（或已更改的）对比方法将显示在步骤（1）中选定的因子变量后面的括号中。

（4）选择对比的参考水平，只有在选择"偏差"或"简单"方法时才需要选择参考水平。共有两种可能的选择："最后一个"和"第一个"。系统默认的参考水平是"最后一个"。

步骤 04 单击"继续"按钮，回到"单变量"对话框，单击"图"按钮，弹出"单变量：轮廓图"对话框，如图 8.5 所示。这里，我们把"年龄区间"选为水平轴变量，"国家"选为单独的线条变量，把"性别"选为单独的图变量，然后单击"添加"按钮将其加入下方的"图"列表框。

图 8.5 "单变量：轮廓图"对话框

对话框深度解读

轮廓图用于比较模型中的边际平均值，单因子的轮廓图显示估计的边际平均值是沿水平增加还是减少。所有固定因子和随机因子（如果存在）都可用于绘制轮廓图，图表可以是折线图或条形图。第一个因子对应"水平轴"，反映因子的每个水平（每个取值）上的估计因变量边际平均值；第二个因子对应"单独的线条"，变量的每个水平在图中显示为一条线；第三个因子对应"单独的图"，每个水平可用来创建分离图，每个分离图变量的每个水平生成一幅线图。具体设置如下：

（1）从左侧的"因子"列表框中把因子变量分别选入"水平轴""单独的线条""单独的图"中，单击"添加"按钮，即可在"图"列表框中生成图形表达式。如果生成的图形表达式存在错误，可以单击"更改"或"除去"按钮分别进行修改和删除。

（2）选择图表类型，可以选择折线图或条形图。

第 8 章　多因素方差分析与多因变量分析 | 191

（3）选择是否输出误差条形图，用户可勾选"包括误差条形图"复选框并设定置信区间或标准误差。

（4）选择是否包括总平均值的参考线，可以选择是否包括一个参考线来表示总体平均值。

（5）若勾选"Y 轴从 0 开始"复选框，则对于仅包含整数值或仅包含负数值的折线图，强制 Y 轴从 0 开始。条形图始终从（或包含）0 开始。

步骤 05　单击"继续"按钮，回到"单变量"对话框，单击"事后比较"按钮，弹出"单变量：实测平均值的事后多重比较"对话框，如图 8.6 所示。从"因子"列表框中选择所有因子变量，单击 按钮将其加入右侧的"下列各项的事后检验"列表框，然后在下面的"假定等方案"选项组中选择所需的多重比较方法（如 LSD）。

图 8.6　"单变量：实测平均值的事后多重比较"对话框

对话框深度解读

单变量方差分析的基本分析只能判断自变量是否对因变量产生了显著影响。如果自变量确实对因变量产生了显著影响，那么还需要进一步确定自变量不同类别之间的差异，观察哪些类别之间存在差异，以及这些差异的具体情况。需要注意的是，只有包括 3 个及以上类别的因子才会进行事后多重比较。这一点很好理解，只有当因子具有 3 个及以上类别时，才有拆解分析的必要。本例之所以选择"因子"列表框中的所有因子变量进行分析类别，是因为系统可以自行筛选出具有 3 个及以上类别的因子。

"假定等方差"选项组提供了 14 种方法，"不假定等方差"选项组提供了 4 种方法，每种方法各有优劣，具体统计量的计算公式可参阅相关统计学教材。

步骤 06　单击"继续"按钮，回到"单变量"对话框，单击"保存"按钮，弹出"单变量：保存"对话框，如图 8.7 所示。在该对话框中进行选择后，系统会使用默认变量名将所计算的预测值、残差和诊断等作为新的变量保存在编辑数据文件中，以便在其他统计分析中使用这些值。在数据编辑器窗口中，使用鼠标指向变量名时，会显示新生成变量的解释。本例采用系统默认设置。单击"继续"按钮，回到"单变量"对话框。

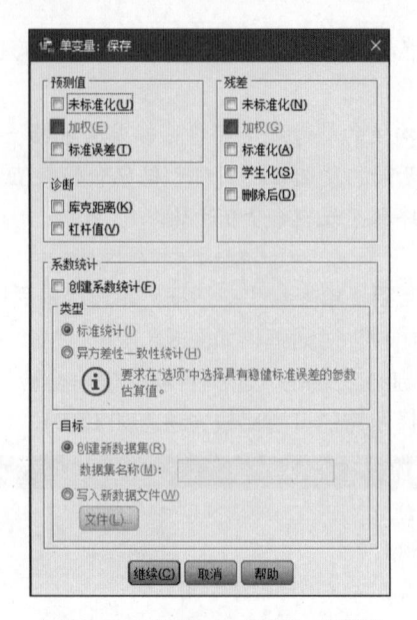

图 8.7 "单变量：保存"对话框

对话框选项设置/说明

"预测值"选项组：系统对每个样本观测值给出根据模型计算的预测值，提供以下 3 个选项：

- 未标准化：选择该项将输出标准化的预测值。
- 加权：只有在"单变量"对话框中选择了"WLS 权重"时，该选项才会被激活。选中这个选项将保存加权的非标准化预测值。
- 标准误差：选择该项将给出预测值标准误差。

"诊断"选项组：可以测量并标识对模型影响较大的观测量或自变量，包括两个选项：库克距离和杠杆值。

"残差"选项组的各选项含义如下：

- 未标准化：给出未标准化残差值，即观测值与预测值之差。
- 加权：只有在"单变量"对话框中选择了"WLS 权重"时，该选项才会被激活。选中这个选项将保存加权的非标准化残差。
- 标准化：给出标准化残差，又称皮尔逊残差。
- 学生化：给出学生化残差。
- 删除后：给出剔除残差，即因变量值与校正预测值之差。

如果勾选了"创建系数统计"复选框，系统将模型参数估计的方差-协方差矩阵保存到一个新文件中。对于因变量，将产生 3 行数据：一行是参数估计值，一行是与参数估计值相对应的显著性检验的 t 统计量，还有一行是残差自由度。所生成的新数据文件可以作为其他分析的输入数据文件。单击"写入新数据文件"下方的"文件"按钮，打开相应的保存对话框，指定文件的保存位置和文件名。这里我们选择按系统默认方式进行设置，因为保存设置对分析结果没有任何影响。

步骤 07 单击"选项"按钮,弹出"单变量:选项"对话框,如图 8.8 所示。本例中我们选择系统默认选项。最后单击"继续"按钮,回到"单变量"对话框,单击"确定"按钮,进入计算分析。

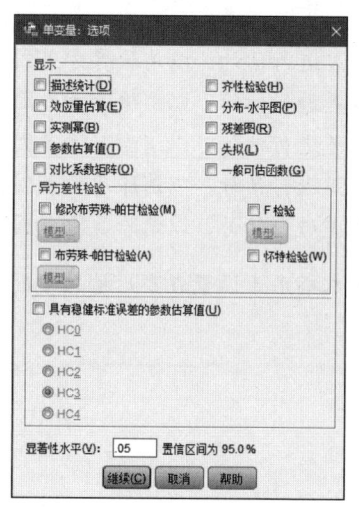

图 8.8 "单变量:选项"对话框

对话框深度解读

"显示"选项组可以指定要输出的统计量,包含以下选项。

- 描述统计:输出的描述统计量包括样本观测值的平均值、标准差和每个单元格中的样本观测值数。
- 效应量估算:反映了每个效应与每个参数估计值所能归属于因子的总变异的大小。
- 实测幂:给出各种检验假设的功效,计算功效的显著性水平。系统默认的临界值是 0.05。
- 参数估算值:给出各因素变量的模型参数估计、标准误差、T 检验的 t 值、显著性概率和 95%的置信区间。
- 对比系数矩阵:显示 L 矩阵(对比系数矩阵)。
- 齐性检验:进行方差齐性检验。
- 分布-水平图:绘制观测量均值-标准差图、观测量均值-方差图。
- 残差图:绘制残差图,展示观测值、预测值散点图和观测量数目对标准化残差的散点图,以及正态和标准化残差的正态概率图。
- 失拟:检查独立变量和非独立变量之间的关系是否被充分描述。
- 一般可估函数:可以根据一般估计函数自定义假设检验,对比系数矩阵的行与一般估计函数的线性组合。

"异方差性检验"选项组可以指定进行异方差性检验的方法,包含以下选项。

- 布劳殊-帕甘检验:也就是统计学上常说的 BP 检验。
- 修改布劳殊-帕甘检验:也就是统计学上的改进的 BP 检验。

- F 检验：使用 F 联合检验异方差。
- 怀特检验：相对于布劳殊-帕甘检验，怀特检验基于条件方差函数一阶近似，加入了条件方差函数的二次项，包括平方项和交互项。

"具有稳健标准误差的参数估算值"选项组包含以下选项：

- HC0：使用 0 阶稳健标准差进行估计，以消除异方差因素带来的影响。
- HC1：使用 1 阶稳健标准差进行估计，以消除异方差因素带来的影响。
- HC2：使用 2 阶稳健标准差进行估计，以消除异方差因素带来的影响。
- HC3：使用 3 阶稳健标准差进行估计，以消除异方差因素带来的影响。
- HC4：使用 4 阶稳健标准差进行估计，以消除异方差因素带来的影响。

最下面的"显著性水平"文本框用于设置在事后检验中的显著性水平，以及用于构造置信区间的置信度。

8.1.3 结果解读

1. 主体间因子

图 8.9 展示了主体间因子的情况。可以看到各个因子变量（包括"国家""年龄区间""性别"）的具体水平，以及各个因子水平下的样本观测值数。例如，"性别"这一因子变量共有男、女两个水平，样本观测值数分别为 228 个和 228 个。

2. 主体间效应检验

图 8.10 所示为主体间效应检验结果，这是方差分析的主要结果。可以看到，因变量为"拥挤率"，表中各列的解释如下：

- 源：进入模型的因子变量情况。除了截距常数项以及误差项之外，还包括"国家""年龄区间""性别" 3 个因子变量的主效应，以及 3 个因子变量之间的交互效应（包括 3 个因子之间的两两交互效应和一个三阶交互效应）。
- III 类平方和：使用默认的 III 类方法计算的各效应的偏差平方和。修正模型的偏差平方和为 50130.893，修正后的总计偏差平方和为 51537.920，两者之差为误差偏差平方和 1407.026。
- 自由度：各效应的自由度。总计自由度为 456，等于修正模型自由度 23、截距项自由度 1、误差项自由度 432 之和。
- 均方：各效应的均方，数值上等于各效应的偏差平方和除以相应的自由度。
- F：该值是各效应在进行 F 检验时的 F 值，数值上等于各自的均方除以误差均方。
- 显著性：为显著性 p 值，小于 0.05 表明相应的变量效应比较显著。本例中，国家（p=0.000）、年龄区间（P=0.000）、国家*年龄区间（p=0.000）这 3 个效应是比较显著的，其他效应则不够显著，说明国家、年龄区间对住房拥挤率产生了显著影响，国家与年龄区间的二阶交互效应也对住房拥挤率有显著影响，其他主效应或交互效应不够显著。

表的下端显示了 R 方和调整后的 R 方，R 方即可决系数，调整后的 R 方是调整后的可决系数，表明因变量的变异中有多少可以由指定的方差模型解释，其值应在 0 和 1 之间，值越大表示模型的解释能力越强，拟合得越充分。本例中 R 方为 0.973，调整后的 R 方为 0.971，说明模型的解释能力较强。

主体间因子

		个案数
国家	德国	114
	法国	114
	西班牙	114
	意大利	114
年龄区间	18-64岁	152
	65岁及以上	152
	小于18岁	152
性别	男性	228
	女性	228

图 8.9　主体间因子表

主体间效应检验

因变量：拥挤率

源	III 类平方和	自由度	均方	F	显著性
修正模型	50130.893ᵃ	23	2179.604	669.205	.000
截距	62234.780	1	62234.780	19107.976	.000
国家	28720.057	3	9573.352	2939.311	.000
年龄区间	15222.699	2	7611.350	2336.917	.000
性别	.406	1	.406	.125	.724
国家 * 年龄区间	6171.499	6	1028.583	315.806	.000
国家 * 性别	1.560	3	.520	.160	.923
年龄区间 * 性别	3.747	2	1.873	.575	.563
国家 * 年龄区间 *	10.926	6	1.821	.559	.763
误差	1407.026	432	3.257		
总计	113772.700	456			
修正后总计	51537.920	455			

a. R 方 = .973（调整后 R 方 = .971）

图 8.10　主体间效应检验

3. 事后多重比较检验结果

图 8.11 和图 8.12 展示了"国家"和"年龄区间"两个因子变量的事后多重比较检验结果（LSD法），用于观察同一因子内部不同水平的差异性。需要说明的是，接受事后多重比较检验的因子至少需要 3 个水平（也可以理解为有 3 种取值）。本例中由于性别因子不足 3 个组，因此没有对性别因子进行事后检验。

多重比较

因变量：拥挤率
LSD

(I) 国家	(J) 国家	平均值差值 (I-J)	标准误差	显著性	95% 置信区间 下限	上限
德国	法国	-.6070*	.23904	.011	-1.0768	-.1372
	西班牙	1.6763*	.23904	.000	1.2065	2.1461
	意大利	-17.8693*	.23904	.000	-18.3391	-17.3995
法国	德国	.6070*	.23904	.011	.1372	1.0768
	西班牙	2.2833*	.23904	.000	1.8135	2.7532
	意大利	-17.2623*	.23904	.000	-17.7321	-16.7925
西班牙	德国	-1.6763*	.23904	.000	-2.1461	-1.2065
	法国	-2.2833*	.23904	.000	-2.7532	-1.8135
	意大利	-19.5456*	.23904	.000	-20.0154	-19.0758
意大利	德国	17.8693*	.23904	.000	17.3995	18.3391
	法国	17.2623*	.23904	.000	16.7925	17.7321
	西班牙	19.5456*	.23904	.000	19.0758	20.0154

基于实测平均值。
误差项是均方（误差）= 3.257。
*. 平均值差值的显著性水平为 .05。

图 8.11　"国家"事后多重比较检验结果

多重比较

因变量：拥挤率
LSD

(I) 年龄区间	(J) 年龄区间	平均值差值 (I-J)	标准误差	显著性	95% 置信区间 下限	上限
18-64岁	65岁及以上	8.9993*	.20702	.000	8.5925	9.4062
	小于18岁	-4.9599*	.20702	.000	-5.3668	-4.5530
65岁及以上	18-64岁	-8.9993*	.20702	.000	-9.4062	-8.5925
	小于18岁	-13.9592*	.20702	.000	-14.3661	-13.5523
小于18岁	18-64岁	4.9599*	.20702	.000	4.5530	5.3668
	65岁及以上	13.9592*	.20702	.000	13.5523	14.3661

基于实测平均值。
误差项是均方（误差）= 3.257。
*. 平均值差值的显著性水平为 .05。

图 8.12　"年龄区间"事后多重比较检验结果

针对"国家"事后多重比较检验的结果，解释如下：

- 德国人口的住房拥挤率显著低于法国（体现在平均值差值为-0.6070＜0，且显著性 p 值为 0.011），显著高于西班牙（体现在平均值差值为 1.6763＞0，且显著性 p 值为 0.000），显著低于意大利（体现在平均值差值为-17.8693＜0，且显著性 p 值为 0.000）。
- 法国人口的住房拥挤率显著高于德国（体现在平均值差值为 0.6070＞0，且显著性 p 值为 0.011），显著高于西班牙（体现在平均值差值为 2.2833＞0，且显著性 p 值为 0.000），显著低于意大利（体现在平均值差值为-17.2623＜0，且显著性 p 值为 0.000）。
- 西班牙人口的住房拥挤率显著低于德国（体现在平均值差值为-1.6763＜0，且显著性 p 值为 0.000），显著低于法国（体现在平均值差值为-2.2833＜0，且显著性 p 值为 0.000），显著低于意大利（体现在平均值差值为-19.5456＜0，且显著性 p 值为 0.000）。
- 意大利人口的住房拥挤率显著高于德国（体现在平均值差值为 17.8693＞0，且显著性 p 值为 0.000），显著高于法国（体现在平均值差值为 17.2623＞0，且显著性 p 值为 0.000），显著高于西班牙（体现在平均值差值为 19.5456＞0，且显著性 p 值为 0.000）。

针对"年龄区间"事后多重比较检验的结果，解释如下：

- 18~64 岁人口的住房拥挤率显著高于 65 岁及以上人口（体现在平均值差值为 8.9993＞0，且显著性 p 值为 0.000），显著低于小于 18 岁人口（体现在平均值差值为-4.9599＜0，且显著性 p 值为 0.000）。
- 65 岁及以上人口的住房拥挤率显著低于 18~64 岁人口（体现在平均值差值为-8.9993＜0，且显著性 p 值为 0.000），显著低于小于 18 岁人口（体现在平均值差值为-13.9592＜0，且显著性 p 值为 0.000）。
- 18 岁人口的住房拥挤率显著高于 18~64 岁人口（体现在平均值差值为 4.959＞0，且显著性 p 值为 0.000），显著高于小于 65 岁及以上人口（体现在平均值差值为 13.9592＞0，且显著性 p 值为 0.000）。

4. 估算边际平均值图

系统会输出估算边际平均值图的信息。其中，"性别"是"单独的图"变量（针对"男性"和"女性"分别绘制一幅估算边际平均值图），如图 8.13 和图 8.14 所示，每个国家都有一条单独的线。"年龄区间"是"水平轴"变量，每一幅图展示了不同国家和不同年龄区间估算边际平均值的差异情况。从两幅图中可以看出，无论性别是男性还是女性，意大利的住房拥挤率都显著高于其他国家，65 岁及以上人口的住房拥挤率显著低于其他年龄区间。这与前面的研究结论一致，且观察起来更为直观。

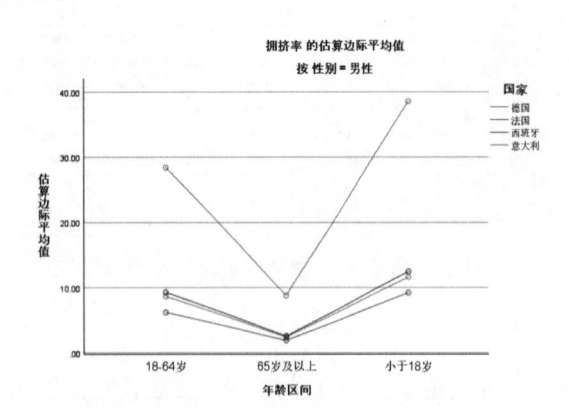

图 8.13 性别为男性的估算边际平均值图

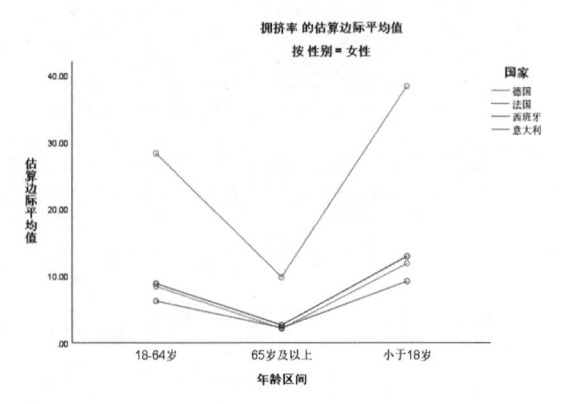

图 8.14 性别为女性的估算边际平均值图

8.2 多因变量分析

下载资源:\video\第 8 章\8.2

下载资源:\sample\数据 8\数据 8.2

8.2.1 统计学原理

多因变量分析过程通过一个或多个因子或协变量对多个连续因变量进行回归分析和方差分析。它与其他分析方法的核心差异在于因变量是多个而非一个，且为连续变量类型。在多因变量分析过程中，因子均为固定因子。因子与协变量的差异在于因子为分类变量，而协变量为连续变量。多因变量分析过程通过固定因子将总体划分成不同组，检验不同分组的因变量均值是否有显著差异。这与前面的多因素方差分析相同。用户可以研究个别因子对因变量的影响，研究因子之间的交互效应对因变量的影响，还可以研究协变量对因变量的影响，以及协变量与因子之间的交互效应对因变量的影响。

平衡与非平衡模型均可通过多因变量分析过程进行检验。平衡与非平衡模型的区别在于，如果模型中的每个单元包含相同的样本观测值数，则该模型是平衡。在多因变量模型中，模型中的效应引起的平方和以及误差平方和以矩阵形式表示，而不是以多因素方差分析中的标量形式表示。这些矩阵称为 SSCP（平方和与叉积）矩阵。如果指定了多个因变量，则多因变量分析过程提供比莱轨迹、威尔克 Lambda、霍特林轨迹以及罗伊最大根的多变量方差分析，同时还提供每个因变量的单变量方差分析。除了检验假设外，多因变量分析过程还会生成参数估计。此外，多因素方差分析中介绍的先验对比、事后多重比较、估算边际平均值图等功能，在多因变量分析过程中也都存在。

8.2.2 案例应用——分析我国部分省份地方政府债券收益率影响因素

本节使用数据 8.2。数据 8.2 包含截至 2024 年 9 月末我国部分省份公开发行的地方政府债券数据，其中包括证券代码、证券简称、省份穿透信用主体、债券期限、地方债类型、中债估价收益率、中证估价收益率 7 个变量。省份穿透信用主体、债券期限、地方债类型为分类变量，其中省份（穿透信用主体）选取的是河南、山东、云南、广东，债券期限共有"20 年、30 年""10 年、15 年""2 年、3 年、5 年、7 年"3 种分类，地方债类型包括"一般债""棚户区改造专项债""市政和产业园区基础设施专项""交通基础设施专项债""民生服务专项债"5 种分类。中债估价收益率和中证估价收益率为连续数值型变量。"数据 8.2"的数据视图如图 8.15 所示。

下面以"中债估价收益率""中证估价收益率"为因变量，以"省份穿透信用主体""债券期限""地方债类型"为固定因子，开展多因变量分析。案例应用的具体步骤如下：

步骤 01 打开"数据 8.1"，选择"分析 | 一般线性模型|多变量"命令，弹出"多变量"对话框。在左侧变量列表框中选择"中债估价收益率"和"中证估价收益率"变量，单击 按钮，使之进入右侧的"因变量"列表框；在左侧变量框中选择"省份穿透信用主体""债券期限""地方债类型"变量，单击 按钮，使之进入右侧的"固定因子"列表框，如图 8.16 所示。

步骤02 单击"模型"按钮,弹出"多变量:模型"对话框,如图 8.17 所示。该对话框中的选项与前面介绍的"单变量:模型"对话框一致,在此不再赘述。本例中采用系统默认设置的"全因子"模型。

图 8.15 数据 8.2 的数据视图

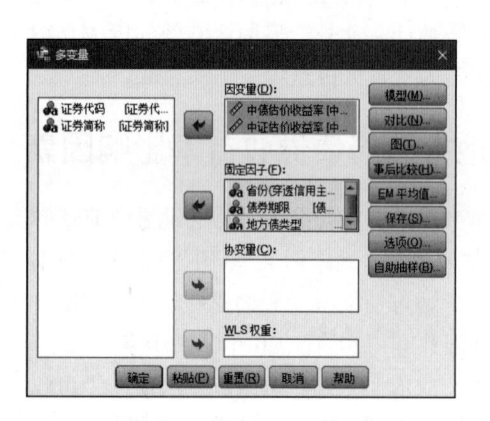

图 8.16 "多变量"对话框

图 8.17 "多变量:模型"对话框

步骤03 单击"继续"按钮,回到"多变量"对话框,单击"对比"按钮,弹出"多变量:对比"对话框,如图 8.18 所示。该对话框中的选项与前面介绍的"单变量:对比"对话框一致,在此不再赘述。本例中采用系统默认设置。

步骤04 单击"继续"按钮,回到"多变量"对话框,单击"图"按钮,弹出"多变量:轮廓图"对话框,如图 8.19 所示。这里我们把"省份穿透信用主体"变量选为水平轴变量,把"债券期限"变量选为单独的线条变量,把"地方债类型"选为单独的图变量,然后单击"添加"按钮将其添加进下方的"图"列表框中。该对话框中的选项与前面介绍的"单变量:轮廓图"对话框一致,在此不再赘述。

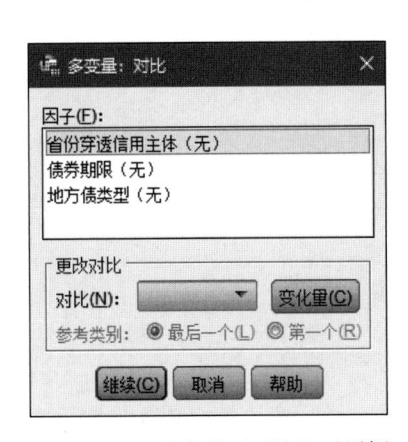

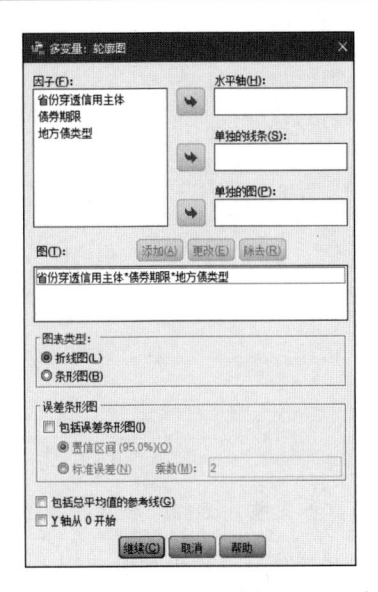

图 8.18　"多变量：对比"对话框　　　　　图 8.19　"多变量：轮廓图"对话框

步骤 05　单击"继续"按钮，回到"多变量"对话框，单击"事后比较"按钮，弹出"多变量：实测平均值的事后多重比较"对话框，如图 8.20 所示。我们从"因子"列表框中选择全部因子变量，单击 ➡ 按钮，使之进入右侧的"下列各项的事后检验"列表框，然后在下面的"假定等方差"选项组中选择需要的多重比较方法 LSD。该对话框中的选项与前面介绍的"单变量：实测平均值的事后多重比较"对话框一致，在此不再赘述。

步骤 06　单击"继续"按钮，回到"多变量"对话框，单击"保存"按钮，弹出"多变量：保存"对话框，如图 8.21 所示。该对话框中的选项与前面介绍的"单变量：保存"对话框一致，在此不再赘述。本例采用系统默认设置。单击"继续"按钮，回到"多变量"对话框。

图 8.20　"多变量：实测平均值的事后多重比较"对话框　　　图 8.21　"多变量：保存"对话框

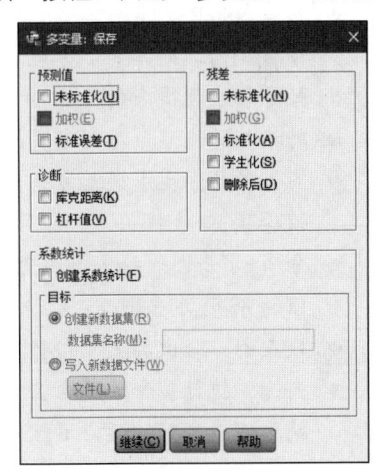

步骤 07　单击"选项"按钮，弹出"多变量：选项"对话框，如图 8.22 所示。本例我们在"显示"选项组中勾选"描述统计""效应量估算""齐性检验""参数估算值""SSCP 矩阵"复选框。单击"继续"按钮，回到"多变量"对话框，然后单击"确定"按钮确认。

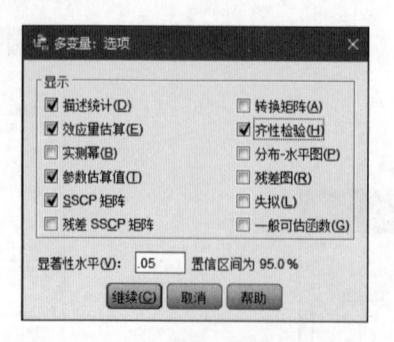

图 8.22 "多变量：选项"对话框

对话框深度解读

在"多变量：选项"对话框"显示"选项组中可以选择输出以下选项。

- 描述统计：输出按因变量、因子分组统计的描述统计量，统计指标包括样本观测值的平均值、标准差和总数。
- 效应量估算：基于方差分析，在主体间效应检验中输出偏 Eta 方值，用于描述总可变性中可归因于某个因子的部分。
- 实测幂：给出 F 检验的显著性 p 值。
- 参数估算值：基于回归分析，输出各因子变量的模型参数估计值、标准误差、T 检验的 t 值、显著性 p 值、95%的置信区间、偏 Eta 方值。
- SSCP 矩阵：在多变量模型中，模型中的效应引起的平方和以及误差平方和以矩阵形式表示，而不是以多因素方差分析中的标量形式表示。选择 SSCP 矩阵，系统将输出 SSCP 平方和与叉积矩阵。
- 残差 SSCP 矩阵：给出 SSCP 残差的 SSCP 矩阵。残差 SSCP 矩阵的维度与模型中的因变量数相同，残差的协方差矩阵为 SSCP 除以残差自由度。残差相关矩阵是由残差协方差矩阵标准化得来的。
- 转换矩阵：显示对因变量的转换系数矩阵或 M 矩阵。
- 齐性检验：生成误差方差的莱文等同性检验，还包含对因变量协方差矩阵的博克斯等同性检验。
- 分布-水平图：给出各因变量标准差与平均值的分布-水平图，以及各因变量方差与平均值的分布-水平图。
- 残差图：给出实测*预测*标准化残差图。
- 失拟：执行拟合优度检验（它要求对一个或几个自变量重复观测），如果检验被拒绝，就意味着当前的模型不能充分说明因子与因变量之间的关系，可能有因子变量被忽略，或者模型中需要其他项。
- 一般可估函数：产生表明估计函数一般形式的表格。

在"多变量：选项"对话框最下面的"显著性水平"框中，可以改变多重比较的显著性水平。检验的显著性水平使用默认的水平 0.05。

8.2.3 结果解读

1. 主体间因子

图 8.23 为主体间因子表。可以发现各个因子变量（包括"省份（穿透信用主体）""债券期限""地方债类型"）的具体因子水平，以及各个因子不同分类取值下的样本观测值数。比如"债券期限"这一因子变量共有"20 年、30 年""10 年、15 年""2 年、3 年、5 年、7 年" 3 种分类取值，样本观测值数分别是 2087 个、1140 个、1368 个。

主体间因子

		个案数
省份(穿透信用主体)	广东省	1682
	河南省	911
	山东省	1542
	云南省	460
债券期限	10年、15年	2087
	20年、30年	1140
	2年、3年、5年、7年	1368
地方债类型	交通基础设施专项债	642
	民生服务专项债	774
	棚户区改造专项债	579
	市政和产业园区基础设施专项	1461
	一般债	1139

图 8.23　主体间因子表

2. 描述统计

图 8.24 为描述统计结果，因结果界面过大，仅截取部分显示。描述统计是按因变量、因子分组统计的描述统计量，统计指标包括样本观测值的平均值、标准偏差和个案数。

描述统计

	省份(穿透信用主体)	债券期限	地方债类型	平均值	标准偏差	个案数
中债估价收益率	广东省	10年、15年	交通基础设施专项债	2.1959	.16306	171
			民生服务专项债	2.2055	.15324	174
			棚户区改造专项债	2.2256	.18270	72
			市政和产业园区基础设施专项	2.2401	.13239	318
			一般债	2.0372	.25626	156
			总计	2.1882	.18742	891
		20年、30年	交通基础设施专项债	2.3981	.03265	99
			民生服务专项债	2.3631	.04664	117
			棚户区改造专项债	2.3828	.03615	6
			市政和产业园区基础设施专项	2.3992	.01887	252
			总计	2.3899	.03459	474
		2年、3年、5年、7年	交通基础设施专项债	1.9052	.16682	105
			民生服务专项债	1.7546	.20958	21
			棚户区改造专项债	1.7100	.21551	15
			市政和产业园区基础设施专项	1.7436	.19661	60
			一般债	1.7739	.15870	116
			总计	1.8074	.18810	317
		总计	交通基础设施专项债	2.1679	.23209	375
			民生服务专项债	2.2342	.19732	312
			棚户区改造专项债	2.1525	.26919	93
			市政和产业园区基础设施专项	2.2565	.21445	630
			一般债	1.9249	.25548	272
			总计	2.1732	.25334	1682

图 8.24　描述统计

3. 因变量协方差矩阵的博克斯等同性检验

图 8.25 为因变量协方差矩阵的博克斯等同性检验结果，原假设是"各个组的因变量实测协方差矩阵相等"，显著性 p 值为 0.000，显著拒绝了原假设，即各个组的因变量实测协方差矩阵不相同。

4. 多变量检验

图 8.26 为多变量检验结果，观察"显著性"一列，可以发现所有进入模型的因子及其交互项的

显著性 p 值均为 0.000，所以这些因子及其交互项对于因变量的影响非常显著。多变量检验使用比莱轨迹、威尔克 Lambda、霍特林轨迹以及罗伊最大根 4 种方法，判断固定因子对因变量的贡献度。比莱轨迹、霍特林轨迹、罗伊最大根都是一个正值统计量，其值越大，对模型贡献的效应越大；威尔克 Lambda 是一个 0~1 的统计量，其值越小，对模型贡献的效应越大。也可观察图 8.26 中最右侧"偏 Eta 平方"一列，偏 Eta 平方的值越大，对模型贡献的效应越大。在本例中，针对所有进入模型的因子及其交互项，债券期限对于解释中债估价收益率和中证估价收益率的贡献是最大的，这也符合常识，期限越长一般风险越大，对应的收益率越高。其他项虽然对于因变量的影响非常显著，但在解释因变量方面的贡献均相对较小。

图 8.25　因变量协方差矩阵的博克斯等同性检验

图 8.26　多变量检验结果

5. 误差方差的莱文等同性检验

图 8.27 为误差方差的莱文等同性检验结果，检验"各个组中的因变量误差方差相等"这一原假设。可以发现对于"中债估价收益率""中证估价收益率"两个因变量，不论是基于平均值或者基于剪除后平均值，还是基于中位数或者基于中位数并具有调整后自由度，其显著性 p 值均为 0.000，远小于 0.05，因而拒绝原假设，即研究结论是各个组中的因变量误差方差存在显著差异。

6. 主体间效应检验

图 8.28 所示为主体间效应检验结果，对表中各列解释如下：

误差方差的莱文等同性检验[a]

		莱文统计	自由度1	自由度2	显著性
中债估价收益率	基于平均值	57.426	53	4541	.000
	基于中位数	35.775	53	4541	.000
	基于中位数并具有调整后自由度	35.775	53	2402.366	.000
	基于剪除后平均值	55.733	53	4541	.000
中证估价收益率	基于平均值	53.330	53	4541	.000
	基于中位数	30.567	53	4541	.000
	基于中位数并具有调整后自由度	30.567	53	2412.252	.000
	基于剪除后平均值	50.515	53	4541	.000

检验"各个组中的因变量误差方差相等"这一原假设。

a. 设计：截距 + 省份穿透信用主体 + 债券期限 + 地方债类型 + 省份穿透信用主体 * 债券期限 + 省份穿透信用主体 * 地方债类型 + 债券期限 * 地方债类型 + 省份穿透信用主体 * 债券期限 * 地方债类型

图 8.27　误差方差的莱文等同性检验

主体间效应检验

源	因变量	III 类平方和	自由度	均方	F	显著性	偏 Eta 平方
修正模型	中债估价收益率	225.901[a]	53	4.262	184.855	.000	.683
	中证估价收益率	165.715[b]	53	3.127	221.351	.000	.721
截距	中债估价收益率	4869.682	1	4869.682	211198.275	.000	.979
	中证估价收益率	4756.856	1	4756.856	336757.245	.000	.987
省份穿透信用主体	中债估价收益率	.798	3	.266	11.544	.000	.008
	中证估价收益率	.189	3	.063	4.467	.004	.003
债券期限	中债估价收益率	50.280	2	25.140	1090.315	.000	.324
	中证估价收益率	39.780	2	19.890	1408.106	.000	.383
地方债类型	中债估价收益率	3.062	4	.765	33.198	.000	.028
	中证估价收益率	1.253	4	.313	22.171	.000	.019
省份穿透信用主体 * 债券期限	中债估价收益率	1.572	6	.262	11.366	.000	.015
	中证估价收益率	1.128	6	.188	13.314	.000	.017
省份穿透信用主体 * 地方债类型	中债估价收益率	1.204	12	.100	4.353	.000	.011
	中证估价收益率	.667	12	.056	3.933	.000	.010
债券期限 * 地方债类型	中债估价收益率	9.131	8	1.141	49.500	.000	.080
	中证估价收益率	4.843	8	.605	42.859	.000	.070
省份穿透信用主体 * 债券期限 * 地方债类型	中债估价收益率	.961	18	.053	2.314	.001	.009
	中证估价收益率	.489	18	.027	1.925	.011	.008
误差	中债估价收益率	104.704	4541	.023			
	中证估价收益率	64.144	4541	.014			
总计	中债估价收益率	21251.535	4595				
	中证估价收益率	20643.808	4595				
修正后总计	中债估价收益率	330.604	4594				
	中证估价收益率	229.859	4594				

a. R 方 = .683（调整后 R 方 = .680）
b. R 方 = .721（调整后 R 方 = .718）

图 8.28　主体间效应检验

- 源、因变量、III 类平方和、自由度、均方、F、显著性均与 8.1 节"多因素方差分析"中的结果类似，区别在于此处"因变量"一列中有两个因变量，并分别给出了相应的结果，这也是多因变量分析的特色所在。结果解读方式与 8.1 节类似，限于篇幅不再赘述。可以发现针对"中债估价收益率""中证估价收益率"两个因变量，进入模型中的所有因子及其交互项均非常显著（观察显著性一列，可以发现所有项的显著性 p 值均为 0 或接近于 0，远小于通用对比的显著性水平 0.05）。
- 偏 Eta 平方：用于描述因变量总可变性中可归因于某个因子（或交互项）的部分，数值越大说明解释能力越强。在本例中，针对进入模型中的因子及其交互项，债券期限的偏 Eta 平方是最大的（0.324 和 0.383），说明该因子主效应对于因变量的影响是最大的；其他项的贡献均相对较小。这与前面 4 种多变量检验结果以及显著性 p 值的检验结果也是一致的。

表的下端为 R 方以及调整后 R 方。本例中"中债估价收益率"对应模型 a（观察 III 类平方和一列），R 方为 0.683，调整后 R 方为 0.680；"中证估价收益率"对应模型 b（观察 III 类平方和一列），

R 方为 0.721，调整后 R 方为 0.718，说明两个模型的解释能力还是很不错的。

7. 参数估算值

图 8.29 为参数估算值结果，因结果界面过大，仅截取部分显示。图中 B 列有值为 0 且上标为 a 的项，是因为"此参数冗余，因此设置为 0"。参数估算值结果实质上是一种回归分析结果，针对不同的因变量分别列出了回归分析模型中各自变量（含截距、因子的不同水平以及因子不同水平之间的交互效应）的系数、标准误差、t 值、显著性 p 值、95%的置信区间以及偏 Eta 平方。读者可据此写出回归方程。关于回归分析的详细介绍可参考后续章节。

参数估算值

因变量	参数	B	标准误差	t	显著性	95% 置信区间 下限	95% 置信区间 上限	偏 Eta 平方
中债估价收益率	截距	1.874	.012	156.130	.000	1.851	1.898	.843
	[省份穿透信用主体=广东省]	-.100	.019	-5.422	.000	-.137	-.064	.006
	[省份穿透信用主体=河南省]	-.070	.017	-4.122	.000	-.104	-.037	.004
	[省份穿透信用主体=山东省]	-.028	.016	-1.776	.076	-.059	.003	.001
	[省份穿透信用主体=云南省]	0a	.	.	.	.	.	.
	[债券期限=10年、15年]	.055	.022	2.533	.011	.012	.097	.001
	[债券期限=20年、30年]	.555	.063	8.782	.000	.431	.678	.017
	[债券期限=2年、3年、5年、7年]	0a	.	.	.	.	.	.
	[地方债类型=交通基础设施专项债]	-.006	.063	-.098	.922	-.130	.118	.000
	[地方债类型=民生服务专项债]	-.117	.029	-4.017	.000	-.174	-.060	.004
	[地方债类型=棚户区改造专项债]	.078	.029	2.701	.007	.021	.135	.002
	[地方债类型=市政和产业园区基础设施专项]	-.012	.032	-.365	.715	-.073	.050	.000
	[地方债类型=一般债]	0a	.	.	.	.	.	.
	[省份穿透信用主体=广东省]*[债券期限=10年、15年]	.209	.028	7.330	.000	.153	.265	.012
	[省份穿透信用主体=广东省]*[债券期限=20年、30年]	.087	.049	1.764	.078	-.010	.183	.001

图 8.29　参数估算值

8. 主体间 SSCP 矩阵

图 8.30 为主体间 SSCP 矩阵结果，用默认的 III 类方法计算的各效应的偏差平方和。

主体间 SSCP 矩阵

			中债估价收益率	中证估价收益率
假设	截距	中债估价收益率	4869.682	4812.939
		中证估价收益率	4812.939	4756.856
	省份穿透信用主体	中债估价收益率	.798	.245
		中证估价收益率	.245	.189
	债券期限	中债估价收益率	50.280	44.718
		中证估价收益率	44.718	39.780
	地方债类型	中债估价收益率	3.062	1.939
		中证估价收益率	1.939	1.253
	省份穿透信用主体 * 债券期限	中债估价收益率	1.572	1.315
		中证估价收益率	1.315	1.128
	省份穿透信用主体 * 地方债类型	中债估价收益率	1.204	.775
		中证估价收益率	.775	.667
	债券期限 * 地方债类型	中债估价收益率	9.131	6.604
		中证估价收益率	6.604	4.843
	省份穿透信用主体 * 债券期限 * 地方债类型	中债估价收益率	.961	.608
		中证估价收益率	.608	.489
误差		中债估价收益率	104.704	76.743
		中证估价收益率	76.743	64.144

基于 III 类平方和

图 8.30　主体间 SSCP 矩阵

9. 事后多重比较检验结果

图 8.31、图 8.32、图 8.33 分别为"省份（穿透信用主体）""债券期限""地方债类型"三个因子的不同分类取值，对于"中债估价收益率""中证估价收益率"两个因变量影响差异的事后多重比较检验结果（LSD 法）。

多重比较

LSD

因变量	(I) 省份（穿透信用主体）	(J) 省份（穿透信用主体）	平均值差值 (I-J)	标准误差	显著性	95% 置信区间 下限	95% 置信区间 上限
中债估价收益率	广东省	河南省	.0814	.00625	.000	.0691	.0936
		山东省	.0202	.00535	.000	.0097	.0307
		云南省	.1653	.00799	.000	.1496	.1809
	河南省	广东省	-.0814	.00625	.000	-.0936	-.0691
		山东省	-.0612	.00635	.000	-.0736	-.0487
		云南省	.0839	.00869	.000	.0668	.1009
	山东省	广东省	-.0202	.00535	.000	-.0307	-.0097
		河南省	.0612	.00635	.000	.0487	.0736
		云南省	.1450	.00807	.000	.1292	.1609
	云南省	广东省	-.1653	.00799	.000	-.1809	-.1496
		河南省	-.0839	.00869	.000	-.1009	-.0668
		山东省	-.1450	.00807	.000	-.1609	-.1292
中证估价收益率	广东省	河南省	.0703	.00489	.000	.0607	.0799
		山东省	.0411	.00419	.000	.0329	.0493
		云南省	.1232	.00625	.000	.1109	.1354
	河南省	广东省	-.0703	.00489	.000	-.0799	-.0607
		山东省	-.0293	.00497	.000	-.0390	-.0195
		云南省	.0528	.00680	.000	.0395	.0662
	山东省	广东省	-.0411	.00419	.000	-.0493	-.0329
		河南省	.0293	.00497	.000	.0195	.0390
		云南省	.0821	.00631	.000	.0697	.0945
	云南省	广东省	-.1232	.00625	.000	-.1354	-.1109
		河南省	-.0528	.00680	.000	-.0662	-.0395
		山东省	-.0821	.00631	.000	-.0945	-.0697

基于实测平均值。
误差项是均方（误差） = .014。
*. 平均值差值的显著性水平为 .05。

图 8.31　省份（穿透信用主体）事后多重比较检验结果

多重比较

LSD

因变量	(I) 债券期限	(J) 债券期限	平均值差值 (I-J)	标准误差	显著性	95% 置信区间 下限	95% 置信区间 上限
中债估价收益率	10年、15年	20年、30年	-.2349	.00559	.000	-.2459	-.2240
		2年、3年、5年、7年	.3158	.00528	.000	.3055	.3262
	20年、30年	10年、15年	.2349	.00559	.000	.2240	.2459
		2年、3年、5年、7年	.5508	.00609	.000	.5389	.5627
	2年、3年、5年、7年	10年、15年	-.3158	.00528	.000	-.3262	-.3055
		20年、30年	-.5508	.00609	.000	-.5627	-.5389
中证估价收益率	10年、15年	20年、30年	-.2021	.00438	.000	-.2107	-.1935
		2年、3年、5年、7年	.2809	.00413	.000	.2728	.2890
	20年、30年	10年、15年	.2021	.00438	.000	.1935	.2107
		2年、3年、5年、7年	.4830	.00477	.000	.4736	.4923
	2年、3年、5年、7年	10年、15年	-.2809	.00413	.000	-.2890	-.2728
		20年、30年	-.4830	.00477	.000	-.4923	-.4736

基于实测平均值。
误差项是均方（误差） = .014。
*. 平均值差值的显著性水平为 .05。

图 8.32　债券期限事后多重比较检验结果

多重比较

LSD

因变量	(I) 地方债类型	(J) 地方债类型	平均值差值 (I-J)	标准误差	显著性	95% 置信区间 下限	上限
中债估价收益率	交通基础设施专项债	民生服务专项债	.0085	.00811	.292	-.0074	.0244
		棚户区改造专项债	.1931*	.00870	.000	.1761	.2102
		市政和产业园区基础设施专项	-.0408*	.00719	.000	-.0549	-.0267
		一般债	.3202*	.00749	.000	.3056	.3349
	民生服务专项债	交通基础设施专项债	-.0085	.00811	.292	-.0244	.0074
		棚户区改造专项债	.1846*	.00834	.000	.1682	.2009
		市政和产业园区基础设施专项	-.0493*	.00675	.000	-.0626	-.0361
		一般债	.3117*	.00707	.000	.2978	.3256
	棚户区改造专项债	交通基础设施专项债	-.1931*	.00870	.000	-.2102	-.1761
		民生服务专项债	-.1846*	.00834	.000	-.2009	-.1682
		市政和产业园区基础设施专项	-.2339*	.00746	.000	-.2485	-.2193
		一般债	.1271*	.00775	.000	.1119	.1423
	市政和产业园区基础设施专项	交通基础设施专项债	.0408*	.00719	.000	.0267	.0549
		民生服务专项债	.0493*	.00675	.000	.0361	.0626
		棚户区改造专项债	.2339*	.00746	.000	.2193	.2485
		一般债	.3610*	.00600	.000	.3493	.3728
	一般债	交通基础设施专项债	-.3202*	.00749	.000	-.3349	-.3056
		民生服务专项债	-.3117*	.00707	.000	-.3256	-.2978
		棚户区改造专项债	-.1271*	.00775	.000	-.1423	-.1119
		市政和产业园区基础设施专项	-.3610*	.00600	.000	-.3728	-.3493
中证估价收益率	交通基础设施专项债	民生服务专项债	-.0157*	.00634	.013	-.0282	-.0033
		棚户区改造专项债	.1799*	.00681	.000	.1665	.1932
		市政和产业园区基础设施专项	-.0418*	.00563	.000	-.0529	-.0308
		一般债	.2454*	.00587	.000	.2339	.2569
	民生服务专项债	交通基础设施专项债	.0157*	.00634	.013	.0033	.0282
		棚户区改造专项债	.1956*	.00653	.000	.1828	.2084
		市政和产业园区基础设施专项	-.0261*	.00528	.000	-.0365	-.0158
		一般债	.2611*	.00554	.000	.2503	.2720
	棚户区改造专项债	交通基础设施专项债	-.1799*	.00681	.000	-.1932	-.1665
		民生服务专项债	-.1956*	.00653	.000	-.2084	-.1828
		市政和产业园区基础设施专项	-.2217*	.00584	.000	-.2331	-.2102
		一般债	.0656*	.00607	.000	.0537	.0775
	市政和产业园区基础设施专项	交通基础设施专项债	.0418*	.00563	.000	.0308	.0529
		民生服务专项债	.0261*	.00528	.000	.0158	.0365
		棚户区改造专项债	.2217*	.00584	.000	.2102	.2331
		一般债	.2873*	.00470	.000	.2780	.2965
	一般债	交通基础设施专项债	-.2454*	.00587	.000	-.2569	-.2339
		民生服务专项债	-.2611*	.00554	.000	-.2720	-.2503
		棚户区改造专项债	-.0656*	.00607	.000	-.0775	-.0537
		市政和产业园区基础设施专项	-.2873*	.00470	.000	-.2965	-.2780

基于实测平均值。
误差项是均方（误差）= .014。
*. 平均值差值的显著性水平为 .05。

图 8.33　地方债类型事后多重比较检验结果

1）"省份（穿透信用主体）"事后多重比较检验结果

基于"省份（穿透信用主体）"事后多重比较检验结果，针对"中债估价收益率"，可以看出广东省的收益率要显著高于河南省、山东省、云南省，体现在平均值差值(I-J)列分别为 0.0814、0.0202、0.1653，均为正值，且显著性 p 值均为 0.000。云南省的收益率要显著低于广东省、河南省、山东省，体现在平均值差值(I-J)列分别为 -0.1653、-0.0839、-0.1450，均为负值，且显著性 p 值均为 0.000。

其他结果解读方式与之类似,此处不再赘述。

2)"债券期限"事后多重比较检验结果

基于"债券期限"事后多重比较检验结果,针对"中债估价收益率",可以看出"20年、30年"的收益率要显著高于"10年、15年"以及"2年、3年、5年、7年",体现在平均值差值(I-J)列分别为0.2349、0.5508,均为正值,且显著性 p 值均为0.000,"2年、3年、5年、7年"要显著低于"10年、15年"以及"20年、30年",体现在平均值差值(I-J)列分别为-0.3158、-0.5508,均为负值,且显著性 p 值均为0.000。其他结果解读方式与之类似,不再赘述。

3)"地方债类型"事后多重比较检验结果

基于"地方债类型"事后多重比较检验结果,针对"中债估价收益率",可以看出市政和产业园区基础设施专项的收益率要显著高于交通基础设施专项债、民生服务专项债、棚户区改造专项债、一般债,体现在平均值差值(I-J)列分别为 0.0408、0.0493、0.2339、0.3610,均为正值,且显著性 p 值均为0.000。一般债要显著低于交通基础设施专项债、民生服务专项债、棚户区改造专项债、市政和产业园区基础设施专项,体现在平均值差值(I-J)列分别为-0.3202、-0.3117、-0.1271、-0.3610,均为负值,且显著性 p 值均为0.000。其他结果解读方式与之类似,不再赘述。

10. 估算边际平均值图

系统会针对两个因变量分别输出估算边际平均值图的信息。其中"地方债类型"是"单独的图"变量(针对"棚户区改造专项债""市政和产业园区基础设施专项""交通基础设施专项债""民生服务专项债"分别绘制一幅估算边际平均值图)。在每一幅图中,每种债券期限都有一条单独的线。"省份"是"水平轴"变量,每一幅图都展示了不同债券期限、不同省份估算边际平均值的差异情况,因为图片过多(2个因变量×5种地方债类型=10幅图),此处仅展示因变量为"中债估价收益率"以及地方债类型为"交通基础设施专项债""民生服务专项债"时的两幅图,分别如图8.34和图8.35所示。从两幅图中可以看出,债券期限是重要决定因素,期限越长收益率越高,这与前面的研究结论一致,但是观察起来更为直观。图中的断点表示没有相应的样本观测值,比如图8.34中显示河南省没有期限为"2年、3年、5年、7年"的交通基础设施专项债。

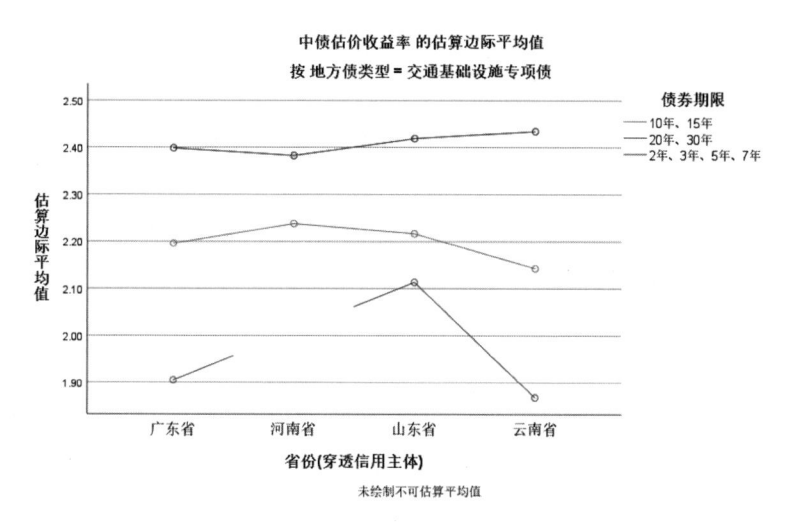

图 8.34 估算边际平均值图 1

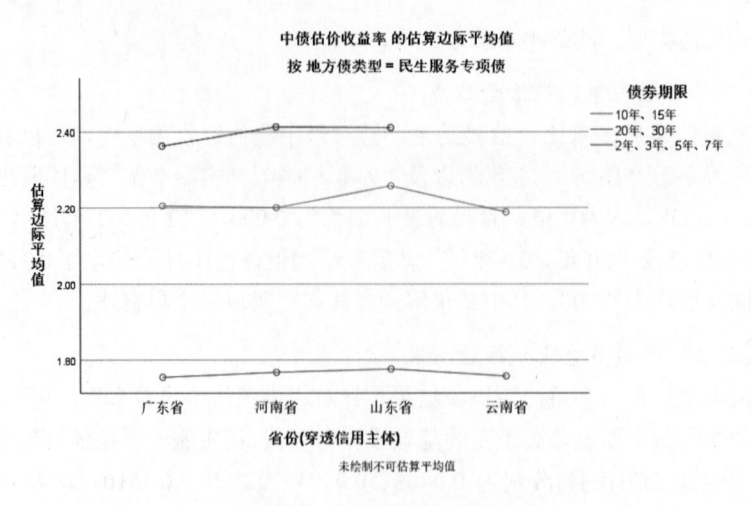

图 8.35　估算边际平均值图 2

8.3　本章习题

针对所有习题，要求：一是要提交 SPSS 结果文件；二是要进行必要的解读，写出完整的研究结论。

1. 本书配套资源中提供的"习题 8.1"是某研究通过调查问卷获取的 C2C 电子商务顾客信任影响因素数据。请使用"习题 8.1"，以整体接受度评价作为因变量，以性别、年龄、网购频次作为固定因子，开展多因素方差分析。

2. 继续使用"习题 8.1"，以整体接受度评价、整体信任度评价作为因变量，以性别、年龄、网购频次作为固定因子，开展多因变量分析。

第 9 章

相关分析

本章学习相关分析，包括双变量相关分析、偏相关分析两种分析方法。相关分析是不考虑变量之间的因果关系而只研究分析变量之间的相关关系的一种统计分析方法。按相关程度划分，变量之间的相关关系可以划分为完全相关、不相关和不完全相关 3 种。按相关的方向划分，变量之间的相关关系可划分为正相关和负相关。按相关的形式划分，变量之间的相关关系可划分为线性相关和非线性相关。

本章教学要点：

- 清楚知晓 SPSS 的双变量相关分析、偏相关分析两种分析方法的特点，知晓每种方法的适用条件。
- 熟练掌握 SPSS 的双变量相关分析、偏相关分析的窗口功能，根据研究需要灵活进行窗口设置，开展相关分析。
- 能够对各种相关分析的结果进行解读，从中发现数据特征，得出研究结论。

9.1 双变量相关分析

下载资源:\video\第 9 章\9.1
下载资源:\sample\数据 9\数据 9.1

9.1.1 统计学原理

双变量相关分析通过计算皮尔逊简单相关系数、斯皮尔曼等级相关系数、肯德尔等级相关系数及其显著性水平展开。其中皮尔逊简单相关系数是一种线性关联度量，适用于变量为定量连续变量且服从正态分布、相关关系为线性的情形。如果变量不是正态分布的，或具有已排序的类别，相互之间的相关关系不是线性的，则更适合采用斯皮尔曼等级相关系数和肯德尔等级相关系数。

相关系数 r 有如下性质：

（1）$-1 \leq r \leq 1$，r的绝对值越大，表明两个变量之间的相关程度越强。

（2）$0 < r \leq 1$，表明两个变量之间存在正相关。若$r=1$，则表明变量间存在着完全正相关的关系。

（3）$-1 \leq r < 0$，表明两个变量之间存在负相关。$r=-1$表明变量间存在着完全负相关的关系。

（4）$r=0$，表明两个变量之间无线性相关。

应该注意的是，相关系数所反映的并不是一种必然的、确定的关系，也不能说明变量之间的因果关系，而仅仅是关联关系。

9.1.2 案例应用——分析国际原油价格和黄金价格的相关性

本节使用"数据9.1"。数据9.1是2014年1月2日至2024年9月27日美国西德克萨斯中级轻质原油（WTI）现货价、伦敦黄金现货价、上海黄金活跃期货合约收盘价的数据（不包括节假日，剔除掉部分缺失值），3个变量的单位分别为美元/桶、美元/盎司、元/克。SPSS数据视图如图9.1所示。

图9.1 "数据9.1"的数据视图

下面针对WTI原油现货价和伦敦黄金现货价开展双变量相关分析，案例应用的具体步骤如下：

步骤01 打开"数据9.1"，选择"分析|相关|双变量"命令，弹出如图9.2所示的"双变量相关性"对话框。在该对话框左侧的列表框中同时选中"WTI原油现货价"和"伦敦黄金现货价"，并单击按钮将其加入"变量"列表框。

步骤02 设置相关系数类型。在"双变量相关性"对话框内的"相关系数"选项组中，勾选"皮尔逊""肯德尔 tau-b""斯皮尔曼"3个复选框。本例中用于分析的变量"WTI原油现货价"和"伦敦黄金现货价"均为定量连续变量且为大样本数据（样本容量为2338，定量连续变量的大样本数据服从正态分布或近似服从正态分布），因此选择"皮尔逊"相关系数是最为合适的，而勾选"肯德尔 tau-b""斯皮尔曼"两个复选框则仅为了进行结果对比。三种方法的差异详见下方的"对话框深度解读"。

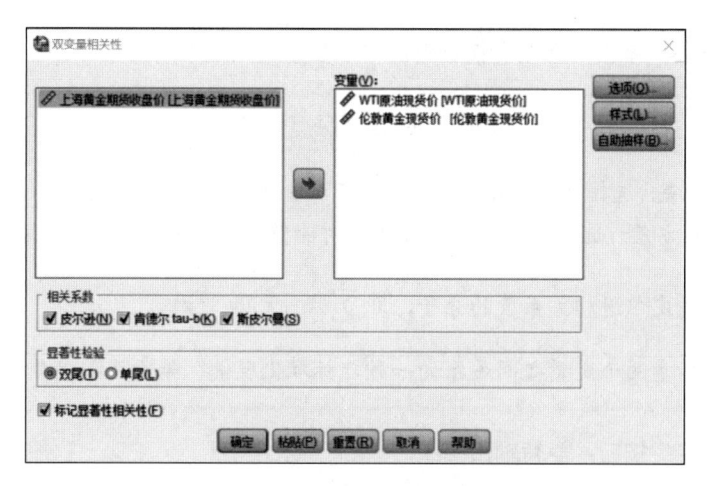

图 9.2 "双变量相关性"对话框

对话框深度解读

皮尔逊：线性关联度量，适用于变量为定量连续变量且服从正态分布、相关关系为线性的情形。若随机变量 X 和 Y 的联合分布为二维正态分布，且 x_i 和 y_i 分别为 n 次独立观测值，则皮尔逊相关系数的公式为：

$$r = \frac{\sum_{i=1}^{n}(x_i - \bar{x})(y_i - \bar{y})}{\sqrt{\sum_{i=1}^{n}(x_i - \bar{x})^2}\sqrt{\sum_{i=1}^{n}(y_i - \bar{y})^2}}$$

肯德尔 tau-b 和斯皮尔曼均为等级相关系数，当数据不服从双变量正态分布、总体分布未知或原始数据用等级表示时，宜选择肯德尔 tau-b 或斯皮尔曼相关系数。

步骤 03 设定显著性检验选项。在"显著性检验"选项组中，选择"双尾"单选按钮（如果预先已知相关的方向，已确定是正相关或负相关，才可以选择单尾检验，否则需要选择双尾检验）。勾选"标记显著性相关性"复选框。选择该选项后，输出结果中会使用"*"标记具有统计学意义的结果，其中一个星号表示显著性水平为 0.05 的相关系数，两个星号表示显著性水平为 0.01 的相关系数。

步骤 04 选择相关统计量的输出和缺失值的处理方法。单击"双变量相关性"对话框中的"选项"按钮，弹出如图 9.3 所示的"双变量相关性：选项"对话框。我们在"统计"选项组中勾选"平均值和标准差""叉积偏差和协方差"复选框，在"缺失值"选项组中选中"成对排除个案"单选按钮。

图 9.3 "双变量相关性：选项"对话框

设置完毕后,单击"继续"按钮返回"双变量相关性"对话框。

对话框深度解读

平均值和标准差:选择该项,系统会为每个变量输出平均值、标准偏差以及非缺失样本数。

叉积偏差和协方差:选择该项,系统会为每对变量输出叉积偏差和协方差。

- 叉积偏差是皮尔逊相关系数的分子,即 $\sum_{i=1}^{n}(x_i-\bar{x})(y_i-\bar{y})$。
- 协方差是衡量两个变量之间关系的一种非标准化度量,等于叉积偏差除以($N-1$)。

步骤 05 单击"确定"按钮,等待输出结果。

9.1.3 结果解读

1. 描述统计量

图 9.4 显示了描述统计量。参与分析的样本数为 2338 个,"WTI 原油现货价"和"伦敦黄金现货价"的平均值分别是 65.4072 和 1574.4845,标准偏差分别是 19.77956 和 353.18742。

2. 皮尔逊相关性分析结果

图 9.5 给出了皮尔逊相关性分析结果。可以看到,"WTI 原油现货价"和"伦敦黄金现货价"的皮尔逊相关系数为 0.333,显著性 p 值为 0.000,远小于 0.05 的显著性水平,这意味两者呈现较为显著的正相关关系,尽管相关系数比较小。整体研究结论表明,"WTI 原油现货价"和"伦敦黄金现货价"之间存在显著的弱正相关关系。需要提示的是,显著性并不总是意味着相关性,显著性同时也受基础样本量的影响。本例中,虽然两个变量之间是弱正相关关系,但由于基础样本量较大(2338 个样本),相关性仍然显著。

描述统计

	平均值	标准偏差	个案数
WTI原油现货价	65.4072	19.77956	2338
伦敦黄金现货价	1574.4845	353.18742	2338

图 9.4 描述统计量

相关性

		WTI原油现货价	伦敦黄金现货价
WTI原油现货价	皮尔逊相关性	1	.333**
	Sig.(双尾)		.000
	平方和与叉积	914306.618	5441257.029
	协方差	391.231	2328.309
	个案数	2338	2338
伦敦黄金现货价	皮尔逊相关性	.333**	1
	Sig.(双尾)	.000	
	平方和与叉积	5441257.029	291520544.8
	协方差	2328.309	124741.354
	个案数	2338	2338

**.在 0.01 级别(双尾),相关性显著。

图 9.5 皮尔逊相关性分析结果

3. 肯德尔 tau-b、斯皮尔曼相关性分析结果

图 9.6 是肯德尔 tau-b、斯皮尔曼相关性分析结果,从图中可以看出,"WTI 原油现货价"和"伦敦黄金现货价"的肯德尔 tau-b 相关系数为 0.272,显著性 p 值为 0.000;"WTI 原油现货价"和"伦

敦黄金现货价"的斯皮尔曼相关系数为 0.401，显著性 p 值为 0.000。这两个等级相关系数的研究结论与皮尔逊相关性分析结果基本一致，表明两个变量之间存在显著的弱正相关关系。

相关性

			WTI原油现货价	伦敦黄金现货价
肯德尔 tau_b	WTI原油现货价	相关系数	1.000	.272**
		Sig.（双尾）	.	.000
		N	2338	2338
	伦敦黄金现货价	相关系数	.272**	1.000
		Sig.（双尾）	.000	.
		N	2338	2338
斯皮尔曼 Rho	WTI原油现货价	相关系数	1.000	.401**
		Sig.（双尾）	.	.000
		N	2338	2338
	伦敦黄金现货价	相关系数	.401**	1.000
		Sig.（双尾）	.000	.
		N	2338	2338

**.在 0.01 级别（双尾），相关性显著。

图 9.6　肯德尔 tau-b、斯皮尔曼相关性分析结果

9.2　偏相关分析

下载资源:\video\第 9 章\9.2

下载资源:\sample\数据 9\数据 9.2

9.2.1　统计学原理

在许多情况下，相关分析的变量取值可能同时受到其他变量的影响，这时我们需要控制其他变量，并计算在控制其他变量后的相关系数。例如，在分析学生各科学习成绩之间的相关性时，各科学习成绩可能同时受到 IQ 值因素的影响。SPSS 的偏相关分析通过计算偏相关系数来实现，该系数在控制一个或多个其他变量的效应的同时，分析两个变量之间的线性相关关系。

偏相关分析通过计算偏相关系数来完成。假如有 x 个控制变量，则称为 x 阶偏相关。一般情况下，假设有 n（$n>2$）个变量 $X_1, X_2, \cdots, X_n$，则 X_i 和 X_j 的 x 阶样本偏相关系数公式为：

$$r_{ij \cdot l_1 l_2 \cdots l_x} = \frac{r_{il \cdot l_1 l_2 \cdots l_{x-1}} - r_{il_x \cdot l_1 l_2 \cdots l_{x-1}} r_{jl_x \cdot l_1 l_2 \cdots l_{x-1}}}{\sqrt{(1 - r^2_{il_x \cdot l_1 l_2 \cdots l_{x-1}})(1 - r^2_{jl_x \cdot l_1 l_2 \cdots l_{x-1}})}}$$

公式中右边均为 $x-1$ 阶的偏相关系数，其中 $l_1, l_2, \cdots, l_x$ 为自然数，从 1 到 n 除去 i 和 j 的不同组合。

9.2.2　案例应用——分析商业银行公司存贷款增长的相关性

本小节用于分析的"数据 9.2"是某商业银行分支机构 2008 年至 2024 年历年公司存款增长、公司贷款增长、零售存款增长、零售贷款增长和市场营销费用的数据。SPSS 数据视图如图 9.7 所示。在变量视图中可以看到数据文件包括 6 个变量，分别是年份、公司存款增长、公司贷款增长、零售存款增长、零售贷款增长和市场营销费用。

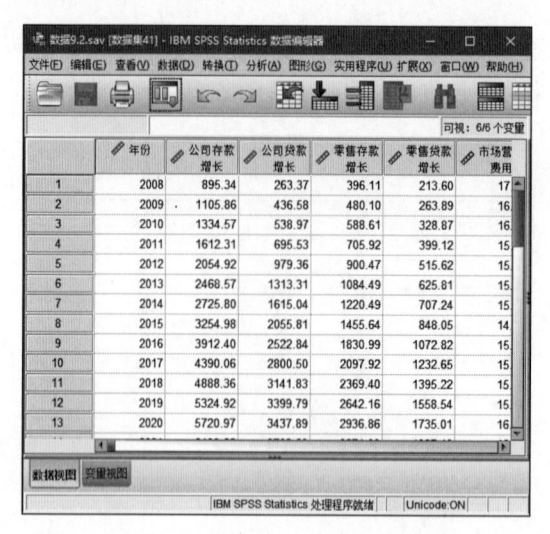

图 9.7 "数据 9.2"的数据视图

接下来，我们将分析该分支机构 2008 年至 2024 年间公司存款增长与公司贷款增长的相关关系。由于存款增长可能会受到市场营销费用的影响，因此将市场营销费用作为控制变量进行偏相关分析。案例应用步骤如下：

步骤 01 打开"数据 9.1"，选择"分析|相关|偏相关"命令，打开如图 9.8 所示的"偏相关性"对话框。在该对话框左侧的列表框中，选择"公司存款增长"和"公司贷款增长"，并单击➡按钮将其加入"变量"列表框；选择"市场营销费用"，并单击➡按钮将其加入"控制"列表框。

步骤 02 设定显著性检验选项。在"显著性检验"选项组中，选择"双尾"单选按钮，并勾选下方的"显示实际显著性水平"复选框。勾选该复选框后，输出结果中会显示每个相关系数的 p 值和自由度。如果取消选择此项，则不显示自由度。这一设置会影响偏相关矩阵和零阶相关矩阵的输出。

步骤 03 "选项"按钮设置方法。单击"偏相关性"对话框中的"选项"按钮，弹出如图 9.9 所示的"偏相关性：选项"对话框。我们在"统计"选项组中勾选"平均值和标准差""零阶相关性"复选框，在"缺失值"选项组中选择"成对排除个案"单选按钮。设置完毕后，单击"继续"按钮返回"偏相关性"对话框。

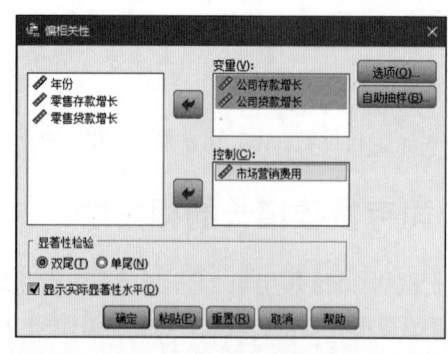

图 9.8 "偏相关性"对话框

图 9.9 "偏相关性：选项"对话框

对话框深度解读

平均值和标准差：选择该项，系统将为每个变量输出平均值、标准偏差以及非缺失样本数。

零阶相关性：选择该项，系统将输出所有变量（包括控制变量）之间简单相关系数的矩阵。

步骤04 单击"确定"按钮，等待输出结果。

9.2.3 结果解读

1. 描述统计

图 9.10 为描述统计结果，参与分析的样本数为 17 个，结果中还包括"公司存款增长""公司贷款增长""市场营销费用" 3 个变量的平均值和标准偏差。

2. 偏相关性分析结果

图 9.11 给出了偏相关性分析结果。该结果包括两部分，上半部分显示了在未设置控制变量时，"公司存款增长""公司贷款增长""市场营销费用" 3 个变量的简单相关系数矩阵，即本例中设置的"零阶相关性"。可以发现，"公司存款增长""公司贷款增长"之间的相关系数为 0.997，显著性 p 值为 0.000，表明两者之间存在非常显著的正相关关系。而"市场营销费用"与"公司存款增长""公司贷款增长"之间的相关系数分别为 0.186（显著性 p 值为 0.474）和 0.141（显著性 p 值为 0.589），说明这两者之间的相关特征并不明显。这在一定程度上也表明，所选的控制变量可能不够合适。

下半部分显示了设置"市场营销费用"为控制变量时，"公司存款增长"和"公司贷款增长"之间的偏相关性。可以看到，设置控制变量后，"公司存款增长"和"公司贷款增长"之间的偏相关系数为 0.998，显著性 p 值为 0.000，说明两者之间仍然具有非常显著的正相关关系。

描述统计

	平均值	标准 偏差	个案数
公司存款增长	4047.6603	2377.29813	17
公司贷款增长	2416.1174	1578.12038	17
市场营销费用	15.9281	.81081	17

图 9.10 描述统计

相关性

控制变量			公司存款增长	公司贷款增长	市场营销费用
-无-a	公司存款增长	相关性	1.000	.997	.186
		显著性（双尾）	.	.000	.474
		自由度	0	15	15
	公司贷款增长	相关性	.997	1.000	.141
		显著性（双尾）	.000	.	.589
		自由度	15	0	15
	市场营销费用	相关性	.186	.141	1.000
		显著性（双尾）	.474	.589	.
		自由度	15	15	0
市场营销费用	公司存款增长	相关性	1.000	.998	
		显著性（双尾）	.	.000	
		自由度	0	14	
	公司贷款增长	相关性	.998	1.000	
		显著性（双尾）	.000	.	
		自由度	14	0	

a.单元格包含零阶（皮尔逊）相关性。

图 9.11 偏相关性分析结果

9.3 本章习题

针对所有习题，要求：一是要提交 SPSS 结果文件；二是要进行必要的解读，并写出完整的研究结论。

1. 使用"数据 9.1"，针对伦敦黄金现货价和上海黄金活跃期货合约收盘价进行双变量相关分析。

2. 使用"数据 9.2"，以市场营销费用作为控制变量，运用偏相关分析方法，分析该分支机构 2008 年至 2024 年历年公司贷款增长和零售贷款增长的相关关系。

第 10 章

回归分析

本章介绍回归分析，包括线性回归分析、加权最小二乘回归分析、曲线估算回归分析、二元 Logistic 回归分析、多元 Logistic 回归分析、有序回归分析和非线性回归分析共 7 种分析方法。回归分析是一种研究因变量与一个或多个自变量之间因果关系的统计分析方法。通过建立回归方程，使用自变量来拟合因变量，并可使用回归方程进行预测。

本章教学要点：

- 熟悉线性回归分析、加权最小二乘回归分析、曲线估算回归分析、二元 Logistic 回归分析、多元 Logistic 回归分析、有序回归分析和非线性回归分析这 7 种分析方法的特色，了解每种方法的适用条件。
- 熟练掌握线性回归分析、加权最小二乘回归分析、曲线估算回归分析、二元 Logistic 回归分析、多元 Logistic 回归分析、有序回归分析和非线性回归分析这 7 种分析的窗口功能，根据研究需要灵活进行窗口设置，开展回归分析。
- 能够对各种回归分析的结果进行解读，从中发现数据特征，得出研究结论。

10.1 线性回归分析

> 下载资源:\video\第 10 章\10.1
> 下载资源:\sample\数据 10\数据 10.1

10.1.1 统计学原理

线性回归分析法是一种基础且常用的回归分析方法。它基于自变量和因变量之间存在线性关系，线性回归的数学模型为：

$$y = \alpha + \beta_1 x_1 + \beta_2 x_2 + \cdots + \beta_n x_n + \varepsilon$$

矩阵形式为：

$$y = \alpha + X\beta + \varepsilon$$

其中，$y = \begin{pmatrix} y_1 \\ y_2 \\ \vdots \\ y_n \end{pmatrix}$ 为因变量，$\alpha = \begin{pmatrix} \alpha_1 \\ \alpha_2 \\ \vdots \\ \alpha_n \end{pmatrix}$ 为截距项，$\beta = \begin{pmatrix} \beta_1 \\ \beta_2 \\ \vdots \\ \beta_n \end{pmatrix}$ 为待估计系数，$X = \begin{pmatrix} x_{11} & x_{12} & \cdots & x_{1k} \\ x_{21} & x_{22} & \cdots & x_{2k} \\ \vdots & \vdots & \ddots & \vdots \\ x_{n1} & x_{n2} & \cdots & x_{nk} \end{pmatrix}$

为自变量，$\varepsilon = \begin{pmatrix} \varepsilon_1 \\ \varepsilon_2 \\ \vdots \\ \varepsilon_n \end{pmatrix}$ 为误差项。假定自变量之间不存在多重共线性，误差项 ε_i（$i=1,2,\cdots,n$）之间相互独立，且均服从同一正态分布 $N(0,\sigma^2)$，σ^2 是未知参数。误差项满足与自变量之间的严格外生性假定，并且误差本身满足同方差和无自相关假定。因变量的变化可由 $\alpha + X\beta$ 组成的线性部分和随机误差项 ε_i 两部分解释。一般采用最小二乘估计法来估计相关参数。统计学原理是通过最小化残差平方和来估计模型参数。残差是因变量的实际值与拟合值之间的差值。最小二乘估计法即通过求解以下最优化问题来估计参数 α 和 β：

$$\arg\min \sum_{i=1}^{n} e_i^2 = \arg\min \sum_{i=1}^{n} (y - \hat{\alpha} - \hat{\beta}X)^2$$

10.1.2 案例应用——分析欧元区 20 国经济景气指数的影响因素

本小节使用"数据 10.1"，记录了 2020 年 1 月至 2024 年 9 月欧元区 20 国部分宏观经济指数（指标）数据，如图 10.1 所示。

图 10.1 "数据 10.1"的数据视图

接下来，我们以"欧元区 20 国经济景气指数"为因变量，以"欧元区 20 国工业信心指数""欧元区 20 国零售信心指数""欧元区 20 国服务业信心指数""欧元区一年期欧元银行同业拆息利率"4 个变量为自变量，开展线性回归分析。案例应用的具体步骤如下：

步骤01 打开"数据 10.1"，选择"分析|回归|线性"命令，弹出如图 10.2 所示的"线性回归"对话框。在该对话框左侧的列表框中，选中"欧元区 20 国经济景气指数"，并单击 按钮，将其加入"因变量"列表框，选中"欧元区 20 国工业信心指数""欧元区 20 国零售信心指数""欧元区 20 国服务业信心指数""欧元区一年期欧元银行同业拆息利率"4 个变量，并单击 按钮，将其加入"自变量"列表框。在"方法"下拉列表中，指定自变量进入分析的方式，本例中保持系统默认的"输入"方式。

图 10.2 "线性回归"对话框

对话框深度解读

"方法"下拉菜单包括以下选项：

- 输入：如果用户选择该方法，则进入自变量列表框中的全部变量将一次性进入回归模型，并且成为最终回归模型。
- 步进：如果用户选择该方法，则系统将产生多个回归模型，在每一步中，一个最小概率（概率小于设定值）的变量将引入回归方程。若已经引入回归方程的变量的概率大于设定值，则将它从回归方程中除去，若无变量被引入或被剔除，则终止回归过程。
- 除去：如果用户选择该方法，则一次性将所有不进入方程模型的备选变量剔除。
- 后退：如果用户选择该方法，则一次性将所有变量引入方程，并依次进行除去。首先剔除与因变量最小相关且符合剔除标准的变量，然后剔除第二个与因变量最小相关并且符合剔除标准的变量，以此类推。若方程中的变量均不满足剔除标准，则终止回归过程。
- 前进：如果用户选择该方法，则被选变量依次进入回归模型。首先引入与因变量最大相关且符合引入标准的变量，再引入第二个与因变量最大相关并且符合引入标准的变量，以此类推。若无变量符合引入标准，则终止回归过程。

需要注意的是，无论选择哪种汇总引入方法，进入方程的变量都必须符合容许偏差，默认的容许偏差是 0.0001。

"选择变量"文本框：用于定义进入回归分析的样本的选择规则，如果用户进行了设置，那么参与回归分析的样本将仅限于包含此变量特定值的样本子集。

"个案标签"文本框：用于标识样本观测值。

"WLS 权重"文本框：用于加权最小二乘回归分析（10.2 节详细介绍），其统计学原理是利用加权最小平方法给予观测值不同的权重值，可用来补偿或减少采用不同测量方式所产生的误差。需要注意的是，因变量与自变量不能作为加权变量使用（系统将会提示"目标列表只接受未在另一目标列表中出现的变量"）。如果加权变量的值是零、负数或缺失值，那么相对应的观测值将被删除。

步骤 02 单击"统计"按钮，弹出"线性回归：统计"对话框，如图 10.3 所示。"线性回归：统计"对话框包括"回归系数"和"残差"两个选项组，以及"模型拟合""R 方变化量""描述""部分相关性和偏相关性""共线性诊断"复选框。在本例中，为了讲解充分，我们选择上述全部选项组及选项。

图 10.3 "线性回归：统计"对话框

对话框深度解读

"回归系数"选项组中有"估算值""置信区间""协方差矩阵"3 个选项。

- 估算值：输出回归系数、回归系数的标准错误、标准化回归系数 Beta、对回归系数进行检验的 t 值、t 值的双尾检验的显著性水平。
- 置信区间：输出每一个非标准化回归系数 95% 的置信区间。
- 协方差矩阵：输出非标准化回归系数的协方差矩阵、各变量的相关系数矩阵。

"残差"选项组包括"德宾-沃森"和"个案诊断"两个选项。

- 德宾-沃森：即 DW 统计量，该统计量的作用是检验残差是否存在自相关。
- 个案诊断：输出观测值诊断表。选择该项后将激活下面两个单选按钮。
    ➢ 离群值：后面紧跟着标准差 n 的设置，用来设置异常值的判断依据，超出 n 倍标准差以上的个案为异常值，默认 n 为 3。
    ➢ 所有个案：表示输出所有观测值的残差值。

模型拟合：输出复相关系数 R、可决系数及修正的可决系数、估计值的标准错误、方差分析表等。

R 方变化量：输出当回归方程中引入或剔除一个自变量后 R 方的变化量。如果 R 方变化量较大，就说明从回归方程中引入或剔除的可能是一个较好的回归自变量。

描述：输出有效样本观测值的数量、变量的平均值、标准偏差、相关系数矩阵及其单侧检验显著性水平矩阵。

部分相关性和偏相关性：输出部分相关系数、偏相关系数与零阶相关系数。部分相关性是指对于因变量与某个自变量，当已移去模型中的其他自变量对该自变量的线性效应之后，因变量与该自变量之间的相关性。当将变量添加到方程时，其与 R 方的更改有关。偏相关性是指两个变量之间剩余的相关性，即对于因变量与某个自变量，当已移去模型中的其他自变量对上述两者的线性效应之后，这两者之间的相关性。

共线性诊断：输出用来诊断多重共线性问题的各种统计量。

步骤 03 单击"继续"按钮，返回到"线性回归"对话框，单击"图"按钮，打开"线性回归：图"对话框，如图 10.4 所示。把 DEPENDNT 变量选入散点图的 Y 列表框，将 ZRESID 变量选入散点图的 X 列表框。通过观察因变量和残差之间的散点图，可以判断回归模型是否符合经典回归模型的基本假设。在"线性回归：图"对话框左下方的"标准化残差图"选项组中，可以决定是否输出标准化残差图。在此，我们将勾选"直方图"和"正态概率图"复选框。勾选"生成所有局部图"复

图 10.4 "线性回归：图"对话框

选框将输出每个自变量与因变量残差的散点图。因为本例中我们并不需要分析所有自变量的残差与因变量残差的关系，所以不勾选该复选框。

对话框深度解读

"线性回归：图"对话框提供绘制散点图、直方图、正态概率图等功能。通过观察这些图形，既有助于确认样本的正态性、线性关系和等方差性，也有助于发现和察觉那些异常观测值和离群值。用户可以从左侧变量框中选择变量，并决定绘制哪种散点图。各个变量的解释如下：

- DEPENDNT：因变量。
- ADJPRED：经调整的预测值。
- ZPRED：标准化预测值。
- SRESID：学生化残差。
- ZRESID：标准化残差。
- SDRESID：学生化剔除残差。
- DRESID：剔除残差。

步骤 04 设置完成后,单击"继续"按钮,返回到"线性回归"对话框,然后单击"确定"按钮,等待输出结果。

10.1.3 结果解读

1. 描述统计结果

图 10.5 展示了描述统计结果,显示了因变量及各个自变量全部样本观测值的平均值、标准偏差和个案数。例如,"欧元区 20 国经济景气指数"的全部样本观测值的平均值是 98.8754,标准偏差是 11.47579,个案数(样本观测值的个数)是 57 个。

描述统计

	平均值	标准偏差	个案数
欧元区20国经济景气指数	98.8754	11.47579	57
欧元区20国工业信心指数	-2.4561	10.87200	57
欧元区20国零售信心指数	-5.6807	8.01925	57
欧元区20国服务业信心指数	2.8316	14.81150	57
欧元区一年期欧元银行同业拆息利率	1.4304	1.94695	57

图 10.5 描述统计

2. 相关性

图 10.6 展示了相关系数矩阵,显示了因变量及各个自变量两两间的皮尔逊相关系数,以及关于"相关系数等于零"假设的单尾显著性 p 值。可以发现,因变量"欧元区 20 国经济景气指数"与"欧元区 20 国工业信心指数""欧元区 20 国零售信心指数""欧元区 20 国服务业信心指数"这 3 个自变量之间的皮尔逊相关系数非常高(分别为 0.938、0.908、0.859),且均非常显著(单尾显著性 p 值均为 0)。与自变量"欧元区一年期欧元银行同业拆息利率"呈显著的负相关(相关系数为-0.245,显著性 p 值为 0.033)。

相关性

		欧元区20国经济景气指数	欧元区20国工业信心指数	欧元区20国零售信心指数	欧元区20国服务业信心指数	欧元区一年期欧元银行同业拆息利率
皮尔逊相关性	欧元区20国经济景气指数	1.000	.938	.908	.859	-.245
	欧元区20国工业信心指数	.938	1.000	.812	.747	-.346
	欧元区20国零售信心指数	.908	.812	1.000	.904	.015
	欧元区20国服务业信心指数	.859	.747	.904	1.000	.212
	欧元区一年期欧元银行同业拆息利率	-.245	-.346	.015	.212	1.000
显著性(单尾)	欧元区20国经济景气指数	.	.000	.000	.000	.033
	欧元区20国工业信心指数	.000	.	.000	.000	.004
	欧元区20国零售信心指数	.000	.000	.	.000	.457
	欧元区20国服务业信心指数	.000	.000	.000	.	.057
	欧元区一年期欧元银行同业拆息利率	.033	.004	.457	.057	.
个案数	欧元区20国经济景气指数	57	57	57	57	57
	欧元区20国工业信心指数	57	57	57	57	57
	欧元区20国零售信心指数	57	57	57	57	57
	欧元区20国服务业信心指数	57	57	57	57	57
	欧元区一年期欧元银行同业拆息利率	57	57	57	57	57

图 10.6 相关系数矩阵

3. 输入/除去的变量

图 10.7 展示了输入模型和被除去的变量信息。因为我们采用的是输入法，所以所有自变量都进入模型。

4. 模型摘要

图 10.8 展示了模型摘要，其中模型的复相关系数（R）为 0.983，可决系数（R 方）为 0.966，修正后的可决系数（调整后的 R 方）为 0.964，表明模型的解释能力非常好。另外，图 10.8 中还给出了其他统计量，其中德宾-沃森检验值 DW=0.203。DW 检验（Durbin-Watson test）常用于时间序列分析和回归分析，是一种检验时间序列数据中是否存在自相关性的统计方法。其值介于 0 和 4 之间，检验的原假设是残差序列不存在自相关性，备择假设是残差序列存在自相关性。当 DW 值接近 2 时，说明残差序列不存在自相关性；当 DW 值偏离 2 时，说明残差序列存在自相关性，值越趋近于 0 表明正自相关性越强，值越趋近于 4 表示负自相关性越强。本结果表明，残差序列存在一定的正自相关性。

图 10.7 输入/除去的变量

模型摘要

模型	R	R 方	调整后 R 方	标准估算的错误	R 方变化量	F 变化量	自由度 1	自由度 2	显著性 F 变化量	德宾-沃森
1	.983ᵃ	.966	.964	2.18003	.966	374.943	4	52	.000	.203

a. 预测变量：(常量)，欧元区一年期欧元银行同业拆息利率，欧元区20国零售信心指数，欧元区20国工业信心指数，欧元区20国服务业信心指数
b. 因变量：欧元区20国经济景气指数

图 10.8 模型摘要

5. ANOVA 分析

图 10.9 展示了 ANOVA 分析结果，从中可以看到模型设定检验的 F 统计量的值为 374.943，显著性 p 值为 0.000。因此，我们的模型通过了设定检验，也就是说，因变量与自变量之间的线性关系显著。

ANOVA [a]

模型		平方和	自由度	均方	F	显著性
1	回归	7127.714	4	1781.929	374.943	.000ᵇ
	残差	247.132	52	4.753		
	总计	7374.846	56			

a. 因变量：欧元区20国经济景气指数
b. 预测变量：(常量)，欧元区一年期欧元银行同业拆息利率，欧元区20国零售信心指数，欧元区20国工业信心指数，欧元区20国服务业信心指数

图 10.9 ANOVA 分析

6. 回归系数

图 10.10 展示了回归系数结果，包括未标准化系数及其标准错误、标准化系数、t 值、显著性 p 值以及未标准化系数的 95% 置信区间等统计量。根据未标准化系数结果，最终的线性回归方程的表达式为：

欧元区 20 国经济景气指数=0.357×欧元区 20 国工业信心指数+0.357×欧元区 20 国零售信心指数+0.332×欧元区 20 国服务业信心指数-1.312×欧元区一年期欧元银行同业拆息利率+102.719

系数

模型		未标准化系数 B	标准错误	标准化系数 Beta	t	显著性	B 的 95.0% 置信区间 下限	上限	相关性 零阶	偏	部分	共线性统计 容差	VIF
1	(常量)	102.719	.688		149.337	.000	101.339	104.099					
	欧元区20国工业信心指数	.357	.066	.339	5.391	.000	.224	.491	.938	.599	.137	.163	6.124
	欧元区20国零售信心指数	.357	.097	.249	3.670	.001	.162	.552	.908	.454	.093	.140	7.166
	欧元区20国服务业信心指数	.332	.059	.428	5.585	.000	.212	.451	.859	.612	.142	.110	9.112
	欧元区一年期欧元银行同业拆息利率	-1.312	.244	-.223	-5.381	.000	-1.802	-.823	-.245	-.598	-.137	.376	2.657

a. 因变量：欧元区20国经济景气指数

图 10.10　回归系数

基于常见的 0.05 显著性水平，可以发现各个自变量系数，包括"欧元区 20 国工业信心指数"（p=0.000）、"欧元区 20 国零售信心指数"（p=0.001）、"欧元区 20 国服务业信心指数"（p=0.000）、"欧元区一年期欧元银行同业拆息利率"（p=0.000），均具有显著性。其中，"欧元区 20 国工业信心指数""欧元区 20 国零售信心指数""欧元区 20 国服务业信心指数"这三个变量的系数为正，说明它们对因变量"欧元区 20 国经济景气指数"的影响是正向的，信心指数越高，经济景气指数越高；"欧元区一年期欧元银行同业拆息利率"的系数为负，说明其对因变量"欧元区 20 国经济景气指数"的影响是负向的，利率越低，经济景气指数越高。

关于回归系数结果中的"共线性统计"，其解释如下：

容差和 VIF（方差膨胀因子）是衡量回归模型多重共线性的指标。多重共线性是指线性回归模型中的解释变量之间由于存在高度相关关系而使模型估计失真或难以准确估计。多重共线性的产生原因包括经济变量相关的共同趋势、滞后变量的引入、样本资料的限制等。多重共线性会造成以下影响：完全共线性下参数估计量不存在；近似共线性下 OLS 估计量非有效；参数估计量的经济含义不合理；变量的显著性检验失去意义，可能将重要的解释变量排除在模型之外；模型的预测功能失效。解决办法包括排除引起共线性的变量，将原模型变换为差分模型或使用岭回归法来减小参数估计量的方差等。

一般来说，如果容差＜ 0.2 或 VIF ＞ 10，说明自变量之间存在多重共线性的问题。在本例中，"欧元区 20 国工业信心指数""欧元区 20 国零售信心指数""欧元区 20 国服务业信心指数"这三个变量的容差分别为 0.163、0.140、0.110，均小于 0.2；而"欧元区一年期欧元银行同业拆息利率"的容差为 0.376，略高于 0.2；四个变量的 VIF 分别为 6.124、7.166、9.112、2.657，均小于 10。因此，可以认为自变量之间的多重共线性不显著。

7. 系数相关性

图 10.11 展示了各个自变量回归系数之间的相关性结果。例如，"欧元区 20 国工业信心指数"的回归系数与"欧元区 20 国零售信心指数""欧元区 20 国服务业信心指数""欧元区一年期欧元银行同业拆息利率"三个自变量的回归系数的相关性（相关系数）分别为 0.093、−0.264、−0.651。

8. 共线性诊断

图 10.12 展示了共线性诊断结果。在共线性诊断结果表中，主要通过观察"特征值"和"条件

指标"两列进行共线性诊断:当多个维度的特征值约为 0,说明存在多重共线性;当条件指标大于 10 时,提示可能存在多重共线性。在本例中,随着逐步将自变量添加到模型中,特征值逐渐减小,但与 0 仍有一定差距;条件指标的值则随着自变量的加入而逐渐增大,最终条件指标小于 10。综合来看,可以认为自变量之间不存在多重共线性。这与之前通过容差和 VIF 分析得到的结论一致。

系数相关性

模型			欧元区一年期欧元银行同业拆息利率	欧元区20国零售信心指数	欧元区20国工业信心指数	欧元区20国服务业信心指数
1	相关性	欧元区一年期欧元银行同业拆息利率	1.000	.093	.721	-.631
		欧元区20国零售信心指数	.093	1.000	-.264	-.651
		欧元区20国工业信心指数	.721	-.264	1.000	-.484
		欧元区20国服务业信心指数	-.631	-.651	-.484	1.000
	协方差	欧元区一年期欧元银行同业拆息利率	.059	.002	.012	-.009
		欧元区20国零售信心指数	.002	.009	-.002	-.004
		欧元区20国工业信心指数	.012	-.002	.004	-.002
		欧元区20国服务业信心指数	-.009	-.004	-.002	.004

a. 因变量:欧元区20国经济景气指数

图 10.11 系数相关性

共线性诊断

模型	维	特征值	条件指标	(常量)	欧元区20国工业信心指数	欧元区20国零售信心指数	欧元区20国服务业信心指数	欧元区一年期欧元银行同业拆息利率
1	1	2.636	1.000	.01	.02	.01	.00	.01
	2	1.691	1.249	.03	.00	.00	.02	.04
	3	.546	2.197	.11	.05	.02	.00	.16
	4	.080	5.757	.16	.92	.13	.18	.66
	5	.047	7.464	.69	.01	.84	.79	.13

a. 因变量:欧元区20国经济景气指数

图 10.12 共线性诊断

9. 残差统计

图 10.13 展示了残差统计,显示了预测值、残差、标准预测值、标准残差等的最小值、最大值、平均值、标准偏差及个案数。

残差统计

	最小值	最大值	平均值	标准偏差	个案数
预测值	60.7223	117.2725	98.8754	11.28187	57
残差	-4.48428	3.46929	.00000	2.10073	57
标准预测值	-3.382	1.631	.000	1.000	57
标准残差	-2.057	1.591	.000	.964	57

a. 因变量:欧元区20国经济景气指数

图 10.13 残差统计

10. 直方图和正态 P-P 图

图 10.14 和图 10.15 展示了模型残差的直方图和正态 P-P 图。由于在模型中始终假设残差服从正态分布,因此可以通过这两幅图直观地判断回归后的实际残差是否符合假设。将回归残差的直方图

与图上附带的正态分布曲线相比较，可以认为残差分布近似服从正态分布。正态概率 P-P 图用于比较残差分布与正态分布差异，图的纵坐标为期望的累计概率，横坐标为观测的累计概率，图中的斜线代表一个平均值为 0 的正态分布。如果图中的散点密集地散布在这条斜线附近，就说明随机变量残差服从正态分布，从而证明样本确实来自正态总体；如果散点偏离这条直线太远，则应怀疑随机变量的正态性。基于以上认识，通过图 10.15 中的散点分布情况，可以认为散点大致分布在斜线附近，表明残差分布基本符合正态分布。

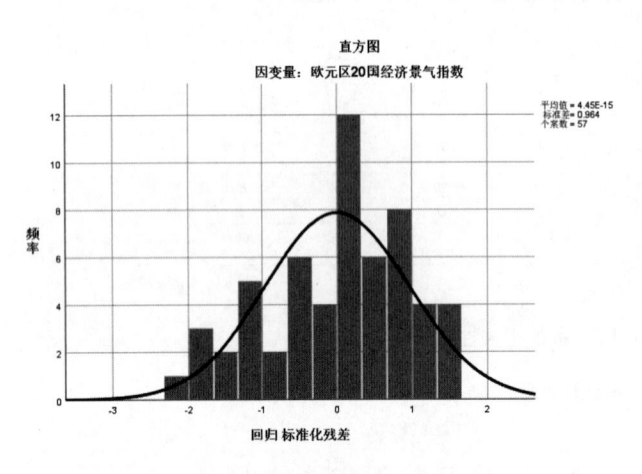

图 10.14　残差分布直方图

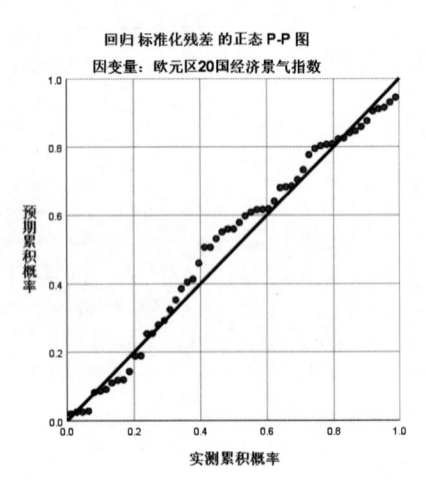

图 10.15　正态概率 P-P 图

11. 散点图

图 10.16 展示了因变量和回归标准化残差的散点图。正常情况下，回归标准化残差应较为均匀地分布在 0 周围，不论因变量大小。从图 10.16 中可以看出，本例基本满足"较为均匀地分布在 0 周围"的特征，说明变量之间的异方差性程度不明显。

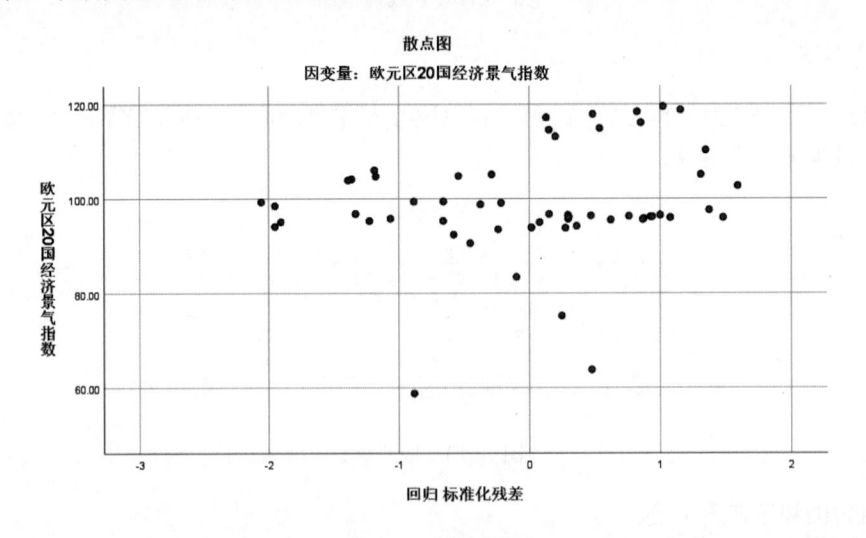

图 10.16　散点图

10.2 加权最小二乘回归分析

下载资源:\video\第 10 章\10.2

下载资源:\sample\数据 10\数据 10.2

10.2.1 统计学原理

10.1 节介绍的线性回归分析本质上采用的是普通最小二乘法（Ordinary Least Squares，OLS），其统计学原理是使残差的平方和最小。然而，普通最小二乘法有着种种假设条件，实际应用中往往难以满足其中的要求。其中一个假设条件是误差项需具有同方差性。如果误差项存在异方差性，继续采用普通最小二乘法可能会导致参数估计量无效、变量的显著性检验失去意义、模型的预测能力下降等问题。

从公式角度来看，如果对于回归模型 $y_i = a + X\beta + \varepsilon_i$ 出现 $Var(\varepsilon_i) = \delta_i^2$ 的情况，即对于不同的样本点，随机误差项的方差不再是常数，而是互不相同时，则认为模型存在异方差性。

对于存在异方差性的模型，可以使用加权最小二乘法（Weighted Least Squares，WLS）进行估计。加权最小二乘法通过对原模型加权，将其转换为一个新的不存在异方差性的模型，然后采用 OLS 估计其参数。

10.2.2 案例应用——分析中等收入国家航空运输客运量的影响因素

本小节用于分析的数据为"数据 10.2"，记录了 1974 年至 2021 年间中等收入国家航空运输客运量的相关数据，具体包括中等收入国家航空运输客运量（单位：千人）、中等收入国家城市人口占总人口比重（单位为%）、中等收入国家人口密度（单位为人/平方公里）。"数据 10.2"的数据视图如图 10.17 所示。

图 10.17 "数据 10.2"的数据视图

下面以"中等收入国家航空运输客运量"为因变量，以"中等收入国家城市人口占总人口比重"

和"中等收入国家人口密度"为自变量,以"中等收入国家人口密度"为权重变量,进行加权最小二乘回归分析。案例应用的具体步骤如下:

步骤 01 打开"数据 10.2",选择"分析|回归|权重估算"命令,弹出"权重估算"对话框,如图 10.18 所示。从源变量列表框中选择"中等收入国家航空运输客运量",并单击 ➡ 按钮将其加入"因变量"列表框;选择"中等收入国家城市人口占总人口比重""中等收入国家人口密度",并单击 ➡ 按钮将其加入"自变量"列表框;选择"中等收入国家人口密度"并单击 ➡ 按钮,将其加入"权重变量"列表框。然后设置幂的范围,我们把范围设置为 6~7.5,并以 0.5 为步进。该对话框左下角的"在方程中包括常量"保持系统默认设置。

对话框深度解读

- 权重变量:选入权重变量,权重函数是此权重变量取幂后的倒数,它为指定范围内的每个幂值分别计算回归方程,系统将标识出使对数似然函数最大的幂作为最优解。
- 幂的范围:输入幂的初始值与结束值,在"按"输入框中输入幂的步长。系统要求幂的范围在 -6.5 和 7.5 之间,且满足"(结束值-初始值)/步长≤150"的条件。

步骤 02 单击"选项"按钮,弹出"权重估算:选项"对话框,如图 10.19 所示。本例中我们采用系统默认设置。设置完毕后单击"继续"按钮,回到"权重估算"对话框,单击"确定"按钮确认。

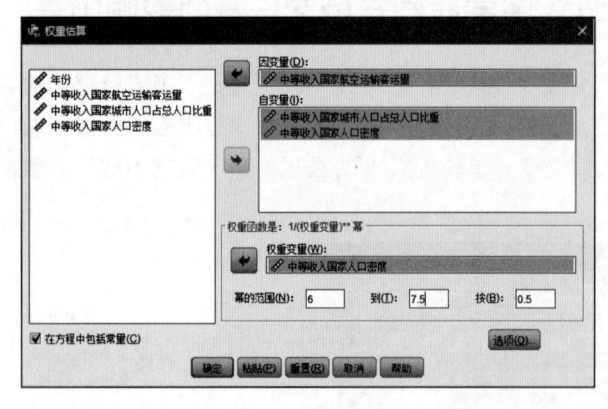

图 10.18 "权重估算"对话框　　　　　图 10.19 "权重估算:选项"对话框

对话框深度解读

"将最优权重保存为新变量"复选框:若勾选该复选框,则系统将得到的最优权重作为一个新变量保存在数据文件中。

"显示 ANOVA 和估算值"选项组:该选项组用于设置方差与估计值的输出方式。

- 若选中"对于最佳幂"单选按钮,则系统将只输出最终的估计值与方差分析表。
- 若选中"对于每个幂值"单选按钮,则系统将输出设定幂的范围内所有权重的估计值与方差分析表。

10.2.3 结果解读

1. 幂摘要及模型描述

图 10.20 为幂摘要及模型描述结果。幂摘要展示了不同幂次取值下权重变量的对数似然值,并按 0.5 步进显示各个回归模型的结果。从图中可以看到,当幂为 7.5 时,对数似然值达到最大,即最佳幂为 7.5。模型描述则展示了幂为 7.5 时回归模型的具体情况。

对数似然值[b]

幂	
6.000	-647.054
6.500	-646.209
7.000	-645.351
7.500	-644.478[a]

a. 选择了相应的幂进行进一步分析,这是因为,它使对数似然函数最大化。
b. 因变量: 中等收入国家航空运输客运量,源变量: 中等收入国家人口密度

模型描述

因变量		中等收入国家航空运输客运量
自变量	1	中等收入国家城市人口占总人口比重
	2	中等收入国家人口密度
权重	源	中等收入国家人口密度
	幂值	7.500

模型: MOD_2。

图 10.20 幂摘要及模型描述

2. 模型摘要及 ANOVA

图 10.21 给出了模型摘要及 ANOVA 结果。从模型摘要中可以看出,复相关系数为 0.860,可决系数为 0.739,调整后可决系数为 0.728,这表明模型拟合优度较高,且具有较强的解释能力。对数似然函数值为-644.478,与前述幂摘要结果中幂为 7.5 时的对数似然函数值相同。从 ANOVA 结果来看,加权回归分析模型的 F 值为 63.872,对应的显著性 p 值为 0.000,远远小于统计意义上常用的显著性 p 值 0.05,说明模型整体非常显著。

模型摘要

复 R	.860
R 方	.739
调整后 R 方	.728
标准 估算的错误	.037
对数似然函数值	-644.478

ANOVA

	平方和	自由度	均方	F	显著性
回归	.174	2	.087	63.872	.000
残差	.061	45	.001		
总计	.236	47			

图 10.21 模型摘要及 ANOVA

3. 系数

图 10.22 展示了回归模型的系数结果,基于此我们可以写出回归方程:

中等收入国家航空运输客运量=25269.578 × 中等收入国家城市人口占总人口比重 +13083.268 × 中等收入国家人口密度-1349982.189

系数

	未标准化系数 B	标准 错误	标准化系数 Beta	标准 错误	t	显著性
(常量)	-1349982.189	205875.398			-6.557	.000
中等收入国家城市人口占总人口比重	25269.578	4609.181	.630	.115	5.482	.000
中等收入国家人口密度	13083.268	5388.289	.279	.115	2.428	.019

图 10.22　系数

从加权最小二乘回归结果来看，"中等收入国家城市人口占总人口比重"和"中等收入国家人口密度"两个自变量对因变量"中等收入国家航空运输客运量"具有显著的正向影响（显著性 p 值分别为 0.000、0.019）。这表明对于中等收入国家而言，城市人口占总人口的比重越大，人口密度越大，航空运输客运量也越大。

10.3　曲线估算回归分析

下载资源：\video\第 10 章\10.3
下载资源：\sample\数据 10\数据 10.3

10.3.1　统计学原理

前文不论是线性回归分析还是加权最小二乘回归分析，本质上描述的都是因变量与自变量之间的线性关系。然而，在许多情况下，变量之间的关系并非线性关系，此时继续建立线性回归模型是不合适的。为了解决这一问题，可以通过变量转换将非线性关系转换为线性关系，这时需要使用曲线估算回归分析方法。

曲线估算回归分析的统计学原理是通过变量替换方法，将不满足线性关系的数据转换为符合线性回归模型的数据，从而利用线性回归对数据进行估计。SPSS 26.0 的曲线估算回归分析过程提供了 11 种回归模型，包括线性曲线、二次项曲线、复合曲线、增长曲线、对数曲线、立方曲线、S 曲线、指数曲线、逆模型、幂函数模型和 Logistic 模型。

需要说明的是，这 11 种回归模型之间并不是互斥的，用户可以选择多个模型，系统会针对每个因变量生成一个单独的模型，并输出回归系数、复相关系数、可决系数、修正后的可决系数、估计值的标准误差、方差分析表、预测值、残差和预测区间等统计量。用户可以结合各种曲线估计结果选择最为恰当的模型。

10.3.2　案例应用——分析英国工业生产指数对失业救济率的影响

本小节用于分析的数据是"数据 10.3"，它记录的是 1988 年 1 月至 2024 年 7 月英国工业生产指数和失业救济率数据，包括月份、英国工业生产指数（2019 年 7 月为基准=100）、英国失业救济率（单位为%）三个变量。"数据 10.3"的数据视图如图 10.23 所示。

第 10 章　回归分析 | 231

图 10.23　"数据 10.3"的数据视图

下面以"英国失业救济率"为因变量,"英国工业生产指数"为自变量,进行曲线估算回归分析。案例应用的具体步骤如下:

步骤 01　打开"数据 10.3",选择"分析|回归|曲线估算"命令,弹出"曲线估算"对话框,如图 10.24 所示。从左侧的变量框中选择需要进行曲线回归分析的因变量,然后单击 按钮,将其加入"因变量"列表框;同样,从左侧的变量框中选择需要进行曲线回归分析的自变量,然后单击 按钮,使其加入"变量"列表框。在本例中,我们将"英国失业救济率"变量选入"因变量"列表框;将"英国工业生产指数"变量选入"变量"列表框。在"模型"选项组中,勾选"线性""对数""二次"复选框,然后勾选"在方程中包括常量""模型绘图""显示 ANOVA 表"复选框。

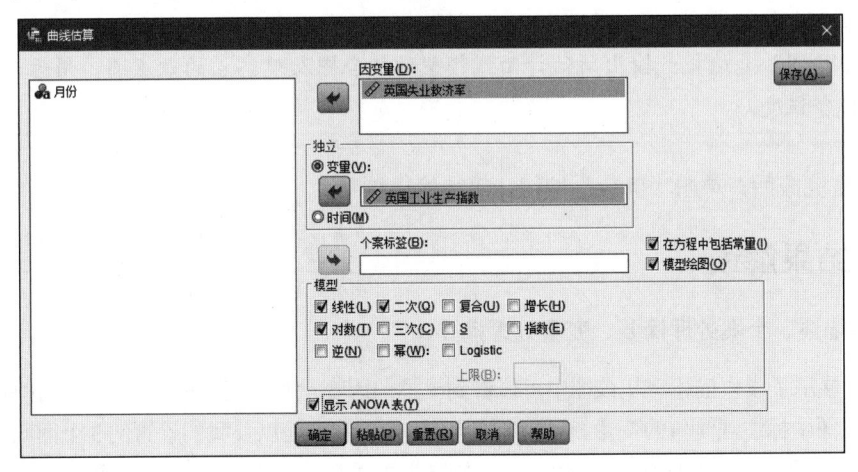

图 10.24　"曲线估算"对话框

对话框深度解读

"因变量"列表框：选择进入曲线回归模型的因变量。

"独立"选项组：包括以下选项。

- "变量"单选按钮：选择进入曲线回归模型的自变量。
- "时间"单选按钮：若选中，则时间将作为自变量进入曲线回归模型。

"个案标签"列表框：用于指定个案标签的变量，作为模型绘图时的标记点。

"模型"选项组：用于指定具体的曲线模型，共有 11 种曲线回归模型，分别是线性、二次、复合、增长、对数、三次、S、指数、逆、幂函数、Logistic。如果选择 Logistic 模型，可在"上限"输入框中指定模型上限。

- 线性曲线的数学表达式为：$Y = b0 + (b1 * t)$。
- 二次曲线的数学表达式为：$Y = b0 + (b1 * t) + (b2 * t**2)$。
- 复合曲线的数学表达式为：$Y = b0 * (b1**t)$ 或 $\ln(Y) = \ln(b0) + (\ln(b1) * t)$。
- 增长曲线的数学表达式为：$Y = e**(b0 + (b1 * t))$ 或 $\ln(Y) = b0 + (b1 * t)$。
- 对数曲线的数学表达式为：$Y = b0 + (b1 * \ln(t))$。
- 三次曲线的数学表达式为：$Y = b0 + (b1 * t) + (b2 * t**2) + (b3 * t**3)$。
- S 曲线的数学表达式为：$Y = e**(b0 + (b1/t))$ 或 $\ln(Y) = b0 + (b1/t)$。
- 指数曲线的数学表达式为：$Y = b0 * (e**(b1 * t))$ or $\ln(Y) = \ln(b0) + (b1 * t)$。
- 逆模型曲线的数学表达式为：$Y = b0 + (b1 / t)$。
- 幂模型的数学表达式为：$Y = b0 * (t**b1)$ 或 $\ln(Y) = \ln(b0) + (b1 * \ln(t))$。
- Logistic 模型的数学表达式为：$Y = 1 / (1/u + (b0*(b1**t)))$ 或 $\ln(1/y - 1/u) = \ln(b0) + (\ln(b1) * t)$。

"显示 ANOVA 表"复选框：输出方差分析结果。

"在方程中包括常量"复选框：在回归模型中包括常数项。

"模型绘图"复选框：输出所估计曲线模型的拟合图及观察点的散点图，用于直观评价曲线模型的拟合程度。

步骤 02 设置完成后，单击"确定"按钮，等待输出结果。

10.3.3 结果解读

1. 模型描述、个案处理摘要、变量处理摘要

图 10.25 展示了模型描述。从该图中可以看到模型的因变量和自变量的名称、是否含有常数项、是否指定用于在图中标注观测值的变量、有关在方程中输入项的容差以及我们设置的 3 个回归模型的类型。

图 10.26 展示了个案处理摘要。图中显示参与曲线回归的个案数总为 439 个。

图 10.27 展示了变量处理摘要。从该图中可以得出因变量和自变量的正负值情况。在本例中，因变量和自变量均为 439 个正值，且没有零值和负值。

图 10.25 模型描述

模型名称		MOD_3
因变量	1	英国失业救济率
方程	1	线性
	2	对数
	3	二次
自变量		英国工业生产指数
常量		包括
值用于在图中标注观测值的变		未指定
有关在方程中输入项的容差		.0001

图 10.26 个案处理摘要

	个案数
总个案数	439
排除个案数	0
预测的个案	0
新创建的个案	0

a. 在分析中，将排除那些在任何变量中具有缺失值的个案。

图 10.27 变量处理摘要

	变量	
	因变量 英国失业救济率	自变量 英国工业生产指数
正值的数目	439	439
零的数目	0	0
负值的数目	0	0
缺失值的数目 用户缺失值	0	0
系统缺失值	0	0

2. 模型摘要、ANOVA 表和系数

图 10.28~图 10.30 展示了"线性""对数""二次"3 个回归模型的模型摘要、ANOVA 表和系数。从这些图中可以看出，这 3 个回归模型中的自变量系数都是非常显著的，表明"英国工业生产指数"确实显著影响"英国失业救济率"。然而，这 3 个回归模型的拟合优度不同，其中"二次"回归模型的拟合优度最高（复相关系数为 0.835，可决系数为 0.696，修正后可决系数为 0.695），所以"二次"回归模型的解释能力最好。

模型摘要

R	R 方	调整后 R 方	标准 估算的错误
.791	.626	.625	1.298

自变量为 英国工业生产指数。

ANOVA

	平方和	自由度	均方	F	显著性
回归	1234.466	1	1234.466	732.524	.000
残差	736.443	437	1.685		
总计	1970.909	438			

自变量为 英国工业生产指数。

系数

	未标准化系数		标准化系数		
	B	标准 错误	Beta	t	显著性
英国工业生产指数	-.169	.006	-.791	-27.065	.000
（常量）	19.946	.569		35.065	.000

图 10.28 回归模型 1

模型摘要

R	R 方	调整后 R 方	标准 估算的错误
.803	.645	.644	1.265

自变量为 英国工业生产指数。

ANOVA

	平方和	自由度	均方	F	显著性
回归	1271.739	1	1271.739	794.871	.000
残差	699.170	437	1.600		
总计	1970.909	438			

自变量为 英国工业生产指数。

系数

	未标准化系数		标准化系数		
	B	标准 错误	Beta	t	显著性
ln(英国工业生产指数)	-15.005	.532	-.803	-28.193	.000
（常量）	72.144	2.395		30.123	.000

图 10.29 回归模型 2

模型摘要

R	R 方	调整后 R 方	标准 估算的错误
.835	.696	.695	1.171

自变量为 英国工业生产指数。

ANOVA

	平方和	自由度	均方	F	显著性
回归	1372.567	2	686.283	500.081	.000
残差	598.342	436	1.372		
总计	1970.909	438			

自变量为 英国工业生产指数。

系数

	未标准化系数 B	标准 错误	标准化系数 Beta	t	显著性
英国工业生产指数	-1.271	.110	-5.943	-11.557	.000
英国工业生产指数 **	.006	.001	5.158	10.032	.000
(常量)	67.867	4.805		14.126	.000

图 10.30 回归模型 3

3. 拟合曲线及实测值的散点图

图 10.31 展示了 3 个曲线模型拟合曲线及实测值的散点图。从图中可以直观地看出，在 3 个曲线模型拟合的曲线中，二次模型拟合的曲线与实测值拟合得最好。

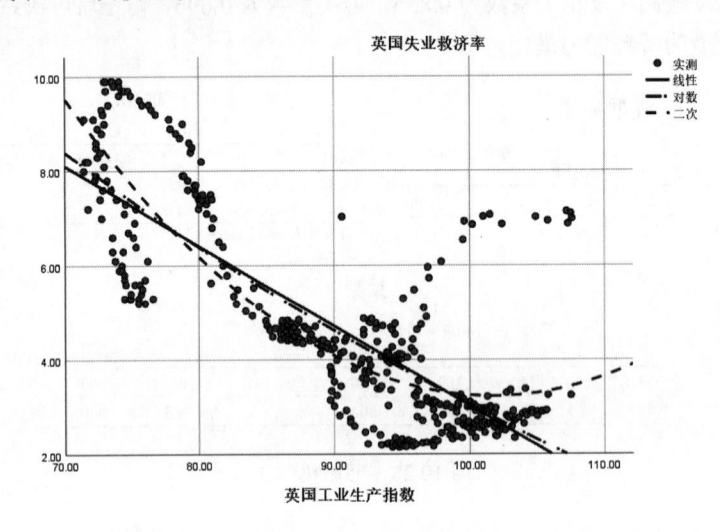

图 10.31 3 个曲线模型拟合曲线及实测值的散点图

因此，我们可以得出"英国工业生产指数"和"英国失业救济率"之间的关系公式为：

Y（英国失业救济率）$=67.867-1.271X$（英国工业生产指数）$+0.006X^2$

10.4 二元 Logistic 回归分析

下载资源:\video\第 10 章\10.4

下载资源:\sample\数据 10\数据 10.4

10.4.1 统计学原理

在前面几节的分析中，我们假定因变量为连续的定量变量，但在很多情况下，因变量只能取二值（0,1），例如是否满足某一特征等。因为一般回归分析要求因变量呈正态分布，并且各组中具有相同的方差-协方差矩阵，所以直接使用线性回归对二值因变量进行回归估计是不恰当的。这时，就可以使用本节介绍的二元 Logistic 回归分析。

二元 Logistic 回归分析的统计学原理是考虑因变量（0,1）发生的概率，使用发生的概率除以没有发生的概率，然后取对数。通过这一变换，解决了"回归方程左侧因变量估计值的取值范围为 0~1，而右侧自变量的取值范围是无穷大或无穷小"这一矛盾，也使得因变量和自变量之间呈线性关系。正是由于这一变换，Logistic 回归中自变量的系数不同于一般回归分析中的自变量系数，而是反映了模型中每个自变量的概率比。

Logistic 回归系数的估计通常采用最大似然法。最大似然法的基本思想是先建立似然函数与对数似然函数，再通过最大化对数似然函数求解系数值，所得的估计值称为系数的最大似然估计值。Logistic 模型的公式如下：

$$\ln \frac{p}{1-p} = \alpha + X\beta + \varepsilon$$

其中，p 为事件发生的概率，$\alpha = \begin{pmatrix} \alpha_1 \\ \alpha_2 \\ \vdots \\ \alpha_n \end{pmatrix}$ 为模型的截距项，$\beta = \begin{pmatrix} \beta_1 \\ \beta_2 \\ \vdots \\ \beta_n \end{pmatrix}$ 为待估计的系数，

$X = \begin{pmatrix} x_{11} & x_{12} & \cdots & x_{1k} \\ x_{21} & x_{22} & \cdots & x_{2k} \\ \vdots & \vdots & \ddots & \vdots \\ x_{n1} & x_{n2} & \cdots & x_{nk} \end{pmatrix}$ 为自变量，$\varepsilon = \begin{pmatrix} \varepsilon_1 \\ \varepsilon_2 \\ \vdots \\ \varepsilon_n \end{pmatrix}$ 为误差项。通过该公式可以看出，Logistic 模型实质上建

立了因变量发生的概率和自变量之间的关系。

10.4.2 案例应用——分析商业银行公司客户信用风险影响因素

本小节用于分析的是"数据 10.4"，文件包含 XX 银行 XX 省分行的 700 个对公授信客户的信息，SPSS 数据视图如图 10.32 所示。这 700 个对公授信客户均为曾获得贷款的客户，包括存量授信客户和已结清贷款客户。数据文件中共有 5 个变量，分别是"征信违约记录（0、1 分别表示未违约、违约）""实际控制人从业年限""企业经营年限""银行负债""其他渠道负债"。

本分析的目标是研究哪些因素影响对公授信客户的违约风险，或哪些特征会影响对公客户的信用状况，进而提出有针对性的风险防控策略。因此，把因变量设置为"征信违约记录"，其他变量作为自变量进行分析。案例应用的具体步骤如下：

步骤01 打开"数据 10.4"，选择"分析|回归|二元 Logistic"命令，弹出"Logistic 回归"对话框，如图 10.33 所示。在"Logistic 回归"对话框左侧的列表框中选择"征信违约记录"，并单击▶按钮，将其加入"因变量"列表框；然后选择"实际控制人从业年限""企业经营年限""银行负债""其他渠道负债"，并单击▶按钮将其加入"块（B）1/1"列表

框，其他选项保持系统默认设置。

图 10.32 "数据 10.4"的数据视图

图 10.33 "Logistic 回归"对话框

对话框深度解读

"块（B）1/1"列表框可以允许设置多个块，也就是建立多个模型。针对每个块，系统会生成一个回归模型。通过单击"下一个"按钮可新增块，使用"上一个"或"下一个"按钮可编辑和修改块。选择模型中的变量时，不仅可以选择单个变量，还可以设置交互项。要设置交换项，选择两个具有交互作用的变量，然后单击">a*b>"按钮，将其添加到"块"列表框中（设置多个块时，"协变量"列表框将自动变换为"块"列表框）。

"方法"下拉列表框用于确定各自变量进入模型的方式，提供以下几种选项：

- "输入"：所有自变量将全部进入模型。
- "向前：有条件"：逐步向前选择，进入检验是基于得分统计量的显著性，移去检验是基于条件参数估计下的似然比统计的概率。
- "向前：LR"：逐步向前选择，进入检验是基于得分统计量的显著性，移去检验是基于最大局部似然估计的似然比统计的概率。
- "向前：瓦尔德"：逐步向前选择，进入检验是基于得分统计量的显著性，移去检验是基于瓦尔德统计的概率。
- "向后：有条件"：逐步向后选择，移去检验是基于条件参数估计的似然比统计的概率。
- "向后：LR"：逐步向后选择，移去检验是基于最大局部似然估计的似然比统计的概率。
- "向后：瓦尔德"：逐步向后选择，移去检验是基于瓦尔德统计的概率。

无论选择哪种引入方法，进入方程的变量都必须符合容许偏差，默认的容许偏差是 0.0001，如果某个变量使得模型的容许偏差低于默认的容许偏差，则不允许其进入方程。

"选择变量"文本框：该框用于根据指定的变量取值范围选择参与分析的观测样本。在本例中，我们选择分析全部观测样本，因此不使用此功能。

步骤 02 单击"分类"按钮，弹出"Logistic 回归：定义分类变量"对话框，如图 10.34 所示。本例中采用系统默认设置。

对话框深度解读

"协变量"列表框中已包含"Logistic 回归"对话框中设置完毕的全部变量。如果包含字符串变量，它会自动进入"分类协变量"列表框；如果没有字符串变量而有其他分类变量，则用户可自行选择合适的分类变量作为"分类协变量"。

"更改对比"选项组用于设置分类协变量中各类水平的对比方式。单击"对比"右侧的下拉按钮，选择合适的对比方式，提供以下几种选项：

- 指示符：指示是否属于参考分类。参考分类在对比矩阵中表示为一排 0。
- 简单：除参考类别外，预测变量的每个类别与参考类别进行比较。
- 差值：除第一个类别外，预测变量的每个类别都与前面类别的平均效应进行比较，也称作逆赫尔默特对比。
- 赫尔默特：除最后一类别外，预测变量的每个类别与后面类别的平均效应进行比较。
- 重复：除第一个类别外，预测变量的每个类别与其前一个类别进行比较。
- 多项式：正交多项式对比，假设类别均匀分布，仅适用于数值变量。
- 偏差：除参考类别外，预测变量的每个类别与总体效应进行比较。

对于"参考类别"，如果选择了偏差、简单或指示符对比方式，可选择"最后一个"或"第一个"单选按钮，指定分类变量的第一类或最后一类作为参考类。

步骤 03 单击"继续"按钮，回到"Logistic 回归"对话框。接着，单击"保存"按钮，进入"Logistic 回归：保存"对话框，如图 10.35 所示。本例中采用系统默认设置。

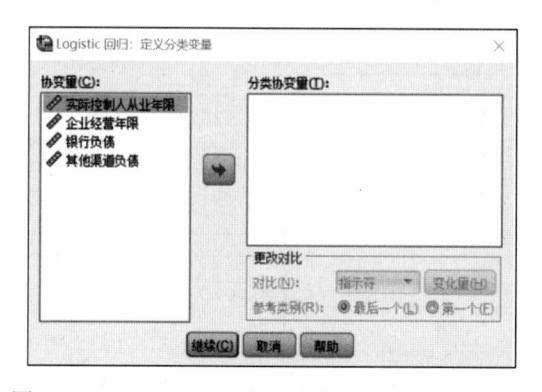

图 10.34 "Logistic 回归：定义分类变量"对话框    图 10.35 "Logistic 回归：保存"对话框

对话框深度解读

"预测值"选项组包括以下选项：

- 概率：即每个样本观测值发生特定事件的预测概率。此处所指的"事件"是因变量类别中值较大的那一类。例如，若因变量取值为 0 和 1，则保存该样本观测值取值为 1 的预测概率。
- 组成员：根据预测概率将每个样本观测值分配到相应的预测分组。预测分组基于判别分数，选择具有最大后验概率的组。例如，若某样本观测值对应的因变量取 0 和 1 的概率分别为 70%和 30%，那么该样本观测值将被分配到因变量取 0 的组。

"影响"选项组包括以下选项：

- 库克距离：在回归系数计算中，排除特定样本观测值的影响后，所有样本观测值的残差的变化幅度。
- 杠杆值：每个样本观测值对模型拟合度的相对影响。
- DfBeta(s)：即 Beta 值的差分，指的是排除某个特定样本观测值后回归系数的变化。它会为模型中的每一项自变量（包括常数项）计算一个值。

"残差"选项组包括以下选项：

- 非标准化：实际样本观测值与模型预测值之间的差。
- 分对数：使用 Logit 模型对样本观测值进行预测时的残差。Logit 是一个商，分子是残差，分母是"预测概率"乘以"1-预测概率"。
- 学生化：排除某个样本观测值后，模型离差的变化。
- 标准化：残差除以其标准差的估计。标准化残差也称为皮尔逊残差，具有 0 的平均值和 1 的标准差。
- 偏差：基于模型偏差计算的残差。

步骤 04 单击"继续"按钮，回到"Logistic 回归"对话框。接着，单击"选项"按钮，弹出"Logistic 回归：选项"对话框，如图 10.36 所示。在"统计和图"选项组中勾选"霍斯默-莱梅肖拟合优度"复选框，其他选项保持系统默认设置。单击"继续"按钮，返回"Logistic 回归"对话框，并单击"确定"按钮确认。

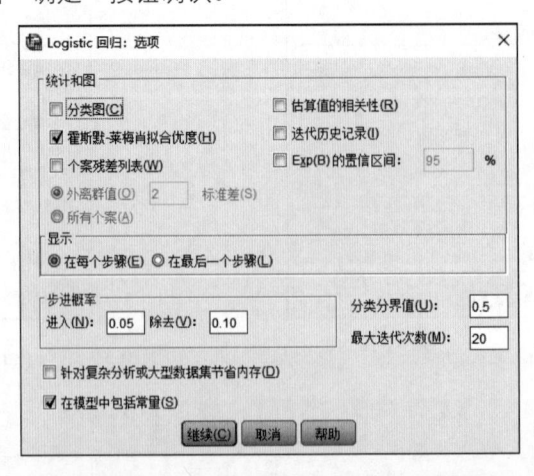

图 10.36 "Logistic 回归：选项"对话框

对话框深度解读

"统计和图"选项组，包括以下选项：

- 分类图：因变量的预测值与实际值的分类直方图。
- 霍斯默-莱梅肖拟合优度：一种常用的拟合优度统计量，通过将样本观测值分组为不同的风险度十分位数，并比较每个十分位数中已观察到的概率与期望概率。该统计量比传统的 Logistic 回归中所用的传统拟合度统计更稳健，尤其适用具有连续协变量的模型或使用小样本的研究。
- 个案残差列表：输出非标准化残差、预测概率，以及样本观测值的实际与预测分组水平。
- 估算值的相关性：输出回归方程中各变量系数的相关系数矩阵。
- 迭代历史记录：展示每一步迭代输出的相关系数和对数似然比值。
- Exp(B)的置信区间：通过输入 1~99 的数值，可以得到不同置信度的置信区间。

"显示"选项组，包括以下选项：

- 在每个步骤：对每步计算过程输出表格、统计量和图形。
- 在最后一个步骤：只输出最终回归模型的表格、统计量和图形。

"步进概率"选项组：设置变量进入模型及从模型中剔除的判别依据。如果该变量的概率值小于"进入"框中设置的值，那么此变量进入模型；如果该变量的概率值大于"除去"框的设置值，那么该变量会从模型中剔除。默认情况下，"进入"框的值为 0.05，"除去"框的值为 0.10。注意，此处设置的值必须为正数，并且进入值必须小于除去值。

右下方的"分类分界值"可指定样本分类的节点，预测值大于分类节点的样本为阳性，小于分类节点的样本为阴性。默认值为 0.5，取值范围为 0.01~0.09。

"最大迭代次数"用于设置最大迭代步数。

"在模型中包括常量"意味着模型将包含常数项。

10.4.3 结果解读

1. 个案处理摘要、因变量编码

图 10.37 展示了 Logistic 回归的个案处理摘要和因变量编码。从该图中可以看到，共有 700 个样本观测值参与了分析过程，且没有缺失值。因变量编码的原值和内部值一致，均为 0 和 1。

2. 块 0：起始块情况

图 10.38 展示了"块 0：起始块"的情况。从"分类表"中可以看到，起始块模型预测的总体正确百分比为 73.9%。其中，因变量"征信违约记录"实测为 0 的情况全部预测正确，实测为 1 的情况全部预测错误。这说明该模型仅简单地将所有样本观测值预测为 0，缺乏实际价值。从"方程中的变量"中可以看到，起始块模型中仅包含常量；而从"未包括在方程中的变量"中可以看到，"实际控制人从业年限""企业经营年限""银行负债""其他渠道负债"4 个自变量没有进入回归方程。

个案处理摘要

未加权个案数		个案数	百分比
选定的个案	包括在分析中的个案数	700	100.0
	缺失个案数	0	.0
	总计	700	100.0
未选定的个案		0	.0
总计		700	100.0

a. 如果权重为生效状态，请参阅分类表以了解个案总数。

因变量编码

原值	内部值
0	0
1	1

图 10.37　Logistic 回归的个案处理摘要、因变量编码

分类表[b]

		预测		
		征信违约记录		正确百分比
实测		0	1	
步骤 0　征信违约记录　0		517	0	100.0
1		183	0	.0
总体百分比				73.9

a. 常量包括在模型中。
b. 分界值为 .500

方程中的变量

		B	标准误差	瓦尔德	自由度	显著性	Exp(B)
步骤 0	常量	-1.039	.086	145.782	1	.000	.354

未包括在方程中的变量

			得分	自由度	显著性
步骤 0	变量	实际控制人从业年限	56.054	1	.000
		企业经营年限	18.931	1	.000
		银行负债	41.928	1	.000
		其他渠道负债	155.326	1	.000
	总体统计		243.459	4	.000

图 10.38　块 0：起始块情况

3. 块 1 模型系数的 Omnibus 检验、模型摘要

图 10.39 展示了块 1 模型系数的 Omnibus 检验和模型摘要情况。本例中，因为没有设置多个模型，所以块 1 模型即为最终模型。模型系数的 Omnibus 检验是对模型整体的检验，采用似然比检验。其中，"步骤"是每一步与前一步的似然比检验结果，"块"是指将块 N 与块 $N-1$ 相比的似然比检验结果，"模型"则是检验 Logistic 回归模型中所有参数是否为 0 的似然比检验结果，也是总体评价的关键检验。可以看到，本例中的步骤、块、模型整体都非常显著（显著性 p 值均为 0）。

模型系数的 Omnibus 检验

		卡方	自由度	显著性
步骤 1	步骤	492.299	4	.000
	块	492.299	4	.000
	模型	492.299	4	.000

模型摘要

步骤	-2 对数似然	考克斯-斯奈尔 R 方	内戈尔科 R 方
1	312.065[a]	.505	.739

a. 由于参数估算值的变化不足 .001，因此估算在第 8 次迭代时终止。

图 10.39　块 1 模型系数的 Omnibus 检验、模型摘要情况

模型摘要展示了模型的量化评价拟合优度（Goodness of Fit）效果。拟合优度指的是模型的拟合效果，或通过构建的模型，自变量对因变量的解释能力。在线性回归分析中，我们使用可决系数或修正的可决系数，而在 Logistic 回归模型中，采用两类拟合优度指标：一类为量化评价拟合优度效果，另一类为质性评价拟合优度效果。

从模型的量化评价拟合优度效果中可以看到，-2 对数似然值为 312.065（由于参数估算值的变化不足 0.001，因此估算在第 7 次迭代时终止）。这是模型评价的重要指标，该值越小越好，适用于

不同模型拟合优度的比较。考克斯-斯奈尔 R 方和内戈尔科 R 方也被称为伪 R 方，其值越大（越接近 1）越好，本例中的值分别为 0.505 和 0.739，表现良好。

4. 块 1 模型的霍斯默-莱梅肖检验、霍斯默-莱梅肖检验的列联表

图 10.40 展示了模型的霍斯默-莱梅肖检验和霍斯默-莱梅肖检验的列联表。霍斯默-莱梅肖检验是一种质性评价拟合优度的方法，用于评价模型是否充分利用了现有自变量的信息来拟合因变量。如果检验显著性 p 值大于 0.05，说明模型拟合效果较好；如果显著性 p 值小于 0.05，则表明拟合效果欠佳。本例中显著性 p 值为 0.213，表明模型拟合效果非常好。

霍斯默-莱梅肖检验

步骤	卡方	自由度	显著性
1	10.803	8	.213

霍斯默-莱梅肖检验的列联表

		征信违约记录 = 0		征信违约记录 = 1		总计
		实测	期望	实测	期望	
步骤 1	1	70	69.969	0	.031	70
	2	70	69.751	0	.249	70
	3	68	69.218	2	.782	70
	4	66	68.121	4	1.879	70
	5	68	66.209	2	3.791	70
	6	60	63.020	10	6.980	70
	7	61	55.909	9	14.091	70
	8	46	43.539	24	26.461	70
	9	8	11.260	62	58.740	70
	10	0	.003	70	69.997	70

图 10.40 模型的霍斯默-莱梅肖检验、霍斯默-莱梅肖检验的列联表

在霍斯默-莱梅肖检验的列联表中，第 1 组包含 70 个样本（即第一个十分位数内的样本），这些样本的征信违约记录为 0，实测概率和为 70，表明这 70 个样本的因变量实际值均为 0，每个样本为 0 的概率均为 1；通过模型拟合的期望概率和为 69.969（70 个样本的期望概率加起来），几乎完全一致。同样地，征信违约记录为 1 的样本，实测概率和为 0，表明这 70 个样本的因变量实际值均为 0，每个样本为 1 的概率均为 0；通过模型拟合的期望概率和为 0.031（70 个样本的期望概率加起来），同样接近实测值。通过对比其他区间的实测概率和期望概率，可以发现 10 个区间的实测概率和期望概率都很接近，说明模型拟合优度非常好。

5. 块 1 模型的分类表

图 10.41 展示了块 1 模型的分类表。可以看出，该模型针对因变量的预测正确百分比较块 0 有显著提高，总体正确百分比达到了 91.1%。其中，对于征信违约记录实际因变量为 0 的样本（共 517 个，包含 506 正确预测为 0 和 11 个错误预测为 1），正确率为 97.9%；对于征信违约记录实际因变量为 1 的样本（共 183 个，包含 51 个错误预测为 0 和 132 个正确预测为 1），正确率为 72.1%。

分类表

		预测		
		征信违约记录		正确百分比
实测		0	1	
步骤 1	征信违约记录 0	506	11	97.9
	1	51	132	72.1
	总体百分比			91.1

a. 分界值为 .500

图 10.41 分类表

6. 块 1 模型方程中的变量

图 10.42 展示了块 1 模型方程中的变量，包括"实际控制人从业年限""企业经营年限""银行负债""其他渠道负债"4 个自变量及常量。可以发现，"实际控制人从业年限""企业经营年限"两个变量对因变量有显著的负向影响（体现在两个变量 B 系数列所有的值均为负，且显著性 p 值均为 0.000）；而"银行负债"和"其他渠道负债"两个变量则对因变量有显著正向影响（体现在两个变量 B 系数列所有的值均为正，且显著性 p 值均为 0.000）。这表明"实际控制人从业年限""企业经营年限"越长，企业违约的概率越小（因变量取 1 表示违约，0 表示不违约）；"银行负债"和"其他渠道负债"越高，企业违约的概率越大。

方程中的变量

		B	标准误差	瓦尔德	自由度	显著性	Exp(B)
步骤 1	实际控制人从业年限	-.360	.045	65.063	1	.000	.697
	企业经营年限	-.129	.029	19.331	1	.000	.879
	银行负债	.001	.000	29.251	1	.000	1.001
	其他渠道负债	.003	.000	54.105	1	.000	1.003
	常量	-.065	.290	.051	1	.821	.937

a. 在步骤 1 输入的变量：实际控制人从业年限,企业经营年限,银行负债,其他渠道负债。

图 10.42　方程中的变量

最终回归方程为：

logit（$P|y$=征信记录违约）=-0.360 × 实际控制人从业年限-0.129 × 企业经营年限+0.001 × 银行负债+0.003 × 其他渠道负债-0.065

或者，设 T=-0.360 × 实际控制人从业年限-0.129 × 企业经营年限+0.001 × 银行负债+0.003 × 其他渠道负债-0.065

$$\operatorname{Prob}(Y = 征信记录违约) = \frac{e^T}{1+e^T}$$

10.5　多元 Logistic 回归分析

下载资源：\video\第 10 章\10.5
下载资源：\sample\数据 10\数据 10.5

10.5.1　统计学原理

多元 Logistic 回归分析是二元 Logistic 回归分析的拓展,用于因变量取多个单值且无先后顺序的情形。例如，偏好选择（满足一定特征的消费者偏好黑色、白色还是黄色？喜欢喝碳酸饮料、果汁还是茶水？）或无序分类（符合一定特征的花瓣应该归属于哪个品种）。多元 Logistic 回归分析的统计学原理同样考虑因变量（0,1）发生的概率，通过发生概率除以未发生概率后取对数。回归自变量系数反映了模型中每个自变量的概率比，回归系数的估计采用迭代最大似然法。

10.5.2　案例应用——分析血糖含量与年龄、糖摄入量、运动量的关系

本小节使用"数据10.5",它记录的是某地区被调查者的血糖含量等级(1为低水平,2为中水平,3为高水平)、年龄、每周糖摄入量(单位为克)和每周中高等强度运动量(单位为小时)。"数据10.5"的数据视图如图10.43所示。需要注意的是,数据文件中最后5个样本观测值的"血糖含量等级"值缺失,可以通过构建模型的方式进行预测,详见后文介绍。

接下来,将"血糖含量等级"作为因变量,将"年龄""每周糖摄入量"和"每周中高等强度运动量"作为自变量,进行多元Logistic回归分析。案例应用的具体步骤如下:

步骤01　打开"数据10.5",选择"分析|回归|多元Logistic"命令,弹出"多元Logistic回归"对话框,如图10.44所示。在该对话框左侧的列表框中选择"血糖含量等级"并单击➡按钮,将其加入"因变量"列表框;选择"年龄""每周糖摄入量"和"每周中高等强度运动量"并单击➡按钮,将其加入"协变量"列表框。

图10.43　"数据10.5"的数据视图 　　　　图10.44　"多元Logistic回归"对话框

对话框深度解读

从源变量列表中选择需要进行多元Logistic回归分析的因变量,然后单击➡按钮将其加入"因变量"列表框。自变量分因子和协变量两种,其中因子为分类变量(如字符串变量或已编码的数值变量),协变量为连续定量变量。如本例中,"年龄""每周糖摄入量"和"每周中高等强度运动量"均为连续定量变量,因此将其加入"协变量"列表框;如果在此基础上还有"性别"等分类变量,则需要将其添加到"因子"列表框。

步骤02　单击"模型"按钮,弹出"多元Logistic回归:模型"对话框,如图10.45所示。本例中采用系统默认设置。

图 10.45 "多元 Logistic 回归：模型"对话框

对话框深度解读

"指定模型"选项组包括以下选项：

- 主效应：系统默认选项，表示仅包含因子和协变量的主效应，不包含交互效应。
- 全因子：建立全模型，包括所有因子和协变量的主效应以及所有因子之间的交互效应，但不包括因子和协变量之间的交互效应。
- 定制/步进：用户可以自定义模型。如果选择"定制/步进"，则"强制进入项""步进项"和"步进法"选项将被激活。

"构建项"选项组：用于选择模型效应，包括"主效应""交互""所有二阶""所有三阶""所有四阶"和"所有五阶"。这些选项的具体含义与 8.3 节中"单变量：模型"对话框的一致，不再赘述。

关于"强制进入项"和"步进项"的区别：如果选择"强制进入项"，则所有添加到"强制进入项"列表中的项；如果选择"步进项"，则添加到"步进项"列表中的项将根据用户选择的步进方法之一逐步包含在模型中。

- 向前进入：从初始模型（无步进项）开始，每一步都会将最显著的项添加到模型中，直到留在模型之外的任何项在添加到模型中之后都不再具有显著性为止。
- 向后去除：初始时将所有"步进项"列表中的项输入模型中，然后每一步从模型中移除最不显著的项，直到剩余的所有步进项均显著为止。
- 前向逐步：从向前进入方法选定的模型开始，算法交替执行模型中步进项的向后去除和模型外剩余项的向前进入。此操作持续执行，直到没有项符合输入或移除标准。
- 向后步进：从向后去除方法选定的模型开始，算法交替执行模型外剩余项的向前进入和模型中步进项的向后去除。此操作持续执行，直到没有项符合输入或移除标准。

左下角的"在模型中包括截距"选项表示常量将被包括在回归模型中。

步骤 03 单击"统计"按钮,进入"多元 Logistic 回归:统计"对话框(见图 10.46)。本例中使用系统默认设置。

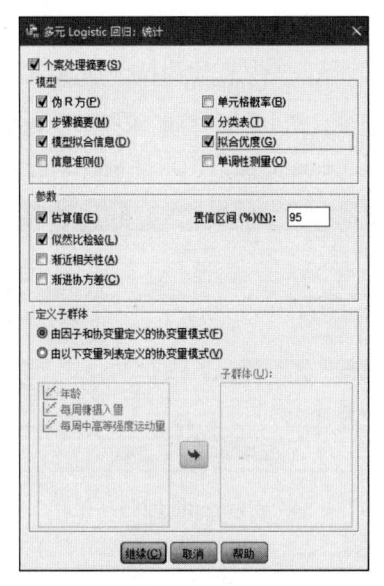

图 10.46 "多元 Logistic 回归:统计"对话框

对话框深度解读

"个案处理摘要"复选框:提供样本观测值的基本信息,包括参与分析的样本数和缺失的样本数。

"模型"选项组包括以下选项:

- 伪 R 方:输出考克斯-斯奈尔、内戈尔科、麦克法登 3 个统计量。
- 步骤摘要:仅在"多元 Logistic 回归:模型"对话框中选择"定制/步进"时生成。该表汇总了步进法每一步中进入或移去的效应。
- 模型拟合信息:将拟合模型与仅截距或空模型进行比较。
- 信息准则:输出 AIC 和 BIC 信息标准。
- 单元格概率:输出实测频率与预测频率透视表。
- 分类表:实测因变量分组和预测因变量分组的对照表。
- 拟合优度:包括皮尔逊卡方和似然比卡方统计量。
- 单调性测量:显示有关协调对、非协调对和相等对的信息表。

"参数"选项组包括以下选项:

- 估算值:使用用户指定的置信度输出模型参数的估计值。
- 似然比检验:输出模型偏效应的似然比检验结果。
- 渐进相关性:输出参数估计的渐进相关性矩阵。

- 渐进协方差：输出参数估计的渐进协方差矩阵。
- 置信区间：输出参数估计的置信区间。

"定义子群体"选项组：用户可选择因子和协变量的子集，以定义用于单元格概率和拟合度检验的协变量模式。

步骤04 单击"保存"按钮，弹出"多元 Logistic 回归：保存"对话框，如图 10.47 所示。本例中在"保存的变量"选项组中，选择"估算响应概率"，其余选项使用系统默认设置。单击"继续"按钮返回"多元 Logistic 回归"对话框，单击"确定"按钮确认。

图 10.47 "多元 Logistic 回归：保存"对话框

对话框深度解读

"多元 Logistic 回归：保存"对话框允许用户将变量保存到工作文件中，或将模型信息导出到外部文件。

"保存的变量"选项组包括以下选项：

- 估算响应概率：保存每个样本观测值的预测因变量概率。保存的概率数目与因变量的类别数目相当，最多可保存 25 个概率。
- 预测类别：保存每个样本观测值预测因变量的最大期望概率响应类别。
- 预测类别概率：保存每个样本观测值对应预测因变量预测类别的概率。
- 实际类别概率：保存将每个样本观测值分类为实际类别的估计概率，也可以理解为预测分类恰好为实际分类的概率。

"将模型信息导出到 XML 文件"：将参数估计值及其协方差矩阵（勾选下方的"包括协方差矩阵"复选框）导出到指定的 XML 文件。用户可以通过该模型文件将模型信息应用于其他数据文件，以进行评分或预测。

10.5.3 结果解读

1. 个案处理摘要

图 10.48 展示了个案处理摘要。可以看出，共有 1039 个样本（包括 5 个缺失值，这些缺失值仅涉及因变量）参与了分析，其中血糖含量等级为低水平的样本为 407 个，中水平样本为 417 个，高

水平样本为 210 个。

个案处理摘要

		个案数	边际百分比
血糖含量等级	低水平	407	39.4%
	中水平	417	40.3%
	高水平	210	20.3%
有效		1034	100.0%
缺失		5	
总计		1039	
子群体		1034[a]	

a. 因变量在 1034 (100.0%) 子群体中只有一个实测值。

图 10.48　个案处理摘要

2. 模型拟合信息、拟合优度和伪 R 方

在图 10.49 中，第一部分是模型拟合信息，包括仅含截距项的模型和最终模型的比较。最终模型的显著性 p 值为 0.000，说明最终模型是显著的；第二部分为拟合优度，展示了皮尔逊和似然比卡方统计量；第三部分展示了 3 个伪决定系数。这些值都比较高，考克斯-斯奈尔伪 R 方为 0.794，内戈尔科伪 R 方为 0.903，麦克法登伪 R 方为 0.747。从模型解释能力的角度来看，这些结果表明模型具体模型具有较强的解释能力。

模型拟合信息

模型	模型拟合条件 -2 对数似然	似然比检验 卡方	自由度	显著性
仅截距	2185.828			
最终	553.759	1632.069	6	.000

拟合优度

	卡方	自由度	显著性
皮尔逊	961087.559	2060	.000
偏差	553.759	2060	1.000

伪 R 方

考克斯-斯奈尔	.794
内戈尔科	.903
麦克法登	.747

图 10.49　模型拟合信息、拟合优度和伪 R 方

3. 似然比检验结果

图 10.50 展示了模型的似然比检验结果。从图中可以清晰地看出，年龄、每周糖摄入量和每周中高等强度运动量的显著性 p 值均为 0.000，表明这 3 个变量在似然比检验中都是显著的。

似然比检验

效应	模型拟合条件 简化模型的 -2 对数似然	似然比检验 卡方	自由度	显著性
截距	1335.690	781.931	2	.000
年龄	1979.181	1425.422	2	.000
每周糖摄入量	591.819	38.060	2	.000
每周中高等强度运动量	569.160	15.402	2	.000

卡方统计是最终模型与简化模型之间的 -2 对数似然之差。简化模型是通过在最终模型中省略某个效应而形成。原假设是，该效应的所有参数均为 0。

图 10.50　似然比检验结果

4. 参数估算值

图 10.51 展示了模型的参数估算值结果，最终得到的模型为：

$Y1=\text{LOG}[P(低水平)/P(高水平)]=29.879-1.466×年龄-0.042×每周糖摄入量+0.034×每周中高等强度运动量$

$Y2=\text{LOG}[P(中水平)/P(高水平)]=22.763-0.824×年龄-0.036×每周糖摄入量+0.023×每周中高等强度运动量$

$Y3=0$

参数估算值

血糖含量等级		B	标准错误	瓦尔德	自由度	显著性	Exp(B)	Exp(B) 的 95% 置信区间下限	上限
低水平	截距	29.879	2.229	179.752	1	.000			
	年龄	-1.466	.095	238.109	1	.000	.231	.192	.278
	每周糖摄入量	-.042	.009	22.538	1	.000	.959	.942	.976
	每周中高等强度运动量	.034	.010	12.157	1	.000	1.034	1.015	1.054
中水平	截距	22.763	2.110	116.414	1	.000			
	年龄	-.824	.081	103.115	1	.000	.439	.374	.514
	每周糖摄入量	-.036	.007	27.516	1	.000	.964	.952	.978
	每周中高等强度运动量	.023	.007	11.116	1	.001	1.023	1.010	1.037

a. 参考类别为：^1。

图 10.51　参数估算值结果

因为高水平是因变量中的参考类别，其所有系数均为 0，所以在输出结果中未显示。根据结果，不论是低水平模型还是中水平模型，年龄和每周糖摄入量的系数（B 列）均为负值，且显著性 p 值（显著性列）为 0.000。此外，低水平模型中的系数绝对值（-1.466、-0.042）均大于中水平模型中的系数绝对值（-0.824、-0.036），这表明年龄越大、每周糖摄入量越高，越有可能被分类为更高的血糖水平；每周中高等强度运动量的系数（B 列）为负值，且显著性 p 值（显著性列）为 0.000。低水平模型的系数绝对值（0.034）大于中水平模型的系数绝对值（0.023），说明每周中高等强度运动量越多，越有可能被分类为更低的血糖水平。

多元 Logistic 回归分析不仅可以对现有数据样本进行合理解释，更重要的是可以应用在统计推断或合理预测方面。通过依据分析结果建立的模型，我们可以根据新样本观测值的自变量，推断其因变量的概率。这一功能具有重要的实用意义。在本例中，我们可以合理估算某位被调查者被分类为不同血糖水平的概率。

例如，对于一个年龄为 30 岁、每周糖摄入量为 200 克、中高等强度运动量为 100 小时的被调查者，代入公式计算：

$Y1=\text{LOG}[P(低水平)/P(高水平)]=29.879-1.466×30-0.042×200+0.034×100$

$Y2=\text{LOG}[P(中水平)/P(高水平)]=22.763-0.824×30-0.036×200+0.023×100$

$Y3=0$

根据公式：

$P(低水平)=\exp(Y1)/[\exp(Y1)+\exp(Y2)+\exp(Y3)]$

$P(中水平)=\exp(Y2)/[\exp(Y1)+\exp(Y2)+\exp(Y3)]$

$P(高水平)=\exp(Y3)/[\exp(Y1)+\exp(Y2)+\exp(Y3)]$

便可计算出该被调查者被分类为各种血糖水平等级的概率。

5. 分类表

图 10.52 展示了模型的分类表。在实测为低水平的样本中，预测为低水平的正确率为 95.1%；在

实测为中水平的样本中，预测为中水平的正确率为 94.2%；在实测为高水平的样本中，预测为高水平的正确率为 91.9%。

分类

实测	预测 低水平	中水平	高水平	正确百分比
低水平	387	17	3	95.1%
中水平	13	393	11	94.2%
高水平	2	15	193	91.9%
总体百分比	38.9%	41.1%	20.0%	94.1%

图 10.52　参数估算值结果

6. 估算响应概率

由于在"多元 Logistic 回归：保存"对话框中选择了保存"估算响应概率"，因此结果中保存了每个样本观测值针对因变量每种分类的预测概率。针对最后 5 个缺失因变量的样本，以 1036 行（即第二个缺失因变量"血糖含量等级"的样本观测值）为例，其因变量取值为 1（低水平）的预测概率为 0.03，取值为 2（中水平）的预测概率为 0.97，取值为 3（高水平）的预测概率为 0.00，如图 10.53 所示。

图 10.53　估算响应概率

10.6　有序回归分析

下载资源:\video\第 10 章\10.6

下载资源:\sample\数据 10\数据 10.6

10.6.1　统计学原理

如果因变量不是单纯的名义分类变量，而是具有顺序的分类变量，例如在银行信贷资产分类中，按照监管部门的规定将授信资产划分为正常、关注、次级、可疑、损失；债券发行市场对债券发行主体进行信用评级时，将评级分为 AAA、AA、A、BBB、…、D 等。在这种情况下，我们应使用有序回归分析方法。

10.6.2 案例应用——分析生产车间工人年度奖金档次

本小节使用"数据 10.6",它记录的是某生产制造企业生产车间工人的年度奖金档次、入职年限、年内累计工作业绩得分、年内违规操作积分等数据。"数据 10.6"的数据视图如图 10.54 所示。需要注意的是,数据文件中最后 5 个样本观测值的"奖金档次"存在缺失值,可以通过构建模型的方式进行预测,具体方法将在后文介绍。

图 10.54 "数据 10.6"的数据视图

下面以"奖金档次"为因变量,"入职年限""年内累计工作业绩得分""年内累计违规操作积分"为自变量,进行有序回归分析。案例应用的具体步骤如下:

步骤 01 打开"数据 10.6",选择"分析|回归|有序"命令,弹出"有序回归"对话框,如图 10.55 所示。该对话框中,因变量、因子和协变量的含义与上一节介绍的"多元 Logistic 回归"对话框一致,故不再赘述。本例中,在"有序回归"对话框左侧的列表框中,将"奖金档次"选入"因变量"列表框,将"入职年限""年内累计工作业绩得分"和"年内累计违规操作积分"选入"协变量"列表框。

图 10.55 "有序回归"对话框

步骤 02 单击"输出"按钮,弹出"有序回归:输出"对话框,用于设置输出的统计量和表,以及保存的变量，如图 10.56 所示。本例中，我们在"显示"选项组中选择"拟合优度统计""摘要统计""参数估算值"；在"保存的变量"选项组中选择"估算响应概率"。

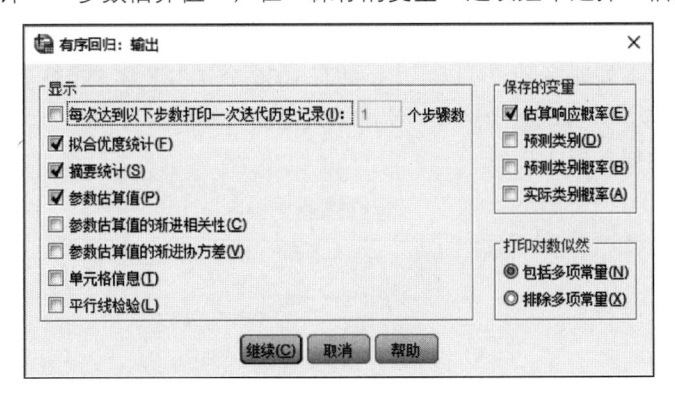

图 10.56 "有序回归：输出"对话框

对话框深度解读

"显示"选项组：用于指定要输出的统计摘要表，包括以下选项：

- 每次达到以下步数打印一次迭代历史记录：打印迭代历史记录，在"个步骤数"中输入正整数值，表示每隔该步数输出一次迭代历史记录，同时输出第一步和最后一步的迭代记录。
- 拟合优度统计：输出皮尔逊卡方统计量。
- 摘要统计：输出摘要统计表，包含考克斯-斯奈尔、内戈尔科和麦克法登伪 R 方统计量。
- 参数估算值：输出参数估计表。
- 参数估算值的渐进相关性：输出参数估计值的渐进相关性矩阵。
- 参数估算值的渐进协方差：输出参数估计值的渐进协方差矩阵。
- 单元格信息：输出观测值与预测值的频率和累积频率、频率和累积频率的皮尔逊残差、观察到的和期望的概率，以及每个响应类别的累积概率（以协变量模式表示）。对于包含大量协变量模式的模型（例如本例中有连续协变量的模型），该选项可能会生成非常大的、很难处理的表。
- 平行线检验：输出平行线检验统计量，该检验的原假设是多个因变量水平的定位参数相等。该项仅适用于位置模型。

"保存的变量"选项组：用于设置保存变量。

"打印对数似然"选项组：用于设置输出似然对数统计量，包括以下选项：

- 包含多项常量：输出包含常数的似然对数统计量。
- 排除多项常量：输出不包含常数的似然对数统计量。

步骤 03 单击"继续"按钮，返回"有序回归"对话框。单击"确定"按钮，等待输出结果。

10.6.3　结果解读

1. 个案处理摘要

图 10.57 展示了个案处理摘要。可以看出，共有 1039 个样本（含 5 个缺失值，这 5 个缺失值仅涉及因变量缺失）参与了分析，其中奖金档次为低奖金档次的样本为 407 个，中奖金档次的样本为 417 个，高奖金档次的样本为 210 个。

个案处理摘要

		个案数	边际百分比
奖金档次	低奖金档次	407	39.4%
	中奖金档次	417	40.3%
	高奖金档次	210	20.3%
有效		1034	100.0%
缺失		5	
总计		1039	

图 10.57　个案处理摘要

2. 模型拟合信息、拟合优度和伪 R 方

在图 10.58 中，第一部分是模型拟合信息，包括仅含截距项的情况和最终模型的情况。最终模型的显著性 p 值为 0.000，说明最终模型显著；第二部分为拟合优度，展示了皮尔逊卡方和似然比卡方统计量；第三部分是 3 个伪决定系数，这些值均较高，考克斯-斯奈尔伪 R 方为 0.792，内戈尔科伪 R 方为 0.901，麦克法登伪 R 方为 0.743。从模型的解释能力角度来看待分析结果，模型解释能力较强。

模型拟合信息

模型	-2 对数似然	卡方	自由度	显著性
仅截距	2185.828			
最终	561.689	1624.139	3	.000

关联函数：分对数。

拟合优度

	卡方	自由度	显著性
皮尔逊	263200.607	2063	.000
偏差	561.689	2063	1.000

关联函数：分对数。

伪 R 方

考克斯-斯奈尔	.792
内戈尔科	.901
麦克法登	.743

关联函数：分对数。

图 10.58　模型拟合信息、拟合优度和伪 R 方

3. 参数估算值

图 10.59 展示了参数估算值结果。可以看出，针对因变量的不同类别（低奖金档次、中奖金档次和高奖金档次），所有自变量的系数相同（包括估算值、标准错误、瓦尔德统计量、自由度、显著性、95%置信区间等），差别在于阈值不同。

参数估算值

		估算	标准 错误	瓦尔德	自由度	显著性	95% 置信区间 下限	上限
阈值	[奖金档次 = 1.00]	9.223	.641	207.123	1	.000	7.967	10.479
	[奖金档次 = 2.00]	18.309	1.122	266.259	1	.000	16.110	20.508
位置	入职年限	.738	.044	276.464	1	.000	.651	.825
	年内累计工作业绩得分	.017	.004	19.009	1	.000	.009	.025
	年内累计违规操作积分	-.016	.005	13.180	1	.000	-.025	-.008

关联函数：分对数。

图 10.59　参数估算值结果

入职年限和年内累计工作业绩得分的系数均为正（分别为 0.738 和 0.017），年内累计违规操作积分的系数值为负（-0.016）。3 个自变量的显著性水平都很高（均为 0.000），说明这些变量对因变量有显著影响。由于数据文件中设置 1 为低奖金档次、2 为中奖金档次、3 为高奖金档次，因此入职年限和年内累计工作业绩得分越大，因变量取较大值的概率就越大，即收入越高；同理，年内累计违规操作积分越高，因变量取较大值的概率越小，即收入越低。

4. 估算响应概率

由于前文在"有序回归：输出"对话框中选择了保存"估算响应概率"，系统已保存了每个样本观测值针对因变量每种分类的预测概率，如图 10.60 所示。针对最后 5 个因变量缺失的样本观测值，以第 1036 行（即第二个缺失因变量"奖金档次"）的样本观测值为例，其因变量取 1（低奖金档次）的预测概率为 0.01，取 2（中奖金档次）的预测概率为 0.98，取 3（高奖金档次）的预测概率为 0.01。

图 10.60　估算响应概率

10.7　非线性回归分析

下载资源:\video\第 10 章\10.7

下载资源:\sample\数据 10\数据 10.7

10.7.1　统计学原理

非线性回归分析是用于建立因变量与一个或多个自变量之间非线性模型的统计方法。与之前讲解的线性回归模型不同，非线性回归可以估计因变量与自变量之间的任意关系，且参数估计通过迭代方法获得。在建立非线性模型时，需要指定一个准确描述因变量与自变量关系的准确函数。此外，选定一个合适的初始值对迭代计算至关重要。若初始值选得不合适，可能导致迭代迟迟不能收敛，或只得到局部最优解，而非全局最优解。

另外，对于许多呈现非线性关系的模型，如果可以转换成线性模型，则应尽量选择线性回归进行分析。如果无法确定合适的模型，可以借助散点图直观地观察变量的变化，这将有助于确定恰当的函数关系。

10.7.2 案例应用——分析工作年限对绩效年薪的影响

本节使用"数据 10.7"。该数据记录了某公司高管的工作年限和绩效年薪的数据，SPSS 数据视图如图 10.61 所示。接下来，以绩效年薪为因变量、工作年限为自变量，进行非线性回归分析。

图 10.61　"数据 10.7"的 SPSS 数据视图

步骤01　打开"数据 10.7"。选择"分析|回归|非线性"命令，弹出"非线性回归"对话框，如图 10.62 所示。在左侧变量框中选择"绩效年薪"变量，单击 ▶ 按钮将其加入"因变量"框。然后，在"模型表达式"列表框中建立回归模型，即因变量与自变量关系的数学表达式。模型中既可以包含未知参数，也可以引用"函数"中的函数。在本例中，我们建立了 Gompertz（龚伯兹）曲线回归模型，即累计增长额=a*b**(c**工作年限)，将此模型输入"模型表达式"列表框中。

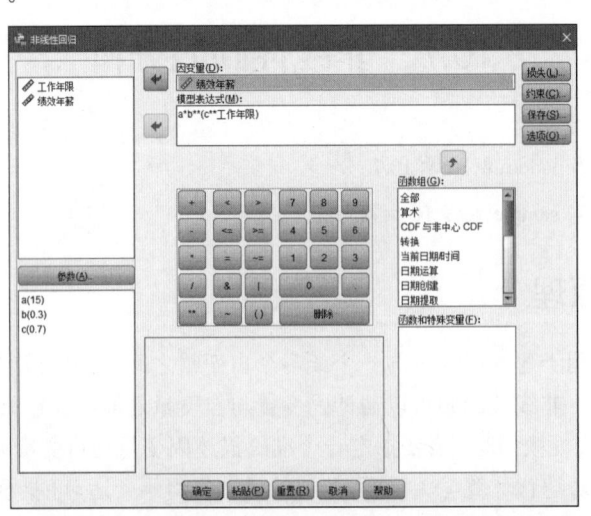

图 10.62　"非线性回归"对话框

对话框深度解读

在设置模型（撰写模型表达式）时，要有针对性地选择模型，最好有理论基础或者实践经验作为支撑。泛泛的、随机选择的模型可能无法有效地拟合数据，且参数的初始值选择也非常关键。有些模型甚至还要求使用约束条件才能实现收敛。以下是常用的非线性回归模型表达式：

- 渐近回归：$b1+b2*\exp(b3*x)$。
- 密度：$(b1+b2*x)**(-1/b3)$。
- Gauss（高斯）：$b1*(1-b3*\exp(-b2*x**2))$。
- Gompertz（龚伯兹）：$b1*\exp(-b2*\exp(-b3*x))$。
- Johnson-Schumacher（约翰逊-舒马赫）：$b1*\exp(-b2/(x+b3))$。
- 对数修改：$(b1+b3*x)**b2$。
- 对数 Logistic：$b1-\ln(1+b2*\exp(-b3*x))$。
- Metcherlich（米切利希）的收益递减规律：$b1+b2*\exp(-b3*x)$。
- MichaelisMenten（米氏）：$b1*x/(x+b2)$。
- Morgan-Mercer-Florin（摩根-默瑟-弗洛林）：$(b1*b2+b3*x**b4)/(b2+x**b4)$。
- Pearl-Reed（珀尔-里德）：$b1/(1+b2*\exp(-(b3*x+b4*x**2+b5*x**3)))$。
- 三次比：$(b1+b2*x+b3*x**2+b4*x**3)/(b5*x**3)$。
- 四次比：$(b1+b2*x+b3*x**2)/(b4*x**2)$。
- Richards（理查兹）：$b1/((1+b3*\exp(-b2*x))**(1/b4))$。
- Verhulst（韦吕勒）：$b1/(1+b3*\exp(-b2*x))$。
- Von Bertalanffy（冯·贝塔朗菲）：$(b1**(1-b4)-b2*\exp(-b3*x))**(1/(1-b4))$。
- 韦伯：$b1-b2*\exp(-b3*x**b4)$。
- 产量密度：$(b1+b2*x+b3*x**2)**(-1)$。

需要注意的是，使用这些模型时，需要将此处示例模型表达式中的 x 换成为实际的自变量。例如，本例中使用的模型表达式是 Gompertz，它的自变量是"工作年限"，最终输入模型表达式列表中的公式就是：$a*b**(c**工作年限)$。

步骤02 单击"参数"按钮，弹出"非线性回归：参数"对话框，如图10.63所示。

图10.63 "非线性回归：参数"对话框

> **对话框深度解读**
>
> 参数是非线性回归模型的重要组成部分，可以是加在模型中的常数、系数、指数等。在非线性回归过程中，需要为每个参数指定初始值，在"名称"文本框中输入参数名，且这个参数名必须是"非线性回归"对话框中的"模型表达式"列表框中的有效参数。
>
> 具体操作方式是：在"开始值"文本框中为参数指定一个初始值，这个值应该尽可能地接近最终期望值，然后单击"添加"按钮加以确认，定义好的参数便会显示在参数清单框中。例如，在"名称"中输入a，在"开始值"中输入15。接下来再为第二个参数命名并设定初始值，以此类推。用户还可以通过单击"更改"或"除去"按钮更正或删除已设置的参数初始值。
>
> "使用上一分析的开始值"表示使用上一分析确定的初始值。当算法的收敛速度减慢时，可选择它继续进行搜索。需要注意的是，主对话框的参数清单栏中的参数在以后的分析中会一直有效，直到更换了模型，它的作用才被取消。
>
> 我们的模型中有3个参数，因此可以设定3个参数的初始值，分别设定A、B、C的初始值为15、0.3、0.7。

步骤 03 单击"继续"按钮，回到"非线性回归"对话框。单击"确定"按钮，等待输出结果。

10.7.3　结果解读

1. 迭代历史记录

图 10.64 为迭代历史记录。"迭代编号"列为历次迭代情况，主迭代号在小数点左侧显示，次迭代号在小数点右侧显示。"残差平方和"列显示我们设置的损失函数。可以看到残差平方和逐步减小，表明模型在历次迭代中不断得到优化。由于连续残差平方和的相对减小量最大为 SSCON = 1.000E-8，因此模型在进行 10 次模型评估和 5 次导数评估后停止运行。a、b、c 三列分别表示每次迭代形成模型的参数值。最终模型的参数值分别为 15.053、0.298、0.715。

迭代历史记录

迭代编号	残差平方和	a	b	c
1.0	1.497	15.000	.300	.700
1.1	1.137	15.071	.300	.718
2.0	1.137	15.071	.300	.718
2.1	1.135	15.047	.298	.715
3.0	1.135	15.047	.298	.715
3.1	1.135	15.053	.298	.715
4.0	1.135	15.053	.298	.715
4.1	1.135	15.053	.298	.715
5.0	1.135	15.053	.298	.715
5.1	1.135	15.053	.298	.715

将通过数字计算来确定导数。

a. 主迭代号在小数点左侧显示，次迭代号在小数点右侧显示。

b. 由于连续残差平方和之间的相对减小量最多为 SSCON = 1.000E-8，因此运行在 10 次模型评估和 5 次导数评估后停止。

图 10.64　迭代历史记录

2. 参数估算值、参数估算值相关性

图 10.65 展示了最终模型的参数估算值，a、b、c 三个参数值分别为 15.053、0.298 和 0.715。图 10.66 展示了参数估算值的相关性，列出了各对参数之间的相关系数。

参数估算值

参数	估算	标准 错误	95% 置信区间 下限	上限
a	15.053	.709	13.319	16.786
b	.298	.031	.222	.374
c	.715	.043	.609	.821

图 10.65 参数估算值

参数估算值相关性

	a	b	c
a	1.000	.360	.915
b	.360	1.000	.647
c	.915	.647	1.000

图 10.66 参数估算值相关性

根据参数估算值，我们可以写出回归方程：

$$绩效年薪 = 15.053 \times 0.298^{0.715^{工作年限}}$$

根据这个方程，我们可以预测该公司高管未来的绩效年薪。

3. ANOVA 表

图 10.67 展示了模型的 ANOVA 表，最终的残差平方和为 1.135，损失非常小。表下方显示公式："R 方=1-（残差平方和）/（修正平方和）=0.981"。通过该公式计算得出 R 方值为 0.981，表明非线性回归的拟合优度非常好，说明该公司高管的绩效年薪与工作年限之间存在显著的龚伯兹函数关系。

ANOVA [a]

源	平方和	自由度	均方
回归	1201.055	3	400.352
残差	1.135	6	.189
修正前总计	1202.190	9	
修正后总计	60.336	8	

因变量：绩效年薪

a. R 方 = 1 - (残差平方和)/(修正平方和) = .981。

图 10.67 ANOVA 表

10.8 本章习题

针对所有习题，要求：一是要提交 SPSS 结果文件；二是要进行必要的解读，并写出完整的研究结论。

1. 使用本书配套资源中提供的"习题 10.1"数据，请以 rd（研究开发支出）为因变量，以 profit（营业利润水平）、invest（固定资产投资）、labor（平均职工人数）为自变量，进行线性回归分析。
2. 使用本书配套资源中提供的"习题 10.1"数据，请以 profit（营业利润水平）为因变量，以

invest（固定资产投资）、labor（平均职工人数）、rd（研究开发支出）为自变量，以 invest（固定资产投资）为权重变量，进行加权最小二乘回归分析。

3. 使用本书配套资源中提供的"习题 10.2"数据，以营业利润为因变量，以营销费用投入为自变量，进行曲线估算回归分析。

4. 使用本书配套资源中提供的"习题 10.3"数据，以患者细胞癌转移情况（有转移 $y=1$、无转移 $y=0$）为因变量，以患者年龄、细胞癌组织内微血管数、细胞癌分期（由低到高共 4 期）为自变量，进行二元 Logistic 回归分析。

5. 使用正文用到的"数据 10.6"，以"奖金档次"为因变量，以"入职年限""年内累计工作业绩得分""年内累计违规操作积分"为自变量，进行多元 Logistic 回归分析。

6. 使用正文用到的"数据 10.5"，以"血糖含量等级"为因变量，以"年龄""每周糖摄入量"和"每周中高等强度运动量"为自变量，进行有序 Logistic 回归分析。

7. 使用本书配套资源中提供的"习题 10.4"数据，以"累计增长额"为因变量，以"月份"为自变量，选用 1~3 种在"非线性回归"对话框中列示的其他模型表达式，进行非线性回归分析。

第四部分

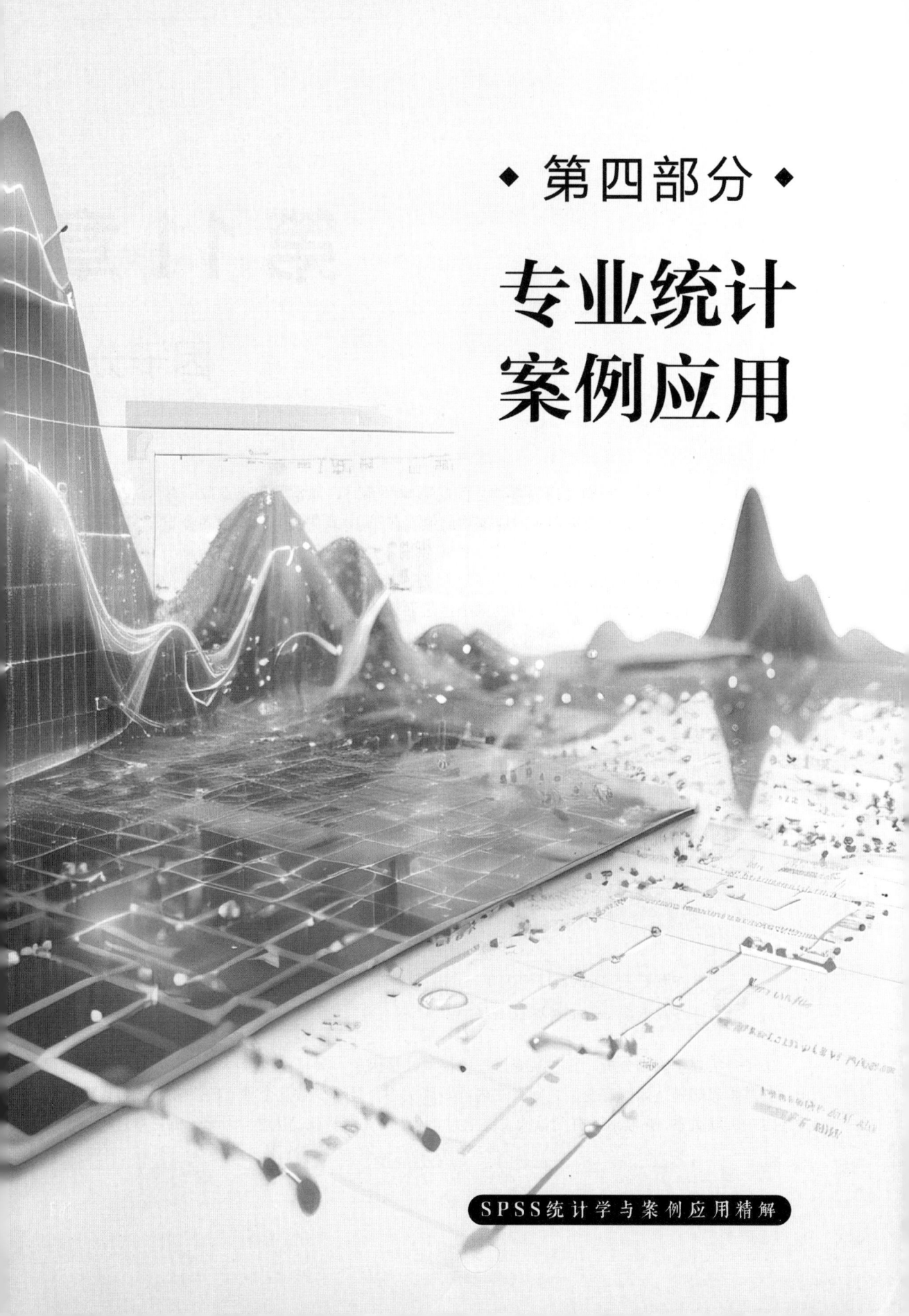

专业统计案例应用

第 11 章

因子分析

本章介绍因子分析。我们在研究事物之间的影响关系时，通常首先会选取一些变量，然后针对选取的变量搜集相应的样本观测值。在第 10 章中提到，有时各个自变量之间可能出现多重共线性关系。其实这种现象的本质就是各变量承载的信息出现了重叠，或者说变量选取的相对"多"了。另外，当样本观测值数量较少，但是选取的变量过多时，会导致模型的自由度太小，进而造成构建效果欠佳。本章介绍的因子分析就是解决上述问题的重要方法。因子分析的基本思想是在尽可能不损失信息或者少损失信息的情况下，将多个变量减少为少数几个潜在的因子，这几个因子可以高度地概括大量数据中的信息。这样既能减少变量个数，又能最大程度地保留原有变量中的信息。

本章教学要点：

- 了解因子分析的特点，知晓适用条件。
- 熟练掌握因子分析的窗口功能，能够根据研究需要灵活进行窗口设置，开展因子分析。
- 能够对因子分析的结果进行解读，从中发现数据特征，得出研究结论。

11.1 统计学原理

下载资源:\video\第 11 章\11.1
下载资源:\sample\数据 11\数据 11.1

因子分析属于降维分析，旨在从变量群中提取共性因子，最早由英国心理学家 C.E.斯皮尔曼提出。其基本思想是认为既有变量之间存在内部关联关系，且有少数几个独立的潜在变量可以有效地描述这些关联关系，并概括既有变量的主要信息，这些潜在变量就是因子。因子分析基本过程如下。

1. 选择分析的变量，计算所选原始变量的相关系数矩阵

如果变量之间无相关性或相关性较小，就没有必要进行因子分析。因此，进行因子分析的前提是原始变量之间有较强的相关性。相关系数矩阵也是估计因子结构的基础。

2. 估计因子载荷矩阵，提出公共因子

因子分析的基本模型如下：

$$\underset{(m\times 1)}{Z} = \underset{(m\times p)}{A} \cdot \underset{(p\times 1)}{F} + \underset{\substack{(m\times n)\\(\text{对角阵})}}{C} \underset{(m\times 1)}{U}$$

其中 Z 为原始变量，是可实测的 m 维随机向量，它的每个分量代表一个指标或者变量；A 为因子载荷矩阵，矩阵中的每一个元素称为因子载荷，表示第 i 个变量在第 j 个公共因子上的载荷；F 为公共因子，为不可观测的 p 维随机向量，它的各个分量将出现在每个变量中。模型展开形式如下：

$$\begin{cases} Z_1 = a_{11}F_1 + a_{12}F_2 + \cdots + a_{1p}F_p + c_1U_1 \\ Z_2 = a_{22}F_1 + a_{22}F_2 + \cdots + a_{2p}F_p + c_2U_2 \\ \quad\quad\quad\quad\quad\quad\quad \vdots \\ Z_m = a_{m2}F_1 + a_{m2}F_2 + \cdots + a_{mp}F_p + c_mU_m \end{cases}$$

向量 U 称为特殊因子，其中包括随机误差，它满足以下条件：

（1）$\mathrm{Cov}(F,U) = 0$，即 F 与 U 不相关。
（2）$\mathrm{Cov}(F_i,F_j) = 0, i \neq j; \mathrm{Var}(F_i) = \mathrm{Cov}(F_i,F_j) = I$，即向量 F 的协方差矩阵为 P 阶单位阵。
（3）$\mathrm{Cov}(U_i,U_j) = 0, i \neq j; \mathrm{Var}(U_i) = \sigma_i^2$，即向量 U 的协方差矩阵为 m 阶对角阵。

在开展因子分析时需要确定因子的个数，而因子个数可以根据因子方差的大小来确定。一般情况下，只取特征值大于 1 的那些因子，因为特征值小于 1 的因子的贡献可能很小；然后还要一并考虑提取因子的累计方差贡献率，一般认为要达到 60%才能符合要求。

3. 因子旋转

在很多情况下,实施因子分析除了需要达到降维的目的之外,还需要对提取的公因子进行解释，或者说需要赋予公因子一定的意义,以便对问题做出实际分析。如果每个公因子的含义不清，则不便于进行实际背景的解释。因此，需要对因子载荷阵施行变换（或称因子旋转）。

有 3 种主要的正交旋转法，即四次方最大法、方差最大法和等量最大法。常用的方法是方差最大法，它使旋转后的因子载荷阵中的每一列元素尽可能地拉开距离，或者说向 0 或 1 两极分化，使每一个主因子只对少数几个变量具有高载荷，其余载荷很小，并且每一个变量也只在少数主因子上具有高载荷，其余载荷都很小。需要注意的是，正交旋转适用于正交因子模型，即主因子相互独立的情况；如果主因子之间存在着较明显的相关关系，则进行非正交旋转（斜交旋转）更为合适。

4. 计算因子得分

计算因子得分后，可以在许多分析中使用这些因子。例如，可以将因子的得分作为聚类分析的变量或作为回归分析中的自变量。

11.2 案例应用——分析 39 家上市银行风险与效益指标

本小节用于分析的是“数据 11.1”，它记录的是 39 家 A 股上市银行 2023 年末相关风险指标和经营指标数据。具体包括“证券代码”“证券简称”“贷款损失准备充足率（单位：%）”“不良贷款拨备覆盖率（单位：%）”“拨贷比（单位：%）”“净息差（单位：%）”“净利差（单位：%）”“生息资产收益率（单位：%）”共 8 个变量。其中，“贷款损失准备充足率”“不良贷款拨备覆盖率”“拨贷比”为商业银行的风险指标，“净息差”“净利差”“生息资产收益率”为商业银行的效益指标。SPSS 数据视图如图 11.1 所示。

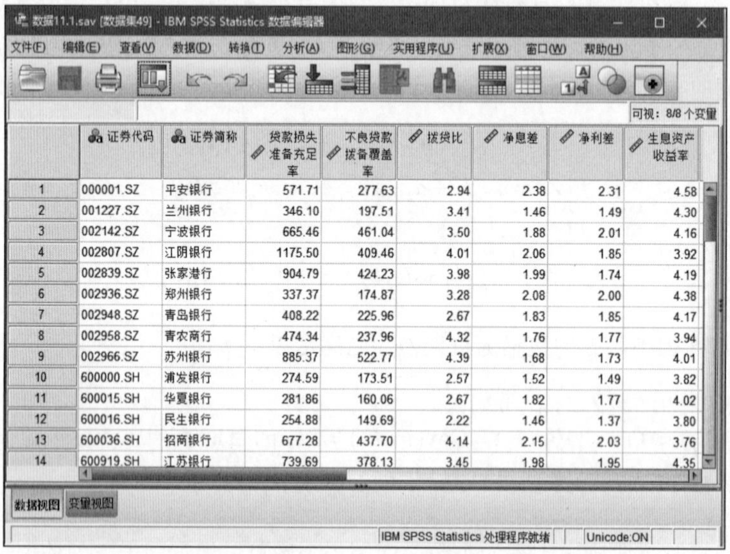

	证券代码	证券简称	贷款损失准备充足率	不良贷款拨备覆盖率	拨贷比	净息差	净利差	生息资产收益率
1	000001.SZ	平安银行	571.71	277.63	2.94	2.38	2.31	4.58
2	001227.SZ	兰州银行	346.10	197.51	3.41	1.46	1.49	4.30
3	002142.SZ	宁波银行	665.46	461.04	3.50	1.88	2.01	4.16
4	002807.SZ	江阴银行	1175.50	409.46	4.01	2.06	1.85	3.92
5	002839.SZ	张家港行	904.79	424.23	3.98	1.99	1.74	4.19
6	002936.SZ	郑州银行	337.37	174.87	3.28	2.08	2.00	4.38
7	002948.SZ	青岛银行	408.22	225.96	2.67	1.83	1.85	4.17
8	002958.SZ	青农商行	474.34	237.96	4.32	1.76	1.77	3.94
9	002966.SZ	苏州银行	885.37	522.77	4.39	1.68	1.73	4.01
10	600000.SH	浦发银行	274.59	173.51	2.57	1.52	1.49	3.82
11	600015.SH	华夏银行	281.86	160.06	2.67	1.82	1.77	4.02
12	600016.SH	民生银行	254.88	149.69	2.22	1.46	1.37	3.80
13	600036.SH	招商银行	677.28	437.70	4.14	2.15	2.03	3.76
14	600919.SH	江苏银行	739.69	378.13	3.45	1.98	1.95	4.35

图 11.1 “数据 11.1”的 SPSS 数据视图

下面针对“贷款损失准备充足率”“不良贷款拨备覆盖率”“拨贷比”“净息差”“净利差”“生息资产收益率”这 6 个变量进行因子分析。案例应用的具体步骤如下：

步骤 01 打开“数据 11.1”，选择“分析|降维|因子”命令，弹出“因子分析”对话框，如图 11.2 所示。在“因子分析”对话框左侧的变量列表框中选择“贷款损失准备充足率”“不良贷款拨备覆盖率”“拨贷比”“净息差”“净利差”“生息资产收益率”6 个变量，单击➡按钮将它们移入右侧的“变量”列表框（在选择时，可以先选择最上面一个变量，然后按住键盘上的 Shift 键，再选择最下面一个变量，这样中间的变量也都会被选中）。

步骤 02 如果需要限定样本范围，即使用部分样本观测值参与因子分析，则需要从左侧的变量列表框中选择一个能够标记这部分样本观测值的变量，单击➡按钮，将其加入“选择变量”列表框，并单击下方的“值”按钮，打开如图 11.3 所示的“因子分析：设置值”对话框。在“选择变量值”文本框中输入能标记这部分样本观测值的变量值。当然，如果需要使用全部观测量，可以省略该步骤。本例中使用全部样本观测值，因此不设置“选择变量”选项。

步骤 03 在“因子分析”对话框中，单击“描述”按钮，弹出“因子分析：描述”对话框，如图 11.4

所示。在这里，我们可以选择需要输出的统计量。本例中，在"统计"选项组中勾选"单变量描述""初始解"两个复选框，在"相关性矩阵"选项组中勾选"系数""逆""显著性水平""再生""决定因子""反映像""KMO 和巴特利特球形度检验"7 个复选框，单击"继续"按钮，返回到"因子分析"对话框。

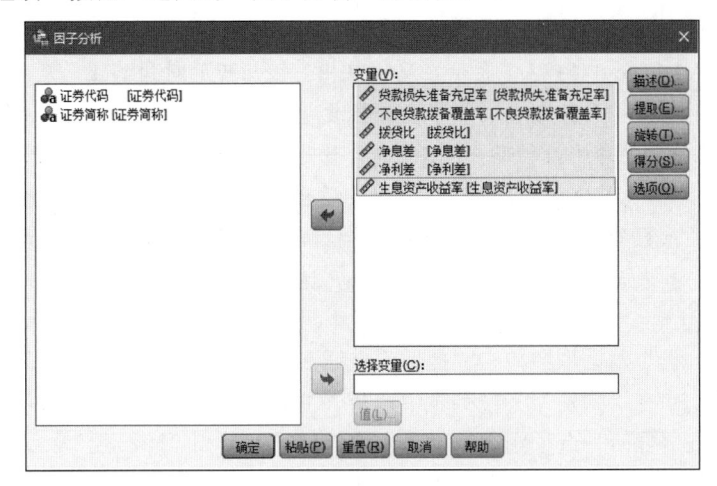

图 11.2　"因子分析"对话框

图 11.3　"因子分析：设置值"对话框　　　图 11.4　"因子分析：描述"对话框

对话框深度解读

"统计"选项组中有以下两个选项：

- 单变量描述：输出参与分析的各个变量的平均值、标准偏差以及分析个案数。
- 初始解：输出初始公因子方差、特征值和已解释方差的百分比。

"相关性矩阵"选项组中有以下 7 个选项：

- 系数：输出原始变量之间的相关系数矩阵。如果相关系数矩阵中的大部分系数都小于 0.3，即变量之间大多为弱相关，则原则上不适合进行因子分析。
- 逆：输出变量相关系数矩阵的逆矩阵。
- 显著性水平：输出相关系数矩阵中相关系数的单尾假设检验的概率值，相应的原假设是相关系数为 0。

- 再生：输出因子分析后的估计相关系数矩阵以及残差阵（原始相关阵与再生相关阵的差分）。
- 决定因子：计算相关系数矩阵的行列式值。
- 反映像：输出反映像协方差矩阵和反映像相关性矩阵。在一个好的因子模型中，反映像相关性矩阵中的大部分非对角线的元素将会很小。变量的取样充分性度量（Measures of Sampling Adequacy，MSA）显示在反映像相关性矩阵的对角线上。反映像相关性矩阵的对角线上的元素被称为变量的取样充分性度量。
- KMO和巴特利特球形度检验：KMO统计量是用于比较变量间简单相关系数矩阵和偏相关系数的指标，KMO值越接近1，表示越适合做因子分析；而巴特利特球形度检验的原假设为相关系数矩阵为单位阵。如果是单位阵，则不适合采用因子模型；如果Sig值拒绝原假设，则表示变量之间存在相关关系，适合做因子分析。

步骤04 在"因子分析"对话框中单击"提取"按钮，弹出"因子分析：提取"对话框，如图11.5所示。本例中在"方法"下拉列表中选择"主成分"；在"分析"选项组中选择"相关性矩阵"；在"显示"选项组中选择"未旋转因子解"和"碎石图"；在"提取"选项组中选择"基于特征值"，并将"特征值大于"设置为1；"最大收敛迭代次数"保持系统默认设置的25。然后单击"继续"按钮，回到"因子分析"对话框。

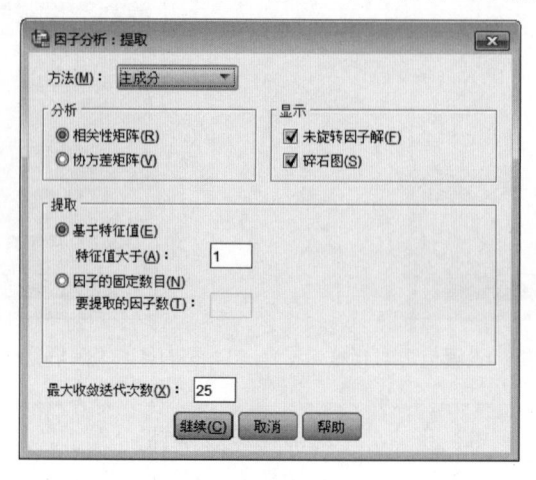

图11.5 "因子分析：提取"对话框

对话框深度解读

"方法"下拉列表用于选择公因子提取方法，包括以下7种方法：

- 主成分：该方法作为因子提取方法的一种，用于形成观察变量的不相关的线性组合。主成分分析的一个非常重要的特点是，第一个成分具有最大的方差，后续成分对方差的解释比例逐渐变小，且这些主成分彼此不相关。主成分分析通常用于获取最初的因子解，特别是在相关性矩阵是奇异矩阵时。
- 未加权最小平方：该方法作为因子提取方法的一种，旨在最小化观察的相关性矩阵和再生的相关性矩阵之间的差的平方和（忽略对角线部分）。
- 广义最小平方：该方法作为因子提取方法的一种，可以使观察的相关性矩阵和再生的相关性矩阵之间的差的平方和最小。相关系数要进行加权，权重为它们单值的倒数，这样单值高的变量，其权重比单值低的变量的权重小。
- 最大似然法：该方法作为因子提取方法的一种，在样本来自多变量正态分布的情况下，生成的参数估计最有可能观察到的相关性矩阵。该方法通过将变量单值的倒数作为权重对相关性进行加权，并使用迭代算法进行估算。
- 主轴因子分解：该方法作为因子提取方法的一种，在初始相关性矩阵中，将多元相关系数的平方放置于对角线上作为公因子方差的初始估计值。这些因子载荷用来估计替换对角线中的旧公因子方差估计值的新公因子方差，继续迭代，直到某次迭代和下次迭代之间公因子方差的改变幅度能满足提取的收敛性条件。
- Alpha 因式分解：该方法作为因子提取方法的一种，将分析中的变量视为来自潜在变量全体的一个样本。此方法使因子的 Alpha 可靠性最大。
- 映像因式分解：该方法作为因子提取方法的一种，由 Guttman 开发，它基于映像理论。变量的公共部分（称为偏映像）定义为其对剩余变量的线性回归，而非假设因子的函数。

"分析"选项组可以指定相关性矩阵或协方差矩阵，包括以下两个选项：

- 相关性矩阵：适用于分析中使用不同的刻度测量的变量。
- 协方差矩阵：适用于因子分析中每个变量具有不同方差的多个组。

"显示"选项组可以请求未旋转的因子解和特征值的碎石图，包括以下两个选项：

- 未旋转因子解：显示未旋转的因子载荷（即因子模式矩阵）、公因子方差和因子解的特征值。
- 碎石图：展示与每个因子相关联的方差图。该图用于确定应保留的因子个数。图上有一个明显的分界点，左侧的陡坡代表大因子，右侧缓变的尾部代表其余的小因子（即碎石）。

"提取"选项组用于选择提取公因子的数量，具体有以下两个选择：

- 基于特征值：选择此选项，并在后面的矩形框中输入一个数值（系统默认值为 1），凡特征值大于该数值的因子都会被提取出来作为公因子。
- 因子的固定数目：在后面的矩形框中指定提取公因子的数量，以保留特定数量的因子。

"最大收敛迭代次数"用于设置最大迭代次数，系统默认的最大迭代次数为 25。

步骤 05 在"因子分析"对话框中单击"旋转"按钮，弹出"因子分析：旋转"对话框，如图 11.6 所示。我们在"方法"选项组中选择"最大方差法"，在"显示"选项组中选择"旋转后的解"和"载荷图"，其他采用系统默认设置。然后单击"继续"按钮，回到"因子分析"对话框。

图 11.6 "因子分析：旋转"对话框

对话框深度解读

"方法"选项组用于选择因子旋转的方法，以下是可用的 6 种方法：

- 无：不进行旋转，这是系统默认选项。
- 最大方差法：一种正交旋转方法，它使得对每个因子有高负载的变量数量达到最少，从而简化因子的解释。
- 直接斜交法：一种斜交（非正交）旋转方法。选择此项后，可在被激活的 Delta 框中输入不超过 0.8 的数值。系统默认的 Delta 值为 0，表示因子分析的解最倾斜。Delta 可取负值（大于或等于-1），Delta 值负得越厉害，因子的斜交度越低，旋转越接近正交。
- 四次幂极大法：一种旋转方法，使得解释每个变量所需的因子数量最少，从而简化了观察到的变量的解释。
- 等量最大法：该方法将最大方差法和四次幂极大法相结合，使得高度依赖因子的变量的个数以及解释变量所需的因子个数最少。
- 最优斜交法（即斜交旋转法）：该方法允许因子之间存在相关性，比直接斜交法的计算速度更快，适用于大型数据集。选择此项后，可在被激活的 Kappa 框中输入控制斜交旋转的参数值。该参数的默认值为 4（适合分析）。

"显示"选项组用于设置旋转解的输出。

- 旋转后的解：当在"方法"栏选择了某种旋转方法后，此选项被激活。对于正交旋转，输出旋转模型矩阵和因子转换矩阵；对于斜交旋转，输出模式矩阵、结构矩阵和因子相关性矩阵。
- 载荷图：输出前 3 个因子的三维因子载荷图。对于双因子解，显示二维图。如果只抽取了一个因子，则不显示图。如果进行旋转，图表将显示旋转解。

"最大收敛迭代次数"选项：选择了旋转方法后，对话框中的"最大收敛迭代次数"被激活，允许输入指定的最大迭代次数。系统默认值为 25。

步骤 06 在"因子分析"对话框中单击"得分"按钮，弹出"因子分析：因子得分"对话框，如图 11.7 所示。我们勾选"保存为变量"复选框，并在下方的"方法"选项组中选择"回归"，然后勾选"显示因子得分系数矩阵"复选框。单击"继续"按钮,回到"因子分析"对话框。

图 11.7 "因子分析:因子得分"对话框

对话框深度解读

"保存为变量"复选框:勾选"保存为变量"复选框后,系统将为最终解中的每个因子创建一个新变量(根据提取的公因子的数量,默认的变量名为 fac_i, i=1,2,…)。这些因子得分将被保存到当前工作文件中,供其他统计分析使用。因子得分的计算方法有以下几种:

- 回归:生成的因子得分的平均值等于 0,方差等于估计的因子得分与真实因子值之间的复相关系数的平方。即使因子是正交的,因子得分也可能相关。
- 巴特利特:可由最小二乘法或极大似然法导出,生成的因子得分的平均值为 0,并最小化整个变量范围内所有唯一因子的平方和。
- 安德森-鲁宾:生成的因子得分的平均值为 0,标准差为 1,且得分之间不相关。此方法是对巴特利特法的改进,它保证了被估计因子的正交性。

"显示因子得分系数矩阵"复选框:勾选"显示因子得分系数矩阵"复选框后,系统可以输出因子得分的系数矩阵及因子得分之间的相关性矩阵。

步骤 07 在"因子分析"对话框中单击"选项"按钮,弹出"因子分析:选项"对话框,如图 11.8 所示。本例中,在"系数显示格式"选项组中选择"禁止显示小系数",并在"绝对值如下"文本框中输入"0.4"。采取该设置是为了更清楚地看出每个变量主要由哪个提取的因子所载荷。单击"继续"按钮,回到"因子分析"对话框,再单击"确定"按钮,等待输出结果。

图 11.8 "因子分析:选项"对话框

> **对话框深度解读**

"缺失值"选项组用于设置缺失值的处理方式,提供以下 3 个选项:

- 成列排除个案:排除在任何分析中所用的变量中含有缺失值的个案。
- 成对排除个案:从分析中排除在变量对中有一个或两个缺失值的个案。
- 替换为平均值:将缺失值用变量的平均值代替。

"系数显示格式"选项组用于控制输出矩阵的外观,提供以下两个选项:

- 按大小排序:将因子载荷矩阵和结构矩阵按数值大小排序,使得对同一因子具有高载荷的变量能够集中显示。
- 禁止显示小系数:只显示绝对值大于指定值的因子载荷。系统默认的指定值为 0.1,用户也可以在文本框内输入 0~1 的任意数值。

11.3 结果解读

1. 描述统计

图 11.9 显示了"贷款损失准备充足率"等 6 个变量的描述统计结果,包括平均值、标准偏差和分析个案数。

描述统计

	平均值	标准偏差	分析个案数
贷款损失准备充足率	557.0407	278.09578	39
不良贷款拨备覆盖率	300.4690	117.52498	39
拨贷比	3.2872	.64936	39
净息差	1.7874	.32526	39
净利差	1.7280	.33602	39
生息资产收益率	3.9703	.35822	39

图 11.9 描述统计

2. 相关性矩阵

图 11.10 展示了参与因子分析的变量的相关系数矩阵表,上半部分为各变量之间的相关系数矩阵,下半部分为各变量相关性检验的单侧显著性水平。由此表可知,"贷款损失准备充足率""不良贷款拨备覆盖率""拨贷比"3 个风险指标之间存在非常显著且程度较高的正相关关系;同样,"净息差""净利差""生息资产收益率"3 个效益指标之间也存在非常显著且程度较高的正相关关系。因此,该数据适合进行因子分析。

相关性矩阵

		贷款损失准备充足率	不良贷款拨备覆盖率	拨贷比	净息差	净利差	生息资产收益率
相关性	贷款损失准备充足率	1.000	.861	.697	.476	.393	.287
	不良贷款拨备覆盖率	.861	1.000	.714	.323	.287	.168
	拨贷比	.697	.714	1.000	.280	.216	.137
	净息差	.476	.323	.280	1.000	.869	.713
	净利差	.393	.287	.216	.869	1.000	.643
	生息资产收益率	.287	.168	.137	.713	.643	1.000
显著性（单尾）	贷款损失准备充足率		.000	.000	.001	.007	.038
	不良贷款拨备覆盖率	.000		.000	.023	.038	.154
	拨贷比	.000	.000		.042	.093	.202
	净息差	.001	.023	.042		.000	.000
	净利差	.007	.038	.093	.000		.000
	生息资产收益率	.038	.154	.202	.000	.000	

a. 决定因子 = .010

图 11.10　相关系数矩阵表

3. 相关性矩阵的逆矩阵

图 11.11 为相关性矩阵的逆矩阵。

相关性矩阵的逆矩阵

	贷款损失准备充足率	不良贷款拨备覆盖率	拨贷比	净息差	净利差	生息资产收益率
贷款损失准备充足率	4.939	-3.422	-.695	-1.412	.433	-.022
不良贷款拨备覆盖率	-3.422	4.495	-.955	.824	-.528	.113
拨贷比	-.695	-.955	2.167	-.197	.205	.070
净息差	-1.412	.824	-.197	5.541	-3.591	-1.344
净利差	.433	-.528	.205	-3.591	4.186	-.197
生息资产收益率	-.022	.113	.070	-1.344	-.197	2.062

图 11.11　相关性矩阵的逆矩阵

4. KMO 和巴特利特检验

图 11.12 显示了 KMO 和巴特利特检验结果。KMO 检验用于评估数据是否适合进行因子分析，其取值范围是 0~1。具体解释如下：　0.9~1 表示极好，0.8~0.9 表示可奖励，0.7~0.8 表示还好，0.6~0.7 表示中等，0.5~0.6 表示糟糕，0~0.5 表示不可接受。

KMO 和巴特利特检验

KMO 取样适切性量数。	.736
巴特利特球形度检验　近似卡方	160.580
自由度	15
显著性	.000

图 11.12　KMO 和巴特利特检验

在本例中，KMO 取样适切性量数为 0.736，说明还好（即数据适合进行因子分析）。巴特利特球形度检验的近似卡方值为 160.580，自由度为 15，显著性 p 值为 0.000。巴特利特球形度检验的原假设为相关系数矩阵为单位阵，如果是单位阵，则表明不适合采用因子模型。本例中，显著性 p 值为 0.000，显著拒绝了原假设，表明数据适合进行因子分析。

5. 反映像矩阵

图 11.13 为反映像矩阵，包括反映像协方差矩阵和反映像相关性矩阵。反映像相关矩阵检验是通过偏相关系数矩阵进行的检验，反映像相关矩阵中非对角线元素是变量偏相关系数的相反数。如果原始变量中确实存在有效的公因子，则各变量之间的偏相关系数应该很小，因为它与其他变量重

叠的影响因素已经被扣除。因此，在一个好的因子模型中，反映像相关性矩阵中大部分非对角线的元素应该很小。

		贷款损失准备充足率	不良贷款拨备覆盖率	拨贷比	净息差	净利差	生息资产收益率
反映像协方差矩阵	贷款损失准备充足率	.202	-.154	-.065	-.052	.021	-.002
	不良贷款拨备覆盖率	-.154	.222	-.098	.033	-.028	.012
	拨贷比	-.065	-.098	.461	-.016	.023	.016
	净息差	-.052	.033	-.016	.180	-.155	-.118
	净利差	.021	-.028	.023	-.155	.239	-.023
	生息资产收益率	-.002	.012	.016	-.118	-.023	.485
反映像相关性矩阵	贷款损失准备充足率	.721[a]	-.726	-.212	-.270	.095	-.007
	不良贷款拨备覆盖率	-.726	.688[a]	-.306	.165	-.122	.037
	拨贷比	-.212	-.306	.885[a]	-.057	.068	.033
	净息差	-.270	.165	-.057	.672[a]	-.746	-.398
	净利差	.095	-.122	.068	-.746	.711[a]	-.067
	生息资产收益率	-.007	.037	.033	-.398	-.067	.864[a]

a. 取样适切性量数（MSA）

图 11.13　反映像矩阵

反映像矩阵中的对角线元素是与 KMO 类似的指标，即变量的取样充分性度量（MSA）。MSA 值的计算结果显示在反映像相关矩阵的主对角线上。MSA 值的计算只包含互不相同的变量之间的相关系数和偏相关系数，即通过每个变量与其他变量的相关系数和偏相关系数可以计算出一个 MSA 值。因此，反映像矩阵中共有 p 个 MSA 值。这些 MSA 值反映了每个变量的取样合适度。因此，在一个好的因子模型中，反映像相关矩阵中的大部分对角线元素应较大。MSA 值的使用标准与 KMO 值相同，值越接近 1，说明原始变量越适合进行因子分析，通常 MSA 值应大于 0.60。

可以发现，本例中的数据能够较好地满足这一特征，因此适合进行因子分析。

6. 公因子方差

图 11.14 展示了公因子方差结果，提取方法为主成分分析法，表示从各变量所含的原始信息中提取的公因子所解释的方差比例。以第一个变量"贷款损失准备充足率"为例，提取的公因子方差为 0.881，即提取的公因子对变量"贷款损失准备充足率"的方差做出了 88.1%的贡献，这意味着其中包含原变量 88.1%的信息。可以看出，本例中所有变量的公因子方差均较高，说明提取的公因子对各变量的解释能力较强，变量空间在转换为因子空间时，保留了较多的信息，因子分析的效果显著。

公因子方差

	初始	提取
贷款损失准备充足率	1.000	.881
不良贷款拨备覆盖率	1.000	.883
拨贷比	1.000	.774
净息差	1.000	.904
净利差	1.000	.848
生息资产收益率	1.000	.750

提取方法：主成分分析法。

图 11.14　公因子方差

7. 总方差解释

图 11.15 展示了总方差解释。在"初始特征值"一栏中，只有前两个公因子特征值大于 1，因此 SPSS 只选择了前两个公因子。在"提取载荷平方和"一栏中，第一公因子的方差百分比是 56.354%，前两个公因子的方差占所有公因子方差的 83.995%。由此可见，选前两个公因子已足够替代原来的

变量，几乎涵盖了原变量的全部信息。"旋转载荷平方和"一栏显示的是旋转以后的因子提取结果，前两个公因子的方差占所有公因子方差的 83.995%。

总方差解释

成分	初始特征值 总计	方差百分比	累积 %	提取载荷平方和 总计	方差百分比	累积 %	旋转载荷平方和 总计	方差百分比	累积 %
1	3.381	56.354	56.354	3.381	56.354	56.354	2.529	42.150	42.150
2	1.658	27.641	83.995	1.658	27.641	83.995	2.511	41.845	83.995
3	.383	6.375	90.370						
4	.331	5.516	95.886						
5	.148	2.461	98.347						
6	.099	1.653	100.000						

提取方法：主成分分析法。

图 11.15　总方差解释

8. 碎石图

图 11.16 是碎石图。该图的纵坐标为特征值，横坐标为公因子。从该图中可以看出，前两个公因子的特征值较大（皆大于 1），且折线陡峭；从第三个公因子开始，折线变平缓，特征值均小于 1。

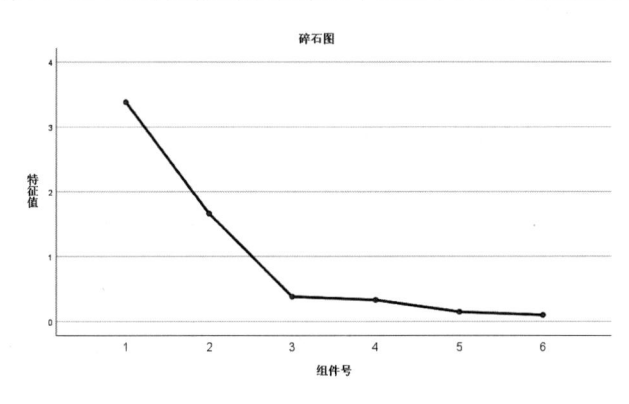

图 11.16　碎石图

9. 再生相关性

图 11.17 展示了再生相关性结果，包括因子分析后的估计相关系数矩阵和残差阵（即原始相关阵与再生相关阵的差分）。

再生相关性

		贷款损失准备充足率	不良贷款拨备覆盖率	拨贷比	净息差	净利差	生息资产收益率
再生相关性	贷款损失准备充足率	.881[a]	.869	.804	.478	.416	.290
	不良贷款拨备覆盖率	.869	.883[a]	.825	.343	.281	.157
	拨贷比	.804	.825	.774[a]	.277	.219	.104
	净息差	.478	.343	.277	.904[a]	.874	.807
	净利差	.416	.281	.219	.874	.848[a]	.790
	生息资产收益率	.290	.157	.104	.807	.790	.750[a]
残差[b]	贷款损失准备充足率		-.008	-.107	-.002	-.023	-.003
	不良贷款拨备覆盖率	-.008		-.112	-.021	.005	.011
	拨贷比	-.107	-.112		.004	-.003	.033
	净息差	-.002	-.021	.004		-.005	-.094
	净利差	-.023	.005	-.003	-.005		-.147
	生息资产收益率	-.003	.011	.033	-.094	-.147	

提取方法：主成分分析法。
a. 再生公因子方差。
b. 将计算实测相关性与再生相关性之间的残差。存在 4 个 (26.0%) 绝对值大于 0.05 的非冗余残差。

图 11.17　再生相关性

10. 成分矩阵及旋转后的成分矩阵

图 11.18 给出了成分矩阵，图 11.19 给出了旋转后的成分矩阵。从中可以看出，公因子 1 主要载荷"贷款损失准备充足率""不良贷款拨备覆盖率""拨贷比"这 3 个风险指标的信息，因此可以命名为"风险因子"；公因子 2 则主要载荷了"净息差""净利差""生息资产收益率"这 3 个效益指标的信息，因此可以命名为"效益因子"。

成分矩阵

	成分 1	成分 2
贷款损失准备充足率	.836	-.427
不良贷款拨备覆盖率	.752	-.564
拨贷比	.672	-.567
净息差	.819	.483
净利差	.762	.517
生息资产收益率	.644	.579

提取方法：主成分分析法。
a. 提取了 2 个成分。

图 11.18　成分矩阵

旋转后的成分矩阵

	成分 1	成分 2
贷款损失准备充足率	.895	
不良贷款拨备覆盖率	.931	
拨贷比	.877	
净息差		.919
净利差		.904
生息资产收益率		.864

提取方法：主成分分析法。
旋转方法：凯撒正态化最大方差法。
a. 旋转在 3 次迭代后已收敛。

图 11.19　旋转后的成分矩阵

11. 成分转换矩阵、成分得分协方差矩阵

图 11.20 给出了成分转换矩阵，提取方法为主成分分析法，旋转方法为凯撒正态化最大方差法。图 11.21 给出了成分得分的协方差矩阵，它是一个单位矩阵，说明提取的两个公因子是不相关的。

成分转换矩阵

成分	1	2
1	.711	.703
2	-.703	.711

提取方法：主成分分析法。
旋转方法：凯撒正态化最大方差法。

图 11.20　成分转换矩阵

成分得分协方差矩阵

成分	1	2
1	1.000	.000
2	.000	1.000

提取方法：主成分分析法。
旋转方法：凯撒正态化最大方差法。
组件得分。

图 11.21　成分得分协方差矩阵

12. 成分得分系数矩阵

图 11.22 给出了成分得分系数矩阵。因子分析模型实质上是将原始变量表示成公因子的线性组合，因此，也可以将公因子再回溯表示为原始变量的线性组合。在本例中，我们使用提取的两个公因子分别对"变量贷款损失准备充足率""不良贷款拨备覆盖率""拨贷比""净息差""净利差"和"生息资产收益率"进行线性回归，得到的系数的最小二乘估计即为因子得分系数。根据估计出来的得分系数，可以计算每个样本观测值的因子得分。

成分得分系数矩阵

	成分 1	成分 2
贷款损失准备充足率	.357	-.009
不良贷款拨备覆盖率	.397	-.085
拨贷比	.382	-.103
净息差	-.033	.377
净利差	-.059	.380
生息资产收益率	-.110	.382

提取方法：主成分分析法。
旋转方法：凯撒正态化最大方差法。
组件得分。

图 11.22　成分得分系数矩阵

$F1=0.357×$贷款损失准备充足率$+0.397×$不良贷款拨备覆盖率$+0.382×$拨贷比$-0.033×$净息差$-0.059×$净利差$-0.110×$生息资产收益率

$F2=-0.009×$贷款损失准备充足率$-0.085×$不良贷款拨备覆盖率$-0.103×$拨贷比$+0.377×$净息差$+0.380×$净利差$+0.382×$生息资产收益率

13. 旋转后的空间中的组件图（因子载荷图）

图 11.23 是旋转后的空间中的组件图（因子载荷图）。本例中我们只提取了两个公因子，因此输出的是二维平面图。从因子载荷图上可以看到，公因子 1（横轴）主要载荷"贷款损失准备充足率""不良贷款拨备覆盖率""拨贷比"这 3 个风险指标的信息，而公因子 2（纵轴）则主要载荷了"净息差""净利差"和"生息资产收益率"这 3 个效益指标的信息。

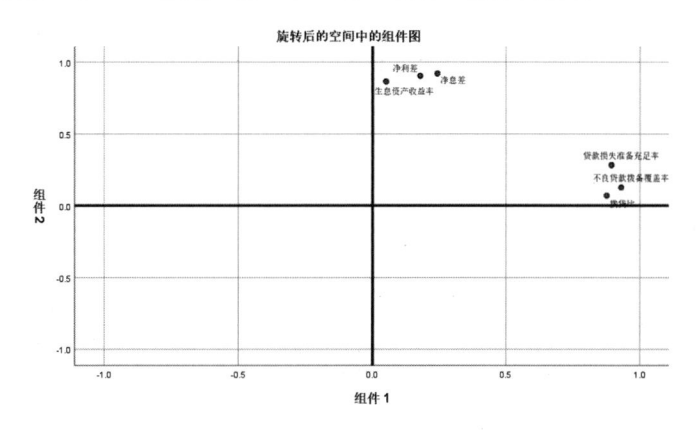

图 11.23　因子载荷图

14. 因子分析新生成的变量

由于在"因子分析：保存"对话框中选择了"保存为变量"选项，因此在数据文件中生成了两个新变量：FAC_1 和 FAC_2，如图 11.24 所示。这两个变量是根据成分得分系数矩阵计算得到的每个样本观测值的因子得分。

图 11.24　因子分析新生成的变量

15. 因子分析之后续图形分析

为了研究不同银行的风险指标和效益指标的差异，我们需要对因子分析的结果进行进一步解析。接下来，进行因子分析结果的图形分析。具体操作如下：

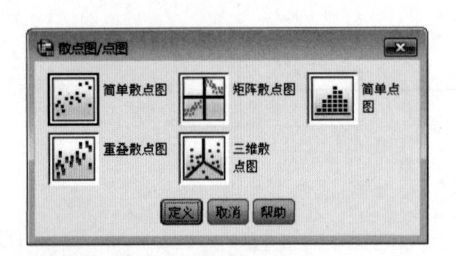

步骤01 在数据文件界面选择"图形|旧对话框|散点/点状"命令，弹出如图 11.25 所示的"散点图/点图"对话框。单击"定义"按钮，弹出如图 11.26 所示的"简单散点图"对话框。

图 11.25 "散点图/点图"对话框

图 11.26 "简单散点图"对话框

步骤02 选择 REGR factor score 1 for analysis 1 并单击按钮，将其加入"Y 轴"列表框；选择 REGR factor score 2 for analysis 1 并单击按钮，将其加入"X 轴"列表框；选择"证券简称"并单击按钮，将其加入"标记设置依据"列表框。

步骤03 单击"确定"按钮，输出结果，如图 11.27 所示。

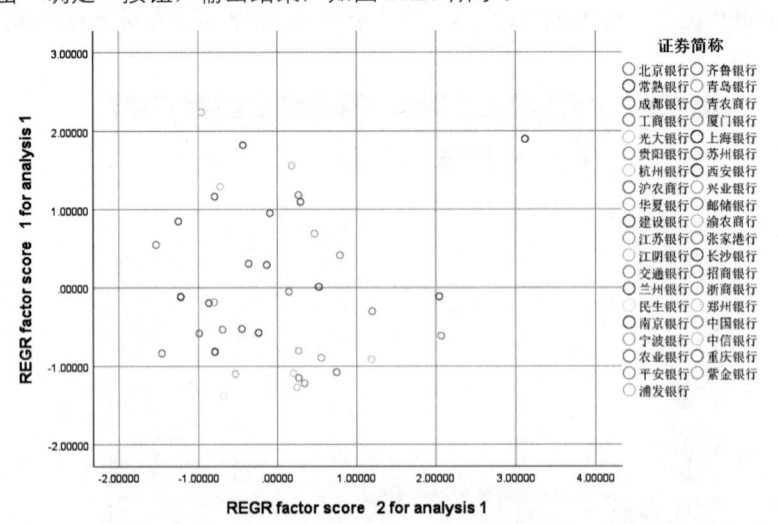

图 11.27 散点图

结果分析如下：

第 1 象限（公因子 2 得分大于 0，公因子 1 得分大于 0）：宁波银行、江阴银行、张家港行等。这些银行的效益指标和风险指标表现良好。

第 2 象限（公因子 2 得分小于 0，公因子 1 得分大于 0）：苏州银行、杭州银行、渝农商行等。这些银行的风险指标表现较好，但效益指标表现较差。

第 3 象限（公因子 2 得分小于 0，公因子 1 得分小于 0）：上海银行、重庆银行、西安银行等。这些银行的效益指标和风险指标均表现不佳。

第 4 象限（公因子 2 得分大于 0，公因子 1 得分小于 0）：青岛银行、郑州银行、长沙银行等。这些银行的效益指标表现较好，但风险指标表现不好。

> **说　明**
>
> 如果图形不清晰或图形失真，请参照 SPSS 数据集中每个银行（证券简称）对应的 REGR factor score 1 for analysis 1 和 REGR factor score 2 for analysis 1 的值进行判断。

11.4　本章习题

针对所有习题，要求：一是要提交 SPSS 结果文件；二是要进行必要的解读，并写出完整的研究结论。

使用本书配套资源中提供的"习题 11.1"数据，对以下变量进行因子分析：火力发电量（亿千瓦小时）、水力发电量（亿千瓦小时）、核能发电量（亿千瓦小时）、风力发电量（亿千瓦小时）、太阳能发电量（亿千瓦小时）、原煤（万吨）、原油（万吨）、天然气（亿立方米）、煤层气（亿立方米）、液化天然气（万吨）等。

第 12 章

信度分析

本章介绍信度分析（Reliability Analysis），主要针对调查问卷获取的数据。调查问卷中往往包括量表题和非量表题。如果包含量表题，则需首先进行量表题的信度分析；而非量表题则无法进行信度分析。

信度分析常用于评估问卷调查的有效性，检验测验结果的一致性、稳定性、再现性和可靠性。其基本思想是评价采用相同方法对同一对象进行重复测量时，所得结果的一致性程度。一个良好的测量工具，在对同一事物反复进行测量时，结果应始终保持一致。举例来说，我们使用同一个天平秤测量一批物资的重量，在物资没有变化的前提下，多次测量的结果存在显著差异，我们就会对该天平秤的精度产生怀疑。信度分析的衡量指标通过相关系数表示，大致可分为 3 类：稳定系数（跨时间的一致性）、等值系数（跨形式的一致性）和内在一致性系数（跨项目的一致性）。信度分析的常用方法有 5 种：α 信度系数法、折半信度法、格特曼信度法、平行信度法和严格平行信度法。

本章教学要点：

- 了解 SPSS 信度分析的特点及其适用条件。
- 熟练掌握 SPSS 信度分析的窗口功能，并能根据研究需要灵活进行窗口设置，开展信度分析。
- 能够解读信度分析结果，发现数据特征并得出研究结论。

> 下载资源:\video\第 12 章\12.1
> 下载资源:\sample\数据 12\数据 12.1

12.1 统计学原理

信度分析用于评估数据的真实性和可靠性，因此也被称为可靠性分析。一般来说，只有量表数据（即问卷数据）才能进行信度分析。用于信度分析的数据可以是二分数据、有序数据或区间数据，但这些数据必须以数值编码的形式呈现。用于信度分析的样本观测值应独立，且各项之间的误差不相关，每对项应具有二元正态分布，标度应可加，以确保每一项与总得分之间存在线性相关。此外，如果问卷中包含反向题目，需要将这些反向题目转换为正向题目。

问卷的信度分析包括内在信度分析和外在信度分析。内在信度重在考察被调查者是否认真作答，因为一组题目（或同一维度的题目）往往测量的是相同的概念或被调查者对同一事物的看法。如果被调查者具有较高的内在一致性，则可认为问卷调查结果具有高可信度。一致性越高，评价项目的意义也越大，其评价结果的可信度也越强。外在信度则指在不同时间对同一批被调查者实施重复调查时，评价结果是否一致。如果两次评价结果具有较强的相关性，说明项目的概念和内容是清晰的，因此评价结果可信。通常情况下，我们主要考虑量表的内在信度——即同一维度下各道题目之间是否具有较高的内在一致性。

信度分析的方法有多种，SPSS 提供了 Alpha 信度系数法、折半信度法、格特曼信度法、平行信度法、严格平行信度法等多种方法，它们通过不同的方法计算信度系数，再对这些系数进行分析。目前最为常用的方法是 Alpha 信度系数法。一般情况下，信度系数的范围为 0~1。如果量表的信度系数超过 0.9，表示量表的信度非常好；如果量表的信度系数为 0.8~0.9，表示量表的信度可以接受；如果量表的信度系数为 0.7~0.8，表示量表有些项目需要修订；如果量表的信度系数在 0.7 以下，表示量表有些项目需要剔除；信度系数至少要大于或等于 0.6 才能视为合格。

此外，如果信度分析结果不佳，需要注意以下几个方面：一是无效样本的处理是重要的步骤，把无效样本处理掉后，通常能提高信度指标；二是如果出现信度不达标，尤其是当信度系数值小于 0 时，很可能是由于反向题导致的，需要对这些反向题进行反向处理；三是信度分析与样本量、分析项数量密切相关。一般情况下，样本量应至少是量表题数的 5 倍，最好为 10 倍以上。例如，如果量表题有 10 个，则至少需要 50 个样本，最好为 100 个以上，否则很难获得可靠的信度分析结果。如果样本量过少，可通过合并高度相似的量表题、删除不合理的分析项等方式进行调整。

量表、测量维度和题项构成之间的关系：一个量表包括多个维度，每个维度下有多个题项。在进行信度分析时，只针对一个维度的题项进行分析。如果量表包含多个测量维度，则需要分别对每个维度进行信度分析。同一量表可以根据维度的数量进行多次信度分析。

12.2 案例应用——分析自我效能感调查问卷信度

本小节用于分析的是"数据 12.1"。该数据为自我效能感调查问卷的量表数据，该调查问卷只包括自我效能感 1 个维度，共有 10 道题目，均为 10 分量表。高分代表同意题目所表达的观点，且没有反向题。SPSS 数据视图如图 12.1 所示。

接下来，将针对"自我效能感调查题 1"~"自我效能感调查题 10"共 10 个变量，使用克隆巴赫模型进行可靠性分析。案例应用的具体步骤如下：

步骤01 打开"数据 12.1"，选择"分析|标度|可靠性分析"命令，弹出"可靠性分析"对话框，如图 12.2 所示。在左侧变量列表框中选择"自我效能感调查题 1"~"自我效能感调查题 10"共 10 个变量，单击 ➡ 按钮，将其移入右侧的"项"列表框。然后，在对话框左下方的"模型"下拉选项组中选择 Alpha。

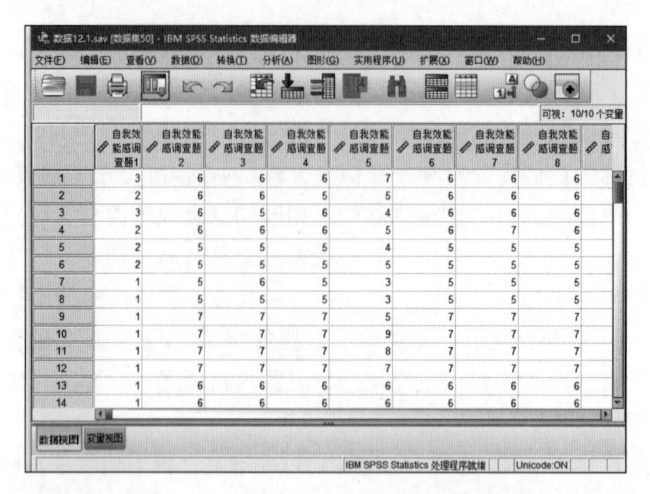

图 12.1 "数据 12.1"的 SPSS 数据视图

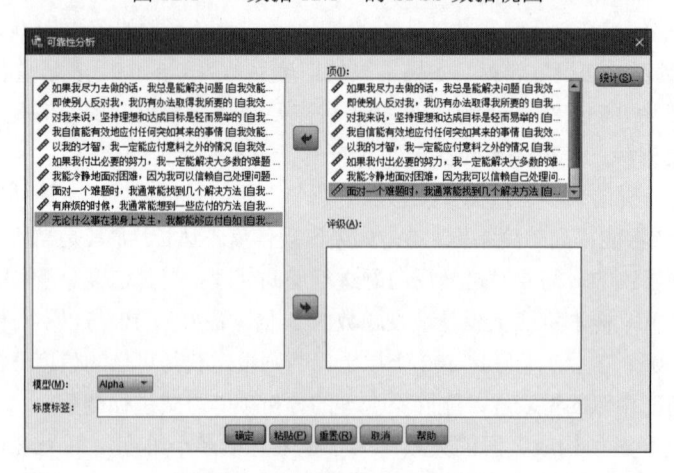

图 12.2 "可靠性分析"对话框

对话框深度解读

对话框左下方的"模型"下拉选项组用来选择可靠性分析方法。单击 ▼ 按钮，将出现以下 5 种信度估计方法：

- **Alpha**：即克隆巴赫模型，该模型是内部一致性模型，用于输出克隆巴赫 Alpha 值。
- **折半**：将测验题分成对等的两半，计算这两半的分数相关系数。
- **格特曼**：适用于测验中所有采用二值（1 和 0）记分的调查项。
- **平行**：该模型假设所有项具有相等的方差，并且重复项之间具有相等的误差方差，用于模型拟合度检验。
- **严格平行**：除了要求各项目的方差具有齐次性外，还要求各个项目的均值相等。

步骤 02 单击"可靠性分析"对话框右侧的"统计"按钮，弹出"可靠性分析：统计"对话框，如图 12.3 所示。在"描述"选项组中选择"项目""标度"和"删除项后的标度"；在"项之间"选项组中选择"相关性"和"协方差"；在"摘要"选项组中选择"平均值""方差""协方差"和"相关性"。其他选项采用系统默认设置。

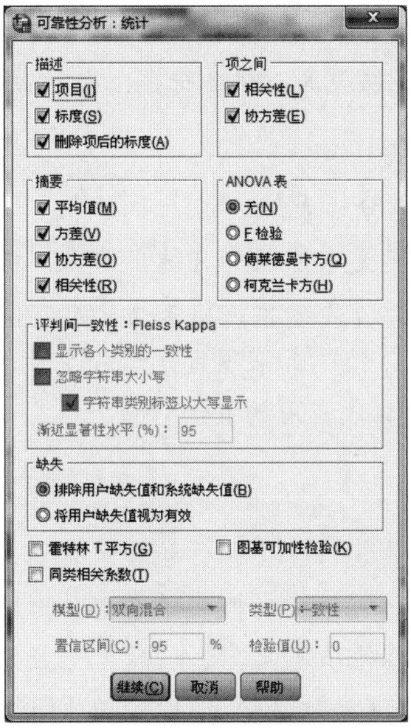

图 12.3 "可靠性分析：统计"对话框

对话框深度解读

"可靠性分析：统计"对话框主要用于设置可靠性分析的输出结果。

"描述"选项组包括以下选项：

- 项目：选中该复选框，表示为个案的每个项生成描述统计量，如平均值、标准差等。
- 标度：选中该复选框，表示为整个维度产生描述统计量，即各个项之和的描述统计量。
- 删除项后的标度：选中该复选框，表示输出删除该题项后，整个维度的摘要统计量，包含该题项被删除后整个维度的均值和方差、该项与由其他项组成的整个维度之间的相关性，以及删除该题项后整个维度的克隆巴赫 Alpha 值。

"项之间"选项组包括以下选项：

- 相关性：表示输出每道题之间的相关性矩阵。
- 协方差：表示输出每道题之间的协方差矩阵。

"摘要"选项组包括以下选项：

- 平均值：输出所有题项均值的最小值、最大值、平均值、范围、方差，以及最大题项均值与最小题项均值的比值。
- 方差：输出所有题项方差的最小值、最大值、平均值、范围、方差，以及最大题项方差与最小题项方差的比值。
- 协方差：输出题项之间的协方差的最小值、最大值、平均值、范围、方差，以及最大题项之间协方差与最小题项之间协方差的比值。

- 相关性：输出所有题项之间的相关性的最小值、最大值、平均值、范围、方差，以及最大题项之间的相关性与最小题项之间的相关性的比值。

"ANOVA 表"选项组用于选择方差分析的方法，包括以下选项：

- 无：不产生方差分析表。
- F 检验：生成重复测量方差分析表。
- 傅莱德曼卡方：计算傅莱德曼卡方值和肯德尔系数，适用于等级数据。除了计算傅莱德曼谐和系数外，还可以进行方差分析。傅莱德曼卡方检验可取代通用的 F 检验。
- 柯克兰卡方：显示柯克兰 Q 值。如果项目是二分变量，则选择"柯克兰卡方"，此时方差分析表中使用 Q 统计量取代常用的 F 统计量。

其他复选框：

- 霍特林 T 平方：输出多变量霍特林 T 平方检验统计量。该检验的原假设是标度上的所有项具有相同的均值。如果该统计量的概率值在 5%的显著水平上拒绝原假设，表示标度上至少有一个项的均值与其他项不同。
- 图基可加性检验：进行图基可加性检验，该检验的原假设是项之间不存在可乘交互作用。如果该统计量的概率值在 5%的显著水平上拒绝原假设，则表示项之间存在可乘交互作用。
- 同类相关系数：计算组内同类相关系数，检验个案内值的一致性或符合度。选中该复选框后，相应的选项会被激活。
  - 模型：选择用于计算同类相关系数的模型。当人为影响随机而项的作用固定时，选择"双向混合"模型；当人为影响和项的作用均随机时，选择"双向随机"模型；当人为影响随机时，选择"单项随机"模型。
  - 类型：指定相关系数的定义。"一致性"指测量方差是分母除以（$n-1$）的方差；"绝对一致"指测量方差是分母除以 n 的方差。
  - 置信区间：指定置信区间，系统默认值为 95%。
  - 检验值：输入组内相关系数的一个估计值，用于进行比较，范围为 0~1，系统默认值为 0。

步骤 03 单击"继续"按钮返回主对话框。然后单击"继续"按钮，回到"可靠性分析"对话框，最后单击"确定"按钮确认。

12.3 结果解读

1. 个案处理摘要

图 12.4 为个案处理摘要。从中可以看到，参与分析的样本为 102 个，且没有缺失值。

2. 可靠性统计

图 12.5 给出了可靠性统计结果。可以发现，克隆巴赫 Alpha 值为 0.890，基于标准化项的克隆巴赫 Alpha 值为 0.924，项数为 10，说明问卷的可信度较高。

3. 项统计

图 12.6 是项统计结果，从中可以看到 10 个变量的平均值、标准偏差和个案数。

个案处理摘要

		个案数	%
个案	有效	99	100.0
	排除	0	.0
	总计	99	100.0

a. 基于过程中所有变量的成列删除。

图 12.4　个案处理摘要

可靠性统计

克隆巴赫 Alpha	基于标准化项的克隆巴赫 Alpha	项数
.890	.924	10

图 12.5　可靠性统计

项统计

	平均值	标准偏差	个案数
如果我尽力去做的话，我总是能解决问题	1.20	.639	99
即使别人反对我，我仍有办法取得我所要的	6.32	.946	99
对我来说，坚持理想和达成目标是轻而易举的	6.33	.948	99
我自信能有效地应付任何突如其来的事情	6.31	.955	99
以我的才智，我一定能应付意料之外的情况	5.54	1.606	99
如果我付出必要的努力，我一定能解决大多数的难题	6.33	.958	99
我能冷静地面对困难，因为我可以信赖自己处理问题的能力	6.33	.948	99
面对一个难题时，我通常能找到几个解决方法	6.32	.946	99
有麻烦的时候，我通常能想到一些应付的方法	6.31	.986	99
无论什么事在我身上发生，我都能够应付自如	5.31	1.670	99

图 12.6　项统计

4. 项间相关性矩阵

图 12.7 为项间相关性矩阵，可以看到"自我效能感调查题 1"~"自我效能感调查题 10"共 10 个变量之间的相关系数。可以发现，变量之间的相关性差异较大。某些变量之间高度相关，如题 2 "即使别人反对我，我仍有办法取得我所要的"与题 3 "对我来说，坚持理想和达成目标是轻而易举的"之间的相关系数为 0.960；而有些变量之间相关性较小，如题 2 "即使别人反对我，我仍有办法取得我所要的"与题 1 "如果我尽力去做的话，我总是能解决问题"之间的相关系数仅为 0.296。一般情况下，相关系数大于 0.4 表明题项之间的相关度较高。

项间相关性矩阵

	如果我尽力去做的话，我总是能解决问题	即使别人反对我，我仍有办法取得我所要的	对我来说，坚持理想和达成目标是轻而易举的	我自信能有效地应付任何突如其来的事情	以我的才智，我一定能应付意料之外的情况	如果我付出必要的努力，我一定能解决大多数的难题	我能冷静地面对困难，因为我可以信赖自己处理问题的能力	面对一个难题时，我通常能找到几个解决方法	有麻烦的时候，我通常能想到一些应付的方法	无论什么事在我身上发生，我都能够应付自如
如果我尽力去做的话，我总是能解决问题	1.000	.296	.242	.297	-.355	.306	.309	.296	.320	-.194
即使别人反对我，我仍有办法取得我所要的	.296	1.000	.960	.983	.080	.995	.983	.989	.974	.220
对我来说，坚持理想和达成目标是轻而易举的	.242	.960	1.000	.955	.049	.966	.955	.960	.957	.185
我自信能有效地应付任何突如其来的事情	.297	.983	.955	1.000	.049	.989	.978	.983	.968	.188
以我的才智，我一定能应付意料之外的情况	-.355	.080	.049	.049	1.000	.055	.029	.080	.035	.900
如果我付出必要的努力，我一定能解决大多数的难题	.306	.995	.966	.989	.055	1.000	.989	.995	.979	.196
我能冷静地面对困难，因为我可以信赖自己处理问题的能力	.309	.983	.955	.978	.029	.989	1.000	.983	.979	.172
面对一个难题时，我通常能找到几个解决方法	.296	.989	.960	.983	.080	.995	.983	1.000	.974	.220
有麻烦的时候，我通常能想到一些应付的方法	.320	.974	.957	.968	.035	.979	.979	.974	1.000	.169
无论什么事在我身上发生，我都能够应付自如	-.194	.220	.185	.188	.900	.196	.172	.220	.169	1.000

图 12.7　项间相关性矩阵

5. 项间协方差矩阵

图 12.8 为项间协方差矩阵，展示了"自我效能感调查题 1"~"自我效能感调查题 10"共 10 个变量之间的项间协方差情况。相关结论与前述"项间相关性矩阵"一致。

项间协方差矩阵

	如果我尽力去做的话，我总是能解决问题	即使别人反对我，我仍有办法取得我所要的	对我来说，坚持理想和达成目标是轻而易举的	我自信能有效地应付任何突如其来的事情	以我的才智，我一定能应付意料之外的情况	如果我付出必要的努力，我一定能解决大多数的难题	我能冷静地面对困难，因为我可以信赖自己处理问题的能力	面对一个难题时，我通常能找到几个解决方法	有麻烦的时候，我通常能想到一些应付的方法	无论什么事在我身上发生，我都能够应付自如
如果我尽力去做的话，我总是能解决问题	.408	.179	.146	.181	-.364	.187	.187	.179	.201	-.207
即使别人反对我，我仍有办法取得我所要的	.179	.894	.861	.888	.121	.901	.881	.884	.908	.347
对我来说，坚持理想和达成目标是轻而易举的	.146	.861	.898	.864	.075	.878	.857	.861	.895	.293
我自信能有效地应付任何突如其来的事情	.181	.888	.864	.911	.076	.905	.884	.888	.911	.299
以我的才智，我一定能应付意料之外的情况	-.364	.121	.075	.076	2.578	.085	.044	.121	.055	2.412
如果我付出必要的努力，我一定能解决大多数的难题	.187	.901	.878	.905	.085	.918	.898	.901	.925	.313
我能冷静地面对困难，因为我可以信赖自己处理问题的能力	.187	.881	.857	.884	.044	.898	.898	.881	.915	.272
面对一个难题时，我通常能找到几个解决方法	.179	.884	.861	.888	.121	.901	.881	.894	.908	.347
有麻烦的时候，我通常能想到一些应付的方法	.201	.908	.895	.911	.055	.925	.915	.908	.972	.278
无论什么事在我身上发生，我都能够应付自如	-.207	.347	.293	.299	2.412	.313	.272	.347	.278	2.789

图 12.8　项间协方差矩阵

6. 摘要项统计

图 12.9 为摘要项统计结果，其中给出了项平均值、项方差、项间协方差、项间相关性 4 项指标的平均值、最小值、最大值、全距、最大值/最小值、方差和项数等统计量。

摘要项统计

	平均值	最小值	最大值	全距	最大值/最小值	方差	项数
项平均值	5.632	1.202	6.333	5.131	5.269	2.566	10
项方差	1.216	.408	2.789	2.381	6.839	.626	10
项间协方差	.545	-.364	2.412	2.777	-6.621	.230	10
项间相关性	.547	-.355	.995	1.350	-2.798	.188	10

图 12.9　摘要项统计

7. 项总计统计

图 12.10 为项总计统计结果，其中展示了"自我效能感调查题 1"~"自我效能感调查题 10"共 10 道题目在剔除相应项后的指标表现情况。例如，剔除题 1"如果我尽力去做的话，我总是能解决问题"后，标度平均值为 55.12，标度方差为 59.414，克隆巴赫 Alpha 值为 0.902。

8. 标度统计

图 12.11 为标度统计结果，其中展示了标度的平均值为 56.32，方差为 61.201，标准偏差为 7.823。

项总计统计

	删除项后的标度平均值	删除项后的标度方差	修正后的项与总计相关性	平方多重相关性	删除项后的克隆巴赫 Alpha
如果我尽力去做的话，我总是能解决问题	55.12	59.414	.140	.340	.902
即使别人反对我，我仍有办法取得我所要的	50.00	48.367	.908	.990	.863
对我来说，坚持理想和达成目标是轻而易举的	49.99	48.847	.865	.943	.866
我自信能有效地应付任何突如其来的事情	50.01	48.500	.887	.978	.864
以我的才智，我一定能应付意料之外的情况	50.79	53.373	.224	.853	.923
如果我付出必要的努力，我一定能解决大多数的难题	49.99	48.296	.900	.997	.863
我能冷静地面对困难，因为我可以信赖自己处理问题的能力	49.99	48.663	.880	.982	.865
面对一个难题时，我通常能找出几个解决方法	50.00	48.367	.908	.990	.863
有麻烦的时候，我通常能想到一些应付的方法	50.01	48.235	.876	.967	.864
无论什么事在我身上发生，我都能够应付自如	51.01	49.704	.370	.843	.913

图 12.10 项总计统计

标度统计

平均值	方差	标准偏差	项数
56.32	61.201	7.823	10

图 12.11 标度统计

12.4 本章习题

一、判断题

1. 一般情况下，信度系数的取值范围为 0~1，信度系数越小表示信度越高。（ ）
2. 如果在问卷题目中有反向的题目，需要先将反向的题目转换为正向。（ ）
3. 一个量表包括多个题项，每个题项内部又有多个维度。（ ）

二、操作题

针对所有习题，要求：一是要提交 SPSS 结果文件；二是要进行必要的解读，并写出完整的研究结论。

使用本书配套资源中提供的"习题 12.1"数据，开展信度分析（注意分两个维度，A1、A2、A3 为一个维度，B1、B2、B3 为另一个维度，分别进行信度分析）。

第 13 章

聚类分析

聚类分析是根据对象的特征，按照一定的标准对研究对象进行分类。由于研究对象和分析方法的不同，聚类分析可以分为不同的种类。根据研究对象的不同，聚类分析分为样本聚类和变量聚类。样本聚类是指针对样本观测值进行分类，将特征相近的样本观测值归为一类，而将特征差异较大的样本观测值划分在不同的类；变量聚类是指针对变量进行分类，将性质相近的变量归为一类，将性质差异较大的变量分在不同的类。根据分析方法的不同，聚类分析可以分为二阶聚类分析、K 均值聚类分析和系统聚类分析。

本章将介绍二阶聚类分析、K 均值聚类分析和系统聚类分析。

本章教学要点：

- 了解二阶聚类分析、K 均值聚类分析和系统聚类分析 3 种分析方法的特色，掌握每种方法的适用条件。
- 熟练掌握二阶聚类分析、K 均值聚类分析和系统聚类分析的窗口功能，根据研究需要灵活进行窗口设置，开展聚类分析。
- 能够对各种聚类分析的结果进行解读，从中发现数据特征，并得出研究结论。

13.1 二阶聚类分析

下载资源:\video\第 13 章\13.1
下载资源:\sample\数据 13\数据 13.1

13.1.1 统计学原理

二阶聚类分析主要包括两步：第一步，以距离为依据构造聚类特征树，形成聚类特征树节点；

第二步，通过信息准则确定最优分组个数，并对各个节点进行分组。二阶聚类分析具有能够同时处理分类变量和连续变量、自动选择最优分类个数以及大样本数据下表现优异的特点，因此在分析中具有广泛的应用。例如，电商平台使用积累的消费者数据，定期或实时对消费者进行画像。基于客户的购买习惯、性别、年龄、收入水平等行为特征，应用聚类技术判定消费者类别，进而为每个客户群体设计独特的营销和产品开发战略等。

13.1.2　案例应用——分析私募基金业绩表现

本小节用于分析的是“数据 13.1”，它记录的是截至 2024 年 10 月 15 日，74 支私募基金业绩表现数据。数据包括证券代码、证券简称、平均月度回报（自成立至最新收盘日，单位为%）、年化收益率（自成立至最新收盘日，单位为%）、平均风险收益率（自成立至最新收盘日，单位为%，无风险收益率对标一年定存利率（税前））、区间胜率（自成立至最新收盘日，单位为%，标的指数对标上证综合指数）、Sharpe 比率（自成立至最新收盘日，单位为%，无风险收益率对标一年定存利率（税前））共 7 个变量。SPSS 数据视图如图 13.1 所示。

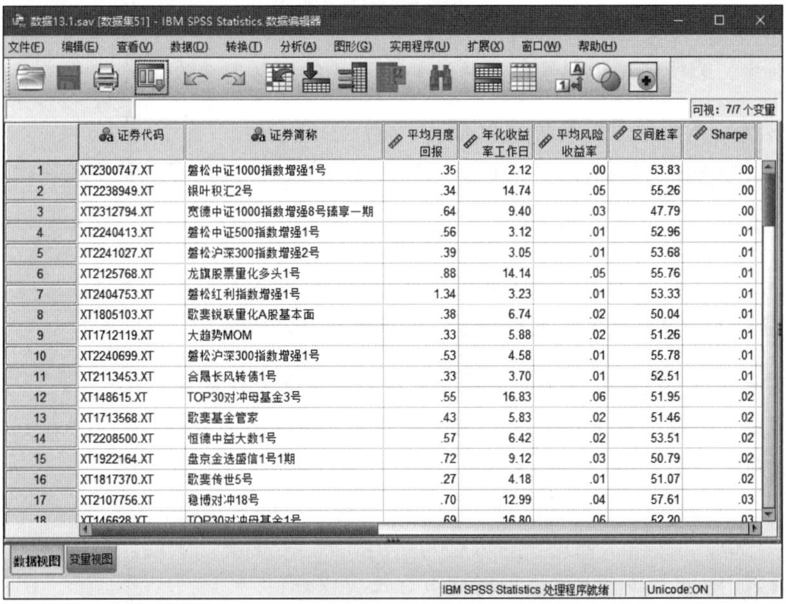

	证券代码	证券简称	平均月度回报	年化收益率工作日	平均风险收益率	区间胜率	Sharpe
1	XT2300747.XT	磐松中证1000指数增强1号	.35	2.12	.00	53.83	.00
2	XT2238949.XT	银叶积汇2号	.34	14.74	.05	55.26	.00
3	XT2312794.XT	宽德中证1000指数增强8号臻享一期	.64	9.40	.03	47.79	.00
4	XT2240413.XT	磐松中证500指数增强1号	.56	3.12	.01	52.96	.01
5	XT2241027.XT	磐松沪深300指数增强2号	.39	3.05	.01	53.68	.01
6	XT2125768.XT	龙旗股票量化多头1号	.88	14.14	.05	55.76	.01
7	XT2404753.XT	磐松红利指数增强1号	1.34	3.23	.01	53.33	.01
8	XT1805103.XT	歌斐锐联量化A股基本面	.38	6.74	.02	50.04	.01
9	XT1712119.XT	大趋势MOM	.33	5.88	.02	51.26	.01
10	XT2240699.XT	磐松沪深300指数增强1号	.53	4.58	.01	55.78	.01
11	XT2113453.XT	合晟长风转债1号	.33	3.70	.01	52.51	.01
12	XT148615.XT	TOP30对冲母基金3号	.55	16.83	.06	51.95	.02
13	XT1713568.XT	歌斐基金管家	.43	5.83	.02	51.46	.02
14	XT2208500.XT	恒德中益大数1号	.57	6.42	.02	53.51	.02
15	XT1922164.XT	盘京金选盛信1号1期	.72	9.12	.03	50.79	.02
16	XT1817370.XT	歌斐传世5号	.27	4.18	.01	51.07	.02
17	XT2107756.XT	稳博对冲18号	.70	12.99	.04	57.61	.03

图 13.1　“数据 13.1”的 SPSS 数据视图

接下来，将用“平均月度回报”“年化收益率工作日”“平均风险收益率”“区间胜率”“Sharpe”5 个变量，对所有样本观测值进行二阶聚类分析。

步骤 01　打开“数据 13.1”，在菜单栏中选择“分析|分类|二阶聚类”命令，打开如图 13.2 所示的“二阶聚类分析”对话框。从源变量列表框中选择分类变量，本例中没有分类变量；然后，从源变量列表框中选择参与聚类分析的连续变量，本例中为“平均月度回报”“年化收益率工作日”“平均风险收益率”“区间胜率”“Sharpe”。其他项采用系统默认设置。

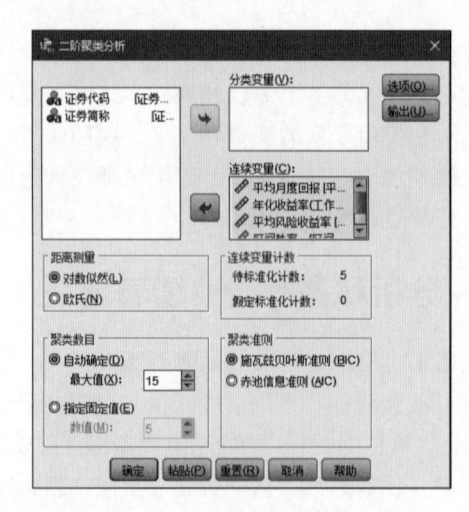

图 13.2 "二阶聚类分析"对话框

对话框深度解读

"距离测量"选项组用于设置距离的测量方法,包括以下选项:

- 对数似然:系统使用对数似然距离。
- 欧氏:系统使用欧氏距离,选择欧氏距离时,必须保证所有变量都是连续变量。

"聚类数目"选项组用于设置聚类的数量,包括以下选项:

- 自动确定:系统自动选择最优的聚类数量,默认的最大聚类数目是15。
- 指定固定值:用户自定义聚类数量,根据需要灵活设置。

"连续变量计数"选项组显示对连续变量进行标准化处理的相关信息。

"聚类准则"选项组用于设置确定最优聚类数量的准则,用户可以选择施瓦兹贝叶斯准则或赤池信息准则。

步骤02 单击"选项"按钮,弹出如图 13.3 所示的"二阶聚类:选项"对话框。在本例中,采用系统默认设置,单击"继续"按钮返回主对话框。

图 13.3 "二阶聚类:选项"对话框

对话框深度解读

- "离群值处理"选项组：用于设置在聚类特征树填满的情况下对离群值的处理方式。如果勾选"使用噪声处理"复选框，系统会将离群值合并为一个单独的"噪声"叶，并重新执行聚类特征树的生长过程。用户可以在"百分比"文本框中设置离群值的判定标准。
- "内存分配"选项组：用于设置聚类过程中所占用的最大内存数量，若内存不足，溢出的数据将调用硬盘作为缓存来进行存储。
- "连续变量标准化"选项组：用于设置一个变量是否进行标准化处理。用户可以选择那些已标准化或假定为标准化的变量，单击 按钮将其选入"假定标准化计数"列表框，表示不再对它们进行标准化处理，以节省处理时间。
- "高级"按钮：单击该按钮会展开高级选项，主要用于设置聚类特征数的调整准则。

步骤 03 单击"输出"按钮，打开如图 13.4 所示的"二阶聚类：输出"对话框。在本例中，选择"输出"选项组中的"图表和表"选项，在"工作数据文件"选项组中选择"创建聚类成员变量"选项，其他选项保持系统默认设置。单击"继续"按钮返回主对话框。

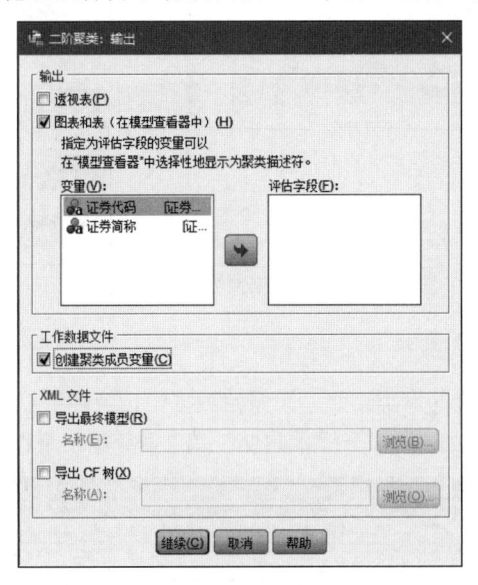

图 13.4 "二阶聚类：输出"对话框

对话框深度解读

- "工作数据文件"选项组：用于设置保存结果。若勾选"创建聚类成员变量"复选框，则聚类结果将作为变量保存。
- "XML 文件"选项组：用户可以通过设置该选项组，将最终的聚类模型或聚类特征树导出为 XML 文件的格式。

步骤 04 单击"确定"按钮，等待输出结果。

13.1.3 结果解读

1. 模型概要和聚类质量

图 13.5 给出了二阶聚类的模型概要和聚类质量。从模型概要可以看出，算法采用的是两步法，输入了 5 个变量，聚类数设置为 2。从聚类质量来看，模型的质量处于良好区间，整体表现较好。双击"模型概要和聚类质量"图，可以在右侧的模型查看器中进一步观察到，所有样本观测值被划分为两类，其中小类中包含 29 个样本，占比为 39.2%；大类包含 45 个样本，占比为 60.8%；大类与小类的样本个数比率为 1.55。

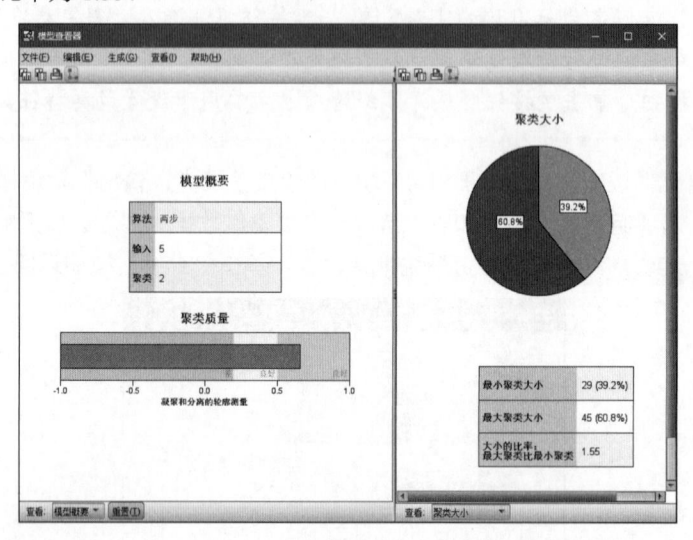

图 13.5　模型概要和聚类质量

2. 样本观测值聚类结果

图 13.6 展示了样本观测值的聚类结果。在原始数据中，新建了以"TSC_"开头的变量，表示每个样本观测值归属的类别。例如，第一个样本归属于第 2 类，第二个样本归属于第 1 类，以此类推。

图 13.6　样本观测值聚类结果

13.2　K 均值聚类分析

下载资源:\video\第 13 章\13.2

下载资源:\sample\数据 13\数据 13.2

13.2.1　统计学原理

K 均值聚类分析是一种快速聚类方式，适用于连续数据，且要求预先指定聚类数目。它将数据看作 K 维空间中的点，以距离为标准进行聚类分析，并将样本分为指定数量的 K 类。其统计学原理如下：首先指定聚类的个数，并按照一定规则选取初始聚类中心；然后让个案向最近的聚类中心靠拢，形成初始分类；最后，按照最近距离原则，不断修改不合理的分类，直至合理为止。例如，用户选择 x 个数值型变量参与聚类分析，最后要求聚类数为 y，那么系统会首先选择 y 个个案（也可由用户指定）作为初始聚类中心，x 个变量组成 n 维空间。每个个案在 x 维空间中是一个点，y 个事先选定的个案即为 y 个初始聚类中心点。接着，系统根据与这几个初始聚类中心点距离最小的原则，把个案分派到各类中心所在的类中，构成第一次迭代的 y 类；然后，系统根据每一类中的个案计算各变量均值，每一类中的 x 个均值在 x 维空间中形成 y 个新的点，这就是第二次迭代的聚类中心。按照这种方法，系统不断迭代，直到达到指定的迭代次数或满足终止迭代的条件，停止迭代，形成最终的聚类中心。K 均值聚类法计算量小、内存占用少且处理速度快，因此非常适合大样本的聚类分析。

13.2.2　案例应用——分析 A 股电气机械和器材制造业上市公司财务指标

本小节用于分析的是"数据 13.2"，它记录了 2023 年末我国电气机械和器材制造业 291 家 A 股上市公司的财务指标数据，具体包括证券代码、证券简称、净资产收益率 ROE、总资产报酬率 ROA、营业收入同比增长率和研发费用同比增长 6 个变量。SPSS 数据视图如图 13.7 所示。

图 13.7　"数据 13.2"的 SPSS 数据视图

接下来，使用"净资产收益率 ROE""总资产报酬率 ROA""营业收入同比增长率""研发费用同比增长"这 4 个变量，对所有样本观测值进行 K 均值聚类分析，SPSS 操作步骤如下：

步骤 01 打开"数据 13.2"，选择"分析|分类|K-均值聚类"命令，弹出"K 均值聚类分析"对话框，如图 13.8 所示。在左侧变量栏中选择"净资产收益率 ROE""总资产报酬率 ROA""营业收入同比增长率""研发费用同比增长"这 4 个变量，进入右侧的"变量"列表框中，选择"证券简称"作为个案标注依据，并将其加入"个案标记依据"栏。在"聚类数"文本框中可以确定分类数，本例中为 3 类，因此输入 3。用户也可以根据具体研究需要设置聚类数。其他选项保持系统默认设置。

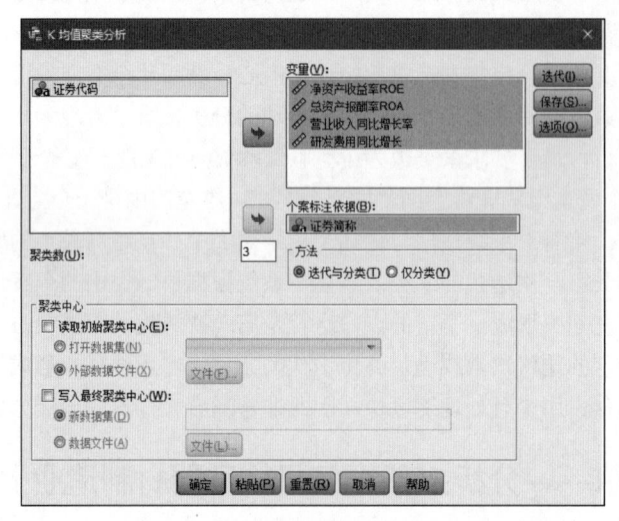

图 13.8　"K 均值聚类分析"对话框

对话框深度解读

"方法"选项组用于选择聚类方法，包括以下选项：

- 迭代与分类：进行迭代，使用 K 均值算法不断计算类中心，并根据结果调整类中心，把样本观测值分配到与之最近的类中。
- 仅分类：仅根据初始聚类中心进行聚类，在聚类过程中不改变聚类中心。

"聚类中心"选项组包括以下选项：

- 读取初始聚类中心：选择此项，并单击其下"外部数据文件"右侧的"文件"按钮，打开"选择文件"对话框。在其中选择事先保存的初始聚类中心数据文件，该文件中的样本观测值将作为当前聚类分析的初始聚类中心。
- 写入最终聚类中心：选择此项，并单击其下"数据文件"右侧的"文件"按钮，打开"保存文件"对话框，在其中指定路径和文件名，将当前聚类分析的最终聚类中心数据保存到该文件中，作为聚类分析时的初始聚类中心。

步骤 02 单击"迭代"按钮，弹出"K-均值聚类分析：迭代"对话框，如图 13.9 所示。本例中采

用系统默认设置。然后，单击"继续"按钮返回"K均值聚类分析"对话框。

对话框深度解读

在"最大迭代次数"文本框中可以输入一个正整数，以限定最大迭代次数，系统默认值为10。

在"收敛准则"文本框中可以输入一个不超过 1 的正数，作为判定迭代收敛的标准。默认的收敛标准值为0，表示当两次迭代计算的聚类中心之间距离的最大改变量小于初始聚类中心间最小距离的 0%时，终止迭代。

"使用运行平均值"表示在迭代过程中，每个样本观测值被分配到一类后，计算新的聚类中心，并且数据文件中的样本观测值的次序可能会影响聚类中心。若不选择此项，则在所有样本观测值分配完成后再计算各类的聚类中心，这样可以节省迭代时间。

步骤 03 单击"保存"按钮，弹出"K-均值聚类：保存新变量"对话框，如图 13.10 所示。勾选"聚类成员"和"与聚类中心的距离"两个复选框。单击"继续"按钮，回到"K均值聚类分析"对话框。

图 13.9　"K-均值聚类分析：迭代"对话框　　　图 13.10　"K-均值聚类：保存新变量"对话框

对话框深度解读

"K-均值聚类：保存新变量"对话框用于选择保存新变量的方式。

- 聚类成员：保存一个名为 QCL_1 的新变量，其值为各样本观测值最终聚类的类别。
- 与聚类中心的距离：在工作文件中创建一个名为 QCL_2 的新变量，其值为各样本观测值与所属最终聚类中心之间的欧氏距离。

步骤 04 单击"选项"按钮，弹出"K均值聚类分析：选项"对话框，如图 13.11 所示。勾选"统计"选项组中的"初始聚类中心""ANOVA表""每个个案的聚类信息"3 个复选框，缺失值处理采用系统默认设置。单击"继续"按钮，回到"K 均值聚类分析"对话框，单击"确定"按钮确认。

图 13.11　"K 均值聚类分析：选项"对话框

> **对话框深度解读**

"统计"选项组用于指定输出统计量值,包括以下 3 个选项:

- 初始聚类中心:输出初始聚类中心表。
- ANOVA 表:输出方差分析表。
- 每个个案的聚类信息:输出每个样本观测值的聚类信息,包括各样本观测值最终被聚入的类别、各样本观测值与最终聚类中心之间的欧氏距离,以及各最终聚类中心相互之间的欧氏距离。

"缺失值"选项组用于指定缺失值的处理方式,包括以下两个选项:

- 成列排除个案:排除聚类分析变量中有缺失值的样本观测值。
- 成对排除个案:排除所有聚类分析变量中含有缺失值的样本观测值。

13.2.3 结果解读

1. 初始聚类中心、迭代历史记录

图 13.12 展示了初始聚类中心。在本例中,由于未指定初始聚类中心,因此图中所示的聚类中心样本观测值由系统自动确定。图 13.13 是迭代历史记录,由于没有指定迭代次数或收敛性标准,系统使用默认值:最大迭代次数为 10,收敛性标准为 0。在聚类过程执行 10 次迭代后,由于聚类中心未发生变动或仅发生了小幅变动,因此实现了收敛。任何中心的最大绝对坐标变动为 0.000。当前迭代次数为 10。初始中心之间的最小距离为 130.249。

初始聚类中心

	聚类 1	聚类 2	聚类 3
净资产收益率ROE	-26.42	10.56	20.53
总资产报酬率ROA	-12.21	8.50	5.38
营业收入同比增长率	-54.80	54.76	110.93
研发费用同比增长	47.30	-30.91	86.14

图 13.12 初始聚类中心

迭代历史记录

聚类中心中的变动

迭代	1	2	3
1	58.919	57.464	59.109
2	6.241	2.394	16.371
3	8.118	1.234	9.762
4	9.820	2.294	4.264
5	5.500	2.487	.572
6	3.332	1.476	.000
7	1.245	.466	.000
8	1.296	.496	.000
9	.935	.342	.000
10	.000	.000	.000

a. 由于聚类中心中不存在变动或者仅有小幅变动,因此实现了收敛。任何中心的最大绝对坐标变动为 .000。当前迭代为 10。初始中心之间的最小距离为 130.249。

图 13.13 迭代历史记录

2. 聚类成员、最终聚类中心

图 13.14 和图 13.15 分别展示了每个样本观测值的聚类成员和最终聚类中心。关于聚类成员,以第一个样本观测值"昱能科技"为例,该样本被划分到第 1 类,且与最终聚类中心之间的距离为 57.705。

关于最终聚类中心，通过观察 3 个最终聚类中心的"净资产收益率 ROE""总资产报酬率 ROA""营业收入同比增长率""研发费用同比增长"4 个变量的表现特征，可以发现第 1 类的特征是"净资产收益率 ROE""总资产报酬率 ROA""营业收入同比增长率""研发费用同比增长"4 个变量的数值均为最小，第 2 类居中，第 3 类为最大。

聚类成员

个案号	证券简称	聚类	距离
1	昱能科技	3	57.705
2	海力风电	3	57.481
3	上能电气	3	88.681
4	艾罗能源	3	65.130
5	隆基绿能	3	50.744
6	合康新能	3	52.204
7	捷佳伟创	3	26.061
8	盛弘股份	3	49.274
9	金冠电气	3	43.204
10	豪鹏科技	3	18.819

图 13.14 聚类成员（仅显示部分）

最终聚类中心

	聚类 1	聚类 2	聚类 3
净资产收益率ROE	.28	8.49	11.91
总资产报酬率ROA	1.54	5.73	6.88
营业收入同比增长率	-18.29	6.60	34.98
研发费用同比增长	-15.01	9.62	41.20

图 13.15 最终聚类中心

3. 最终聚类中心之间的距离、ANOVA 表

图 13.16 和图 13.17 分别展示了最终聚类中心之间的距离和 ANOVA 表。最终聚类中心之间的距离是指最终确定的 3 个聚类中心相互之间的差距。关于 ANOVA 表，由于已选择聚类以使不同聚类中的样本观测值之间的差异最大化，因此 F 检验的目的是描述这一点。实测显著性水平并未进行修正，不能解释为对"聚类平均值相等"这一假设的检验，因此参考价值有限。

最终聚类中心之间的距离

聚类	1	2	3
1		36.205	78.493
2	36.205		42.617
3	78.493	42.617	

图 13.16 最终聚类中心之间的距离

ANOVA

	聚类 均方	自由度	误差 均方	自由度	F	显著性
净资产收益率ROE	2305.611	2	96.148	288	23.980	.000
总资产报酬率ROA	522.650	2	27.613	288	18.928	.000
营业收入同比增长率	44880.886	2	258.467	288	173.643	.000
研发费用同比增长	50401.816	2	237.040	288	212.630	.000

由于已选择聚类以使不同聚类中个案之间的差异最大化，因此 F 检验只应用于描述目的。实测显著性水平并未因此进行修正，所以无法解释为针对"聚类平均值相等"这一假设的检验。

图 13.17 ANOVA 表

4. 每个聚类中的个案数目

图 13.18 展示了每个聚类中的个案数目，可以看到第 1 类、第 2 类和第 3 类的样本观测值分别为 61 个、165 个和 65 个。

每个聚类中的个案数目

聚类	1	61.000
	2	165.000
	3	65.000
有效		291.000
缺失		.000

图 13.18 每个聚类中的个案数目

5. 保存的聚类成员、与聚类中心的距离

由于在"K-均值聚类：保存新变量"对话框中勾选了"聚类成员"和"与聚类中心的距离"复选框，系统已将相应的变量保存在数据文件中，如图 13.19 所示。其中，QCL_1 对应的是"聚类成员"变量，记录了每个样

本观测值所属的聚类类别；QCL_2 对应的是"与聚类中心的距离"，记录了每个样本观测值与最终聚类中心之间的距离。

图 13.19　保存的聚类成员、与聚类中心的距离

13.3　系统聚类分析

下载资源:\video\第 13 章\13.3

下载资源:\sample\数据 13\数据 13.3

13.3.1　统计学原理

　　系统聚类分析的统计学原理是：根据选定的特征来识别相对均一的个案（变量）组。使用的算法首先将每个个案（或变量）视为一类，然后根据类与类之间的距离或相似程度将最近的类合并。接着，计算新类与其他类之间的相似程度，并选择最相似的类进行合并。每次合并都会减少一类，不断继续这一过程，直至剩下一个类别。该方法的特色在于：可以选择对样本观测值或变量进行聚类；能够计算可能解的范围，并为其中的每个解保存聚类成员；有多种方法可用于聚类形成、变量转换以及度量各聚类之间的不相似性；只要所有变量的类型相同，就可分析连续、计数或二值变量。常用的聚类方法包括组间联接、组内联接、最近邻元素、最远邻元素、质心聚类、中位数聚类、瓦尔德法等。

13.3.2　案例应用——分析美股酒店及汽车旅馆公司盈利能力

　　本小节用于分析的数据来自"数据 13.3"。该数据为 2023 年末 15 家美股酒店及汽车旅馆公司盈利能力指标数据，具体包括证券代码、证券简称、净资产收益率 ROE（单位为%）、总资产报酬率 ROA（单位为%）、销售净利率（单位为%）、EBITDA/营业总收入（单位为%）6 个变量。SPSS 数据视图如图 13.20 所示。

第 13 章 聚类分析 | 295

	证券代码	证券简称	净资产收益率ROE	总资产报酬率ROA	销售净利率	EBITDA营业总收入
1	ATAT.O	亚朵	45.15	16.87	15.84	22.34
2	WH.N	温德姆酒店及度假酒店	33.84	9.76	20.69	33.93
3	CNTY.O	世纪赌场	-21.25	6.06	-3.36	21.73
4	PENN.O	佩恩国民博彩(PENN)	-14.41	-.45	-7.72	5.78
5	MGM.N	美高梅国际酒店(MGM RESO	26.43	3.34	8.13	14.32
6	H.N	凯悦酒店(HYATT HOTELS)	6.06	2.47	3.30	12.43
7	LVS.N	金沙集团(LAS VEGAS SANDS)	30.53	10.52	13.80	35.02
8	HTHT.O	华住集团	39.16	8.75	18.88	31.62
9	GHG.N	格林酒店	18.66	6.92	16.01	28.79
10	MCRI.O	帝王赌场度假村	15.67	15.80	16.44	31.13
11	BYD.N	博伊德赌场(BOYD GAMING)	37.19	14.31	16.58	31.16
12	PLYA.O	PLAYA HOTELS & RESORTS	8.83	3.28	5.51	15.66
13	PK.N	PARK HOTELS & RESORTS	2.38	3.74	3.93	24.24

图 13.20 "数据 13.3"的 SPSS 数据视图

接下来，使用"净资产收益率 ROE""总资产报酬率 ROA""销售净利率""EBITDA/营业总收入"这 4 个变量，对所有样本观测值进行系统聚类分析。SPSS 操作步骤如下：

步骤 01 打开"数据 13.2"，选择"分析|分类|系统聚类"命令，弹出"系统聚类分析"对话框，如图 13.21 所示。在左侧变量栏中选择"净资产收益率 ROE""总资产报酬率 ROA""销售净利率""EBITDA/营业总收入"这 4 个变量，单击 ➡ 按钮将其加入右侧的"变量"列表框；选择"证券简称"变量，单击下面的 ➡ 按钮将其加入"个案标注依据"栏，作为个案标注依据。其他项保持系统默认设置。

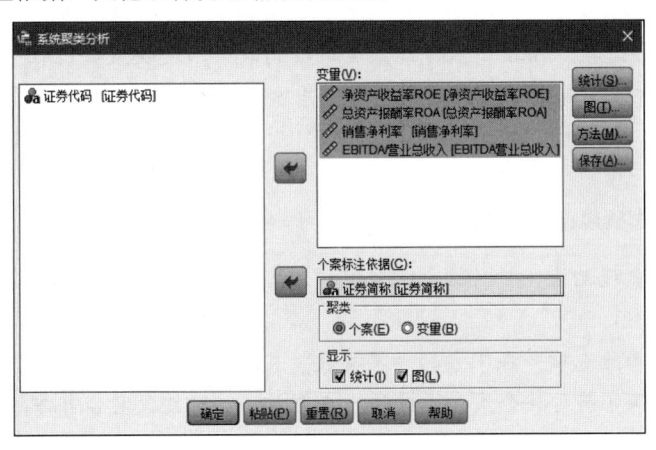

图 13.21 "系统聚类分析"对话框

对话框深度解读

"聚类"选项组用于选择聚类类型，提供以下选项：

- "个案"：计算样本观测值之间的距离，进行样本观测值聚类。
- "变量"：计算变量之间的距离，进行变量聚类。

"显示"选项组用于选择显示内容,提供以下选项:

- "统计":显示统计量值。如果不选此项,"系统聚类分析"对话框右侧的"统计"按钮将被禁用。
- "图":显示图形。如果不选此项,"系统聚类分析"对话框右侧的"图"按钮将被禁用。

步骤02 单击"统计"按钮,弹出"系统聚类分析:统计"对话框,如图 13.22 所示。勾选"集中计划""近似值矩阵"复选框,在"聚类成员"选项组中选择"单个解",并在其下的"聚类数"文本框中输入 3。设置完成后,单击"继续"按钮返回主对话框。

图 13.22 "系统聚类分析:统计"对话框

对话框深度解读

"集中计划"复选框:输出一张概述聚类进度的表格,反映聚类过程中每一步样本观测值(针对按个案合并方法)或变量(针对按变量合并方法)的合并情况。

"近似值矩阵"复选框:显示各样本观测值(针对按个案合并方法)或变量(针对按变量合并方法)之间的距离。

"聚类成员"选项组包括以下选项:

- 无:没有样本观测值(针对按个案合并方法)或变量(针对按变量合并方法)的归属类别。
- 单个解:选择此选项并在下方的"聚类数"文本框中指定一个大于 1 的整数 N,系统将各样本观测值(针对按个案合并方法)或变量(针对按变量合并方法)分为 N 类,并列出每个项的归属类别。
- 解的范围:选择此选项并在下方的"最小聚类数"和"最大聚类数"文本框中分别输入数值 X 和 Y,系统将把样本观测值(针对按个案合并方法)或变量(针对按变量合并方法)从 $X~Y$ 进行各种分类,并列出每种分类数下每个项的归属类别。

本例中,我们在"聚类成员"选项组中选择"单个解",并在其下的"聚类数"文本框中输入 3,系统就会将所有样本观测值分为 3 类,并输出每个样本观测值的归属类别情况。

步骤03 单击"图"按钮,弹出"系统聚类分析:图"对话框,如图 13.23 所示。我们勾选"谱系图"复选框,并在"冰柱图"选项组中选择"全部聚类",在"方向"选项组中选择"垂直"。设置完成后,单击"继续"按钮返回主对话框。

对话框深度解读

"谱系图"复选框:输出反映聚类结果的龙骨图。

"冰柱图"选项组包括以下选项:

- 全部聚类:显示全部聚类结果的冰柱图。
- 指定范围内的聚类:限制聚类解范围,在下面的"开始聚类""停止聚类""依据"文本框中分别输入正整数值 X、Y、Z,分别表示从最小聚类解 X 开始,以增量 Z 为步长,到最大聚类解 Y 为止。
- 无:不输出冰柱图。

"方向"选项组:选择输出冰柱图的方向,有"垂直"(垂直冰柱图)和"水平"(水平冰柱图)两种。

步骤04 单击"方法"按钮,弹出"系统聚类分析:方法"对话框,如图 13.24 所示。本例中选择系统默认设置。然后,单击"继续"按钮,回到"系统聚类分析"对话框。

图 13.23 "系统聚类分析:图"对话框 图 13.24 "系统聚类分析:方法"对话框

对话框深度解读

"聚类方法"下拉列表用于选择聚类方法,包括以下选项:

- 组间联接:合并两类,使得两类间的平均距离最小。
- 组内联接:合并两类,使得合并后的类中所有项间的平均距离最小。
- 最近邻元素:也称为最近距离法,定义类与类之间的距离为两类中最近的样品之间的距离。
- 最远邻元素:也称为最远距离法,定义类与类之间的距离为两类中最远的样品之间的距离。
- 质心聚类:定义类与类之间的距离为两类中各样本观测值(针对按个案合并方法)或变

量（针对按变量合并方法）的重心之间的距离。
- **中位数聚类**：定义类与类之间的距离为两类中各样本观测值（针对按个案合并方法）或变量（针对按变量合并方法）的中位数之间的距离。
- **瓦尔德法**：使类内各样本观测值（针对按个案合并方法）或变量（针对按变量合并方法）的偏差平方和最小，类间偏差平方和尽可能大。

步骤 05 单击"保存"按钮，弹出"系统聚类分析：保存"对话框，如图 13.25 所示。该对话框中的"聚类成员"选项组与"系统聚类分析：统计"对话框中的相应选项意义相同。本例中我们还是选择"单个解"，并在"聚类数"文本框中填写 3，与前面的设置保持一致。设置完毕后单击"继续"按钮，返回"系统聚类分析"对话框，单击"确定"按钮确认。

图 13.25 "系统聚类分析：保存"对话框

13.3.3 结果解读

1. 个案处理摘要、近似值矩阵

图 13.26 展示了个案处理摘要，共有 15 个样本观测值参与了分析，且没有缺失值。采用的聚类分析方法是平均联接（组间）。

图 13.27 展示了近似值矩阵，显示了各样本观测值之间的距离。

个案处理摘要

	个案					
	有效		缺失		总计	
	个案数	百分比	个案数	百分比	个案数	百分比
	15	100.0	0	.0	15	100.0

a. 平均联接（组间）

图 13.26 个案处理摘要

近似值矩阵

个案	1：亚朵	2：温德姆酒店及度假酒店	3：世纪赌场	4：佩恩国民博彩(PENN)	5：美高梅国际酒店(MGM RESO)
1：亚朵	.000	336.227	4894.514	4676.980	657.128
2：温德姆酒店及度假酒店	336.227	.000	3775.614	4031.890	638.155
3：世纪赌场	4894.514	3775.614	.000	362.313	2467.656
4：佩恩国民博彩(PENN)	4676.980	4031.890	362.313	.000	2006.902
5：美高梅国际酒店(MGM RESO)	657.128	638.155	2467.656	2006.902	.000

图 13.27 近似值矩阵（图片过大，仅列示部分）

2. 集中计划

图 13.28 展示了集中计划，列出了聚类过程中各样本观测值合并的顺序。本例中，共有 15 个样本观测值，经过 14 步聚类，所有样本观测值最终被合并为一类。表中各列的含义如下：

- **阶段**：表示聚类阶段，即聚类过程中的第几步。
- **组合聚类**：即将聚类 1 与聚类 2 合并。
- **系数**：距离测量系数。

- 首次出现聚类的阶段：当聚类 1 与聚类 2 皆为 0 时，表示两个样本观测值的合并；若一个为 0，另一个不为 0，则表示样本观测值与类的合并；当二者皆不为 0 时，表示类与类的合并。
- 下一个阶段：表示下一步再聚类将出现的阶段。

具体来说，本例中第 1 步将距离最近的 6 号、12 号样本观测值合并为一类，下一阶段的再聚类将出现第 7 步，第 7 步由第 1 步形成的组（6 号、12 号）与 13 号样本观测值合并而成，再下一阶段的再聚类将在第 11 步出现；第 4 步由 5 号、14 号样本观测值合并而成，再下一阶段的再聚类同样将出现第 11 步。在第 11 步中，5、14、6、12、13 五个样本观测值合并到了一起。其余的合并过程类似。伴随聚类的进行，系数值逐渐增大，表明聚类开始时，样本观测值或类之间的差异较小，而聚类结束时，类与类之间的差异较大。

集中计划

阶段	组合聚类 聚类 1	组合聚类 聚类 2	系数	首次出现聚类的阶段 聚类 1	首次出现聚类的阶段 聚类 2	下一个阶段
1	6	12	23.637	0	0	7
2	2	8	37.880	0	0	3
3	2	11	48.312	2	0	5
4	5	14	71.227	0	0	11
5	2	7	85.491	3	0	9
6	9	10	93.424	0	0	12
7	6	13	136.426	1	0	11
8	4	15	142.331	0	0	10
9	1	2	275.141	0	5	12
10	3	4	346.934	0	8	14
11	5	6	368.748	4	7	13
12	1	9	485.306	9	6	13
13	1	5	1023.072	12	11	14
14	1	3	2907.318	13	10	0

图 13.28　集中计划

3. 聚类成员

图 13.29 展示了聚类成员表，根据我们之前将样本观测值分为 3 类的设定，表中列出了最终的聚类成员归属情况：

第 1 类：亚朵、温德姆酒店及度假酒店、金沙集团（LAS VEGAS SANDS）、华住集团、格林酒店、帝王赌场度假村、博伊德赌场（BOYD GAMING）；

第 2 类：世纪赌场、佩恩国民博彩（PENN）、BALLY；

第 3 类：美高梅国际酒店（MGM RESO）、凯悦酒店（HYATT HOTELS）、PLAYA HOTELS & RESORTS、PARK HOTELS & RESORTS、CAESARS ENTERTAINMENT。

由于我们在"系统聚类分析：保存"对话框中进行了保存设置，系统以默认名为 CLU3_1 的变量将图中的结果保存到当前数据文件中（图 13.29 中的排序结果是基于 CLU3_1 变量重新进行排序的，读者可按照"2.6.2　对数据按照样本观测值进行排序"所讲述的方法自行操作）。

4. 冰柱图

图 13.30 为冰柱图，上侧横坐标表示样本观测值，左侧纵坐标表示可划分的聚类数。每个样本观测值对应一根蓝色长条，15 个样本长条的长度相同。每两个样本长条之间夹有一根蓝色长条，夹着的长条的长度表示两个观测值的相似度。冰柱图应从图片的最下端开始分析。在冰柱图的最下端，

样本长条（蓝色）对应的纵坐标为 14，表示在聚类过程中，首先将 15 个样本划分为 14 类（12 号、6 号之间没有白色间隙，归为 1 类）。随着冰柱图水面逐渐上升，2 号和 8 号样本被合并，白色间隙越来越少，越来越多的样本被聚为一类。该过程与上面"2. 集中计划"的介绍完全一致。

聚类成员

个案	3 个聚类
1：亚朵	1
2：温德姆酒店及度假酒店	1
3：世纪赌场	2
4：佩恩国民博彩(PENN)	2
5：美高梅国际酒店(MGM RESO)	3
6：凯悦酒店(HYATT HOTELS)	3
7：金沙集团(LAS VEGAS SANDS)	1
8：华住集团	1
9：格林酒店	1
10：帝王赌场度假村	1
11：博伊德赌场(BOYD GAMING)	1
12：PLAYA HOTELS & RESORTS	3
13：PARK HOTELS & RESORTS	1
14：CAESARS ENTERTAINMENT	3
15：BALLY	2

图 13.29　聚类成员

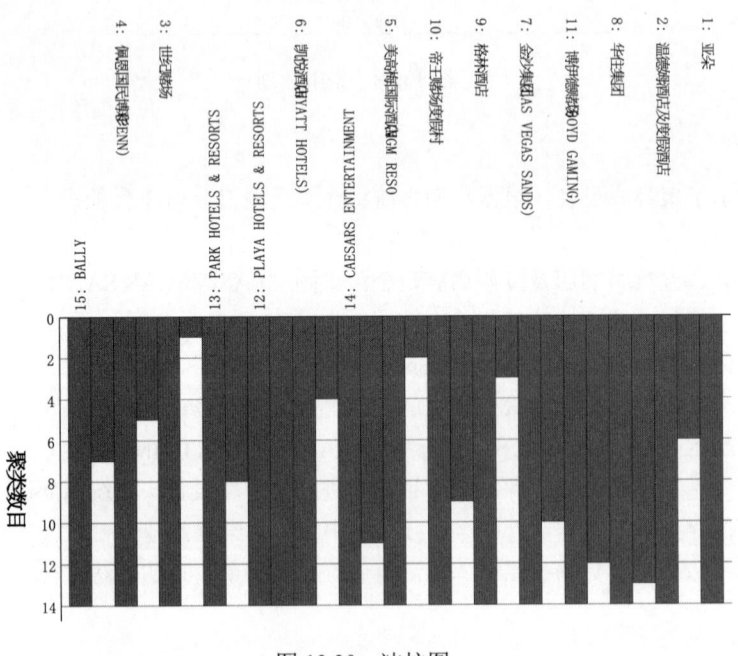

图 13.30　冰柱图

5. 谱系图

图 13.31 是谱系图，从中可以直观地看出聚类的过程。如果将样本分为两大类，那么下方的佩

恩国民博彩（PENN）、BALLY 和世纪赌场为一类，其他样本为另一类；如果分成三大类，那么凯悦酒店（HYATT HOTELS）、PLAYA HOTELS & RESORTS、PARK HOTELS & RESORTS、美高梅国际酒店（MGM RESO）、CAESARS ENTERTAINMENT 为第一类；格林酒店、帝王赌场度假村、温德姆酒店及度假酒店、华住集团、博伊德赌场（BOYD GAMING）、金沙集团（LAS VEGAS SANDS）、亚朵为第二类；佩恩国民博彩（PENN）、BALLY 和世纪赌场为第三类，以此类推。

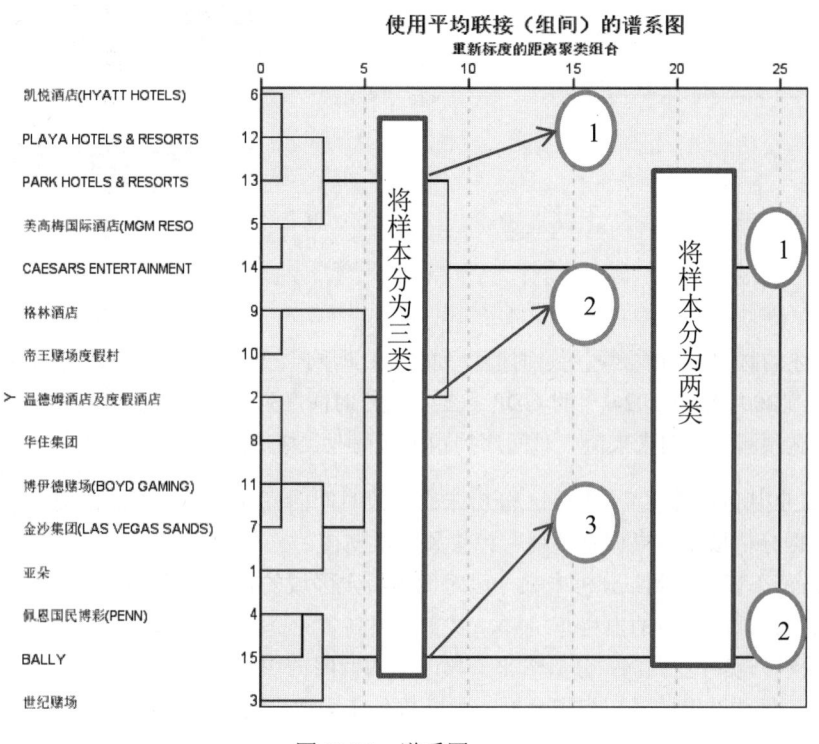

图 13.31　谱系图

13.4　本章习题

针对所有习题，要求：一是要提交 SPSS 结果文件；二是要进行必要的解读，并写出完整的研究结论。

1. 用于分析的数据是本书配套资源中提供的"习题 13.1"，请用"人力资本回报率""人均薪酬""门店个数""资产规模""是否上市公司"5 个变量对所有样本观测值进行二阶聚类分析。

2. 用于分析的数据是本书配套资源中提供的"习题 13.2"，请用"门店总数""年末从业人数""年末餐饮营业面积""统一配送商品购进额"4 个变量对所有样本观测值进行 K 均值聚类分析。

3. 用于分析的数据是本书配套资源中提供的"习题 13.2"，请用"门店总数""年末从业人数""年末餐饮营业面积""统一配送商品购进额"4 个变量对所有样本观测值进行系统聚类分析。

第 14 章

时间序列预测

本章讲述的时间序列预测适用于时间序列数据，即同一变量、同一群体在不同时间点的样本观测值，例如中国 2001 年至 2024 年的 GDP 数据。进行时间序列分析的重要原因之一是通过拟合序列的过去值来尝试预测序列的未来值。时间序列预测在商业领域应用非常广泛，以下是几个典型的例子：

（1）商业中心奶茶消费量预测：分析未来一段时间内商业中心奶茶的消费量，奶茶生产商或分销商可以根据分析预测结果调整进料、销售和配送安排。

（2）出租车行业预测：分析未来一段时间内特定区域的打车次数，出租车运营公司可以根据分析预测结果提前调配相应的出租车资源，以实现更高效的资源配置。

（3）快餐外卖行业预测：分析未来一段时间内商圈内快餐外卖消费量，餐饮供应商或分销商可以根据分析预测结果提前采购相应食材，并安排外卖配送人员。

常见的时间序列预测方法有 4 种：专家建模器、指数平滑法、ARIMA 模型和季节分解模型。

本章教学要点：

- 了解专家建模器、指数平滑法、ARIMA 模型、季节分解模型 4 种分析方法的特色，知晓每种方法的适用条件。
- 熟练掌握专家建模器、指数平滑法、ARIMA 模型、季节分解模型的窗口功能，根据研究需要灵活进行窗口设置，进行聚类分析。
- 能够解读各种时间序列分析结果，从中发现数据特征，得出研究结论。

14.1　时间序列数据的预处理

14.1.1　统计学原理

时间序列数据的预处理主要包括定义时间变量、绘制序列图和平稳化处理。绘制序列图的内容已在 4.11 节中详细讲解，这里不再赘述。

1. 定义时间变量

在 SPSS 中进行时间序列分析或建模时，必须先根据数据的时间格式定义时间变量，否则 SPSS 无法将数据自动识别为时间序列数据，而会将其视为普通数据进行处理。

2. 时间序列数据的平稳化处理

常见的时间序列数据可以简单划分为 3 种：

- 平稳性/随机性序列（Stationarity）：序列数据没有明显规律，取值在一定范围内随着时间上下浮动。例如某股票价格的逐日收盘价。
- 趋势性序列（Trend）：序列数据随时间呈现明显的上升或下降趋势。例如我国 GDP 呈现出逐年增长的趋势。
- 季节性序列（Seasonality）：序列数据在某个固定时间内有明显的波动。例如我国大部分省份的降雨量在夏季明显增大，而在其他季节则明显减少。

在进行时间序列预测时，首先要判断序列特征，去除序列的趋势性和季节性特征，确保序列平稳，这是准确预测数据的关键。SPSS 提供了 9 种平稳化处理的方法（可结合下文案例，在操作窗口界面学习）：

- "差异"：对非季节数据进行差分处理。一阶差分即数据前一项减去后一项得到的值，因此一阶差分会损失第一个数据。同理，n 阶差分会损失前 n 个数据。可在 SPSS 的"顺序"文本框中输入差分的阶数。差分是时间序列非平稳数据平稳处理的最常用方法，尤其在 ARIMA 模型中应用广泛。
- "季节性差异"：对季节数据进行差分处理。其中，一阶差分指该年份的第 n 季节（可以为季度、月份等）的数据与下一年份第 n 季节数据的差值。如果此处的季节为月，则一阶差分会损失 12 个数据。同理，n 阶差分会损失前 $12n$ 个数据。可在 SPSS 的"顺序"文本框中输入差分的阶数。
- "中心移动平均值"：以当期值为中心，取指定跨度内的均值，可在 SPSS 的"跨度"文本框中指定取均值的范围。该方法比较适用于正态分布的数据。
- "前移动平均值"：取当期值之前指定跨度内的均值，可在 SPSS 的"跨度"文本框中指定取均值的范围。
- "运行中位数"：以当期值为中心取指定跨度内的中位数，可在 SPSS 的"跨度"文本框中指定取中位数的范围。该方法与中心移动平均值方法可互为替代。
- "累积求和"：以原数据的累计求和值代替当期值。
- "延迟"：以原始数据滞后值代替当期值，可在 SPSS 的"顺序"文本框中指定滞后阶数。
- "提前"：以原始数据提前值代替当期值，可在 SPSS 的"顺序"文本框中指定提前阶数。
- "平滑"：对原数据进行 T4253H 方法的平滑处理。首先对原数据依次进行跨度为 4、2、5、3 的中心移动平均处理，然后以 Hanning 为权重再做移动平均处理，得到平滑时间序列。

14.1.2 案例应用——分析甘肃省历年降雨量月度数据

本小节使用的数据为"数据 14.1"，它包含了 2010 年 1 月至 2021 年 12 月甘肃降雨量数据，包括日期、甘肃降雨量（单位为毫米）共 2 个变量。"数据 14.1"的数据视图如图 14.1 所示。

下面对"甘肃降雨量"序列数据进行预处理操作：定义时间变量、绘制序列图和平稳化处理。具体步骤如下：

步骤01 打开"数据 14.1"，选择"数据"|"定义日期和时间"命令，进入"定义日期"对话框，在"个案是"列表框中选择"年、月"，然后在"第一个个案是(F)"选项组中的"年"和"月"文本框中输入数据开始的具体年份 2010 和月份 1，然后单击"确定"，完成时间变量的定义。如图 14.2 所示。

图 14.1　"数据 14.1"的数据视图　　　　图 14.2　"定义日期"对话框

步骤02 选择"转换"|"创建时间序列"命令，将"甘肃降雨量"变量添加到"变量->新名称"列表框中，如图 14.3 所示。因为本例分析的是降雨量，具有明显的季节性差异特征，所以在"函数"下拉列表框中选择"季节性差异"选项，然后单击"变化量"按钮选择新变量的重命名和平稳化处理方法，最后单击"确定"按钮。

步骤03 选择"分析|时间序列预测|序列图"命令，打开"序列图"对话框。将"甘肃降雨量""甘肃降雨量_1"选入"变量"列表框中，将"月份"选入"时间轴标签"列表框，如图 14.4 所示。其他均采用默认设置。最后单击"确定"按钮。

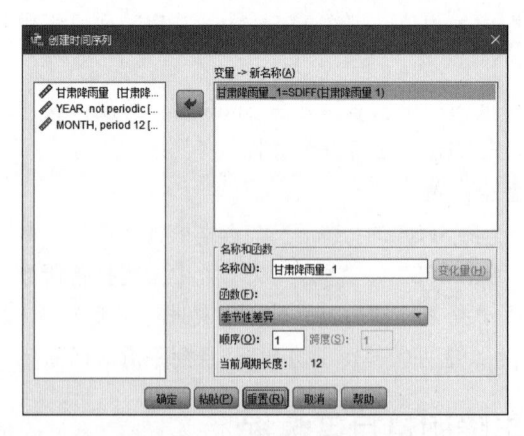

图 14.3　"定义日期"对话框　　　　图 14.4　"定义日期"对话框

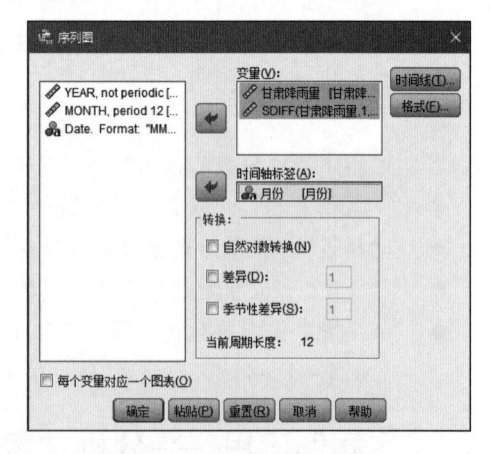

14.1.3　结果解读

1. 创建的序列

图 14.5 展示了对“甘肃降雨量”序列进行平稳处理的结果。从图中可以看出，平稳处理后的新序列名称为“甘肃降雨量_1”。平稳处理的方法是 SDIFF（季节性差分方法），因为是以月为周期，所以差分后形成了 12 个缺失值（145-133）。

创建的序列

	序列名称	非缺失值的个案编号 第一个	非缺失值的个案编号 最后一个	有效个案数	创建函数
1	甘肃降雨量_1	13	145	133	SDIFF(甘肃降雨量,1,12)

图 14.5　创建的序列

图 14.6 展示了时间变量定义以及“甘肃降雨量”序列的季节性差分在 SPSS Statistics 数据视图中的处理结果。可以观察到，在“数据 14.1”的数据视图中增加了 4 个变量，分别是“YEAR_”“MONTH_”“DATE_”和“甘肃降雨量_1”。其中，“YEAR_”“MONTH_”“DATE_”是新定义的时间变量序列，而“甘肃降雨量_1”序列是对“甘肃降雨量”序列进行一阶季节性差异平稳处理后生成的新序列。由于采用的是一阶季节性差异方法，因此“甘肃降雨量_1”序列的前 12 个值是缺失的。

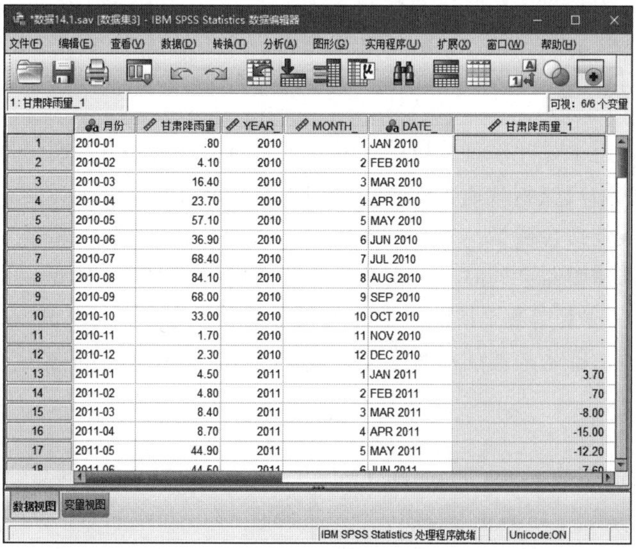

	月份	甘肃降雨量	YEAR_	MONTH_	DATE_	甘肃降雨量_1
1	2010-01	.80	2010	1	JAN 2010	.
2	2010-02	4.10	2010	2	FEB 2010	.
3	2010-03	16.40	2010	3	MAR 2010	.
4	2010-04	23.70	2010	4	APR 2010	.
5	2010-05	57.10	2010	5	MAY 2010	.
6	2010-06	36.90	2010	6	JUN 2010	.
7	2010-07	68.40	2010	7	JUL 2010	.
8	2010-08	84.10	2010	8	AUG 2010	.
9	2010-09	68.00	2010	9	SEP 2010	.
10	2010-10	33.00	2010	10	OCT 2010	.
11	2010-11	1.70	2010	11	NOV 2010	.
12	2010-12	2.30	2010	12	DEC 2010	.
13	2011-01	4.50	2011	1	JAN 2011	3.70
14	2011-02	4.80	2011	2	FEB 2011	.70
15	2011-03	8.40	2011	3	MAR 2011	-8.00
16	2011-04	8.70	2011	4	APR 2011	-15.00
17	2011-05	44.90	2011	5	MAY 2011	-12.20

图 14.6　SPSS Statistics 数据视图中的处理结果

2. 序列图

图 14.7 为“甘肃降雨量”和“甘肃降雨量_1”两个变量的序列图。从图中可以看出，“甘肃降雨量”具有非常明显的季节性特征，冬季月份的降雨量最低，而夏季月份降雨量最高。下方的细线代表“甘肃降雨量_1”，可以发现，通过季节性差分处理后，“甘肃降雨量_1”的季节性特征得到了明显的改善，基本达到了平稳序列的标准。

图 14.7　序列图

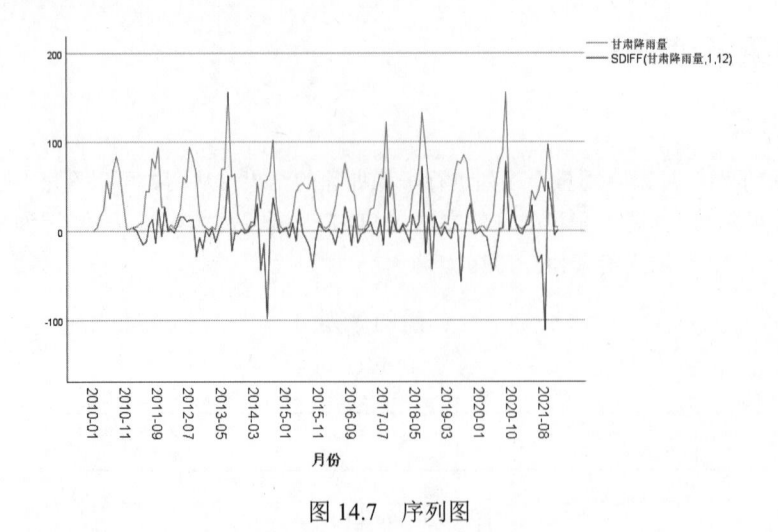

14.2　专家建模器

下载资源:\video\第 14 章\14.2
下载资源:\sample\数据 14\数据 14.2

14.2.1　统计学原理

专家建模器是一种用于时间序列分析的工具，主要用于预测和分析时间序列数据。它通过模拟专家的决策过程，帮助用户找到最适合的时间序列模型并进行预测。专家建模器的特色是可以自动查找每个时间序列的最佳拟合模型，并支持使用差分、平方根或自然对数等方法对模型变量进行转换。默认情况下，专家建模器会同时考虑指数平滑法模型和 ARIMA 模型。当然，用户也可选择仅搜索 ARIMA 模型或仅搜索指数平滑法模型，还可以指定自动检测离群值。此处所提及的 ARIMA 模型和指数平滑法模型，都是经典的对时间序列数据进行分析和预测的方法。

1. ARIMA 模型

ARIMA 模型（Auto Regressive Integrated Moving Average Model，即差分自回归移动平均模型，也被称为博克思-詹金斯法）由博克思（Box）和詹金斯（Jenkins）于 20 世纪 70 年代初提出，是一种著名的时间序列预测方法，广泛应用于时间序列数据的模型拟合和预测中。ARIMA（p,d,q）是模型的标准形式，其中：

- AR（自回归）：p 为自回归项数。
- MA（移动平均）：q 为移动平均项数。
- D：为时间序列平稳化所需的差分次数。

ARIMA 模型的基本思想和分析思路是：将预测对象随时间推移而形成的数据序列视为一个随机序列，然后用一定的数学模型来拟合这个序列，一旦序列被有效拟合，就可以用来根据时间序列的过去值和现在值来预测未来值。

2. 指数平滑法

指数平滑法本质上是一种特殊的加权移动平均法，与 ARIMA 模型有一定的区别：

- 加权方式：在指数平滑法中，特定观测期内不同时间点的观察值被赋予不同的权重。它在一定程度上加大了近期观察值的影响权重，从而加强了近期观察值对预测值的作用，这样做的优势在于能够使预测值更好地反映当前市场的最新变化。
- 弹性权重：在指数平滑法中，对于观察值所赋予的影响权重按近远期递减是具备一定弹性的，可以针对具体情况设置参数来反映由近期到远期影响权重的不同递减速度，从而更加客观公允地反映近期观察值和远期观测值的实际影响程度。

在进行时间序列预测时，通常需要将时间序列划分为历史期和验证期。这样划分的目的是进行模型的模拟预测和评价。其基本的分析思路是，基于历史期的观测值构建预测模型，然后在验证期内对模型的拟合能力进行评价。因为验证期的实际样本观测值已知，所以可以将模型的拟合值与实际值进行对比，观察其中的差距，进而评估模型的准确性和有效性。

14.2.2　案例应用——分析日本东京部分零售商品价格走势

本小节使用的数据为“数据 14.2”。它包含了 2017 年 7 月至 2024 年 8 月期间，日本东京零售商品的价格数据，具体包括日期、金枪鱼（单位：日元/百克）、三文鱼（单位：日元/百克）、秋刀鱼（单位：日元/百克）、鲷鱼（单位：日元/百克）、鰤（单位：日元/百克）、乌贼（单位：日元/百克）、章鱼（单位：日元/百克）、蛤蜊（单位：日元/百克）、扇贝（单位：日元/百克）、洋葱（单位：日元/千克）共 11 个变量。“数据 14.2”的数据视图如图 14.8 所示。

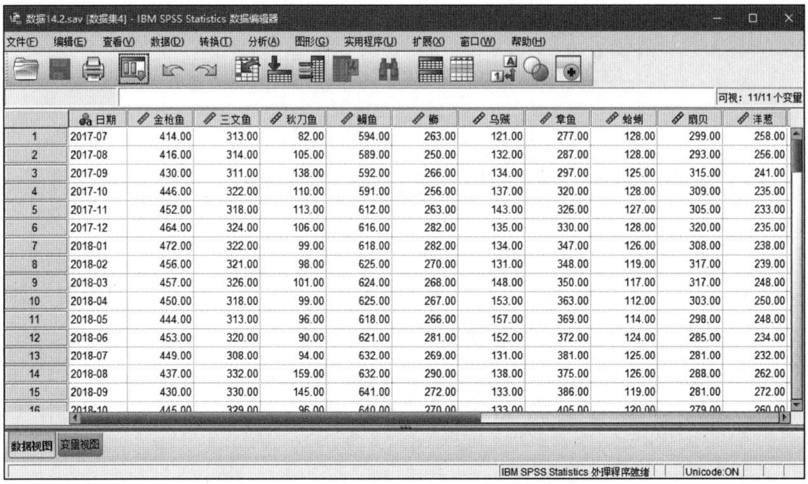

	日期	金枪鱼	三文鱼	秋刀鱼	鲷鱼	鰤	乌贼	章鱼	蛤蜊	扇贝	洋葱
1	2017-07	414.00	313.00	82.00	594.00	263.00	121.00	277.00	128.00	299.00	258.00
2	2017-08	416.00	314.00	105.00	589.00	250.00	132.00	287.00	128.00	293.00	256.00
3	2017-09	430.00	311.00	138.00	592.00	266.00	134.00	297.00	125.00	315.00	241.00
4	2017-10	446.00	322.00	110.00	591.00	256.00	137.00	320.00	128.00	309.00	235.00
5	2017-11	452.00	318.00	113.00	612.00	263.00	143.00	326.00	127.00	305.00	233.00
6	2017-12	464.00	324.00	106.00	616.00	282.00	135.00	330.00	128.00	320.00	235.00
7	2018-01	472.00	322.00	99.00	618.00	282.00	134.00	347.00	126.00	308.00	238.00
8	2018-02	456.00	321.00	98.00	625.00	270.00	131.00	348.00	119.00	317.00	239.00
9	2018-03	457.00	326.00	101.00	624.00	268.00	148.00	350.00	117.00	317.00	248.00
10	2018-04	450.00	318.00	99.00	625.00	267.00	153.00	363.00	112.00	303.00	250.00
11	2018-05	444.00	313.00	96.00	618.00	266.00	157.00	369.00	114.00	298.00	248.00
12	2018-06	453.00	320.00	90.00	621.00	281.00	152.00	372.00	124.00	285.00	234.00
13	2018-07	449.00	308.00	94.00	632.00	269.00	131.00	381.00	125.00	281.00	232.00
14	2018-08	437.00	332.00	159.00	632.00	290.00	138.00	375.00	126.00	288.00	262.00
15	2018-09	430.00	330.00	145.00	641.00	272.00	133.00	386.00	119.00	281.00	272.00
16	2018-10	445.00	329.00	96.00	640.00	270.00	133.00	405.00	120.00	279.00	260.00

图 14.8　“数据 14.2”的数据视图

接下来，我们将分析日本东京部分零售商品价格走势。针对金枪鱼等 10 个变量的数据，使用专家建模器进行时间序列分析，操作步骤如下：

步骤 01　打开“数据 14.2”，选择“分析|时间序列预测｜创建传统模型”命令，弹出“时间序列建

模器"提示框，如图14.9所示。系统会提示，如果已为时间序列定义了开始时间和时间间隔，可以直接单击"确定"按钮创建传统模型。如果需要重新设置时间序列的开始时间和时间间隔，那么单击"定义日期和时间"按钮，进入"定义日期"对话框（见图14.10），对变量属性进行重新定义。在"时间序列建模器"提示框下方，还有一个"不再显示此消息"复选框，勾选此复选框后，在下一次执行"分析|时间序列预测 | 创建传统模型"命令时，将不再弹出此"时间序列建模器"提示框。用户后续如有需要，仍可通过"数据|定义日期和时间"命令进行设置。

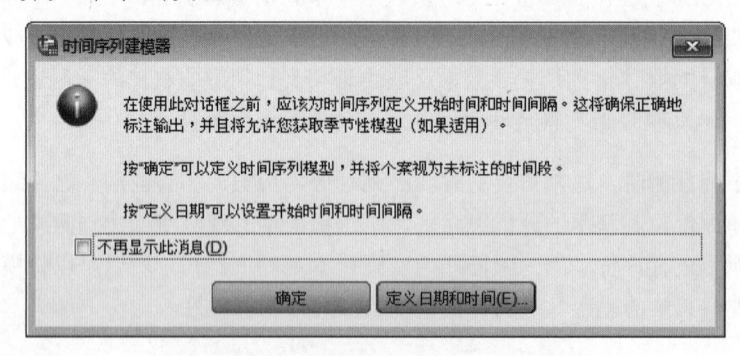

图14.9 "时间序列建模器"提示框

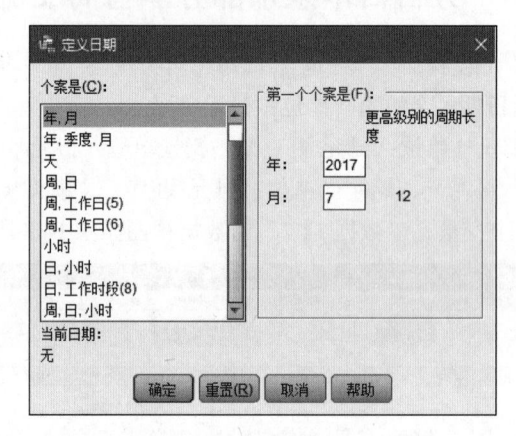

图14.10 "定义日期"对话框

在"定义日期"对话框中，首先需要在左侧列表框中选择时间类型。因为本例使用的是按月统计的数据，所以选择"年，月"选项。选定该选项后，在右侧会出现相应的设置。因为数据的起始时间为2017年7月，所以在"第一个个案是"选项组中，在"年"文本框中填写"2017"，在"月"文本框中填写"7"，然后单击"确定"按钮，即可完成日期的定义。

步骤02 选择"分析 | 时间序列预测|创建传统模型"命令，弹出"时间序列建模器"对话框，如图14.11所示。"时间序列建模器"对话框包括6个选项卡，分别是"变量""统计""图""输出过滤""保存""选项"。在"变量"选项卡中，首先需要从左侧的"变量"列表框中选取金枪鱼、三文鱼等10个变量，将其加入"因变量"列表框；然后，在"方法"下拉列表中，选择默认的"专家建模器"方法。

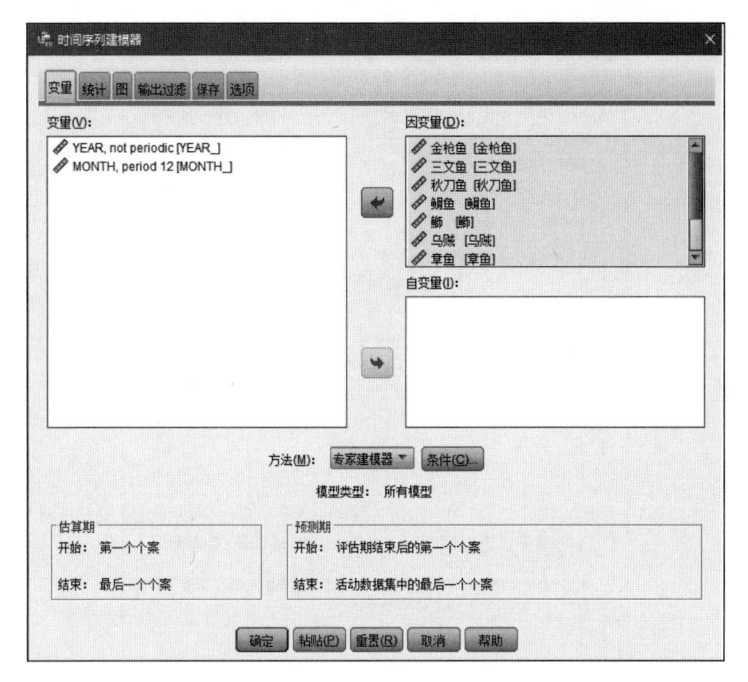

图 14.11 "时间序列建模器"对话框

对话框深度解读

在"时间序列建模器"对话框"变量"选项卡的中部区域,用户可设置时间序列建模器方法,具体方法包括"专家建模器""指数平滑""ARIMA"3 种,默认为"专家建模器"。

- 专家建模器:专家建模器建模技术的最大特色是会自动查找每个序列的最佳拟合模型,既考虑指数平滑法模型,又考虑 ARIMA 模型,详见前面"统计学原理"部分的介绍。
- 指数平滑:即使用指数平滑法,该方法的原理详见前文"统计学原理"部分的介绍。
- ARIMA:即使用 ARIMA 模型,该方法的原理详见前文"统计学原理"部分。

在"时间序列建模器"对话框"变量"选项卡的下方区域,用户可看到时间序列建模器方法的估算期和预测期。

- 估算期:通常情况下,估算期包含活动数据集中的所有个案,即从第一个个案开始,到最后一个个案结束。
- 预测期:通常情况下,预测期从评估期结束后的第一个个案开始,到活动数据集中的最后一个个案结束。用户也可以在"时间序列建模器"对话框的"选项"选项卡中设置预测期的结束时间。

步骤 03 在"时间序列建模器"对话框"变量"选项卡的中部区域,"专家建模器"方法的右侧,有一个"条件"按钮,用户可以通过此按钮设置"专家建模器"的条件。单击"条件"按钮,即可弹出如图 14.12 所示的"时间序列建模器:专家建模器条件"对话框,该对话框包括"模型"和"离群值"两个选项卡,默认选项卡为"模型"。我们采用系统默认设置。

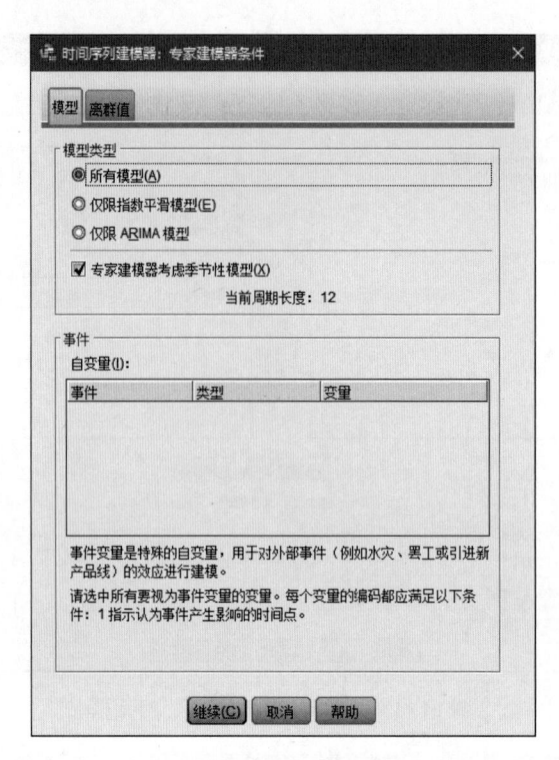

图 14.12 "时间序列建模器：专家建模器条件"对话框

对话框深度解读

在"模型"选项卡中，用户可设置专家建模器可以处理的模型类型，并指定事件变量。"模型类型"选项组包括以下选项：

- 如果选择"所有模型"选项，专家建模器将同时考虑 ARIMA 模型和指数平滑法模型。
- 如果选择"仅限指数平滑模型"选项，专家建模器将仅考虑指数平滑模型。
- 如果选择"仅限 ARIMA 模型"选项，专家建模器将仅考虑 ARIMA 模型。
- 如果勾选"专家建模器考虑季节性模型"复选框，专家建模器将同时考虑季节性模型和非季节性模型。
- 如果没有勾选"专家建模器考虑季节性模型"复选框，那么专家建模器将仅考虑非季节性模型。

在"专家建模器考虑季节性模型"复选框下方，显示了当前周期长度（如有）。当前周期长度以整数形式显示。例如，本例中数据按月统计，因此显示"当前周期长度：12"。季节性模型要求具有周期性，用户可以按照前面所述在"定义日期"对话框中设置周期性。

步骤 04 在"时间序列建模器"对话框中切换到"统计"选项卡，如图 14.13 所示。我们勾选"按模型显示拟合测量，杨-博克斯统计和离群值数目"复选框，以及"拟合测量"选项组中的"平稳 R 方"和"R 方"复选框，以及"用于比较模型的统计"选项组中的"拟合优度"复选框。

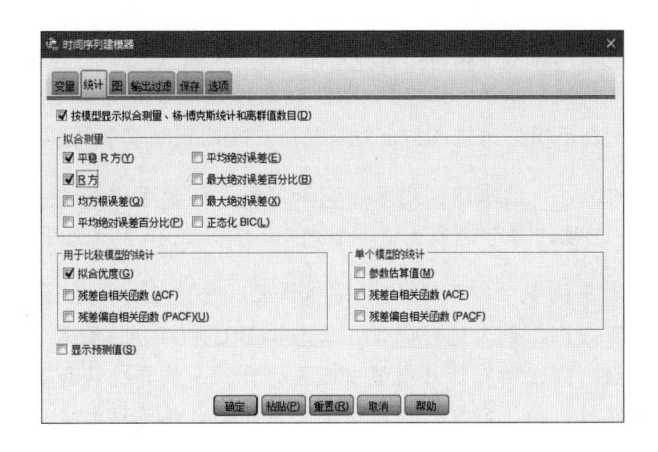

图 14.13 "时间序列建模器"对话框"统计"选项卡

对话框深度解读

"按模型显示拟合测量、杨-博克斯统计和离群值数目"复选框：系统会输出一个表格，表中按每个估计模型显示拟合测量、杨-博克斯统计和离群值数目。

"拟合测量"选项组包括以下选项：

- 平稳 R 方：将模型的平稳部分与简单均值模型相比较的测量。当时间序列具有趋势或季节性时，该选项较"R 方"选项更为适用。平稳 R 方的取值范围从负无穷大到 1，负值表示拟合的模型比简单均值模型的拟合效果要差，正值表示拟合的模型比简单均值模型的拟合效果要好。
- R 方：用来度量时间序列的总变动可以被模型解释的程度。当时间序列不具有趋势或季节性且很平稳时，该选项最为适用。
- 均方根误差（RMSE）：用来度量因变量序列与其模型预测水平的相差程度，用和因变量序列相同的单位表示。
- 平均绝对误差百分比（MAPE）：用来度量因变量序列与其模型预测水平的相差程度，该选项与使用的单位无关，因此可用于比较具有不同单位的序列。
- 平均绝对误差（MAE）：用来度量时间序列与其模型预测水平的差别程度。"平均绝对误差"选项以原始序列单位报告。
- 最大绝对误差百分比：用来度量模型中最大的预测误差，以百分比形式表示。该选项对于预测模型的最差情况很有用。
- 最大绝对误差：也是用来度量模型中最大的预测误差，采用与因变量序列相同的单位来表示。该选项同样对于预测模型的最差情况很有用。需要注意的是，最大绝对误差和最大绝对误差百分比是两个不同的测量标准，它们不一定出现在同一序列点上。一种特殊的情况是，当较大序列值（如 100）的绝对误差（如 10）比较小序列值（如 20）的绝对误差（如 14）稍微大一些时，最大绝对误差（10）将出现在较大序列值处，而最大绝对误差百分比（14/20=40%>10/100=10%）将出现在较小序列值处。
- 正态化 BIC：用来度量复杂模型的整体拟合效果。正态化 BIC 是一种信息准则，考虑了模型参数的数量。如果模型中设置的参数很多，显然会提高模型的解释能力，但也会增加模型的信息冗余，使模型变得复杂；如果模型中设置的参数较少，模型会相对简单，但其解释能力可能达不到预期效果。正态化 BIC 信息准则统筹考虑了这两方面的因素，正态化 BIC 的值越小，表示模型的整体拟合效果越好，越能兼顾模型的解释能力和简化效果。

"用于比较模型的统计"选项组：用来控制如何显示包含跨所有估计模型计算出的统计信息的表。包括以下 3 个选项，每个选项生成单独的表，可以选择 3 个选项中的一个或多个。

- 拟合优度：输出平稳 R 方、R 方、均方根误差、平均绝对误差百分比、平均绝对误差、最大绝对误差百分比、最大绝对误差、正态化 BIC 和百分位数表。
- 残差自相关函数：输出所有估计模型中残差的自相关摘要统计和百分位数表。
- 残差偏自相关函数：输出所有估计模型中残差的偏自相关摘要统计和百分位数表。

"单个模型的统计"选项组：用来控制如何显示包含每个估计模型的详细信息的表。包括以下 3 个选项，每个选项分别生成单独的表，可以选择 3 个选项中的一个或多个。

- 参数估算值：显示每个估计模型的参数估算值的表。需要注意的是，指数平滑法和 ARIMA 模型将显示不同的表。如果存在离群值，它们的参数估计值将在单独的表中列出。
- 残差自相关函数：按每个估计模型的滞后期显示残差自相关表。该表包含自相关的置信区间。
- 残差偏自相关函数：按每个估计模型的滞后期显示残差偏自相关表。该表包含偏自相关的置信区间。

"显示预测值"选项：显示每个估计模型的模型预测和置信区间的表。需要注意的是，预测期需要在后文介绍的"选项"选项卡中设置。

步骤 05 在"时间序列建模器"对话框中切换到"图"选项卡，如图 14.14 所示。我们采取系统默认设置。

图 14.14　"时间序列建模器"对话框中的"图"选项卡

对话框深度解读

"图"选项卡包括"用于比较模型的图"选项组和"单个模型的图"选项组。

"用于比较模型的图"选项组：用来控制如何显示包含跨所有估计模型计算出的统计信息的图。该组包括 10 个选项，每个选项分别生成单独的图，可以选择选项中的一个或多个。

"单个模型的图"选项组：用来获取每个估计模型的预测值图。

- "每个图显示的内容"下设 5 个子选项：
  - "实测值"是指实际的观测值。
  - "预测值"是指依据模型预测的预测期的序列点值。
  - "拟合值"是指依据模型拟合的估计期的序列点值。
  - "预测值的置信区间"是指依据模型预测的预测值的置信区间。
  - "拟合值的置信区间"是指依据模型拟合的拟合值的置信区间。
- 残差自相关函数（ACF）选项用来显示每个估计模型的残差自相关图。
- 残差偏自相关函数（PACF）选项用来显示每个估计模型的残差偏自相关图。

步骤06 切换到"选项"选项卡，如图 14.15 所示。本例中，实测值的月份到 2024 年 8 月，预测期延续至 2025 年 12 月。选中"评估期结束后的第一个个案到指定日期之间的个案"单选按钮，然后在下方的"日期"文本框中的"年"中输入"2025"，"月"中输入"12"，其他选项采用系统默认设置。

图 14.15 "时间序列建模器"对话框"选项"选项卡

> **对话框深度解读**

"预测期"选项组包括以下选项:

- "评估期结束后的第一个个案到活动数据集中的最后一个个案"选项:如果评估期在活动数据集中的最后一个个案之前结束,且用户需要知道最后一个个案的预测值,则应选择该选项。该选项通常用于生成保持期的预测,以便将模型预测与实际值子集进行比较。
- "评估期结束后的第一个个案到指定日期之间的个案"选项:通常用于在实际序列结束后生成预测,例如本例中的设置。

14.2.3 结果解读

1. 模型描述

图 14.16 给出了模型描述。针对金枪鱼等 10 个变量,系统为每个变量建立了单独的模型,涵盖了不同类型的模型,包含简单季节性模型、温特斯加性模型以及 ARIMA 模型。

2. 模型统计

图 14.17 展示了模型的统计结果。10 个模型的预测变量数均为 0,即在设置模型时未选择"自变量"。自变量也被称为预测变量,因变量则被称为目标变量。所有模型的平稳 R 方均为正值且多数较大,表明这些模型的拟合效果优于简单均值模型,且大多数模型的质量较好。R 方的值表示时间序列总变动可以被模型解释的程度,R 方越大,模型的拟合效果越好。大多数模型的 R 方值接近 1,表明模型拟合效果良好。杨-博克斯 Q(18) 统计量的显著性 p 值均远远大于 0.05,表明所有序列的残差符合随机序列分布,且未出现离群值,进一步反映出数据的拟合效果较好。

模型描述

模型 ID			模型类型
	金枪鱼	模型_1	简单季节性
	三文鱼	模型_2	温特斯加性
	秋刀鱼	模型_3	温特斯加性
	鲷鱼	模型_4	温特斯加性
	鲕	模型_5	温特斯加性
	乌贼	模型_6	温特斯加性
	章鱼	模型_7	温特斯加性
	蛤蜊	模型_8	温特斯加性
	扇贝	模型_9	简单季节性
	洋葱	模型_10	ARIMA(0,1,1)(0,0,0)

图 14.16 模型描述

模型统计

模型	预测变量数	模型拟合度统计 平稳 R 方	R 方	杨-博克斯 Q(18) 统计	DF	显著性	离群值数
金枪鱼 -模型_	0	.531	.947	21.756	16	.151	0
三文鱼 -模型_	0	.612	.977	15.195	15	.437	0
秋刀鱼 -模型_	0	.555	.882	11.063	15	.748	0
鲷鱼 -模型_4	0	.516	.957	9.782	15	.833	0
鲕 -模型_5	0	.566	.947	10.741	15	.771	0
乌贼 -模型_6	0	.608	.935	22.352	15	.099	0
章鱼 -模型_7	0	.486	.976	18.949	15	.216	0
蛤蜊 -模型_8	0	.450	.953	20.596	15	.150	0
扇贝 -模型_9	0	.559	.901	14.637	16	.551	0
洋葱 -模型_1	0	.174	.898	13.752	17	.685	0

图 14.17 模型统计

3. 序列图

图 14.18 展示了估计模型的序列图。在序列图中,左侧的实线代表实测值,即实际的观察值;中间垂直的粗线表示时间截断线;时间截断后,右侧的实线则表示预测值,即基于模型预测的值。通过这些图形,可以依据数据的特征预测相应零售商品未来的价格。

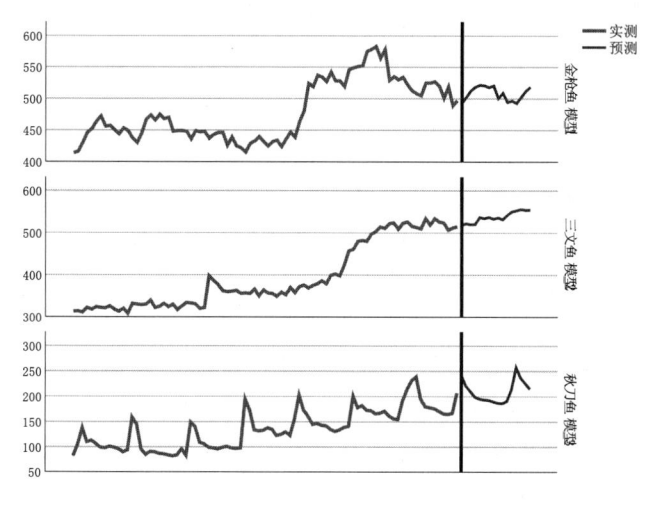

图 14.18　序列图（图片过大，显示部分）

14.3　指数平滑法、ARIMA 模型

下载资源:\video\第 14 章\14.3
下载资源:\sample\数据 14\数据 14.2

在 14.1 节的"时间序列建模器"对话框"变量"选项卡的中部区域，用户可设置时间序列建模器的方法，具体包括"专家建模器""指数平滑""ARIMA"3 种方法。上一节我们重点介绍了"专家建模器"这种常用、智能且便于操作的方法。接下来，我们介绍指数平滑法和 ARIMA 模型的对话框设置，帮助读者全面掌握这些方法。有关基本原理、案例以及其他选项卡的设置，在 14.1 节中已全面体现，限于篇幅不再赘述。

1."指数平滑"条件

在"时间序列建模器"对话框"变量"选项卡"方法"下拉列表中选择"指数平滑"，然后单击右侧的"条件"按钮，即可弹出如图 14.19 所示的"时间序列建模器：指数平滑条件"对话框。

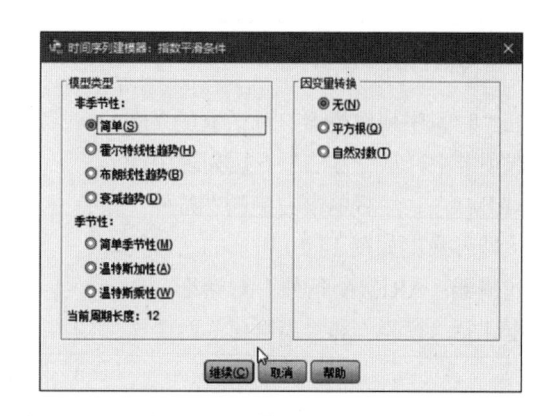

图 14.19　"时间序列建模器：指数平滑条件"对话框

对话框深度解读

"时间序列建模器：指数平滑条件"对话框用于设置指数平滑模型类型和因变量转换方式。

- "模型类型"选项组：用于设定指数平滑模型类型，包括以下选项：
  - 非季节性，包括以下选项：
    - 简单：使用简单指数平滑模型，该模型适用于没有趋势或季节性的序列，其唯一的平滑参数是水平，且与ARIMA模型极为相似。
    - 霍尔特线性趋势：使用霍尔特线性趋势模型，该模型适用于具有线性趋势但没有季节性的序列，其平滑参数是水平和趋势，且不受相互之间的值的约束。该模型比布朗线性趋势模型更通用，但在计算大序列时需要更多的时间。
    - 布朗线性趋势：使用布朗线性趋势模型，该模型适用于具有线性趋势但没有季节性的序列，其平滑参数是水平和趋势，并假定二者相等。
    - 衰减趋势：使用阻尼指数平滑方法，此模型适用于具有线性趋势的序列，并且该线性趋势正逐渐消失且没有季节性，其平滑参数是水平、趋势和阻尼趋势。
  - 季节性，包括以下选项：
    - 简单季节性：使用简单季节性指数平滑模型，该模型适用于没有趋势且季节性影响随时间变动保持恒定的序列，其平滑参数是水平和季节。
    - 温特斯加性：使用冬季加法指数平滑模型，该模型适用于具有线性趋势且不依赖序列水平的季节性效应的序列，其平滑参数是水平、趋势和季节。
    - 温特斯乘性：使用冬季乘法指数平滑模型，该模型适用于具有线性趋势和依赖序列水平的季节性效应的序列，其平滑参数是水平、趋势和季节。
- "因变量转换"选项组：用于对因变量进行转换设置，包括以下选项：
  - 无：在指数平滑模型中使用因变量的原始数据。
  - 平方根：在指数平滑模型中使用因变量的平方根，要求原始数据必须为正数。
  - 自然对数：在指数平滑模型中使用因变量的自然对数，要求原始数据必须为正数。

2．"ARIMA"条件

在"时间序列建模器"对话框的"变量"选项卡中，从"方法"下拉列表中选择"ARIMA"，然后单击右侧的"条件"按钮，即可弹出如图14.20所示的"时间序列建模器：ARIMA条件"对话框。该对话框包括"模型"和"离群值"两个选项卡。

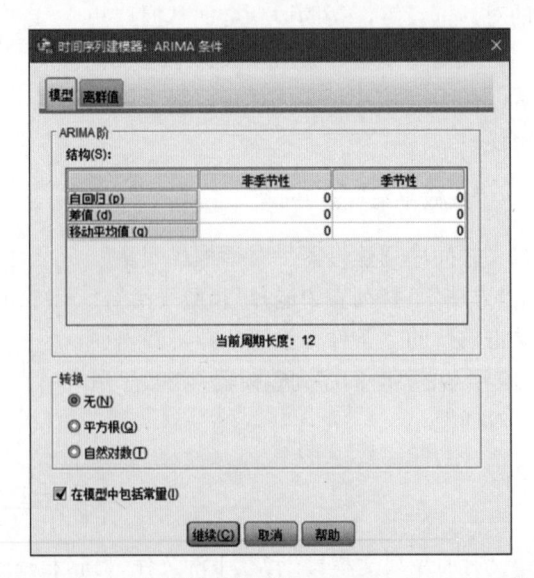

图14.20　"时间序列建模器：ARIMA条件"对话框

> **对话框深度解读**

"模型"选项卡：用于指定 ARIMA 模型的结构和因变量的转换，包括以下选项：

- "结构"表：用于指定 ARIMA 模型的结构，在相应的单元格中输入 ARIMA 模型的各个参数值，所有值必须为非负整数。"自回归"和"移动平均值"的数值表示最大阶数，模型中将包含所有正的较低阶。
- "非季节性"列：该列中的"自回归"文本框用于输入 ARIMA 中的自回归 AR 阶数，即在 ARIMA 模型中使用序列的哪部分值来预测当前值；"差值"文本框用于输入因变量序列差分的阶数，主要用于将非平稳序列平稳化，以满足 ARIMA 模型平稳的需要；"移动平均值"文本框用于输入 ARIMA 中的移动平均 MA 阶数，即在 ARIMA 中使用哪些先前值的序列平均数的偏差来预测当前值。
- "季节性"列：只有在为活动数据集定义了周期时，才会启用"季节性"列中的各个单元格。在"季节性"列中，自回归成分、移动平均数成分和差分成分与其非季节性对应成分的作用相同。对于季节性的阶，由于当前序列值受前序列值的影响，序列值之间间隔一个或多个季节性周期。例如，对于季度数据（季节性周期为 4），季节性 1 阶表示当前序列值受当前周期起 4 个周期之前的序列值的影响。因此，对于季度数据，指定季节性 1 阶等同于指定非季节性 4 阶。
- "转换"选项组：与前述"因变量转换"概念相同，不再赘述。
- "在模型中包括常量"复选框：勾选该复选框后，在 ARIMA 模型中将包含常数。当应用差分时，建议不包含常数项。

14.4　季节分解模型

下载资源:\video\第 14 章\14.4
下载资源:\sample\数据 14\数据 14.3

14.4.1　统计学原理

时间序列数据的变化受到多种因素的影响，主要包括长期趋势因素（T）、季节变动因素（S）、周期变动因素（C）和不规则变动因素（I）。从函数模型的角度来看，时间序列 Y 可以表示为这 4 个因素的函数，即 $Y_t=f(T_t,S_t,C_t,I_t)$。

长期趋势因素反映的是变量在较长时间内的发展方向，可以在一个相当长的时间内表现为一种近似直线的持续向上、持续向下或平稳的趋势。一旦长期趋势形成，它将持续较长时间。季节变动因素反映的是由于季节变化引起的、具有一定长度和幅度的固定周期波动。周期变动因素反映的是由其他物理原因或经济原因引起的固定周期变化。不规则变动因素反映的是由各种偶然因素引起的不规则波动。

常用的时间序列季节分解模型有加法模型和乘法模型：

- 加法模型：$Y_t = T_t + S_t + C_t + I_t$。
- 乘法模型：$Y_t = T_t \times S_t \times C_t \times I_t$。

加法模型中各个因子的效应是独立的，忽略了它们之间的相互作用；而乘法模型则考虑了各因子之间的相互作用，随着数据值的增大，季节性变化量也会随之增加。对于经济数据序列，乘法模型更为常见，因为大多数经济数据序列的季节变化量随序列水平的增加而增加。简单来说，当数据中的季节性量依赖于数据值时，即季节性量随数据值的增大而增大，随数据值的减小而减小，应选择乘法模型；反之，当数据中的季节性量不依赖于数据值时，即季节性量不会随数据值的增大或减小而变化，应选择加法模型。

14.4.2 案例应用——分析德国历年贸易差额月度数据

本小节使用的数据为"数据14.3"。"数据14.3"包含2000年1月至2024年7月的德国贸易差额月度数据，包括日期和德国贸易差额（单位为十亿欧元）共2个变量。"数据14.3"的数据视图如图14.21所示。

接下来，我们将对"德国贸易差额"数据进行季节性分解，操作演示和功能详解如下：

步骤01 打开"数据14.3"，选择"数据"|"定义日期和时间"命令，打开"定义日期"对话框。在"个案是"列表框中选择"年、月"，然后在"第一个个案是(F)"选项组中的"年"和"月"文本框中分别输入数据开始的具体年份"2000"和"月份 1"，然后单击"确定"，完成时间变量的定义。选择"分析｜时间序列预测｜季节性分解"命令，弹出"季节性分解"对话框，如图14.22所示。在左侧的变量框中选择"德国贸易差额"变量，单击 ▶ 按钮将其加入"变量"列表框，其他选项采用系统默认设置。

图14.21 "数据14.3"的数据视图　　　　图14.22 "季节性分解"对话框

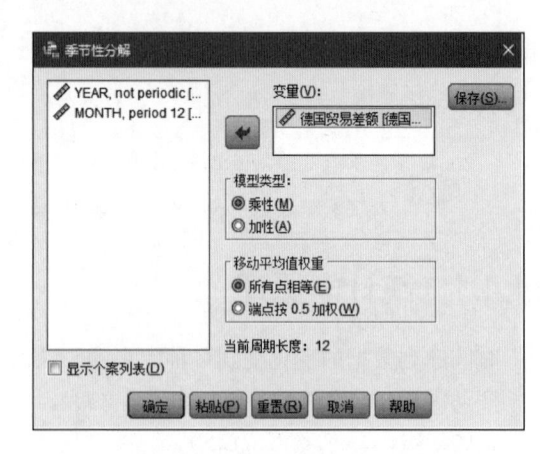

对话框深度解读

"模型类型"选项组：根据时间序列构成的特点选用两种模型，即"乘性"（乘法模型）和"加性"（加法模型）。

"移动平均值权重"选项组：指定计算移动平均时对时间序列的处理方式，提供以下两个选项：

- **所有点相等**：计算周期跨度相等且所有点权重相等时的移动平均，常用于周期为奇数的情形。
- **端点按 0.5 加权**：使用相同跨度（周期+1）且端点权重乘以 0.5 计算移动平均，这个选项仅当时间序列的周期是偶数时才有效。

"显示个案列表"复选框：勾选该复选框后，会在运算过程中为每个变量生成一行 4 个新序列值。

步骤 02 单击"保存"按钮，弹出"季节：保存"对话框，如图 14.23 所示。在本例中，我们选择系统默认选项，即在"创建变量"选项组中选择"添加到文件"选项。然后单击"继续"按钮，回到"季节性分解"对话框，单击"确定"按钮确认。

图 14.23 "季节：保存"对话框

对话框深度解读

"创建变量"选项组有 3 个选项，用于保存本次季节性分解生成的变量。

- **添加到文件**：将新生成的变量保存进原数据文件中，同时原始变量也不会被删除，这是系统的默认选项。
- **替换现有项**：用新生成的变量数据替代原数据文件中的原始变量，原始变量将从数据文件中删除。
- **不创建**：不在原数据文件中保存新生成的变量。

14.4.3 结果解读

图 14.24 展示了季节性分解结果。可以看到，在原数据的基础上增加了 4 列数据，分别是 ERR_1、SAS_1、SAF_1 和 STC_1，分别表示序列的残差因子、经过季节调整后的序列（Seasonally Adjusted Series）、季节调整因子（Seasonal Adjustment Factors）和平滑后的趋势与周期成分（Smoothed Trend-Cycle Component）。例如，对于 2000 年 1 月的德国贸易差额 3.10，经过剔除季节因素后的季节调整后的贸易差额为 3.56992，季节调整因子为 0.86837。需要注意的是，季节调整因子的值越接近 1，说明季节因素越小，调整的幅度也越小。平滑后的趋势与周期成分为 5.06643，这是将 SAS_1 序列进一步平滑后得到的，表示经过季节调整并平滑后的时间序列，仅包含趋势和周期的成分。这就是我们最终需要的时间序列数据。

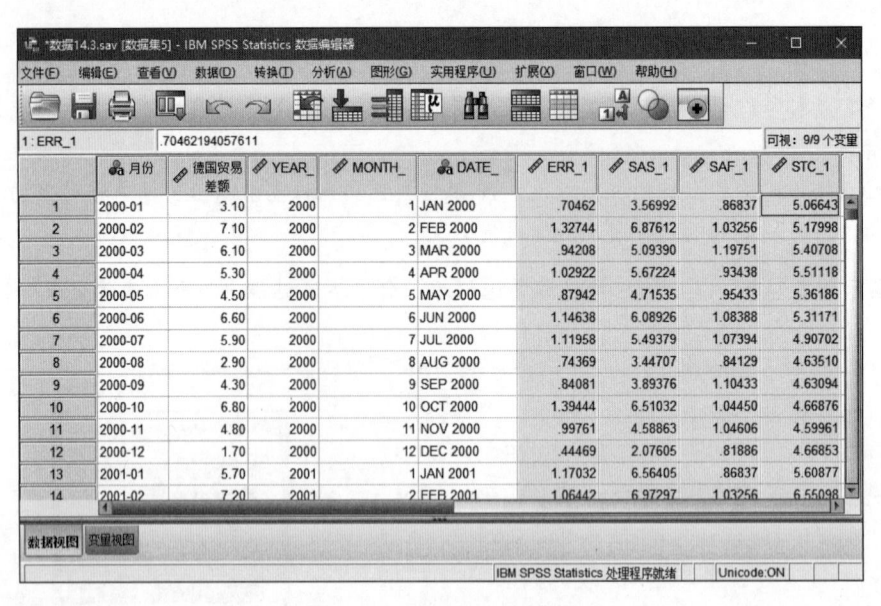

图 14.24　季节性分解数据表

14.5　本章习题

针对所有习题，要求：一是要提交 SPSS 结果文件；二是要进行必要的解读，并写出完整的研究结论。

1. 用于分析的数据为本书配套资源中提供的"习题 14.1"，该数据涵盖了 2005 年 1 月至 2022 年 12 月广东揭阳市区降雨量数据，包括日期、广东揭阳市区降雨量（单位为毫米）共 2 个变量。请对"广东揭阳市区降雨量"序列数据进行预处理操作：定义时间变量、绘制序列图、平稳化处理等，然后对"广东揭阳市区降雨量"数据进行季节性分解。

2. 用于分析的数据为本书配套资源中提供的"习题 14.2"，该数据包括 2005 年 1 月至 2024 年 7 月日本失业率、俄罗斯失业率、墨西哥失业率、泰国失业率、土耳其失业率和加拿大失业率。请对各个国家失业率数据使用专家建模器进行时间序列分析，并预测未来的失业率，预测期至 2026 年 12 月。

第 15 章

生存分析

本章介绍生存分析，包括寿命表分析、Kaplan-Meier 分析和 Cox 回归分析。生存分析最常用于医学研究，主要用来评估医疗方案对患者生存期的影响、研究疾病进程以及手术后的生存时间等。"生存时间"中的"生存"不局限于字面意义上的"活着"的时间，还可以将概念扩展到事件发生前的持续等待时间。这意味着，生存时间既可以是一名患者从开始患病到死亡的时间，也可以是一台计算机从开始使用到报废的时间等。"生存时间"中的"时间"也不限于常用的年、月、日，可以根据实际情况灵活设置。例如，可以将汽车的驾驶里程作为生存时间，而不以出厂时间作为生存时间等。因此，生存分析也广泛应用于其他领域，如在工程领域中的产品使用寿命和故障时间分析、机械设备预测，社会科学领域中的人类寿命研究，用户流失率等顾客行为模式分析，以及可靠性工程中的系统稳定性、故障时间、产品耐久性和维护需求评估等。

本章教学要点：

- 了解寿命表分析、Kaplan-Meier 分析、Cox 回归分析这 3 种分析方法的特点，知晓每种方法的适用条件。
- 熟练掌握寿命表分析、Kaplan-Meier 分析、Cox 回归分析的窗口功能，并能根据研究需要灵活设置窗口，开展生存分析。
- 能够解读各种生存分析的结果，从中发现数据特征，得出研究结论。

15.1 寿命表分析

下载资源:\video\第 15 章\15.1

下载资源:\sample\数据 15\数据 15.1

15.1.1 统计学原理

1. 生存分析基本概念

- 生存时间：从特定起点开始到所研究事件发生的时间。事件的发生时间比较好确定，比如患者死亡、计算机报废等。然而，计时起点往往难以确定。例如，患者的患病时间，尤其是慢性疾病，具体发病时间可能难以追溯，因此需要确定一个特定的起点。
- 事件及事件发生：时间的发生是生存时间的界定依据。事件发生意味着生存时间的记录终点。例如，患者死亡，死亡即为事件，死亡发生即为事件的发生。
- 删失/失访：删失本质上是研究数据的缺失，或称研究对象失访。如果出现删失，则表明患者虽然被观察了一段时间，但在事件出现前，研究对象联系不到了，从而无法得到该对象完整的生存时间。删失分为右删失、左删失和期间删失 3 种，右删失最为常见。如果研究对象的观察起始时间已知，但终点事件发生时间未知，我们只能知道生存时间大于观察时间，而无法获取具体的生存时间，则为右删失。左删失是假设研究对象在某一时刻开始进入研究，接受研究人员观察，但在该时间点之前，研究所感兴趣的时间点已经发生，并且无法明确具体时间，或者说生存时间小于某一时间点。区间删失是指不能进行连续的观察随访，研究人员只能预先设定观察时间点，仅能知道每个研究对象在两次随访区间内是否发生终点事件，而不知道准确的发生时间。
- 截尾值：存在数据删失的研究对象仍然有分析价值，因为在删失发生之前，仍提供了部分生存时间，可以称之为不完全生存时间或截尾值。截尾值的具体概念为：有些观察对象终止随访不是由于研究事件发生，而是由于中途失访、死于非研究事件、随访截止等，由于不知道这些研究对象发生事件的具体时间，他们的资料不能提供完全的信息，因此这些研究对象的观察值被称为截尾值，常用符号"+"表示。

2. 生存分析数据类型

生存分析使用的数据被称为生存数据，用于度量某事件发生前所经历的时间长度。生存数据按照观测数据信息的完整性分为完全数据、删失数据和截尾数据 3 种类型。

- 完全数据：即提供了完整信息的数据。例如，研究汽车的生命周期，若某辆汽车从进入研究视野到报废一直处在研究者的观测之中，就能精确得知其报废时间，这种生存数据为完全数据。
- 删失数据：如前所述的删失/失访情况，仅能提供不完整的信息。
- 截尾数据：与删失数据类似，截尾数据也提供不完整的信息，但与删失数据稍有不同的是，它提供与时间有关的条件信息。

SPSS 软件只考虑对完全数据和删失数据的分析，不提供专门的截尾数据分析。对于删失数据，在设定状态变量时，通常将发生事件作为一类（例如赋值为 1）；未发生事件或因删失未观察到结局的为另一类（例如赋值为 0）。也就是说，只要事件未发生，无论是因数据删失/失访导致无法观察，还是在观察范围内确实未发生事件，都归为未发生事件这一类。生存时间的处理方式为：若死亡事件发生，则记录为实际生存时间；若死亡事件未发生，则记录为观察时间。

3. 生存分析概率函数

- 生存概率：表示从某单位时段开始时到该时段结束，个体一直存活的可能性。其计算公式为：生存概率=活满某时段的人数/该时段期初观察人数=1-死亡概率。
- 生存概率函数：包括生存函数和风险函数。
  - 生存函数，也称为累计生存概率，是指从时间点t尚存活看作前t个时段一直存活的累计结果，若T为生存时间变量，生存函数就是T在越过某个时间点t时，所有研究对象中没有发生事件的概率。当t=0时，生存函数的取值为1，随着时间的推移（t值增大），生存函数的取值逐渐变小。生存函数是时间点t的单调递减函数，其公式为：

$$S(t) = P(X > t) = 1 - P(X \leq t) = 1 - F(t) = \int_{t}^{\infty} f(\theta) d\theta$$

其中，$F(t)$为分布函数，$f(\theta)$为X（生存时间）的概率密度函数。
  - 风险函数：指t时间点存活的个体，在$t \sim t + \Delta t$时间间隔内死亡的条件概率，通常用$\mu(t)$表示，其计算公式为：

$$\mu(t) = \frac{f(t)}{1 - F(t)} = \frac{f(t)}{S(t)} = -\frac{S'(t)}{S(t)}$$

因此，$S(t) = e^{-\int \mu(\theta) d\theta}$。

4. 寿命表分析

寿命表分析通过构建寿命表及相应的生存函数图，分析不同时间点的总体生存率。在许多情况下，事件的发生和删失并没有明显的外在表现。例如，某些慢性疾病需要定期检查才能确定事件是否发生，而这些检查所收集的数据通常是时段数据。在这种情况下，寿命表分析法特别适用。

寿命表分析的统计学原理是将观察期划分为较小的时间区间，对于每个时间区间，计算至少观察该时长的个体中发生事件的概率，并据此估算不同时间点发生事件的整体概率。寿命表分析的优势在于它适用于大样本数据，对生存时间的分布没有严格限制，可以估算特定生存时间的生存率，也可以比较不同处理组的生存率，并考察影响因素，因此广泛应用于各种研究领域。

15.1.2 案例应用——分析患者锻炼强度与生存时间之间的关系

本小节用于分析的数据是"数据15.1"。"数据15.1"记录了102位病人的生存数据，旨在研究锻炼强度与生存时间之间的关系。102位病人被分成3组，在其他条件相同的情况下，分别给予低强度锻炼（锻炼类型=1）、中等强度锻炼（锻炼类型=2）和高强度锻炼（锻炼类型=3），并观测这些病人200个月。在这段时间内，有些病人死亡（状态=1），还有一些病人在观测期结束时失联或仍然生存（状态=0）。下面使用寿命表分析法制作不同锻炼类型下的生存时间表，比较不同锻炼类型下的生存时间是否存在显著差异。SPSS操作步骤如下：

步骤01 打开"数据15.1"，选择"分析|生存分析|寿命表"命令，弹出"寿命表"对话框，如图15.1所示。本例中我们在"寿命表"对话框左侧的变量列表框中将"生存时间"选入"时间"列表框；在"显示时间间隔"选项组中的"0 到……"框中输入200，在"按"框中

输入 20；将"状态"选入"状态"列表框；将"锻炼类型"选入"因子"列表框。

对话框深度解读

- "时间"变量框：用户在"寿命表"对话框左侧的变量列表框中选择生存时间变量，并单击 ▶ 按钮，使其进入右侧的"时间"列表框。此处的"时间"变量可以是任何时间单位。
- "显示时间间隔"选项组：用户可以在"显示时间间隔"选项组中设置时间区间。在寿命表分析中，SPSS 默认时间区间的起点为 0，时间区间的终点和间隔点需要自行设置。例如，本例中在"0 到……"框中输入 200，在"按"框中输入 20，这表明总的时间区间是[0,200]，并按照 20 的步长将总区间等分为 10 个子区间。
- "状态"变量框：用户在左侧的变量列表框中选择状态变量，单击 ▶ 按钮将其加入右侧的"状态"列表框中，作为状态变量。状态变量用来标定删失（包括事件发生）和生存。
- "因子"变量框：用户在左侧的变量列表中选择因子变量，单击 ▶ 按钮将其加入右侧的"因子"列表框，作为因子变量。

步骤 02 单击"寿命表"对话框"状态"列表框下面的"定义事件"按钮，弹出"寿命表：为状态变量定义事件"对话框，如图 15.2 所示。我们选择"单值"选项并在其后的文本框中输入 1，即将生存数据文件中状态变量取值为 1 的样本界定为事件已发生，将其他取值的观测作为截断观测。然后单击"继续"按钮，回到"寿命表"对话框。

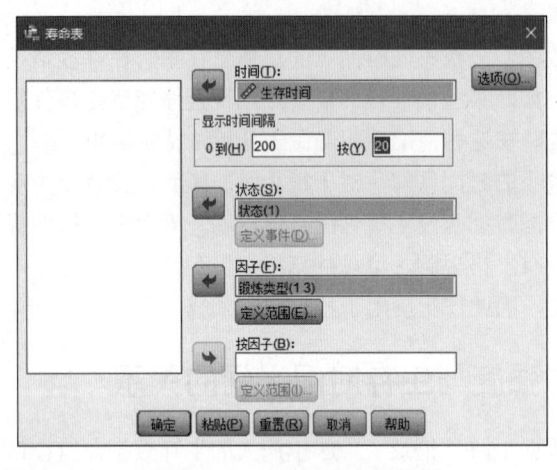

图 15.1 "寿命表"对话框   图 15.2 "寿命表：为状态变量定义事件"对话框

对话框深度解读

"寿命表：为状态变量定义事件"对话框用于设置哪些观测值将被视为截断观测，具体有以下两个选项：

- 单值：选中该选项后，可以在其后的文本框中输入一个指示事件发生的数值。输入该值后，状态变量为其他值的样本观测值都被视为截断观测。

- 值的范围：选中该选项后，可以在其后的文本框中输入指示事件发生的数值区间，在两个文本框中分别输入数值区间的上限和下限，不在该区间内的样本观测值都被视为截断观测。

步骤 03 单击"寿命表"对话框"因子"列表框下面的"定义范围"按钮，弹出"寿命表：定义因子范围"对话框，如图 15.3 所示。我们在"最小值"和"最大值"文本框中分别输入 1 和 3。然后单击"继续"按钮，回到"寿命表"对话框。

对话框深度解读

用户可以在"最小值"和"最大值"文本框中分别输入因子取值的最小值和最大值，为"因子"变量选定值的范围。不同的变量值代表不同的分层。其他未选定的变量值的生存时间按缺失值处理。如果变量中有负值，它们将在分析过程中被剔除。

步骤 04 单击"寿命表"对话框右上角的"选项"按钮，弹出"寿命表：选项"对话框，如图 15.4 所示。我们勾选"寿命表"复选框，即选择输出"寿命表"；在"图"选项组中勾选"生存分析"复选框；在"比较第一个因子的级别"选项组中选择"成对"，即成对比较各因子水平下生存时间之间的差异。然后单击"继续"按钮，回到"寿命表"对话框，单击"确定"按钮确认。

图 15.3 "寿命表：定义因子范围"对话框　　图 15.4 "寿命表：选项"对话框

对话框深度解读

"寿命表"复选框：用于输出寿命表。如果不选择该项，将不输出寿命表。
"图"选项组：用于设置生成的函数图形。

- 生存分析：以线性刻度生成累积生存函数图。
- 生存分析对数：以对数刻度生成累积生存函数图。
- 风险：以线性刻度生成累积危险函数图。
- 密度：生成密度函数图。
- 一减生存分析函数：以线性尺度绘制一减生存函数图。

"比较第一个因子的级别"选项组：如果仅设置了一阶因子变量，则可以在此组中选择一个选项执行 Wilcoxon(Gehan)检验，比较各因子水平下生存时间之间的差异。如果定义了二阶因子，则会对二阶因子变量执行检验，比较二阶因子变量的每个水平的生存时间之间的差异。

- 无：不进行因子变量各水平的比较。
- 总体：从整体上比较因子变量中各水平的差异。
- 成对：两两比较因子变量中各水平的差异。

15.1.3 结果解读

1. 寿命表

图 15.5 给出了寿命表。首先，将"一阶控制"变量（因子变量）设置为锻炼类型，然后寿命表根据控制变量的取值（低强度锻炼、中等强度锻炼或高强度锻炼）来生成，每一部分表示一个寿命表。例如，第一部分表示的是低强度锻炼情形下的寿命表。可以观察到，随着时间的流逝，期末累积生存分析比例越来越低，直到最后一个时间区间：在低强度锻炼情形下，该比例最终为 0.40；在中等强度锻炼情形下，该比例最终为 0.28；在高强度锻炼情形下，该比例最终达到 0.08。整体来看，期末生存比例在低强度锻炼情形下最高，在中等强度锻炼情形下次之，在高强度锻炼情形下最低。

寿命表

一阶控制	时间间隔开始时间	进入时间间隔的数目	时间间隔内撤销的数目	有风险的数目	终端事件数	终止比例	生存分析比例	期末累积生存分析比例	期末累积生存分析比例的标准误差	概率密度	概率密度的标准误差	风险率	风险率的标准误差
锻炼类型 低强度锻炼	0	32	0	32.000	0	.00	1.00	1.00	.00	.000	.000	.00	.00
	20	32	0	32.000	0	.00	1.00	1.00	.00	.000	.000	.00	.00
	40	32	0	32.000	0	.00	1.00	1.00	.00	.000	.000	.00	.00
	60	32	0	32.000	6	.19	.81	.81	.07	.009	.003	.01	.00
	80	26	0	26.000	5	.19	.81	.66	.08	.008	.003	.01	.00
	100	21	0	21.000	0	.00	1.00	.66	.08	.000	.000	.00	.00
	120	21	0	21.000	1	.05	.95	.63	.09	.002	.002	.00	.00
	140	20	1	19.500	2	.10	.90	.56	.09	.003	.002	.01	.00
	160	17	0	17.000	2	.12	.88	.49	.09	.003	.002	.01	.00
	180	15	0	15.000	3	.20	.80	.40	.09	.005	.002	.01	.01
	200	12	12	6.000	0	.00	1.00	.40	.09	.000	.000	.00	.00
中等强度锻炼	0	32	0	32.000	0	.00	1.00	1.00	.00	.000	.000	.00	.00
	20	32	0	32.000	0	.00	1.00	1.00	.00	.000	.000	.00	.00
	40	32	0	32.000	0	.00	1.00	1.00	.00	.000	.000	.00	.00
	60	32	0	32.000	2	.06	.94	.94	.04	.003	.002	.00	.00
	80	30	0	30.000	7	.23	.77	.72	.08	.011	.004	.01	.00
	100	23	0	23.000	4	.17	.83	.59	.09	.006	.003	.01	.00
	120	19	0	19.000	4	.21	.79	.47	.09	.006	.003	.01	.01
	140	15	0	15.000	4	.27	.73	.34	.08	.006	.003	.02	.01
	160	11	1	10.500	2	.19	.81	.28	.08	.003	.002	.01	.01
	180	8	0	8.000	0	.00	1.00	.28	.08	.000	.000	.00	.00
	200	8	8	4.000	0	.00	1.00	.28	.08	.000	.000	.00	.00
高强度锻炼	0	38	0	38.000	0	.00	1.00	1.00	.00	.000	.000	.00	.00
	20	38	0	38.000	0	.00	1.00	1.00	.00	.000	.000	.00	.00
	40	38	0	38.000	0	.00	1.00	1.00	.00	.000	.000	.00	.00
	60	38	0	38.000	13	.34	.66	.66	.08	.017	.004	.02	.01
	80	25	0	25.000	6	.24	.76	.50	.08	.008	.003	.01	.00
	100	19	0	19.000	7	.37	.63	.32	.08	.009	.003	.02	.01
	120	12	0	12.000	1	.08	.92	.29	.07	.001	.001	.00	.00
	140	11	0	11.000	2	.18	.82	.24	.07	.003	.002	.01	.01
	160	9	0	9.000	6	.67	.33	.08	.04	.008	.003	.05	.02
	180	3	0	3.000	0	.00	1.00	.08	.04	.000	.000	.00	.00
	200	3	3	1.500	0	.00	1.00	.08	.04	.000	.000	.00	.00

图 15.5 寿命表

2. 生存分析时间中位数

图 15.6 给出了生存分析时间中位数结果。从结果中可以看出，低强度锻炼情形下的生存分析时间最长，时间中位数为 178.46；中等强度锻炼情形下的生存分析时间次之，时间中位数为 135.00；

高强度锻炼情形下的生存分析时间最短，时间中位数为 100.00。

3. 生存分析图

图 15.7 给出了低强度锻炼、中等强度锻炼和高强度锻炼 3 种情形下的生存分析函数图。从该图中可以直观地看出，低强度锻炼的生存分析函数位于最上方，中等强度锻炼的生存分析函数位于中间，最下面的是高强度锻炼的生存分析函数。

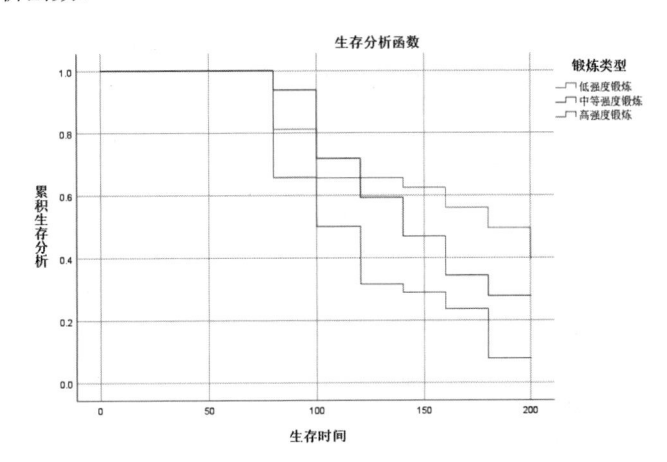

生存分析时间中位数

一阶控制		时间中位数
锻炼类型	低强度锻炼	178.46
	中等强度锻炼	135.00
	高强度锻炼	100.00

图 15.6　生存分析时间中位数

图 15.7　生存分析函数图

4. 因子水平比较

图 15.8 为 3 种锻炼情形下的生存时间总体比较结果，威尔科克森（吉亨）统计量为 9.319，显著性 p 值为 0.009，远小于 5%，因此显著拒绝了因子各个水平生存时间不存在显著差异的原假设，说明 3 种锻炼情形下的生存时间存在显著差异。

图 15.9 为 3 种锻炼情形下的生存时间成对比较结果。成对比较即两两比较，结果显示，锻炼类型 1（低强度锻炼）与锻炼类型 2（中等强度锻炼）之间的差异不显著，显著性 p 值为 0.591；锻炼类型 1（低强度锻炼）与锻炼类型 3（高强度锻炼）之间的差异非常显著，显著性 p 值为 0.009；锻炼类型 2（中等强度锻炼）与锻炼类型 3（高强度锻炼）之间的差异非常显著，显著性 p 值为 0.012。由此可见，过高强度的锻炼是减少生存时间的重要影响因素。

总体比较

威尔科克森（吉亨）统计	自由度	显著性
9.319	2	.009

a. 执行的是精确比较。

成对比较

(I) 锻炼类型	(J) 锻炼类型	威尔科克森（吉亨）统计	自由度	显著性
1	2	.289	1	.591
	3	6.884	1	.009
2	1	.289	1	.591
	3	6.343	1	.012
3	1	6.884	1	.009
	2	6.343	1	.012

a. 执行的是精确比较。

图 15.8　总体比较

图 15.9　成对比较

图 15.10 为 3 种锻炼情形下的生存时间平均得分结果。可以看出，锻炼类型 1（低强度锻炼）的平均得分最高，锻炼类型 2（中等强度锻炼）次之，且锻炼类型 1 与锻炼类型 2 的平均得分显著高于锻炼类型 3（高强度锻炼）。

比较组		总数	检剔前	检剔后	检剔百分比	平均得分
1 与 2	1	32	19	13	40.6%	2.438
	2	32	23	9	28.1%	-2.437
1 与 3	1	32	19	13	40.6%	13.781
	3	38	35	3	7.9%	-11.605
2 与 3	2	32	23	9	28.1%	13.313
	3	38	35	3	7.9%	-11.211
总体比较	1	32	19	13	40.6%	13.781
	2	32	23	9	28.1%	13.313
	3	38	35	3	7.9%	-11.211

图 15.10 平均得分

15.2 Kaplan-Meier 分析

下载资源:\video\第 15 章\15.2

下载资源:\sample\数据 15\数据 15.2

15.2.1 统计学原理

Kaplan-Meier 属于非参数分析，其统计学原理是采用乘积极限法（Product-Limit Estimates）来估计生存率。它可以分析完全数据、删失数据，以及不需要分组的生存数据，并能对不同分组变量各水平所对应的生存曲线与风险函数的差异进行显著性检验。Kaplan-Meier 分析适用于样本含量较小且不能给出特定时间点生存率的情况，因此不必担心每个时间段内只有少数观测值。该方法输出生存分析表，按生存时间从小到大排列，在每个死亡点上计算生存时间、状态、当前累积生存比例和对应的标准误差、累积事件和剩余个案数。

上一节介绍的寿命表方法是将生命时间划分为许多小的时间段，计算该段内生存率的变化情况，重点研究总体生存规律，更适合处理大样本数据。而本节介绍的 Kaplan-Meier 方法则是计算每个"结果"事件发生时间点的生存率，分析的重点不仅包括研究总体生存规律，还更加关注寻找相关影响因素。

15.2.2 案例应用——分析药物种类和剂量对生存时间的影响

本小节用于分析的数据是"数据 15.2"。"数据 15.2"记录了 100 位病人的生存数据，旨在研究药物种类、药物剂量与生存时间之间的关系。药物种类包括新研发药物（药物种类=1）和传统药物（药物种类=2），药物剂量包括高剂量（药物剂量=0）和低剂量（药物剂量=1），其他变量包括状态（0 表示删失，1 表示死亡）和用药时段（1 表示白天用药，2 表示晚上用药）。下面使用 Kaplan-Meier 分析法，分别分析不同药物种类和药物剂量下的生存分析表，比较不同情形下的生存时间是否有显著差异。SPSS 操作步骤如下：

步骤 01 打开"数据 15.2"，选择"分析|生存分析 | Kaplan-Meier…"命令，弹出"Kaplan-Meier"对话框，如图 15.11 所示。在"Kaplan-Meier"对话框左侧的变量列表框中选择"生存时

间"变量，单击按钮将其加入右侧的"时间"列表框，作为时间变量；选择"状态"变量，单击按钮将其加入右侧的"状态"列表框，作为状态变量；选择"药物剂量"变量，单击按钮将其加入右侧的"因子"列表框，作为控制变量；选择"药物种类"变量，单击按钮将其加入右侧的"层"列表框，作为分层变量。

步骤 02 单击"状态"列表框下面的"定义事件"按钮，弹出"Kaplan-Meier：为状态变量定义事件"对话框，如图 15.12 所示。在"这些值指示事件已发生"选项组中选择"单值"选项，并在其右侧的文本框中输入 1，即将状态变量取值为 1 的样本观测值标定为事件（死亡）已发生。然后单击"继续"按钮，回到 Kaplan-Meier 对话框。

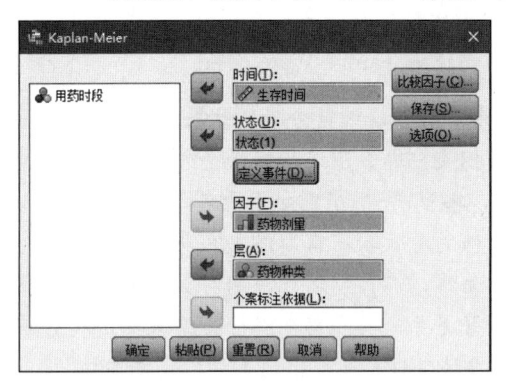

图 15.11　Kaplan-Meier 对话框

图 15.12　"Kaplan-Meier：为状态变量定义事件"对话框

对话框深度解读

- **单值**：将单个值设置为指示事件已发生。例如，在本例中，将状态变量取值为 1 的样本观测值指示为事件（死亡）已发生。
- **值的范围**：只有在状态变量类型为数值时，"值的范围"选项才可用。假如状态变量中有 0、1、2、3、4 共 5 种取值，我们在相应的文本框中分别输入 1 和 3，则将状态变量取值为 1、2、3 的样本观测值指示为事件（死亡）已发生。
- **值的列表**：用于多个不连续的取值。假如状态变量中有 0、1、2、3、4 共 5 种取值，我们在相应的文本框中分别输入值 1 和 3，则将状态变量取值为 1、3 的样本观测值指示为事件（死亡）已发生。

步骤 03 在"Kaplan-Meier"对话框中单击"比较因子"按钮，弹出"Kaplan-Meier：比较因子级别"对话框，如图 15.13 所示。我们在"检验统计"选项组中勾选"秩的对数""布雷斯洛""塔罗内-韦尔"复选框，旨在同时使用 3 种检验统计分析方法。在下方的选项组中选择"针对每个层成对比较"。设置完成后，单击"继续"按钮，回到"Kaplan-Meier"对话框。

图 15.13　"Kaplan-Meier：比较因子级别"对话框

对话框深度解读

- **"检验统计"选项组**：可以选择比较因子级别的检验统计分析方法。各检验统计分析方法用于判断不同情形下生存时间的差异是否显著。
  - 秩的对数：即 Log Rank（Mantel-Cox），也称时序检验。它对所有死亡时间赋予相等的权重，比较生存分布是否相同。它对于远期差别较为敏感。
  - 布雷斯洛：即 Breslow（Generalized Wilcoxon）。它对早期死亡时间赋予较大的权重，因此对早期差异较为敏感。
  - 塔罗内-韦尔：即 Tarone-Ware 检验，用于比较生存分布是否相同。当两个风险函数曲线或生存函数曲线有交叉时，可考虑使用 Tarone-Ware 检验。

需要注意的是，秩的对数、布雷斯洛和塔罗内-韦尔三种检验统计分析的结果有可能不一致。例如，有的检验结果提示差异较为显著，而有的恰好相反，那么应该如何选择呢？一般来说，秩的对数侧重于远期差异，布雷斯洛侧重于近期差异，塔罗内-韦尔则介于两者之间。对于一开始靠得很近，随着时间的推移逐渐拉开的生存曲线，秩的对数较布雷斯洛更容易得到显著性的结果；反之，对于一开始拉开，后续逐渐靠近的生存曲线，布雷斯洛比秩的对数更容易得到显著性的结果。因此，如果秩的对数检验结果提示有显著差异，而布雷斯洛检验结果提示没有差异，可以解释为在开始时生存率无差异，随着时间的推移生存率逐渐出现差异；反之亦然。

- **其他选项**：
  - 因子级别的线性趋势：如果因子水平有自然顺序（例如本例中的药物剂量：低剂量、高剂量），则可以选择该选项检验跨因子级别的线性趋势。此选项仅适用于因子水平的整体比较（而非成对比较）。
  - 在层之间合并：在单次检验中合并比较所有因子水平下的生存时间，不进行配对比较，以检验生存曲线的相等性。
  - 在层之间成对比较：如果选择了分层变量，则在每层比较不同因子水平下的生存时间。系统将比较每一个不同的因子水平对，但不提供成对趋势检验。
  - 针对每个层：对每层的所有因子水平的相等性执行单独的检验。如果选择了趋势检验，则这种方法不能使用。当然，如果没有设置分层变量，则不会执行检验。
  - 针对每个层成对比较：如果选择了分层变量，则在每层以不同的配对方式比较每一对不同因子水平下的生存时间。如果选择了趋势检验，则这种方法也不能使用。当然，如果没有设置分层变量，则不会执行检验。

步骤 04 单击"选项"按钮，弹出"Kaplan-Meier：选项"对话框，如图 15.14 所示。在"统计"选项组中选择"生存分析表"和"平均值和中位数生存分析函数"；在"图"选项组中选择"生存分析函数"。设置完成后，单击"继续"按钮，返回"Kaplan-Meier"对话框，并在主对话框中单击"确定"按钮确认。

图 15.14 "Kaplan-Meier：选项"对话框

对话框深度解读

- "统计"选项组：用于设置需要输出的统计表格，包括以下选项。
  - 生存分析表：生成生存分析表，展示按控制变量和分层变量分组的样本观测值的生存时间、状态、当前累积生存比例、标准误差、累积事件数和其余个案数。
  - 平均值和中位数生存分析函数：计算生存时间的平均值和中位数，及其对应的标准误差和置信区间。
  - 四分位数：显示生存时间的25%、50%和75%分位数，以及它们的标准误差。
- "图"选项组：用于设置需要输出的生存分析函数图，包括以下选项。
  - 生存分析函数：以线性刻度生成累积生存函数图。
  - 一减生存分析函数：以线性刻度绘制一减生存函数图。
  - 风险：以线性刻度生成累积危险函数图。
  - 生存分析函数的对数：以对数刻度生成累积生存函数图。

15.2.3 结果解读

1. 个案处理摘要

图 15.15 展示了个案处理摘要。从中可以看到，本次参与 Kaplan-Meier 生存分析的样本个数总共为 100 个，其中服用新研发药物的样本观测值为 51 个，服用传统药物的样本观测值为 49 个。在新研发药物的全部样本观测值中，服用高剂量药物的样本个数为 22 个，服用低剂量药物的样本个数为 29 个；在传统药物的全部样本观测值中，服用高剂量药物的样本个数为 7 个，服用低剂量药物的样本个数为 42 个。

2. 生存分析表（限于篇幅，仅列出部分）

图 15.16 展示了参与 Kaplan-Meier 生存分析的每个样本的相关情况，包括生存时间、状态、当前累积生存分析比例、累积事件数和其余个案数等。该生存分析表同样按药物种类和药物剂量分组列出。生存分析表类似于寿命表分析中的寿命表，只是生存分析表中每个样本观测值单独占一行。

个案处理摘要

药物种类	药物剂量	总数	事件数	检剔后个案数	百分比
新研发药物	高剂量	22	13	9	40.9%
	低剂量	29	29	0	0.0%
	总体	51	42	9	17.6%
传统药物	高剂量	7	3	4	57.1%
	低剂量	42	34	8	19.0%
	总体	49	37	12	24.5%
总体	总体	100	79	21	21.0%

图 15.15　个案处理摘要

生存分析表

药物种类	药物剂量		时间	状态	估算	标准错误	累积事件数	其余个案数
新研发药物	高剂量	1	6.000	死亡	.	.	1	21
		2	6.000	死亡	.909	.061	2	20
		3	8.000	死亡	.864	.073	3	19
		4	9.000	死亡	.818	.082	4	18
		5	15.000	死亡	.773	.089	5	17
		6	42.000	删失	.	.	5	16
		7	43.000	删失	.	.	5	15
		8	44.000	删失	.	.	5	14
		9	45.000	删失	.	.	5	13
		10	46.000	死亡	.713	.100	6	12
		11	47.000	死亡	.654	.108	7	11
		12	51.000	死亡	.594	.113	8	10
		13	52.000	死亡	.	.	9	9
		14	52.000	死亡	.	.	10	8
		15	52.000	死亡	.416	.117	11	7
		16	52.000	删失	.	.	11	6
		17	52.000	删失	.	.	11	5
		18	72.000	死亡	.333	.120	12	4
		19	77.000	删失	.	.	12	3
		20	84.000	死亡	.222	.121	13	2
		21	104.000	删失	.	.	13	1
		22	108.000	删失	.	.	13	0

图 15.16　生存分析表

3. 生存分析时间的平均值和中位数

图 15.17 给出了生存分析时间的平均值估算值及其标准误差、95%的置信区间，以及中位数估算值及其标准误差、95%的置信区间。可以明显看出，全部样本观测值的总体平均值为 36.118，中位数为 26；服用新研发药物样本观测值的整体平均值为 40.880，明显高于服用传统药物的整体平均值 30.178。无论是新研发药物还是传统药物，服用高剂量药物的生存时间均显著高于服用低剂量药物。

生存分析时间的平均值和中位数

药物种类	药物剂量	平均值[a] 估算	标准错误	95% 置信区间 下限	上限	中位数 估算	标准错误	95% 置信区间 下限	上限
新研发药物	高剂量	59.110	8.103	43.228	74.993	52.000	.657	50.712	53.288
	低剂量	28.966	3.197	22.700	35.231	26.000	9.149	8.067	43.933
	总体	40.880	4.234	32.582	49.178	36.000	5.446	25.325	46.675
传统药物	高剂量	82.000	13.474	55.590	108.410	50.000	.	.	.
	低剂量	17.276	1.811	13.727	20.826	14.000	2.164	9.758	18.242
	总体	30.178	5.301	19.789	40.568	16.000	2.940	10.238	21.762
总体	总体	36.118	3.429	29.397	42.839	26.000	6.570	13.122	38.878

a. 如果已对生存分析时间进行检剔，那么估算将限于最大生存分析时间。

图 15.17　生存分析时间的平均值和中位数

4. 成对比较

图 15.18 展示了成对比较结果，包括秩的对数（Log Rank(Mantel-Cox)）、布雷斯洛（Breslow(Generalized Wilcoxon)）、塔罗内-韦尔（Tarone-Ware）三种检验方式。所有检验的原假设都是各组之间的生存时间不存在显著差异。针对秩的对数检验结果，分析如下：对于新研发药物和传统药物，病人服用高剂量和低剂量药物的生存时间差异都非常显著（显著性 p 值均为 0.000，远小于 0.05）。布雷斯洛和塔罗内-韦尔两种检验分析的结果与秩的对数分析结果一致。结合前述生存分析时间的平均值和中位数的结果，可以得出结论：无论是新研发药物还是传统药物，服用剂量药物的生存时间均显著高于服用低剂量药物。

成对比较

			高剂量		低剂量	
	药物种类	药物剂量	卡方	显著性	卡方	显著性
Log Rank (Mantel-Cox)	新研发药物	高剂量			13.803	.000
		低剂量	13.803	.000		
	传统药物	高剂量			18.145	.000
		低剂量	18.145	.000		
Breslow (Generalized Wilcoxon)	新研发药物	高剂量			7.983	.005
		低剂量	7.983	.005		
	传统药物	高剂量			11.231	.001
		低剂量	11.231	.001		
Tarone-Ware	新研发药物	高剂量			10.733	.001
		低剂量	10.733	.001		
	传统药物	高剂量			14.399	.000
		低剂量	14.399	.000		

图 15.18　成对比较结果

5. 新研发药物生存分析函数图

图 15.19 展示了病人服用药物种类为新研发药物时，高剂量和低剂量的生存分析函数图。刚开始，高剂量和低剂量的生存分析函数走势都呈横向直线不变。经过一段时间后，两者开始下降，其中低剂量的下降速度更快，且一直低于高剂量情形。

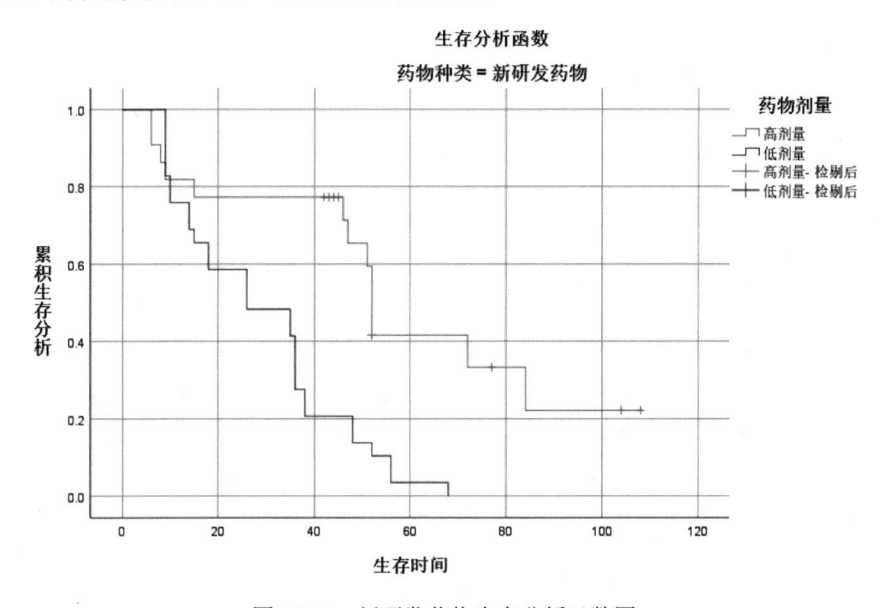

图 15.19　新研发药物生存分析函数图

6. 传统药物生存分析函数图

图 15.20 展示了病人服用药物种类为传统药物时，高剂量和低剂量的生存分析函数图。刚开始，高剂量和低剂量的生存分析函数走势都呈横向直线不变。经过一段时间后，两者开始下降，其中低剂量的下降速度更快，且一直低于高剂量的情形。这与服用新研发药物时的走势一致。

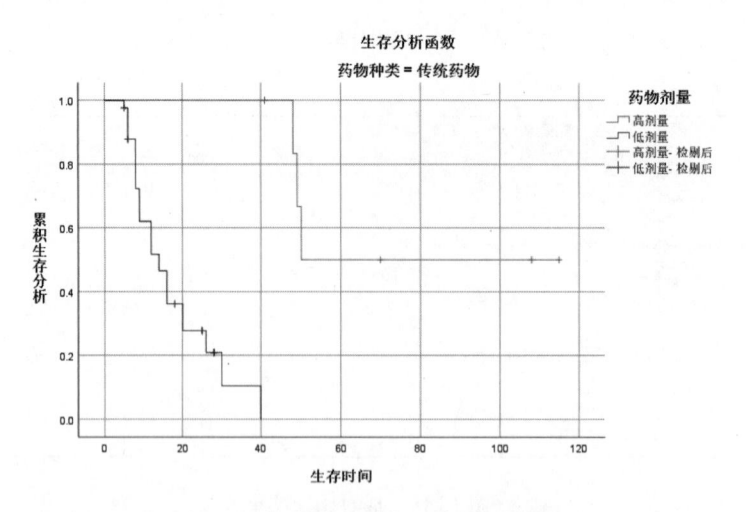

图 15.20　传统药物生存分析函数图

15.3　Cox 回归分析

下载资源:\video\第 15 章\15.3
下载资源:\sample\数据 15\数据 15.3

15.3.1　统计学原理

生存分析方法最初是基于参数模型，假设生存数据服从某个已知分布，从而可以估计影响因素对风险率的影响以及各时间点的生存率。当没有合适的参数模型能够拟合数据时，通常采用非参数方法进行生存分析。前面介绍的寿命表分析和 Kaplan-Meier 方法均属于非参数模型。1972 年，英国统计学家 D. R. Cox 提出了一个半参数模型——Cox 回归模型。相较而言，半参数方法比参数方法更为灵活，它虽不能提供各时间点的风险率，但对生存时间的分布没有要求，且可估计出各研究因素对风险率的影响。由于半参数方法的结果比非参数方法更易于解释，因此得到了更广泛的应用，成为当前较为流行的生存分析方法。

在 Cox 回归模型中，假设在时间点 t，个体出现观察结局的风险大小可以分解为两个部分：一部分是基准风险函数 $h_0(t)$，这是一个与时间有关的任意函数；另一部分是影响因素，第 i 个影响因素使得该风险量从 $h_0(t)$ 扩大 $e^{\beta_i X_i}$ 倍而成为 $h_0(t)e^{\beta_i X_i}$。在 k 个因素同时影响生存过程的情况下，时间点 t 的风险函数为：

$$h(t) = h_0(t)e^{\beta_1 X_1}e^{\beta_2 X_2}\cdots e^{\beta_k X_k}$$

其中，X、β 分别是观察变量及其回归系数。该函数可以进一步变换为：

$$h(t, X) = h_0(t)e^{\beta_1 X_1 + \beta_2 X_2 + \cdots + \beta_k X_k}$$

然后进行对数变换，即为：

$$\text{Log}[Rh(t)] = \text{Log}[h(t,X)/h_0(t)] = \beta_1 X_1 + \beta_2 X_2 + \cdots + \beta_k X_k$$

从公式中可以清楚地看到，在 Cox 回归模型中，回归系数β的实际含义是：当变量 X 改变一个单位时，死亡风险改变倍数的自然对数值。

接下来，利用风险函数和生存函数的关系式：

$$S(t) = \exp[-\int_0^t h(t)\mathrm{d}t]$$

即可推导出生存函数的公式：

$$S(t) = \exp[-\int_0^t h_0(t)\exp(b_1 X_1 + b_2 X_2 + \cdots + b_p X_p)\mathrm{d}t]$$

Cox 回归模型需要满足一些假设条件。第一个假设条件是观察值应是独立的；第二个假设条件是风险比应为时间恒定值，也就是说，各个样本观测值的风险比例不应随时间变化，这被称为呈比例的风险假设。如果呈比例的风险假设不成立，则需要使用 SPSS 中包含时依协变量（Time-Dependent Covariates）的 Cox 过程（本书限于篇幅不再讲解）。如果没有协变量或只有一个分类协变量，则可以使用寿命表或 Kaplan-Meier 方法检查样本的生存或风险函数。如果样本中没有已审查数据（即每个样本的观测值期间内都有事件发生），则可以使用线性回归过程对预测变量与时间事件之间的关系进行建模。

15.3.2 案例应用——分析年龄、吸烟、康复训练和住院时间对生存时间的影响

本小节用于分析的数据是"数据 15.3"。"数据 15.3"记录的是病人的生存数据，包括年龄、吸烟（0=不吸烟，1 等于吸烟）、康复训练（0=不做康复训练，1 等于做康复训练）、状态（0 表示删失，1 表示死亡）、住院时间、生存时间与性别（0 表示女，1 表示男）。限于篇幅不再用图展示。下面使用 Cox 回归分析年龄、是否吸烟、是否做康复训练、住院时间对生存时间的影响，SPSS 操作步骤如下：

步骤 01 打开"数据 15.3"，选择"分析|生存分析|Cox 回归"命令，弹出"Cox 回归"对话框，如图 15.21 所示。在"Cox 回归"对话框左侧的变量列表框中选择"生存时间"变量，单击 ![] 按钮将其移入右侧的"时间"列表框，作为时间变量；选择"状态"变量，单击 ![] 按钮将其加入右侧的"状态"列表框，作为状态变量；选择"年龄""吸烟""康复训练""住院时间"4 个变量，单击 ![] 按钮将其加入右侧的"协变量"列表框，作为协变量。

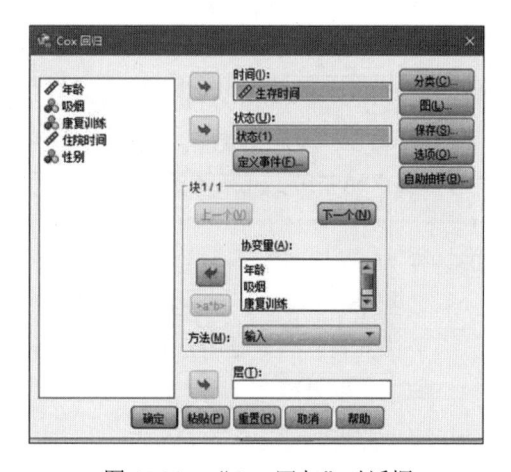

图 15.21 "Cox 回归"对话框

其他选项采用系统默认设置。

对话框深度解读

在"块 1/1"选项组中，可以设置多个块，每个块都会输出一个模型。通过单击"下一个"按钮来新增块，单击"上一个"或"下一个"按钮进行块的编辑和修改。在选择模型中的变量时，不仅可以选择单个变量，也可以设置交互项，具体操作方法是：同时选择具有交互作用的变量，然后单击">a*b>"按钮，将其选入"协变量"列表框。在其下的"方法"下拉列表框中，可以选择各自变量进入模型的方式，具体有以下几种：

- "输入"：所有自变量将全部进入模型。
- "向前：有条件"：逐步向前选择，进入检验基于得分统计量的显著性，移去检验是基于条件参数估计的似然比统计的概率。
- "向前：LR"：逐步向前选择，进入检验基于得分统计量的显著性，移除检验基于最大局部似然估计的似然比统计的概率。
- "向前：瓦尔德"：逐步向前选择，进入检验基于得分统计量的显著性，移除检验基于瓦尔德统计的概率。
- "向后：有条件"：逐步向后选择，移除检验基于条件参数估计的似然比统计的概率。
- "向后：LR"：逐步向后选择，移除检验基于最大局部似然估计的似然比统计的概率。
- "向后：瓦尔德"：逐步向后选择，移除检验基于瓦尔德统计的概率。

"层"列表框用于设置分层变量。如果用户进行了"层"设置，系统将根据分层变量将样本观测值分组，然后在每个分组数据的基础上生成各自的风险函数。需要注意的是，分层变量应为分类变量。

步骤 02 在"Cox 回归"对话框中单击"定义事件"按钮，弹出"Cox 回归：为状态变量定义事件"对话框，如图 15.22 所示。在"这些值指示事件已发生"选项组中选择"单值"选项，并在其右侧的文本框中输入 1，即把状态变量取值为 1 的样本观测值指示为事件（死亡）已发生。然后单击"继续"按钮，回到"Cox 回归"对话框。

对话框深度解读

"Cox 回归：为状态变量定义事件"对话框中各选项与"Kaplan-Meier：为状态变量定义事件"对话框中的相同，此处不再赘述。

步骤 03 在"Cox 回归"对话框中单击"分类"按钮，弹出"Cox 回归：定义分类协变量"对话框，如图 15.23 所示。我们把"吸烟""康复训练"两个变量从"协变量"列表框中移入"分类协变量"列表框中，其他选项采用系统默认设置。然后单击"继续"按钮，返回"Cox 回归"对话框。

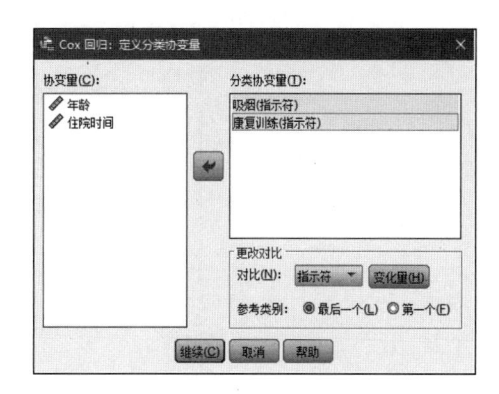

图 15.22　"Cox 回归：为状态变量定义事件"对话框　　图 15.23　"Cox 回归：定义分类协变量"对话框

对话框深度解读

在"Cox 回归：定义分类协变量"对话框中，用户可以详细指定 Cox 回归过程处理分类变量的方式。

- "协变量"列表框：列出了在主对话框中指定的所有协变量，无论是直接指定的协变量还是作为交互项在任何层中指定的协变量。如果其中部分协变量是字符串变量或分类变量，则可以将它们用作分类协变量。
- "分类协变量"列表框：列出了标识为分类变量的协变量。可以看到，在"分类协变量"列表框中，每个变量名称后面都有一个括号，括号内列出了要使用的对比方式（本例中为指示符）。SPSS 将字符串变量默认为分类变量，这些字符串变量会被自动保存在"分类协变量"列表框中。如果是其他类型的变量，则需要用户主动将其从"协变量"列表框中选择并移入"分类协变量"列表框。
- "更改对比"下拉列表框：可以选择以下对比类型。
  - 指示符：指示是否属于参考分类，参考分类在对比矩阵中表示为一排 0。
  - 简单：除参考类别外，预测变量的每个类别都与参考类别进行比较。
  - 差值：除第一个类别外，预测变量的每个类别都与前面类别的平均效应相比较，也称作逆赫尔默特对比。
  - 赫尔默特：除最后一类外，预测变量的每个类别都与后面类别的平均效应相比较。
  - 重复：除第一个类别外，预测变量的每个类别都与它前面的那个类别进行比较。
  - 多项式：正交多项式对比，假设类别均匀分布。多项式对比仅适用于数值变量。
  - 偏差：除参考类别外，预测变量的每个类别都与总体效应相比较。

对于"参考类别"，如果选择了偏差、简单、指示符对比方式，则可选择"最后一个"或"第一个"，指定分类变量的第一类或最后一类作为参考类别。

步骤 04 在"Cox 回归"对话框中单击"图"按钮，弹出"Cox 回归：图"对话框，如图 15.24 所示。我们选择"生存分析"，单击"继续"按钮，返回"Cox 回归"对话框。

图 15.24 "Cox 回归：图"对话框

对话框深度解读

"图类型"选项组：用于设置生成的函数图形，包括以下选项：

- 生存分析：以线性刻度生成累积生存函数图。
- 风险：以线性刻度生成累积危险函数图。
- 负对数的对数：输出应用了 ln（-ln）转换之后的累积生存估计曲线。
- 一减生存分析函数：以线性刻度绘制一减生存函数图。

"协变量值的绘制位置"列表框："Cox 回归：图"对话框在默认状态下以模型中每个协变量的平均值绘制函数图形。如果用户需要以协变量的其他值绘制函数图形，则需选中"协变量值的绘制位置"列表框中的一个或多个协变量，然后在"更改值"选项组中选择"值"选项，并在其后的参数框中输入数值，最后单击"变化量"按钮即可。SPSS 会根据用户指定的协变量值绘制其风险函数和生存函数图。

此外，如果选择一个分类协变量进入"针对下列各项绘制单独的线条"列表框中，SPSS 将按其变量值将数据分成两个或多个分组，对各分组分别绘制函数图。如果指定了层变量，则每层绘制一个图。

15.3.3 结果解读

1. 分类变量编码

图 15.25 展示了分类变量编码的结果，"吸烟""康复训练"均为分类变量。编码前，针对"吸烟"分类变量，0 表示不吸烟，1 表示吸烟；针对康复训练变量，0 表示不做康复训练，1 表示做康复训练。编码后，针对"吸烟"分类变量，1 表示不吸烟，0 表示吸烟；针对"康复训练"变量，1 表示不做康复训练，0 表示做康复训练。系统还专门提示：由于(0,1)变量已重新编码，因此其系数不会与指示符(0,1)编码的系数相同。在吸烟分类中，不吸烟的样本有 673 个，吸烟的样本有 723 个；在康复训练分类中，不做康复训练的样本有 623 个，做康复训练的样本有 773 个。

2. 模型系数的 Omnibus 检验的原始对数似然值

图 15.26 给出了模型系数的 Omnibus 检验的原始对数似然值，为 8974.834。

分类变量编码[a,d]

		频率	(1)[c]
吸烟[b]	0=不吸烟	673	1
	1=吸烟	723	0
康复训练[b]	0=不做康复训练	623	1
	1=做康复训练	773	0

a. 类别变量：吸烟
b. 指示符参数编码
c. 由于 (0,1) 变量已重新编码，因此其系数不会与指示符 (0,1) 编码的系数相同。
d. 类别变量：康复训练

图 15.25　分类变量编码

模型系数的 Omnibus 检验

−2 对数似然
8974.834

图 15.26　原始对数似然值

3. 最终模型系数的 Omnibus 检验结果

因为我们在前面的回归方法部分选择了"输入"法，所以直接产生了最终模型。图 15.27 展示了最终模型系数的 Omnibus 检验结果，其中−2 对数似然值为 4556.222，较对数似然值 8989.319 有了比较大下降，表明模型的解释能力得到了显著提升。总体（得分）的显著性水平很高（显著性 p 值为 0.000）。

模型系数的 Omnibus 检验

−2 对数似然	总体（得分）			从上一步进行更改			从上一块进行更改		
	卡方	自由度	显著性	卡方	自由度	显著性	卡方	自由度	显著性
4556.222	1663.005	4	.000	4418.611	4	.000	4418.611	4	.000

a. 起始块号 1，方法 = 输入

图 15.27　模型系数的 Omnibus 检验

4. 最终模型方程中的变量

图 15.28 展示了进入模型方程的变量。要了解单个预测因子的影响，请查看最后一列 Exp(B)，它可以解释为预测因子单位增加所引起的预测风险变化。年龄的 Exp(B) 为 0.458，且非常显著（显著性 p 值为 0.000），说明每增长 1 岁，死亡风险降低 100% − (100%×0.458)=54.2%；每增加 5 岁，死亡风险降低 100%−(100%×0.458^5)=97.98%。吸烟的 Exp(B) 为 0.062，意味着不吸烟的死亡风险是吸烟客户的 0.062 倍（由于重新进行了编码，数值 0 表示吸烟，数值 1 表示不吸烟）；康复训练的 Exp(B) 为 18.504，意味着不做康复训练的死亡风险是做康复训练的 18.504 倍（由于重新进行了编码，数值 0 表示做康复训练，数值 1 表示不做康复训练）；住院时间的 Exp(B) 为 0.013，说明住院时间每增加一个单位，死亡风险降低 100% − (100%×0.013)=98.7%。

方程中的变量

	B	SE	瓦尔德	自由度	显著性	Exp(B)
年龄	−.780	.189	16.948	1	.000	.458
吸烟	−2.778	.574	23.442	1	.000	.062
康复训练	2.918	.259	126.563	1	.000	18.504
住院时间	−4.355	.195	499.956	1	.000	.013

图 15.28　方程中的变量的统计量

5. 协变量平均值绘制的生存分析函数图

图 15.29 展示了协变量平均值绘制生存分析函数图，随着时间的流逝，累积生存比率从 1 逐渐下降至 0。需要注意的是，在该生存分析函数图中，生存时间在 600 时呈现出快速下降的趋势，这表明这个时间点对病人来说非常重要。

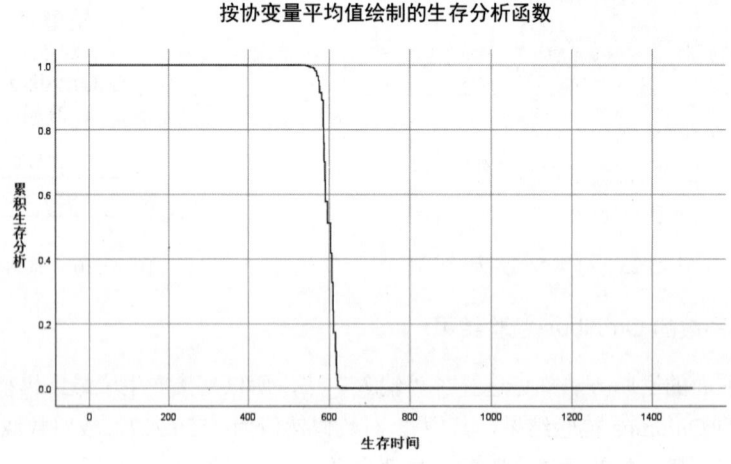

图 15.29　按协变量平均值绘制的生存分析函数图

15.4　本章习题

针对所有习题，要求：一是要提交 SPSS 结果文件；二是要进行必要的解读，并写出完整的研究结论。

1. 用于分析的数据是"数据 15.1"，请针对低强度锻炼和高强度锻炼两种情形进行分析，使用寿命表分析法做出两种锻炼类型下的生存时间表，并比较两种锻炼类型下的生存时间是否有显著差异。

2. 用于分析的数据是"数据 15.2"，请使用 Kaplan-Meier 分析法绘制不同药物种类和不同用药时段（注意：不再是前面讲解的"药物剂量"，而是数据文件中的另一个变量）下的生存分析表，比较不同情形下的生存时间是否有显著差异，并写出最终的研究结论。

3. 用于分析的数据是"数据 15.3"，请使用 Cox 回归分析法分析年龄、性别（注意：不再是前面讲解的"是否吸烟"，而是数据文件中的另一个变量）、是否做康复训练和住院时间对生存时间的影响方向，并判断这些影响关系是否显著，最后写出研究结论。

◆ 第五部分 ◆

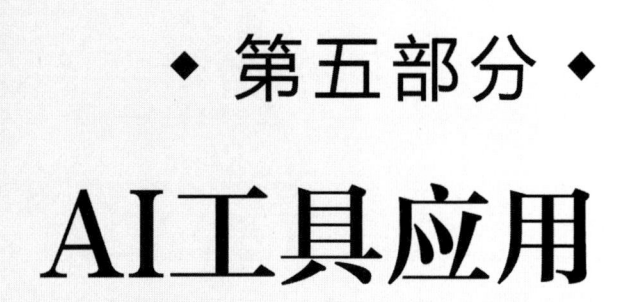

AI工具应用

SPSS统计学与案例应用精解

第 16 章

DeepSeek 等 AI 工具的应用

近年来，DeepSeek 等 AI 工具迅速兴起，并得到广泛应用。无论是学术创作还是实践应用中，或是构建计量统计模型以及开展数据整理分析，这些 AI 工具都能够显著提升科研学习与应用的效率。AI 工具的作用并非替代研究者的思考或决策，而是作为重要的辅助工具。AI 工具可以帮助研究者初步构建理论框架、搜集相关研究数据、开展应用分析，但最终的工作目标和研究结论还需依赖研究者的判断。对于 AI 工具生成信息的真伪与优劣，也需要研究者自己进行判断。因此，既不能将 AI 工具视为洪水猛兽，一味排斥，也不能完全依赖它们，而应当科学、合理、灵活、准确地加以应用。

16.1 AI 工具对学习 SPSS 统计分析的作用

DeepSeek 等 AI 工具在学习 SPSS 时可以提供多方面的帮助，尽管它们可能无法直接执行 SPSS 操作或完全替代我们自主地思考与学习，但它们确实能够显著加快我们掌握工具和方法的速度，增强学习体验，从而让我们有更多的时间专注于分析和解决真正的问题。以下是一些 DeepSeek 等 AI 工具在学习 SPSS 统计分析时可能带来的好处。

1. 熟悉 SPSS 菜单操作

SPSS 由国外公司研发，许多国内初学者并不习惯其设计风格以及命令交互操作方式，尤其是难以记住各种眼花缭乱的 SPSS 菜单操作及选项。通过使用 DeepSeek 等 AI 工具，学习者可以快速熟悉和掌握基本的 SPSS 操作。此外，AI 工具还可以提供清晰、简洁的解释，帮助学习者快速上手。例如，研究者可以向 AI 工具提问："多重共线性检验的 SPSS 菜单操作是什么？"或"用 SPSS 绘制直方图的菜单操作及可用选项是什么？"等。AI 工具往往会给出完整的 SPSS 菜单操作，并且对菜单操作及选项进行详细解读，从而大大提高初学者的学习效率。

2. 及时解答学习疑问

在学习 SPSS 统计分析过程中，学习者往往在统计学的基本原理、核心思想以及适用条件等方面有疑问，此时可以向 AI 工具提问，例如"最大似然估计和最小二乘估计的差异是什么？"或"生存分析的思想是什么？对变量和数据的要求是什么？"AI 工具通常能够快速回复。另一方面，学习者在执行 SPSS 操作时，可能会遇到无法解读结果的情形。如果无法自己发现原因，也可以求助 AI 工具，让它分析原因并提供解决措施，从而大大缩短学习者查阅官方帮助文档或浏览网页的时间。

3. 模拟对话和互动

AI 工具能够模拟真实的对话场景，与学习者进行互动。这种互动式的学习方式可以增强学习者的参与感和兴趣，使学习过程更加生动有趣。此外，AI 工具还可以通过总结、归纳和复述等方式，帮助学习者更好地理解和记忆 SPSS 的相关知识，这对于巩固学习成果和提高记忆效率非常有帮助。在与 AI 工具互动较多之后，AI 工具还可以通过分析学习者的需求和兴趣，提供个性化的学习建议和资源，帮助学习者更有效地规划学习路径，提高学习效率。

16.2 SPSS 统计分析 AI 提示实例

本节将通过几个示例详细介绍 SPSS 统计分析 AI 提示。

16.2.1 图形绘制 AI 简单提示示例

输入提示：请介绍直方图的原理及其在 SPSS 中的操作。
DeepSeek 的输出结果如下：

> 直方图的原理
> 直方图（Histogram）是一种用于展示数据分布的统计图形，它将数据划分为若干个区间（称为"组"或"bin"），并在每个区间内用柱状图表示数据的频数或频率。直方图的主要特点包括：
> 数据分组：将数据按照一定的区间范围进行分组，每个区间称为一个"组"或"bin"。
> 柱状图表示：每个区间对应一个柱状图，柱子的高度表示该区间内数据的频数或频率。
> 数据分布：通过柱子的高低和分布情况，可以直观地观察数据的集中趋势、离散程度以及分布形态（如正态分布、偏态分布等）。
> 直方图常用于探索性数据分析（EDA），帮助研究者快速了解数据的分布特征。
> 在 SPSS 中绘制直方图的操作步骤
> 以下是在 SPSS 中绘制直方图的具体操作步骤：
> 1.打开数据文件：
> 启动 SPSS，加载需要分析的数据文件（如.sav 文件）。
> 2.选择绘图功能：
> 在菜单栏中，依次点击 Graphs（图形）→ Chart Builder（图表构建器）。
> 3.选择直方图类型：
> 在 Chart Builder 窗口中，从左侧的图形类型中选择 Histogram（直方图），并将其拖拽到画布中。
> 4.指定变量：
> 将需要绘制直方图的变量（如"收入"）拖拽到 X-Axis（X 轴）区域。

5.设置分组（可选）：
如果需要按某个分类变量（如"性别"）分组绘制直方图，可以将该变量拖拽到 Panel（面板）或 Color（颜色）区域。

6.调整区间宽度（可选）：
双击直方图，进入 Element Properties（元素属性）窗口，可以调整 Bin Sizes（区间宽度）以改变柱子的粗细。

7.生成图形：
点击 OK，SPSS 将生成直方图并显示在输出窗口中。

8.保存或导出图形：
在输出窗口中，右键点击直方图，选择 Export（导出）或 Copy（复制）以保存或使用图形。

注意事项
数据准备：确保数据格式正确，变量类型为连续型或数值型。
区间选择：区间宽度会影响直方图的形状，过宽或过窄都可能导致信息丢失或误导。
分组分析：如果需要比较不同组别的数据分布，可以使用分组直方图。
通过以上步骤，您可以在 SPSS 中轻松绘制直方图，并利用其分析数据的分布特征。

可以发现，输出内容涵盖了直方图的概念、主要特点、作用以及在 SPSS 中的操作。总体来看，基本回应了研究者的要求，但在 SPSS 操作部分的描述较为粗略，既没有提供对话框的图片展示，也缺乏合适的案例供研究者进行实操演练。此外，操作中的注意事项和结果解读等方面也没有进行详细介绍。

16.2.2　线性回归分析 AI 简单提示示例

输入提示：请阐述线性回归分析的基本思想及其在 SPSS 中的操作实现，并举例演示。
DeepSeek 的输出结果如下：

线性回归分析的基本思想
核心目标：
通过建立因变量（被解释变量）与一个或多个自变量（解释变量）之间的线性关系模型，量化变量间的关联程度，并预测或解释因变量的变化。

数学表达：
模型形式为：
$$Y = \beta_0 + \beta_1 X_1 + \beta_2 X_2 + \cdots + \beta_k X_k + \epsilon$$
其中，Y 为因变量，X_i 为自变量，β_i 为回归系数，ϵ 为随机误差。

关键假设：
线性关系：因变量与自变量呈线性关系。
误差项独立同分布（无自相关、同方差）。
自变量间无严格多重共线性。

SPSS 中的操作实现（以"收入预测"为例）
步骤 1：数据准备
打开 SPSS，加载数据集（如包含"收入""教育年限""工作经验"等变量的数据）。
步骤 2：进入回归分析界面
点击菜单栏：分析 → 回归 → 线性。
步骤 3：设置变量
在对话框中：
将"收入"拖入因变量框。
将"教育年限""工作经验"拖入自变量框。

步骤 4：选择输出选项（可选）

点击"统计"按钮，勾选：

系数（回归系数及显著性检验）。

模型拟合度（R^2、调整 R^2）。

共线性诊断（检查多重共线性）。

步骤 5：运行分析

点击"确定"，SPSS 输出结果。

结果解读示例

模型拟合（R^2）：

若 R^2=0.65，表示自变量可解释因变量 65%的变异。

回归系数：

"教育年限"系数为 500（$p<0.05$），表示每增加 1 年教育，收入平均增加 500 元（控制其他变量后）。

显著性检验：

若 p 值<0.05，说明自变量对因变量的影响显著。

注意事项

数据要求：因变量需为连续变量，自变量可为连续或分类变量（分类变量需哑变量化）。

异常值处理：极端值可能扭曲回归结果，需提前检查。

多重共线性：若 VIF（方差膨胀因子）>10，需删除或合并相关自变量。

通过上述步骤，可快速在 SPSS 中完成线性回归分析并解读结果，适用于经济、社会科学等领域的变量关系研究。

可以发现，输出内容涵盖了线性回归分析的基本思想、SPSS 中的操作实现以及举例演示。虽然介绍较为全面，能够帮助用户快速了解相关内容，但对于结果的解读较为粗略，且对一些基础概念缺乏讲解，例如结果中 p 值的具体含义等。这就要求用户具备一定的统计学基础。

16.2.3　二元 Logistic 回归 AI 简单提示示例

输入提示：请阐述二元 Logistic 回归分析的原理及其 SPSS 操作，并对结果进行详细解读。

DeepSeek 的输出结果如下：

二元 Logistic 回归分析是一种用于研究二分类因变量与一个或多个自变量之间关系的统计分析方法。以下是对其原理、SPSS 操作以及结果解读的详细阐述：
原理
1. **基本概念**：
   - 因变量 Y：二分类变量，通常编码为 0 和 1，代表两种不同的结局。
   - 自变量 X：可以是定量数据（如年龄、收入等），也可以是定类数据（如性别、职业等），对于定类数据需要进行哑变量处理。
2. **目标**：
   - 通过模型公式计算出自变量对因变量的影响，从而预测因变量的取值概率。
3. **模型公式**：
   - P 表示因变量取 1 的概率，1-P 表示因变量取 0 的概率。
   - logit(P)是 P 的 Logit 变换，它与自变量之间呈线性关系。
   - 通过求解模型公式，可以得到自变量的回归系数，进而分析自变量对因变量的影响。
4. **参数估计**：
   - 基于最大似然法，通过估计模型参数，使得观测到的数据出现的概率最大。
5. **重要概念**：
   - OR 值（比值比）：用于解读自变量对因变量影响的正负方向和程度。当 OR 值大于 1 时，提示暴露因素是阳性事件发生的促进因素；当 OR 值小于 1 时，提示暴露因素是阳性事件发生的阻碍因素；当 OR 值等于 1 时，提示暴露因素对阳性事件的发生无影响。

- 回归系数：表示自变量对因变量影响的强度和方向。

SPSS 操作
1. **准备数据**：
   - 确保数据集包含自变量和因变量，并且已经完成了数据清理和变量选择工作。
2. **打开 SPSS 软件并加载数据集**：
   - 点击菜单栏上的"Analyze"（分析），然后选择"Regression"（回归）-"Binary Logistic"（二元逻辑回归）。
3. **设置模型**：
   - 在弹出的对话框中，将因变量和自变量添加到相应的框中。
   - 根据研究目的，选择合适的回归类型（如逐步法、块状法等）和变量输入方法。
4. **运行分析**：
   - 点击"OK"按钮，SPSS 将执行二元逻辑回归分析，并生成相应的结果报告。

结果解读
1. **模型拟合度指标**：
   - 如卡方检验、似然比等，用于评估模型与观测数据的拟合程度。
2. **系数解释**：
   - 观察回归系数的大小、方向和显著性水平，可以推断不同自变量对于因变量的影响程度和方向。
   - 回归系数值大于 0 表示正向影响，小于 0 表示负向影响。
   - P 值用于判断回归系数的显著性。当 P<0.05 时，认为该变量对结局的影响具有统计学意义。
3. **OR 值及其置信区间**：
   - OR 值用于量化自变量对因变量影响的强度和方向。
   - 置信区间用于评估 OR 值的可靠性。当 P<0.05 时，置信区间不包括 1；当 P>0.05 时，置信区间包括 1。
4. **分类预测表**：
   - 评估模型的准确性，了解模型在预测因变量取值方面的表现。

示例解读
假设一个二元 Logistic 回归分析的结果显示：
- 自变量 X1 的回归系数为正，P 值小于 0.05，OR 值大于 1。这表示 X1 对因变量有正向影响，即 X1 的增加会增加因变量取 1 的概率。
- 自变量 X2 的回归系数为负，P 值小于 0.05，OR 值小于 1。这表示 X2 对因变量有负向影响，即 X2 的增加会减少因变量取 1 的概率。
- 自变量 X3 的 P 值大于 0.05，表示 X3 对因变量的影响不具有统计学意义。

可以发现，输出内容涵盖了二元 Logistic 回归分析的原理、SPSS 操作以及结果解读，能够帮助用户快速了解二元 Logistic 回归分析。然而，存在以下三点不足：一是原理部分对模型公式的介绍明显缺失，且重要概念部分仅介绍了 OR 值和回归系数，介绍方式较为晦涩难懂；二是 SPSS 操作部分未对窗口及子窗口中的各选项进行介绍，看完后仍难以做出正确选择；三是结果解读部分对拟合度的解释不够详细。对于这些不足，读者可针对具体关注的事项继续发起提问。例如，针对拟合优度，读者可以提问："请介绍考克斯-斯奈尔 R 方和内戈尔科 R 方的含义和作用"。

16.2.4　因子分析 AI 系统提示示例

前面介绍了几个"一句话提示"示例，并讨论了这些 AI 提示示例的优缺点。接下来，我们将讲述几个"系统性提示"的案例。例如，针对因子分析，如果研究者之前并未有所了解，可按照以下的逻辑依次提问：

第一步，了解因子分析的基本原理、数学公式、作用及应用场景，从而对因子分析有整体的认知和把握。对应的"输入提示 1"和"输入提示 2"。

第二步，在形成初步认知后，需要进一步了解因子分析实操层面的一些重点概念，包括 KMO

和巴特利特球形度检验、因子旋转、旋转后的因子载荷图、碎石图等。对应的"输入提示3"~"输入提示6"。

第三步，全面掌握概念后，学习因子分析在 SPSS 中的实现。对应的"输入提示7"。

第四步，针对因子分析在 SPSS 中生成的结果进行解读，包括总方差解释、成分矩阵及旋转后的成分矩阵、成分得分系数矩阵、反映像矩阵等。对应的"输入提示8"~"输入提示11"。

- 输入提示 1：请介绍因子分析的基本原理及数学公式。
- 输入提示 2：请介绍因子分析的作用及应用场景。
- 输入提示 3：请介绍因子分析中 KMO 和巴特利特球形度检验的含义、作用和结果判断标准。
- 输入提示 4：请介绍因子旋转的概念及其主要方法，对比各种方法的差异，列出适用条件。
- 输入提示 5：请介绍因子分析中旋转后的因子载荷图的概念和作用。
- 输入提示 6：请介绍因子分析中碎石图的概念和作用。
- 输入提示 7：因子分析在 SPSS 中怎么操作，针对结果怎么解读？
- 输入提示 8：SPSS 因子分析总方差解释的结果怎么解读？
- 输入提示 9：SPSS 因子分析成分矩阵及旋转后的成分矩阵怎么解读？
- 输入提示 10：SPSS 因子分析成分得分系数矩阵怎么解读？
- 输入提示 11：SPSS 因子分析反映像矩阵怎么解读？

DeepSeek 会根据输入提示生成相应的结果。

16.2.5 生存分析 AI 系统提示示例

针对生存分析，研究者可以按以下逻辑依次提问：

第一步，了解生存分析的基本原理和使用场景，对生存分析有整体上的认知和把握。对应的"输入提示1"。

第二步，在形成初步认知后，需要了解生存分析的一些重点概念，包括生存时间、事件及事件发生、删失/失访、截尾值等。对应的"输入提示2"。

第三步，全面掌握概念后，进一步了解生存分析的数据类型和概率函数。对应的"输入提示3"和"输入提示4"。

第四步，针对常见的生存分析方法进行详细了解，包括寿命表分析、Kaplan-Meier 分析、Cox 回归分析等。可按方法逐个了解，包括每种分析方法的基本原理、在 SPSS 中的具体操作以及对结果的详细解读。对应的"输入提示5"~"输入提示7"。

- 输入提示 1：请介绍生存分析的基本原理和使用场景。
- 输入提示 2：请介绍生存时间、事件及事件发生、删失/失访、截尾值等基本概念。
- 输入提示 3：请介绍生存分析的数据类型。
- 输入提示 4：请介绍生存分析的概率函数。
- 输入提示 5：请介绍寿命表分析的基本原理、在 SPSS 中的具体操作，并对结果进行详细解读。

- 输入提示 6：请介绍 Kaplan-Meier 分析的基本原理、在 SPSS 中的具体操作，并对结果进行详细解读。
- 输入提示 7：请介绍 Cox 回归分析的基本原理、在 SPSS 中的具体操作，并对结果进行详细解读。

DeepSeek 会根据输入提示生成相应的结果。

16.2.6　AI 提示应用总结

从前面的案例不难看出，"简答提示"通常要求较为简单，但 AI 提示也存在许多缺点和不足；而"系统提示"要求较高，研究者需要对具体的研究分析方法有较深的了解，至少应掌握基础统计原理的相关知识。

尽管 AI 工具能够提供帮助，但它们也有一些局限性。例如，它们可能无法完全理解或解释某些复杂的统计概念，或者提供的操作示例可能不够全面或准确。因此，在学习 SPSS 时，建议将 AI 工具作为辅助工具，而非完全依赖它们。同时，结合其他学习资源（如官方文档、教程、论坛等）进行综合学习，有助于获得更全面、深入的知识和技能。